溆浦县乡镇简志

XUPU XIAN XIANGZHEN JIANZHI

溆浦县乡镇简志编纂委员会 编

方志出版社
Publishing House of Local Records

图书在版编目（CIP）数据

溆浦县乡镇简志 / 溆浦县乡镇简志编纂委员会编.
--北京：方志出版社，2021.9
ISBN 978-7-5144-4839-9

Ⅰ.①溆… Ⅱ.①溆… Ⅲ.①乡镇－地方志－溆浦县
Ⅳ.①K296.44

中国版本图书馆CIP数据核字（2021）第259755号

溆浦县乡镇简志

编　　者：溆浦县乡镇简志编纂委员会
责任编辑：李晓晓

出 版 者：方志出版社
地址　北京市朝阳区潘家园东里9号（国家方志馆4层）
邮编　100021
网址　http://www.zgfzcb.cn
发　　行：方志出版社图书经销中心
电话　（010）67110500
经　　销：各地新华书店
装帧设计：长沙市尚知文化有限公司
印　　刷：长沙市雅高彩印有限公司

开　　本：889×1194　1/16
印　　张：27.5
字　　数：633千字
版　　次：2021年9月第1版　2021年9月第1次印刷
印　　数：0001～1000册

ISBN 978-7-5144-4839-9　　定价：380.00元

《溆浦县乡镇简志》编纂委员会

《溆浦县乡镇简志》编辑部

序一

史志是党的宝贵财富，史志工作是党的工作重要组成部分。基层党委书记不重视党的历史，不重视党的史志工作，就是失职。如何做好全县史志工作，至少做到以下几点：

一要有甘于奉献的品德。高质量的志书，离不开高素质的修志人员；高素质的修志人员，最可贵的是奉献精神。做史志工作是一项“清苦、清贫、清淡”的工作，广大修志工作者要具有淡泊名利、甘于寂寞的崇高品德，静得下心、吃得了苦，不被功名利禄所累，克服浮躁心态，坚持自己的精神家园。要有“不为五斗米折腰”的文人气节，不溢美，不隐恶，秉笔直书，编修“信史”。

二要有真才实学的本领。史志工作是一项专业性极强的工作，广大修志工作者不仅要有较高的政治理论修养，还要有丰富的专业知识和驾驭文字的能力。要编修出一部高质量的志书，提高修志队伍的整体素质是关键。要把学习当作一种需求、一种责任、一种义务，不断提高修志工作的本领，把成为修志行家里手作为历史荣誉来对待。要坚持正确的政治立场，善于运用党的最新理论成果考察历史、分析历史，善于运用辩证唯物主义和历史唯物主义观点观察问题、认识问题，做到目光犀利、见识不凡，把史志编纂成为百年不朽的佳作。

三要有精益求精的钻劲。发扬吃苦耐劳的精神，倾其心智，留存力作。对修志工作每一个环节都要精雕细琢，每一段文字都要力求完美，每一个词语都要反复推敲，每一个标点都要准确到位，每一项工作都要精耕细作，切实做到精益求精。要以对社会、历史和后人高度负责的精神，一丝不苟的工作态度，全面、客观、准确地记载历史，真实反映经济社会发展的历程，确保志书真实可信。

四要有包容大度的胸怀。史志是留存后人评说的历史著述。史志工作是一项为他人留名的工作，自己本身却难以留名。“板凳须坐十年冷，文章不写半句空”。广大修志工作者要胸襟开阔，甘为人梯，客观公正，坚持真理，不为名、不为利，执着地追求，终身的奋斗，编写出经得起历史考验、人民考验、实践考验的高质量志书。

五要有协同配合的氛围。史志工作是一项社会系统工程，应当形成“众人修志、众手写志、众口评志、众目审志”的氛围。要坚持“党委领导、政府主持、部门配合、社会协同”的原则，确保全面完成修志工作任务。对修志工作，各个单位必须全力配合，给予人力、物力、财力支持，切实为史志工作创造良好的环境。要充分发挥老同志既是历史的实践者、见证者，也是历史的续写者、传承者的作用，珍惜资源，保全资料，鼓励和引导他们积极参与史志编写工作。广大修志工作者也要发扬团结协作的精神，大事讲原则，小事讲风格，互相支持，互相配合，加快进度，提高效率，全力推进修志工作。

六要有健康强壮的身体。修志工作不仅是一项脑力劳动，还是一项体力劳动。有的修志人员为了收集、核对、考证资料而废寝忘食，为了撰稿、总纂、审稿、校对而加班加点，为了使志书装帧上乘、印刷精美而奔波忙碌。因此，作为一个修志工作者，应当注意劳逸结合，加强体育锻炼，保证长期拥有一个健康强壮的身体，这样才能更好地做好修志工作。同时，各级各部门对修志人员要高看一眼、厚爱一层，给予理解和关怀，让史志工作者安心、顺心、放心工作。

中共溆浦县委书记　**蒙　汉**

2015 年 5 月 17 日写于中央党校

序二

见端以知末，观滴水可知沧海。首卷《溆浦县乡镇简志》几经寒暑，数易其稿，现已编纂成册，即将付梓。虽非巨幅浩卷，却以少而精、短而简的篇幅，全方位记载溆浦乡镇沧桑巨变、风俗民情，传承文化薪火，探究兴衰交替、时移世易，是溆浦源远流长的历史文化瑰宝。

溆浦，这片神奇而美丽的土地，从刀耕火种的远古时代，到现代文明的今天，曾演绎过许多荡气回肠的故事。据传大禹治水莅临于此，圣人山“禹王碑”令人顿生思古之幽情。屈原涉江入溆，留下了《涉江》《橘颂》《山鬼》等楚辞名篇。我党创建时期重要领导人之一，中国妇女运动先驱向警予从这里走出，寻求救国救民的道路。郑国鸿、舒新城、邓乾元、向达、向仲华等溆浦籍历史文化名人群星璀璨。

长夜漫漫终破晓。当年红军从这里走过，播撒了革命种子。贺龙、任弼时、萧克、王震等红军将领留下了永不磨灭的足迹。抗日烽火燃起，中国军民浴血奋战，日寇南犯的铁蹄，被斩断在雪峰山下的溆水河畔。中华人民共和国成立，溆浦人民用勤劳和智慧，创造了一个又一个奇迹，溆浦的农业享誉湖湘乃至全国，“湘西粮仓”“南方枣乡”“全国水果之乡”久负盛名。

改革风起浪千重，江花飞舟满眼春。溆浦政通人和，百废俱兴，经济发展蒸蒸日上，城乡变化日新月异，人民安居乐业。溆浦“革命老区县、屈原文化城、抗战决胜地、湘西乌克兰、资源宝藏库、理想创业园”美名远播。袁隆平院士领衔杂交水稻育种基地亩产逾千千克，现场新闻发布会在这里举行，誉满全球，震撼世界。

史志之修，皆为盛世之举。适逢举国上下同心同向同圆“中国梦”之时，中共溆浦县委、县政府着眼溆浦发展远景，审时度势，提出“振兴工业、提升农业、统筹城乡，创新驱动”的思路，举全县之力，加快经济发展，加快城乡变化，实现溆浦人民翘首以盼的小康梦，完成溆浦一代又一代先辈孜孜以求的千秋大业。

方志乃经世致用辅治之作，亦为惠及子孙的传世之本。修志则为用志。《溆浦县乡镇简志》27篇，60余万言，内容翔实，图文并茂，真实反映了溆浦乡镇经济社会发展变化。不同视角、不同侧面凸显了溆浦人民大胆创新、激流勇进的恢宏篇章，是溆浦人民改革、开拓、奋进的真实写照。

读有所获，思有所悟。《溆浦县乡镇简志》一卷在手，近则可触摸溆浦经济社会发展之脉搏，纵览魅力无限、异彩斑斓的乡镇美景蓝图；远可领略不同时期人物沉浮和世事变迁，感受溆浦人民不畏艰难、勤劳智慧、劈波斩浪、奋力前行之风貌。思千载而知古今，明至理则识大体，悟其道提升人生境界，激励干事创业之激情。志之大义，察古今之变，以古贤为镜，先哲为师，敬畏历史、敬畏文化、敬畏先人，传承中华文明，尚礼义而不失为人之表。

九层之台，起于垒土之功。合抱之木，生于毫末之始。集众智则成大谋，聚群力方成伟业。溆浦是一方生机勃发、前景广阔的沃土，她饱经沧桑而又充满活力，淳朴善良而又乐于奉献，底蕴深厚而又低调内敛，隽秀腼腆而又开放包容。乡村振兴任重道远，新农村建设如火如荼，美丽乡村锦上添花。溆浦人民薪火相传、生生不息、敢为人先的精神力量源泉，是打赢脱贫攻坚战、全面建成小康溆浦坚实可靠的基石。

路漫漫其修远兮，吾将上下而求索。今日之溆浦非昨日之溆浦，人民对美好生活的向往，就是我们的奋斗目标。社会各界及一切关爱溆浦发展的朋友们，溆浦籍在外工作与曾在溆浦工作过的领导和同志们，《溆浦县乡镇简志》带你走进溆浦，认识溆浦，了解溆浦，让我们携起手来把警予故乡——美丽溆浦建设得更加幸福美好！

中共溆浦县委副书记、县长　**谢商成**

2020年6月

凡 例

一、《溆浦县乡镇简志》以马克思列宁主义、毛泽东思想、邓小平理论、“三个代表”重要思想、科学发展观、习近平新时代中国特色社会主义思想为指导，坚持辩证唯物主义和历史唯物主义的立场、观点和方法。主要记述中华人民共产国成立以来，特别是改革开放以来溆浦县各乡镇的自然、经济、文化、社会诸方面的历史和现状。并将中共十一届三中全会以来的新变化、新成就作为记述的重点。

二、《溆浦县乡镇简志》以志为主，随文配图，以求图文并茂。

三、《溆浦县乡镇简志》记述的时间断限，上溯建县之初，下至2015年末，部分资料适当下延。

四、《溆浦县乡镇简志》按照属地原则，不受隶属关系限制，凡坐落在乡镇辖区内的县以上企事业单位，归属所在乡镇入志。

五、本志中“公社”为“人民公社”简称，“新农合”系“新型农村合作医疗”简称。中华人民共和国成立前使用历史纪年并括注公元纪年，中华人民共和国成立后，一律沿用公元纪年。

六、本志中使用的数据，主要出自统计部门，部分数据由相关职能部门提供。由于统计数据的来源、口径、方式、时间的不同可能有差异，以统计部门提供的数据为准。计量单位以国家公布的法定计量单位为准，旧的计量单位原则上要求换算成法定计量单位。

七、志中中华人民共和国成立后的公社、乡（镇）领导因更换频繁，涉及内容较多，根据需要只选录历任党委书记、社长、社主任、乡（镇）长名单。“人物”主要收录革命英烈简介等，适录国家级协会会员、著名专家、学者与民间杰出艺人、全国劳动模范等。

八、本志资料来源于县志 、年鉴以及部门专业志、档案资料和有关图书资料、修志者考察资料等，使用时一般不注明出处。

2017年11月6日，省政协副主席、市委书记彭国甫（左四）调研葛竹坪镇脱贫攻坚工作

2017年12月27日，市委副书记、市长雷绍业（左二）调研红花园工业园煜江电子科技有限公司

2019 年 12 月 1 日，市委副书记陈恢清（左二）到卢峰镇调研脱贫攻坚工作

2013 年 5 月 20 日，县委书记蒙汉（左二）在桥江镇新坪村察看水稻集中育秧

2014 年 5 月 23 日，县委书记蒙汉（左七）与九溪江乡群众座谈精准扶贫工作

2018 年 5 月 7 日，市人大常委会副主任、县委书记蒙汉（左三）调研城区农贸市场建设管理工作。图为在大盛农贸市场了解商户经营环境

2019年11月21日，市人大常委会副主任、县委书记蒙汉（左二）到乡镇督办脱贫攻坚工作。图为在葛竹坪镇鹿山村易地扶贫搬迁安置点了解群众生产生活

2015年10月9日，县委副书记、县长谢商成（左三）调研指导城东廉租房建设

2019 年 7 月 2 日，县委副书记、县长谢商成（左二）在城中佳惠超市调研

2019 年 10 月 9 日，县委副书记、县长谢商成（左三）在红花园工业园察看煜江电子 3D 打印新产品

2017 年 4 月 4 日，县委副书记杨廉喜（左三）深入三江镇指导易地扶贫搬迁工作

2017 年 6 月 27 日，县委副书记杨廉喜（左二）深入桥江镇走访慰问老党员

2016 年 2 月 19 日，县人大常委会党组书记、主任刘生礼（左二）带领县人大常委会各委室主任深入红花园工业园调研

2017 年 8 月 16 日，县政协党组书记、主席谌贻平（左三）察看扶贫联系户家庭扶贫项目金秋梨种植

2019 年 3 月 19 日，县委常委、宣传部部长杨必军（左二）深入县雷峰山广播电视转播台调研

2018 年 2 月 13 日，县委常委、常务副县长马源（左二）带队暗访检查安全生产工作

目　录

深子湖镇　县内最大硅矿产地，最大人工湖（深子湖）所在地

双井镇　县内著名农业大镇，曾获周恩来总理亲笔题字授奖

祖师殿镇　县内最大蜜枣和脆蜜桃生产基地

桥江镇　湘西经济明珠，“经世致用”学创始人严如煜故里

三江镇　娄怀高速公路设溆浦三江出入口，境内有千年龙泉古寺

油洋乡 茶油、板烟和辣椒曾为明代贡品

水东镇 《辞海》主编舒新城故里

小横垅乡 高山号子曾唱响北京，县属最大林场所在地

统溪河镇 著名穿岩山旅游风景区位于境内

淘金坪乡 溆浦县城至新化县最近通道，传说中的“龙二王”故里

黄茅园镇 杂交水稻首选制种基地，抗日野战医院旧址所在地

葛竹坪镇 农耕文化活化石山背梯田所在地，被誉为“小水电之镇”

龙庄湾乡 刘家坪电站所在地，县内著名金银花、猕猴桃培植基地

人 物

概 述

溆浦县位于湖南省西部，怀化市东北部，雪峰山主峰北向延伸地区。全县总面积3440.04平方千米。地势由东南向西北倾斜，南部凉风界海拔1614米，为县内最高峰；西部沅水出境地海拔118米。县境地形有高山、丘陵、平原、溪谷和江河等。土壤属于亚热带红壤和黄壤。共有溪河336条，其中，流域面积在100平方千米以上的有16条，河流大都汇于溆水，于大江口犁头嘴注入沅水。

溆浦因溆水得名，最早见于屈原诗篇《涉江》：“入溆浦余儃徊兮，迷不知吾所如。”战国时，楚威王置黔中郡，设郡治于现在的城南梁家坡。汉高祖五年（公元前202年），置义陵县，封长沙王吴芮次子吴郢为义陵侯；改秦黔中郡为武陵郡。天凤年间（14—19），王莽改武陵郡为建平郡，义陵县为建平县。莽灭，郡县均复原称。东汉建武六年（30年），民众起义，弑郡主，占郡城，武陵郡治因迁索（今汉寿县），并义陵县为辰阳（今辰溪）。至唐武德五年（622年），析辰溪置溆浦县，迁县治于溆水北岸（今县人民政府驻地），驻沿至今。

明万历年间（1573—1620年），实行都、里、甲制，“都”下设“里”，乡村称“里”，里以下称“甲”。清康熙三十五年（1696年），全县设37里。民国2年（1913年），各区置镇。民国18年（1929年），全县划为7个区。民国21年（1932年），区下设若干段或团。民国24年（1935年），县以下设区、乡（镇）、保、甲。民国29年（1940年）7月1日，实行新县制，撤区，设县行政督导员，巡视、督导乡、镇、保、甲长工作。1950年3月，全县划为8区，1区级镇。1956年5月，经湖南省人民委员会批准，将11区的岩儿塘乡划归隆回县管辖。1956年7月，撤销区级机构，将245乡（镇）合并为44乡和城关、龙潭2镇。1958年10月，将全县44乡、2镇并为14个农村人民公社。1961年10月，将全县14个人民公社划为46个公社和3个镇人民公社，恢复全县8个区和水东片，城关镇为区级镇。1984年5月，人民公社改置乡。1995年6月，撤乡建镇。11月撤区设办事处。2009年11月，撤销办事处。2015年12月，全县行政区划调整为18个镇7个乡。

境内有汉族、苗族、瑶族、土家族等30多个民族。据县统计局公报，2005年末，共有23.67万户，86.2万人；2015年末，共有总户数28.09万户，户籍人口为93.24万人（常住人口 75.24 万人），其中，男性人口 49.24 万人，女性人口 44 万人，分别占总人口的 52.8% 和 47.2 %。

境内属亚热带季风性湿热气候，雨量充沛，气候温和。年均降雨量 1539.1 毫米，长年平均气温 16.9℃，最高气温 40.5℃（卢峰镇），最低气温 -15.5℃（龙庄湾乡）；无霜期 286 天。

乡镇电力。自 20 世纪 60 年代以来，先后建成五化坝、金家洞、刘家坪、芹江、深子湖、银珍等电站 44 座；装机容量共 7.11 万千瓦，年发电量近 3.8 亿千瓦时；1989 年通过验收，成为全国首批 100 个电气化县之一；至 2015 年，全县共有大、中、小型水库 157 座，水电站 86 座。其中，葛竹坪镇有水电站 28 座，被誉为“水电之镇”。

乡镇森林资源。境内有建于 1957 年 2 月、面积 6.35 万亩、职工 119 人的国有小横垅林场和建于 1958 年、面积 5.8 万亩、职工 112 人的国有中都林场。通过“退耕还林”政策的逐步落实，至 2015 年底有林地 315.06 万亩，占总面积 516 万亩的 61%，木材蓄积量 434 万立方米。2005 年，林业总产值 1.16 亿元；2015 年林业总产值达 3.49 亿元。

乡镇农业。特有的地质与气候条件，所产农产品性温质优，营养价值高，为同类之上品。主要农作物有水稻、棉花、油菜籽、油茶、茶叶等，粮食年产量约 35 万吨。20 世纪 90 年代后期，实施“东林、西桔、南药、北枣”战略，进行山地开发。经过多年培植，已初具规模并产生较好经济效益。有朱红橘、脐橙、鸡蛋枣、蜜桃等水果 380 多种，成片果园 11 万亩，年产量在 30 万吨以上，被誉为全国水果之乡。有金银花、菊花、杜仲、厚朴、天麻等中药材 30 多种，面积 4.9 万亩。2005 年农业总产值 19.8 亿元；2015 年有耕地面积 6033 万亩，其中，水田 4644 万亩；全年实现农林牧渔业总产值 54.19 亿元。

乡镇工业。通过“强工富县”战略的实施，加大招商引资力度，采取国有企业改制、集体企业改造、影响环保企业转型和大力扶持民营企业等措施，大批以加工为主的企业落户境内，新兴工业发展迅速。1991 年全县工业总产值 38404 万元，乡镇企业总产值 13268 万元，主要产业为矿产开采、建筑、加工等。2005 年，全县 3891 家工业企业中有 3652 家为私营企业，完成工业总产值 22.46 亿元。2015 年，全年集市贸易成交额完成 10.96 亿元；全县完成地区生产总值 125.78 亿元，按常住人口计算，人均生产总值达 16743 元 。

县委、县政府加大城镇建设投入，各乡镇、村新修办公楼房，改善办公条件。互联网的开通与普及，逐步实现无纸化办公。各乡镇对农贸市场进行规划、扩建，划行归市，配合“创卫”活动加大投入，对镇街进行水泥硬化，对垃圾进行无害处理，城镇面貌有很大改观。

乡镇交通。境内沪昆铁路贯穿东西，长 80 千米，设有 10 个车站；2014 年 12 月 16 日，沪昆高铁客运专线正式通车，溆浦高铁南站正式运营；娄怀高速公路横贯东西，设三江、桥江、溆浦、大江口共 4 个出口；设服务处 1 处；公路国道 G320 及省道 S308、S312、S224 纵横全县；乡镇公路四通八达，逐步实现“村村通”“组组通”。沅水流经县域 21.6 千米，设有 5000 吨级的江口码头，水路通滇黔，达苏杭。2015 年，全县公路总里程为 3407.42 千米。

乡镇通信与物流。中华人民共和国成立后，各乡镇设立邮政邮电所，办理电报通信和信报投递业务。2005年，开通程控电话2.5万门，实现移动、联通、电信等移动电话和互联网全覆盖。2015年，多家快递物流公司网络迅速扩展到乡镇和村组。

乡镇教育。2000年全县中小学校数分别为61所、620所，在校学生分别为39778人和84400人。2015年全县共有初中50所、在校生23895人；小学39所、教学点327处，在校生63039人，小学入学率达100%；职业中专2所，在校生2826人；特殊教育学校1所，在校生81人；全县专任教师5932人，其中，小学教师2711人，中学教师2996人，职中教师206人，特殊教育学校教师19人。

2015年有乡镇卫生院43个，653个行政村设立村级卫生所（室）；乡镇卫生院实有床位1036张。基本医疗保险征缴基金9579万元；生育保险征缴基金508万元。农村低保月人均补差标准提高到108.3元，全年为75167名对象发放低保资金9924万元；五保分散供养标准提高到2900元/年·人，集中供养标准提高到440元/月·人，全年累计发放五保资金1321万元。全年为10625名城乡困难对象发放临时生活救助资金611.2万元，全县共有养老机构32所，床位1562张。

溆浦文化底蕴深厚，主要有国家级非物质文化遗产项目辰河目连戏和花瑶挑花，以及辰河高腔、灯文化、龙舟文化、傩戏和高山号子。溆浦人于农历五月十五过大端午，并举办龙舟赛，沿袭至今已有千余年历史。

溆浦英才辈出，历代皆有贤人。有生于卢峰镇茅坪村的明代引水功臣覃希淳；生于大江口镇的清代名将郑国鸿；生于桥江镇的清代“经世致用”学派名臣严如熤、严正基父子；生于观音阁镇的清代名臣邓启愚（少谷）；龙庄湾乡清代名将张德朝；生于卢峰镇的中国共产党早期领导人、中国妇女运动领袖向警予；生于两丫坪镇曾任红军团长、政委、刘伯承部参谋和中华苏维埃临时中央政府秘书的翟根甲；生于龙潭镇曾参加八一南昌起义、任国民革命军第20军政治部主任的韩泉钦；生于水东镇的《辞海》主编、著名教育家舒新成；生于卢峰镇麻阳水村的著名历史学家向达。

独特的地理条件赋予溆浦县独特的自然风光。突出的有以东南部凉风界、太阳山、环云峰、罗子山、穿岩山、紫荆山为主的高山风光，衍生出葛竹坪镇的山背梯田、统溪河镇穿岩山森林公园和阳雀坡古民俗村落、沿溪乡满天星、两丫坪镇岩鹰屙蛋等风景。以溆水流域为主的河谷自然风光，如龙潭镇的木鳌瀑布、龙庄湾镇的刘家坪电站、黄茅园镇的万寿桥、大江口镇的犁头嘴和飞水洞、思蒙镇湿地公园、深子湖镇的深子湖水库等景区。此外还有人文历史景观，如三间滩、向警予纪念馆、招屈亭、涉江楼、龙潭抗战纪念地、刘家渡舒新成故居等。

溆浦气候宜人，民丰物阜，人杰地灵，宜家宜住，可农可商。

县治所在地，向警予故里，
全县政治、经济、文化中心

卢峰镇

（由卢峰镇、仲夏乡合并）

辞海广场

（雷文录摄于 2020 年 4 月）

区域概况

地理位置

卢峰镇是革命老区县溆浦县治所在地，位于溆浦县中部，溆水河滨，卢峰山脚下，是一座古老的山城，系溆浦县政治、经济、文化中心。

卢峰镇因城西卢峰山而得名。相传古时有一卢真人，在城西高山顶上修道炼丹（留存有遗址），道成遂去，故称卢峰山。东接桥江、观音阁镇，南邻水东镇，西与思蒙、大江口镇、舒溶溪乡交界，北与均坪镇接壤。至各毗邻县、市治所的距离（按交通线路）为：距新化 122 千米，辰溪 73 千米，沅陵 127 千米，安化 110 千米，隆回 176 千米，洞口 121 千米，中方 129 千米，怀化 110 千米。距湖南省会长沙市 310 千米。镇政府驻胜利街社区，电话区号 0745，邮政编码 419300。

护邑塔　　（雷文录摄于 2020 年 4 月）

建置沿革

溆浦县城建城历史悠长。据考古发现、考证和县志记载，县城建城迄今已有 2300 余年。

战国中叶楚威王（公元前 339—公元前 329 年）时，黔中郡郡治设此。秦灭楚后，秦黔中郡郡治仍设于此。汉高祖五年（公元前 202 年）置义陵县，属武陵郡，郡、县治设此，史称义陵城，义陵故城在龙堆垅下（即今县城南梁家坡一带）。唐武德五年（622 年）始置溆浦县，县治设城北桃谷山。明万历年间（1573—1620 年），实行都里制，全县设一坊七都，城中称坊，即兴仁坊。兴仁坊分上下坊。乡村称里或图（100 户为 1 里），里以下称甲（10 户为 1 甲），全县共编为 34 里，分属于兴仁坊和七都之中。清末，全县分七区，县城称城区，县城街市及附廓居民东接广福桥，西至荆家湾为城区。民国 2 年（1913 年），办理自治，县城仍为城区，其他各区均置镇。民国 18 年（1929 年），调整行政区划，全县由六个区划为七个区，县城称第一区。民国 24 年（1935 年），全省实行保甲制，县以下设乡（镇）、保、甲。全县划为 6 个区，1 个直属镇，城区改为直属镇。民国 29 年（1940

年）7月1日实行新县制，撤区，直属镇称首善镇。民国36年（1947年）首善镇改称文蔚镇。1949年10月27日成立溆浦县人民政府，城区仍称首善镇。1953年，县城改为城关镇，下设6个街道居委会，即一街、二街、三街、四街、五街、六街。1954年将城关镇所属6个街道居委会升为乡一级居民委员会。1958年10月，实行政社合一，全县设立14个人民公社，保留城关镇人民政府。1960年5月改为城关镇人民公社。1961年10月，调整人民公社体制，城关镇人民公社建制不变，城关镇为区级镇。1982年10月，经湖南省人民政府批准，城关镇改称卢峰镇。1984年5月底，全面撤销人民公社体制，实行区、乡（镇）、村管理体制，卢峰镇为区级人民政府。1985年，经湖南省民政厅批准，全县设9个区和1个区级镇，卢峰镇为区级镇。

中华人民共和国成立后，先后有王连山、吴华茂、于永起、黄万书、张恒裕、徐泽民、肖文、吴世求、姚松柏、刘亿涛、李福生、向明忠、严佑文、米昭贵、赵兴富、舒恒生、杜再文、刘礼让、刘生礼、张强、刘生贵、李翔、向艳平任书记。有东羽、韩志刚、刘华山、张恒裕、万富民、李佑金、奉桂生、刘亿涛、李福生、刘新华、荆华、舒刚友、舒恒生、杜再文、覃文洪、段吉执、刘登渠、肖芳芝、周健忠、刘仁江、舒建君等任区长、社主任、革委会主任、镇长。

区划面积

汉初，义陵县与武陵郡同治。治所在龙堆垅下（今城南梁家坡一带），史称义陵古城。义陵古城遗址，于1960年在城南梁家坡发现，城呈“凹”形，坐北朝南，城垣用土夯筑而成。城分内城和外城，东西宽500米，南北长370米，总面积约18.5万平方米。遗址西部还断断续续保存100余米长的残夯土城垣。城南留有护城河遗址。护城河南岸，发现两处古水井。据考古人员调查推测，此古城形成于战国早期，已具有城镇规模，后因武陵郡治移至索，城渐圮。

唐初置溆浦县，县治城北桃谷山，初无城郭。元至正年间（1341—1368年）为防陈友谅进袭，始筑土城。明隆庆六年（1572年），修东、西、南、北城门，名为朝阳、阜城、迎薰、兴文。城区范围很小，人口也不多。万历三十三年（1605年），知县杨萃另筑洛阳城于西门外，萃为洛阳人，故城以“洛阳”名，明末毁。

清同治年间（1862—1874年），全城辟有兴隆街、十字街、郭公街、道庆街、长庆街、沿河街、五通街、东阳街、太平街、碧星街、河坎街、镇西街等12条小街。城区面积不到1平方千米。

民国初年，增建学署街、斗盈街、西门内正街、西湖塘、长冲口、武圣街。至1949年，县城尚有9街6巷（弄），即东正街，由清代的十字街、兴隆街、道庆街合并而成。抗日战争后，取名“中正街”；西正街，即清代的碧星街；府前街，因位于县署前面，故名；府后街，即清代的郭公街；考棚街又名学署街、半边街；上河街，即清代的东阳街；下河街，即清代的太平街、斗盈街。街道均为青石岩板铺设，宽不过4米，窄道仅2米左右。巷弄有毛家巷、伞铺巷、康家巷、董家巷、鸭巷（又名遐龄路、云皋路）、翟家巷。城区东至广福桥，西至荆家湾，城区面积不足2平方千米，人口约5000人。

中华人民共和国成立后，政府着手进行科学区划和建设，城区面积不断扩展。由于湘黔铁路溆浦火车站的设置，以及溆浦大桥的建成，城区面积发生巨大变化，城区东到县罐头厂，西延伸到老火车站，南扩展到桔花园。到1985年，城区南北平均宽2千米，东西长4.02千米，总面积8.04平方千米，总人口36134人。

1995年，全县撤区并乡时，将马田坪、麻阳水两乡并入卢峰镇，全镇总面积104平方千米，其中，城区面积10平方千米，辖29个村、8个居委会，422个村（居）民小组，32182户，总人口108726人，其中，农业人口56095人，非农业人口52631人。

2015年，全县进行新一轮并乡合村工作。卢峰镇区域得以进一步扩展，将仲夏乡全部划归卢峰镇管辖，并同时将观音阁的双江口村，桥江的岩湾村、新坪村、小水田村、温里村、车头村、枣子坡村，小江口的陈林坪村、大冲口村、天星堂村，桐木溪的华兴村、山门村、南村划归卢峰镇管辖。2016年进行建制村合并工作，将南村、华兴村、山门村合并设立南华山村；高低村、散水塘村合并设立高低村；中林村、丰收村、地坪村合并设立马田坪村；人民村、横岩村合并设立红远村；小水田村、新坪村合并设立新坪村；车头村、温里村合并设立车头村；竹坳村、狮子岩村合并设立竹坳村；大潭村、金沙坪村合并设立大潭村；岩里村、桥头水村合并设立桥头水村；散水冲村、黄花坪村、哑塘村合并设立哑塘村；斜里村、杨家仁村合并设立杨家仁村；野坪溪村、水车坪村合并设立红星村；水田垅村、红花园村合并设立红花园村；陈林坪村、天星堂村、大冲口村合并设立雷峰山村；民主社区、春风村合并设立民主社区；团结社区、艾家冲村合并设立团结社区。该轮建制村合并后，卢峰镇减少20个建制村，辖长兴、幸福、胜利、解放、东风、兴隆、屈原、团结、迎宾、民主（天星堂社区因有名无实，故不计算在内）10个社区，瑶头、高田、仲夏、太坪、桐木坨、岩英坪、双江口、岩湾、枣子坡、长乐、漫水、麻阳水、张家桥、山门垅、茅坪、桔花园、梁家坡、南华山、高低、马田坪、红远、新坪、车头、竹坳、大潭、桥头水、哑塘、杨家仁、红星、红花园、雷峰山31个建制村。

人口民族

2015年底，全镇总面积18.89平方千米，城区面积14平方千米，总人口188323人，其中城区人口86526人，农村人口101797人。除汉族外，有土家族、瑶族、苗族等少数民族。年度共出生2281人，人口出生率12‰，死亡765人，死亡率4‰。

自然环境

卢峰镇北面靠山，东、南、西三面平坦开阔，一般海拔160米。溆水与三都河、四都河分别在境内长乐村广福桥处和车头村处交汇，往西流至大江口注入沅江。溆水河和三都河穿境而过，将镇区划分三片，即城东、城南、城北，形成三角鼎立之势。

该镇属亚热带大陆性山区气候，1951年以来，年平均气温17℃，最高气温为39℃，极端最高气温于1972年8月27日达40.5℃，最低气温-5℃，极端最低气温于1977年1月30日为-12.6℃。2年无霜期280天以上，年日照在1300小时以上，3年平均降雨量为1560毫米。

灵翠山公园俯瞰图　（雷文录摄于2020年4月）

自然资源

卢峰镇矿产资源比较丰富。截至2015年，全镇发现主要矿产有煤、金、石灰岩、碳质页岩、砖瓦黏土、水泥用灰岩等，特别是煤炭储量大，遍及雷峰山周围、国桥头水、狮子岩等地。地下水资源丰富，储量在200万立方米以上，流量每小时40立方米，且水质好。经省级相关部门化验，铁含量0.3，锰0.1，锌0.05，氧化物含量41.7，氟化物含量1022，硫酸盐含量53.7，总硬度233.4，符合国家矿泉水多项指标。比如，溆浦县怡爽食品饮料厂的怡爽泉水产自雷峰山下桐木坨村，水温在15℃~16℃之间，属弱碱性水质，pH值7.3左右，富含硅、碱、锶、钾、钠、钙等多种微量元素。

自然灾害

自然灾害主要有洪涝灾、旱灾和冰冻。新中国成立后，大的洪涝灾有1954年、1964年、1965年、1979年、1990年、1996年、2004年等年份。1954年，全县普降大雨，山洪暴发，城关镇6个居委会全部受灾，广福桥被冲毁。1990年，全县43个乡镇遭受洪灾，县城淹没面积4.99平方千米，占城区的57%，主要街道水深1~3米。1996年涨大水，县园艺场730亩挂果柑橘全被洪水淹至树尖，浸泡18个小时以上。旱灾主要年份有1956年、1960年、1963年、1972年以及1985年。1956年6—8月，连续干旱52天。1960年从7月1日到9月23日，未下过一场透雨。1972年连旱90天，1985年春、夏、秋连旱。这些年份的干旱，致粮食严重减产，人民生活受到一定影响。冰冻灾害主要有1954年，连续11天冰冻，最低温度零下6.8℃，柑橘大部分受冻而损。1977年极端最低气温零下12.6℃，柑橘几乎全部冻死。

经济发展

经济综述

溆浦素以物产丰富著称，历来有较多的农副土特产品外销。早在明末清初，县城就有商号70余家，经营酒、肉、油、糖、盐、水果、布匹、杂货等。民国时期，卢峰镇内有十多家私人开设的电厂、印刷、木器、竹器、棕绳、打铁、缝纫、织染、皮革、雨伞、斗笠等手工业店铺，以及县办民生纺织厂。

中华人民共和国成立后，通过多次区划调整，卢峰镇所辖范围扩大，发展经济资源增多，生产功能增强，特别是党和政府注重经济的全面发展和人民生活水平的提高，加大对农业、工业以及商贸经济的投入，全镇经济得到长足发展。镇内农业加强农田基本设施建设，维修城北竹坳坝和城南千工坝两大水利灌溉枢纽，实施中低产田改造，加大种植业、养殖业的发展力度，农业得以迅速发展。工业逐步建成以柑橘、枣果、莲藕、魔芋、竹笋、金樱子加工为基础的食品加工产业群；以黏土砖厂、页岩砖厂、预制厂、水泥厂为基础的建材产业群；以教学仪器厂、华鑫电子厂、电子元件厂为基础的电子产业群；以城东铸造工业园和珠华铸钢公司为基础的机械铸造产业群。商贸先后修建了城中、城南、城北三大综合市场和建材市场，以及大汉、大盛、城南商业步行街，经济综合力增强。1979年全镇工农业总产值596.6万元，2005年为87302.1万元，2015年达330384.3万元；社会消费品零售额，1979年2269万元，2005年为54165.6万元,2015年达299422.5万元；农村居民人均可支配收入,1979年只有99元，2005年为2838.4元，2015年达8378.5元。

农 业

2015年，区划调整之前，卢峰镇辖29个行政村，有农业人口58575人，耕地面积48998.05亩，其中，水田面积43814.85亩，旱地5173.2亩，粮食生产是主导产业。2005—2014年粮食年总产量平均2.41万吨，人均411.4千克。种粮大户逐年增加，2013年全镇30亩以上的种粮大户只有5户，2014年有22户，2015年达56户。

粮食生产有了品牌意识。根据市场需求，农户从单纯追求产量提升到追求优质高产。食味佳、产量高、品质好的品种如Y两优302、两优5814、湘晚籼13号、兆优5431、兆优5455等品种得到广泛推广。

农业机械化发展迅速，农业社会化服务

组织应运而生。2000—2010年，水稻生产过程中的犁田、收割已基本实现机械化。2012年，湖南省“油—稻两熟制全程机械化操作示范”项目在麻阳水村实施，进一步推动了全镇农业机械化进程。2015年，水稻病虫害防治开始使用植保无人机。

柑橘产业历来是卢峰镇的支柱产业。20世纪90年代达到鼎盛期，全镇柑橘种植面积9200亩，产量最高达19000吨，主要产品有尾张、宫川、大红脐橙等。后柑橘产业一度低迷，2007年全镇柑橘面积仅3000余亩。镇政府采取提升意识，整合资金，选择优良品种，拓宽销售渠道等措施，改造老园1500余亩，新建标准园3000余亩，柑橘生产规模有所回升。

稳定蔬菜生产基地。全镇有生产蔬菜基地5000余亩，长乐村有蔬菜生产基地860亩。2008年全镇开始引进大棚设施栽培技术，到2014年，全镇大棚设施栽培面积1500亩。

林业

卢峰镇有林地面积5.58万亩，其中，有林地4.82万亩。自2000年实施退耕还林政策以来，全镇造林2.3万亩。全镇有经济林8200亩，主要分布在红远、马田坪、茅坪、瑶头等村，林种以柑橘为主。2012年县林业局整合各方面的项目资金，在漫水、哑塘、张家桥等村进行“周边造林”项目，造林8000亩，已连片成林。2015年全镇森林覆盖面达到84.5%，实现经济效益和生态效益双赢。

工业

中华人民共和国成立后，镇辖区内工业得到逐步发展，特别是轻工业发展势头良好。20世纪50年代对小型私人企业进行改造，组建合作社。县城成立了皮鞋生产合作社、缝纫生产合作社、铁器生产合作社、木器生产合作社、竹器生产合作社、斗笠生产合作社、雨伞生产合作社、五金生产合作社、织染联营社等。传统工业得到继承和发展。

政府加大地方国营工业的投入。1956年5月，沅陵县公私合营糖厂在马田坪桔花园村设立分场，以甘蔗渣为原料酿酒。1957年7月，经黔阳地区批准，将全部资产移交给溆浦县经营，易名为溆浦县马田坪联合工厂，属全民所有企业，后改为溆浦县酒厂。1958年，国家先后投资464万元，在马田坪杜家潭兴办溆浦糖厂，因种种原因一直未能投产。1970年正式投产，1983年停办。1958年5月，黔阳地区投资40万元在城郊枣子坡兴办年产1000吨的罐头厂，1961年下放给县经办，更名为地方国营溆浦县罐头厂。1950年3月，低庄武文元等集股份785股，兴办瓷器公司，原设低庄，后迁城东广福桥处。1951年8月，改为公私合营企业，1958年8月，转为全民所有制企业，更名为溆浦县瓷厂。1958年3月，县城关镇（今卢峰镇）铁器生产合作社和木器生产合作社的部分职工，在县城木场坪兴办新式农业合作社。1959年1月，经县政府批准，改为地方国营企业，名为溆浦机械厂。1960年迁建于枣子坡，易名为溆浦县农业机械厂。1969年8月，在县城荆家湾建溆浦水泥厂，后迁太坪村。1972年冬，在原荆家湾水泥厂旧址兴办溆浦县磷肥厂。

改革开放后，计划经济逐步转变为市场经济。国家对国营企业采取了一系列改革措施。1984年进行经营方式改革、扩大企业自主权，实行厂长（经理）目标责任制，承包、租赁经营。

溆水晖影　（雷文录摄于 2020 年 5 月）

1992 年进行企业内部三项改革，即用工制度改革、人事制度改革、分配制度改革。1996 年，实施企业产权制度改革，采取兼并转让、拍卖、破产重组等方式救治国企。1991 年 4 月，县魔芋食品厂兼并县橡胶厂。1994 年 2 月，县酒厂被大江口水泥厂兼并，效果都不理想。1996—2002 年，辖区内先后有县罐头厂、瓷厂、农业机械厂、火电厂、印刷厂、煤炭公司、县水泥厂、魔芋食品厂、酒厂、大米厂、油脂化工厂、饲料厂、汽车大修厂宣布破产。2002—2004 年，县印刷厂、大米厂、饲料厂、肉联厂先后实行公开拍卖。通过实施破产、公开拍卖和进行内部核销，解除企业各类债务 3.2 亿元。破产后的大部分企业进行重组，实行国有民营。

20 世纪 80 年代，乡镇企业发展迅猛，民营经济崛起。先后兴办了卢峰镇建筑工程公司、卢峰镇建筑材料装饰厂、天然色素厂、糖果糕点厂、无线电器材料厂、电子元件厂、铁合金厂。各街道也开始兴办企业：胜利街兴办奇文印刷、墨汁厂，解放街兴办冰厂，民主街兴办文具厂、皮鞋厂，东风街兴办化工厂。至 2010 年，卢峰镇辖区内共有大中小型企业 76 家。其中，规模工业企业 13 家，小规模工业企业 23 家。2010 年度规模工业企业完成工业总产值 101631.6 万元，同比增长 35%；小规模工业企业完成工业总产值 6270.5 万元，同比增长 39%。2015 年，工业规模企业增至 24 家，生产总值达 236583.7 万元。

2013 年 10 月，县政府在卢峰镇城西红花园村，创建红花园工业园。规划总面积 16 平方千米，近期规划面积 5 平方千米。纳入工业园区管理企业45家，已有27家投入生产，发展势头良好。

商贸经济

早在明末清初，县城就有各类商号70余家，经营酒、肉、油、糖、盐、水果、布匹、杂货等。客商主要是来自辰溪、新化、安化、黔阳等地的小商小贩。民国初期，商业略有发展。抗日战争时期，外商纷纷迁入，商业繁荣一时，县城有工商业496家，商铺增多，营业额增大。抗战胜利后，货币贬值，物价暴涨，市场萧条。

中华人民共和国成立后，政府在扶植私营商业的同时，积极发展国营商业和集体商业。经过对私营商业的社会主义改造，国营商业和集体商业占主导地位。

国营商业

1950—1951年，县成立贸易公司、中国花纱布公司溆浦办事处，湘西百货公司溆浦百货商店。同时成立县工商科，为县工商行政管理机构，1955年成立商业局。

百货公司

1951年10月成立溆浦县百货商店，1954年改称百货公司。1958年与花纱布公司合并为纺织百货经理部，1960年改为纺织百货公司。1962年恢复百货公司,经营百货、纺织品、针棉织品、五金等6000余种商品。

副食品公司

1956年成立，前身为城区消费合作社、县贸易公司的一部分和烟酒专卖公司。1979年设副食品批发部、盐业批发部、糖果糕点厂、零售批发部4个核算单位。

肉食水产公司

1955年成立肉食品公司，主营猪、禽、蛋品的派购、收购、销售、调运等业务。1956年始营水产品，称肉食水产公司。

饮食服务公司

1962年为蔬菜饮食服务公司，辖溆浦旅社、照相馆、美春食堂、大众商店。1964年成立饮食服务公司。

蔬菜公司

1961年成立，前身为1956年组织的蔬菜合作商店。除从事蔬菜销售外，还增设蔬菜加工、干腌、酱菜。后增加粉丝、酱油等产品生产。由于损失严重，1986年撤销。

石油公司

1951年石油由县贸易公司经营，后并入供销合作社，1957年划归生产资料公司经营。1977年成立石油公司，主营石油。

五金交电化工公司

1950—1978年，由贸易公司和百货公司兼营五金化工业务。1979年成立五金交电化工公司，经营五金、交电、化工商品。

盐业公司

食盐经营历代都实行配额专卖。民国20年（1931年）改为官督民办。抗日战争时期，实行官办、计口购盐。抗日战争胜利后，由私商自由经营。1950年由县贸易公司经营，1952年改由供销合作社兼营。1962年成立盐业公司，专营食盐。1970年撤销，业务并入副食品公司，1984年恢复盐业公司。

1992年，商业局改为商业总公司。随着多种所有制经济的迅猛发展，国有商业业务开始萎缩。经过国有民营、“一司多元”式的体制改革，采取资产开发、招商引资、社会民营等办法，全方位参与市场竞争，有序退出商品经营领域，逐步使国有资产使用权向优势经营者集中。2002年4月全面推行国有商业产权制度改革，对百货、纺织品、副食品、饮食水产、五金交电化工、饮食服务等6家资不抵债公司实行破产。并先后破产、拍卖62个零售门店（仓库）。

供销合作社

1951年4月，成立溆浦县合作总社。1952年县贸易公司并入合作总社。1954年县合作总社更名为溆浦县供销合作社。1958年，县供销合作社并入国营商业，仍保留牌子。1961年国营商业和供销合作社分开，成立第一与第二商业局，第二商业局管理供销合作社。1969年供销合作社再次并入国营商业。1976年6月，县供销社和国营商业又分家，恢复县供销合作社。

农业生产资料公司

成立于1961年，前身为1952年的供应经理部。1958年改为工业器材生资经理部，主要经营农业生产资料，包括农药、化肥、中小农具及农机零配件等业务。

农副土产公司

组建于1969年，当时称土产公司，前身为(1957)年建立的采购经理部。主要经营棉、麻、烟叶、茶叶、土产、畜产品等收购业务。

食杂果品公司

建于1968年，前身为1957年建立的供销经理部，主要经营干鲜果品等购销业务。

日杂废品物资公司

建于1979年，前身为1961年的日杂公司。主要经营生活日用杂品供应及废旧物资回收业务。

溆浦县商业综合公司

组建于1984年4月，属集体企业。前身是原城关镇1956年组织成立的大众饮食合作商店、利民副食水果合作商店、蔬菜家禽合作商店、理发社和大众百货商店5个集体合作商店。经营业务有副食品、烟酒、糖果、百货、化纤、针棉、五交化工、日杂、水产等批零业务。另设饮食、旅社、理发3个服务部。

20世纪90年代，随着改革开放的深入，个体经济突起，物资由计划配置供应到市场采购，辖内供销部门的公司冲击十分突出。2001年县政府下发《关于批转县供销企业改革的实施方案》，对所属公司进行全面产权制度改革。农业生产资料公司、农副土产公司、食杂果品公司、日杂废品物资公司先后宣布破产，变卖资产，安置员工。

交易市场

民国时期，县城有交易市场6处。柴、木炭、煤交易在西湖口，片糖、糯米在半边街，家禽蛋品在鸭弄子，大米、糠在府前街，食油、肉食在西湖口与东正街。农村墟场有仲夏、桥头水2处。

中华人民共和国成立后，随着经济的发展，市场建设也得到相应发展。特别是改革开放后，县城市场发展迅猛。80年代起，县城先后建有城中综合市场、城中农贸市场、城南市场、杨家坪市场、城中肉食品市场、粮油市场、东风市场（后撤除）、城北建材市场、水果批发市场等9大集贸市场。市场面积达3.2万平方米，拥有摊位（门、店）1400余个，市场年均交易额在8.8亿元以上。

进入21世纪，县城先后建成大盛商业步行街、大汉商业步行街、城南步行街和张家桥农贸市场。同时建有各类超市多家，有综合性超市、家电超市、服饰超市等。佳惠超市属综合性超市，为县城最大，门面有4处。

2015年，县城有各类商店、公司、超市3167户，个体经营户4827户，分布在城中、

橘颂阁　　（雷文录摄于 2020 年 5 月）

城南、城北各市场及街道，从事各类商业经营，形成以市场为龙头，以大超市、经销店为后盾的强大零售网络，零售网点遍布全城。各类商品琳琅满目，既方便居民购物，又促进县域经济的发展。

财税金融

财政

清代，县署设立户房，俗称钱粮房，掌管全县田赋及杂税征收。税赋以田赋为主，县财政实行统收统支。

民国 16 年（1927 年），实行中央、省两级财政体制，县附属于省，不为一级财政。民国 31 年（1942 年），改革财政体制，实行中央和县地方自治两级财政。民国 35 年（1946 年）7 月，实行中央、省、县三级财政。

中华人民共和国成立后，建立新型的社会主义财政，废除国民时期的苛捐杂税。1952 年财政体制实行统收统支，收入上缴中央金库，支出由中央统筹安排，按月逐级下拨，年终结余全部上缴。1959 年改为“收支下放、计划包干、地区调剂、总额分成、一年一定”的财政管理体制。1970 年，实行“定收定支、收支包干、保证上交（差额补贴）、结余留用”的财政管理体制。1979 年起，由长期“吃大饭锅”转向“分灶吃饭”，省对县实行“收支挂钩、分级包干”的财政制度。1985 年，省对县采取“定额上交、递增包干、一定五年不变”的管理体制。1986

年实行“划分税种、核定收支、递增上解”的体制。2005年实行“分税制”的财政体制，即“划分税种、核定收支、定额上解”。实质上仍保留原财政包干模式，即“双轨制”，把现行的地方财政包干体制改为在划分中央和地方事权基础上的分税制的财政体制。将原有的税种划分为中央税、地方税和中央、地方共享税，建立中央税收和地方税收体系。

财政收入来自工商各税收入、地方各税收入、农业税（2005年停征）、国企收入（实施利改税后取消）、上补收入、基金收入、其他收入等几个方面。1978年，全县财政收入1373万元，2005年财政总收入达到45235万元，比1978年增长31.9倍。2015年财政总收入412481万元，比2005年增长8.1倍。

1978年财政总支出1320万元，2005年为42592万元，是1978年的31.3倍。2015年总支出410604万元，是2005年8.6倍。

卢峰镇财政所成立于1984年。2005年财政拨款收入242.9万元，支出242.9万元。2015年财政拨款收入2059.8万元，支出2059.8万元。

金融

卢峰镇辖区内金融机构有中国人民银行溆浦县支行、中国银行溆浦支行、中国农业银行溆浦县支行、中国工商银行溆浦县支行、中国人民建设银行溆浦县支行、中国农业发展银行溆浦县支行、华融湘江银行溆浦县支行、长沙银行怀化溆浦支行、湖南溆浦农村商业银行和中国邮政储蓄银行。1978年金融机构各项存款余额1527万元。2005年，各项存款余额283479万元，突破28亿元，其中企业存款余额20877万元，占7.4%，农业存款余额1093万元，占0.4%，储蓄存款248032万元，占87.5%，突破24亿元。2015年各项存款余额1662447万元。其中，对公存款233062万元，个人存款1402555万元，其他存款26830万元。

1978年以前，金融机构发放的贷款以国营工商业和农村社队为主要对象。1978年以后，个体工商户、农村专业户也可向银行、信用社借贷。2015年，各项贷款余额783714万元，其中，中长期贷款630427万元，短期贷款153287万元。

基础设施

交通设施

铁路

湘黔铁路从卢峰镇穿境而过，并设溆浦站，此站为中心站。溆浦火车站原设在水田垅村灵翠山脚下处，后搬迁到张家桥村，两站相距3.2千米。溆浦火车站异地搬迁工程于2001年4月15日破地动工，2001年12月25日正式通车，历经8个月零10天，同时拆除原车站。搬迁后的新溆浦车站由原正线单线改为正线双线，岔道全站共计19组，其中正线13组，站线6组，运力大大增强。

公路

娄怀高速公路从卢峰镇穿境而过，并设有溆浦出道口。

省道2条：龙牛公路（S308），原为省道1802线路段。该公路起点为岳阳，经卢峰镇，终点为凤凰牛堰。溆塘公路（S224），该公路起点为卢峰镇，与省道S308道相衔接，终点为洪江市塘湾。

县道7条：哑善公路（X012），起点为卢峰镇哑塘村，终点为善溪乡，全程59.82千米。

溆观（X014）公路，从卢峰镇跨三都河经桥江到观音阁大湾，全程20.19千米。

溆枣公路（X015），起点卢峰镇，终点枣子坡，全程3.37千米。

溆火公路（X06），艾家冲到老火车站，全程0.65千米。

哑均公路（X017），从卢峰镇哑塘到均坪镇驻地，全程15.84千米。

陈长公路（X018），从卢峰镇陈林坪省道S308交会处至舒溶溪长林片坡，与哑均公路相接，全程16.86千米。

溆思公路（X301），卢峰镇起至思蒙镇驻地，全程20.4千米。

水路

卢峰镇境内有4条。溆水，从车头村到大江口，航程总长47千米。二都河，从北斗溪的岩坪村到县城，航程45千米。四都河，从低庄至县城，航程30千米。三条水路原通木船和木排，后因公路的兴建，河道的堵塞以及电站的修建等诸多因素，至20世纪80年代已完全停航。三都河，左右三都水在双江口汇集，经大潭、岩湾、枣子坡至长乐过广福桥与溆水融合，形成“双江双月”景观。在此处的防洪大堤上，建有“双月亭”。

桥梁建设

溆浦大桥：位于省道S224线OK+225米处，横跨溆水，沟通县城南北两岸。1970年10月动工兴建，1971年7月建成通车。通车后，

怀屈楼　（雷文录摄于2020年5月）

废汽车轮渡。该桥为五孔双曲拱桥，净跨5孔 ×41米，跨街1孔 ×16米，桥宽10.5米，桥高12.5米，桥面全长310.3米，两头接线818米，耗资118万元。2003年投资483.6万元，对该桥进行加固加宽，桥面加宽3米。

广福桥：原名长乐桥，旧名矮湖桥，跨三都水，后废。乾隆元年（1736年），梁以灿妻龚氏，媳吴氏，孙媳周氏等，捐资九百余金重修，俗因呼“寡妇桥”。嘉庆初桥倒塌圮，有募金者再修，更名为“广福桥”。1979年重修，仍称广福桥。

1978—2005年，城区内新建小桥20座，即跨艾家冲溪水3座，跨荆家湾溪水2座，跨岩屋冲溪水1座，跨夏家溪溪水7座，跨长冲口溪水5座，跨枣子坡溪水2座。除少数为公路桥外，其余多为人行桥。之后，在县城溆水河段分别于2008年和2011年建造溆浦二桥和三桥，将城北、城南和城东长乐坊三片连成一体。

风雨桥：卢峰镇境内尚存2座，即桥头水螃蟹园和狮子岩风雨桥。螃蟹园风雨桥，跨狐狸坑水，复修后跨度为1孔17米石拱桥。从设计到施工全部由螃蟹园村民自行建成，可通载重10吨的汽车。

浮桥、渡口、码头

浮桥：西湖口浮桥，民国32年(1943年)，由乡绅募捐银洋3.08万元建造而成，成为沟通溆水南北两岸的重要交通设施。溆浦大桥通车后，于1972年拆除，1985年重建。

渡口：溆浦汽车渡口，横渡溆水，始建于1958年2月，洪水期河面宽208米，枯水期河面宽152米，靠人工拉铁索推船渡车，属“丙等”人力渡。1970年，日渡运车辆由原来的80车次猛增到200车次。1971年2月，溆浦大桥通车后渡废。

码头：明清至民国时期，县城建有四处码头。自东往西分别为木场坪码头、水码头、干(溆浦方言读guan音同“关”)码头和西湖口码头。木场坪码头在水码头上游处，多为木排停靠。西湖口码头建于明代，历代为官所用，官船和来往大型商船在此停靠，故称西湖口官渡码头。此码头是县城最大码头，年吞吐量约3000吨。

邮电通信

邮政：前身为古代建立的驿铺。邮政电信机构的建立与业务的开展始于清末，清光绪二十九年（1903年），在县城设邮政代办所，民国7年（1918年），始办电信业务。邮政，清光绪二十九年（1903年）出入县境的邮件交换由常德局代转。邮运线路由常德船搬运至辰溪，再由辰溪步班经大江口至溆城。民国2年（1913年），开辟溆浦至辰溪隔日班与溆浦至新化五日班两条邮路。民国18年(1929年)，开办溆浦至龙潭邮路，全长70千米。民国24年（1935年），延伸至洞口，全长123千米，从洞口局经转来往溆浦的邮件成为溆浦对外的主要邮路。民国37年（1948年），常德至溆浦邮路改为汽车托运，先由常德运至沅陵，再转运至溆浦。旧时，邮递员称邮差。中华人民共和国成立后，邮政事业有了长足发展，1950年开办委办汽车业务。70年代，湘黔铁路通车后，出入邮件由火车经转。80年代，邮电系统自办汽车邮路，信函、包裹、汇兑、报刊发行以及机要通讯业务量大增。

电信：民国时期，电话线路有原中央交通部办的长途报话线、湖南省电信局办的长途电话线与县办乡村电话线3种。中华人民共和国成立后，原由国家及省、县分别管理的电话线路，于1953年7月收归县邮电部门统一管理。1949年10月，县城有县内电话，15门总机1部，5门总机2部，长途电话5门总机1部。1983年长途线路达12条（有线4条，载波8条），60门总机2部，长途载波机2部。1996年5月，程控交换机割接开通。至2005年长途电话数字电路增至5740条话路。乡镇以上农村中继干线基本成为双线回路，安装交换机54部，总容量1765门，形成以县城为中心的农村电话交换网。市内电话开办于1954年，当时只有50门总机1部，市话单机44部，架空明线3千米。至80年代，线路由明线改为电缆，从单机传呼到交换机叫人、叫号，安装交换机总容量600门，实占568门。1992年4月28日，县内3000门史端乔自动电话开通，县城告别“摇把子”电话（磁石电话），电话号码为5位数，当年用户2115户。1994年5月17日，德国进口EWSD5000门数字程控交换机割接开通。电话号码升至7位，模拟移动通信被全新的数字通信技术所替代，实现了国内国际电话自动直拨，溆浦跨入数字电话时代。2005年市话网点增加8个，市内交换容量增至32194门，市话用户30352户，宽带用户3155户，小灵通用户12963户。

1999年7月，按照国家关于电信体制改革的总体部署和要求，移动从电信分营剥离出来，分别成立湖南省电信有限责任公司溆浦县分公司、湖南省移动通信有限责任公司溆浦县分公司。2000年10月溆浦联通公司成立。2005年10月25日，中国铁通溆浦分公司正式挂牌。这些公司在县城挂牌运营后，

怀屈楼全景图

（雷文录摄于2020年5月）

通过“乡乡通”“村村通”“金乡通”等工程实施，极大地发展卢峰镇以及全县的通信事业。2015年全镇手机入户率达95%以上，宽带覆盖面达90%以上。

电报：民国时期，溆浦电报局不对外营业，专为当地党、政、军机关团体服务。中华人民共和国成立后，电报种类有防空、天气、水情、军政、公益、新闻、特种、普通等8种。20世纪50年代初期，用无线电台经办国内电报。1955年改为有线电报，后又配置莫尔斯人工符号机及较先进的电传机。年出报量，1950年1345份，1983年47716份，为1950年的34倍。1992年出报量为86668份。由于通信设备更新，手机、电话、电脑网络、传真机的发展更替，2000年出报量减少为6100份。2001年已无人发报，电报业务终止。

供水

中华人民共和国成立之前，城内仅有12口古井，居民大多饮用河水。中华人民共和国成立之后，随着社会的发展，到50年代末，部分工厂和机关单位开始安装抽水机，自建水池，解决生产和生活用水。1975年3月，筹建自来水公司。1976年在三都河边建新井一口，1977年建成，城区开始供水。1981年，对原有蓄水池进行改造，容量由500立方米增大到1000立方米，并安装五种型号主供水管道，总长15千米，日供水量2700吨。同时建立800立方米高度蓄水池1座，泵房2座，以供苗圃、花果山、凡家山等高地用水。到2005年，水厂新增供水机2套，设备8件，将日供水能力扩大到4万吨。新增供水主管11处，直径分别为200毫米、300毫米，共长5287米。2015年，全城区用户已达34000多户，供水普及率达97%。

农村用水主要是实施饮水工程建设，2015年全镇已有南华、茅坪、高低、桔花园、红星、仲夏、高田、雷峰山、岩英坪、桐木坨、太坪、哑塘、大潭、双江口、麻阳水、桥头水、竹坳、红花园、长乐、张家桥等21个村建立自来水厂，村民用上自来水。

供电

城乡居民照明历代以菜油、桐油灯为主。清末至民国中期，城镇部分户使用煤油灯照明。民国35年（1946年），在火神庙（今县印刷厂）建成火电厂，使用1台12千瓦的煤气机发电。中华人民共和国成立后，政府接管火神庙火电厂，更新设备，改造厂房，到1956年，发电量增加到8.4万千瓦时。1959年，在杜家潭村建小水电站1座，装机容量为124千瓦，年发电量20.86万千瓦时。1970年，县火电厂建成。从80年代到2015年，县内先后建起了诸多水电站，1989年溆浦县建成中国式农村电气化初级标准县。同时，通过县电网并网、农网改造、国家电网改造等措施，至2015年底，卢峰镇辖区内有10千伏供电线路26条，公变台区387台，专变192台，用电客户数共计75473户，供电率100%。

照明设施，1960年，县城街道首次安装路灯40盏，供电线路2870米。火电厂建成后，路灯增至60盏。1993年路灯延伸至城南。1997年全城有防弹钠灯63盏，汞灯111盏，钠汞灯改玉兰灯62盏，2005年相继增加花果山、防洪大堤、园艺路、迎宾路等多处路段路灯219盏。至2015年，城区大小街道都安上了路灯，在城区中心地带、溆水河两岸、溆浦大桥至三桥、广福桥还安上了彩灯，全城彻夜通明、流光溢彩、华丽多姿。

水利建设

全镇有水库17座。其中小（1）型水库2座，即大溪口水库和仙桃湾水库，小（2）型水库15座，灌溉总面积13590亩。骨干山塘40口，山平塘2000余口，灌溉面积达7800余亩。

有骨干灌溉坝7处。千工坝，建于明成化年间，成化三年（1467年）至成化二十一年（1485年），历时18年，水渠从莲塘坪至茅坪村，水渠长15千米，灌溉11个村，面积11600亩。大潭村杨柳坝灌溉3个村面积1900亩。黄泥坝灌溉1个村面积3700亩。双江口村的毛碾子坝灌溉1个村，面积1080亩。桥头水良坝灌溉1个村面积1500亩。竹坳村竹坳坝灌溉3个村面积5400亩。新坪村渡头坝灌溉3个村面积5100亩。

村镇建设

街道

20世纪50—60年代，城区街道变化不大。70年代起，政府着手加大街道建设，拓宽路面，改善路况，开辟新街。1982年，卢峰镇规划向东发展，修建广福桥到县罐头厂路，称广福东路，与广福西路中医院到广福桥衔接。至1983年，卢峰镇形成三路八街的道路网。三路，即警予路，从老火车站到县中医院门口；广福路，县中医院门口到罐头厂；花果山路，又名盘山路，从西湖塘坳上到县财校。八街，即朝阳街、大桥街、团结街、府后街、文艺街、新建街、河路坎街、河街。

1984年，县政府作出卢峰镇规划由东向南调整，开辟城南过境路、园艺路、兴隆路、静安路等4条大道，通过溆浦大桥南北连成一体。1992年，经怀化市委、市政府批准，在卢峰镇创办桔花园经济开发区，作为农村改革试验区小城镇建设试点。2011年，溆浦火车站搬迁正式营运。借此契机，按照改造城中（老城区）、开发城南、建设城北（新区）的建设思路，卢峰镇进行新一轮城镇建设。通过招商引资、真抓实干，城区道路建设发生了翻天覆地的变化。至2015年，卢峰镇已形成62路28巷城市交通网。道路四通八达，城北城南城东贯通，县城呈现一派欣欣向荣景象。

卢峰镇城区路、街、巷一览表

表 1

序号	名称	走向	起点位置	止点位置
1	义陵大道	南北	溆浦火车站	新城路梁家坡
2	警予路	东西	长兴路（长冲口）	屈原大道（屈原大桥）
3	屈原大道	南北	水田垅转盘处	山门垅村
4	迎宾路	东西	S308 线路口	火车站广场
5	团结路	东西	交通局	加油站
6	文艺路	南北	水码头	中心市场
7	市场路	东西	朝阳路	狮子山广场
8	溆水北路	东西	大桥头	自来水厂
9	溆水南路	东西	大桥头	怀屈亭
10	城北步行街	东西	朝阳路	洛阳桥广场
11	城南步行街	东西	义陵大道	原酒厂
12	兴隆路	南北	城南防洪大堤	散水塘叉路口
13	园艺路	东西	城南防洪堤	园艺场
14	朝阳路	南北	西湖口	汽车站
15	长兴路	东西	中医院	一中
16	静安路	东西	兴隆路（邮政局旁）	溆水南路
17	沙龙路	东西	城南防洪大堤	义陵大道
18	幸福路	东西	城南防洪大堤	桔花园小学
19	开发路	南北	园艺路（电业局）	溆水南路
20	粮贸路	东西	义陵大道	溆水南河
21	花果山路	东西	公路局	花果山
22	夏家溪路	东西	S308 线路口	城北停车场
23	康复路	东西	S308 线路口	老火车站
24	健康路	东西	人民医院	气象局

续表 1

序号	名称	走向	起点位置	止点位置
25	仲华路	南北	散水冲三岔路口	天龙大酒店
26	张家湾路	东西	仲华路	经建设路向西延伸
27	张家桥路	南北	迎宾路	大盛机电城北门
28	民生路	东西	建设路	仲华路
29	建设路	南北	迎宾路	义陵大道地税局
30	民福路	东西	建设路	仲华路
31	北环路	东西	迎宾路	老铁路大潭向东南延伸
32	钟家路	南北	溆水南路军干所	新城路地坪村毫家垴
33	永兴路	南北	溆水南路	新城路
34	马田坪路	南北	园艺路	西南延伸至中林村
35	艾家冲路	南北	迎宾路	北环路
36	红阳路	南北	迎宾路	北环路
37	新城路	南北	城南学校	梁家坡
38	南环路	东西	新城路	长乐坊
39	广福路	东西	广福桥	经南环路向东南延伸
40	老铁路路	东西	爱民巷	大潭
41	枣子坡路	东西	县一中	农科所
42	红远路	南北	溆水南路	经园艺路延伸至南环路
43	狮子山巷	东西	原火车站宿舍	狮子山广场
44	杨家山巷	东西	狮子山广场	朝阳路
45	拥军巷	东西	园艺路	溆水南路
46	学府路	南北	长兴路（党校对面）	机械厂
47	镇中路	南北	警予路（中医院）	卢峰镇中学
48	憩园路	东西	水码头	二中寺坪（五二桥）
49	长冲口路	东西	警予路（中医院）	内进 1500 米
50	卫校路	东西	瓷厂	经卫校到长冲口

续表 1

序号	名称	走向	起点位置	止点位置
51	圣庙山路	南北	朝阳路（朝阳桥）	花果山路（老年大学）
52	岩屋冲路	南北	警予北路（维多利亚宾馆）	红军路中段
53	红军路	南北	花果山路	山脚下
54	杨儿冲路	南北	红军路中段	向西进 300 米
55	李家坡路	南北	团结路（盐业局）	李家坡（电业局宿舍）
56	荆家湾路	南北	警予广场	凡家山
57	粮园路	南北	园艺路（城南市场边）	粮贸路
58	民众路	东西	兴隆路（民政局对面）	警予南路（城南市场大门口）
59	桔颂路	东西	警予南路（信用联社）	开发路（桔花园小学）
60	桔花路	东西	中兴雅宛	兴隆路（农发行旁）
61	龙安路	南北	沙龙路	静安路
62	警予中路	南北	三角坪	百货公司
63	爱民巷	东西	朝阳路	老铁路人大
64	李家桥北巷	南北	团结路（加油站边）	艾家冲村一组
65	李家桥南巷	南北	团结路（加油站对面）	团结社区居委会
66	李家坡东巷	东西	团结路（石油公司）	李家坡（砖瓦厂）
67	朝祥路	东西	朝阳路（西湖口）	祥龙宾馆
68	堤南路	南北	溆水南路	散水塘
69	鹤龄巷	东西	水码头	人民医院口
70	雪雾冲巷	南北	长兴路（爱华幼儿园旁）	县瓷厂宿舍
71	涉江巷	东西	朝阳路（西湖口）	县招待所
72	屈子巷	东西	开发路	园艺路（马田坪医院）
73	桔园巷	东西	兴隆路（农发行北进 50 米）	警予南路
74	南园巷		警予南路（停车场旁）	园艺路（人行旁）

续表 1

序号	名称	走向	起 点 位 置	止 点 位 置
75	杨家坪巷		大盛后街	警予北路（大米厂）
76	溪北巷		警予北路（汽车站出口对面）	夏家溪路（工商局宿舍）
77	溪南巷		警予北路（劳动局对面）	夏家溪边
78	狮子山一巷		警予北路（泰龙）	向西进 150 米
79	狮子山二巷		警予北路（电影院）	警予西路（水利局）
80	文庙巷		老铁路路	进修学校
81	花果山一巷		教育工会	教育工会上行 50 米
82	花果山二巷		花果山路东 300 米处	圣庙山路
83	花果山三巷		花果山路东 300 米处	花果山路东 500 米处
84	花果山四巷		圣庙山路	人民路（中医院后面）
85	广福桥巷		长兴路（居委会对面）	长兴路（劳动服务公司对面）
86	下里街巷		自来水厂大门口	铸钢厂
87	洛阳桥巷		警予西路（洛阳桥）	溆水河边
88	毛家巷		警予东路（卫生局）	人民路
89	崇圣巷		兴隆路（动物防疫站旁）	桔花园村三组
90	旭日巷		溆水南路	沙龙路

住房建设

20 世纪 60 年代起，机关企事业单位开始自建公房。至 1997 年，县城公房已达 2582 栋，建筑面积 139.77 万平方米。

1978 年以后，放宽对私人建房的控制。至 1985 年县城私房总数达 922 栋，建筑面积 19.2 万平方米，相当于民国末年私房面积的 6.35 倍。1990，县城居民营建私房热再次升温，私房达到 1861 栋，建筑面积 36.12 万平方米。至 1997 年底，在城北长冲口、花果山、岩屋冲、夏家溪、艾家冲、张家桥、毛家巷、县苗圃和城南桔花园村及桔花园开发区兴建 12 个住宅小区，共建私房 3357 栋，建筑面积 69.44 万平方米。1998 年后，采取集资建房，先后在县印刷厂、图书馆、文化馆、汽车大修厂等处新建 11 个住宅小区。进入 21 世纪，随着经济发展，大量农村人口涌入城市，住房需求日益递增。对此，政府采取招商引资、吸纳各方资金的方法解决住房难题。先后有大盛集团公司、大汉集团公司、碧桂园集团公司等十几家开发商入驻溆浦，建成了坤源雅居、金苑小区、溆江花园、桃园新村、锦绣家园、兆隆花园、溆水明珠、大汉新城、溆水外滩、裕丰花园、绿和家园、民投中央公园、城市经典、大盛家园、碧桂园等几十家极具规模的商品房建筑群，既解决了住房困难，同时提高城市品位。

随着旅游业的兴起，加快旅馆、宾馆以及农家乐等各类休闲场所的建设。至2015年，卢峰镇辖区内有各类宾馆、旅馆、酒家73家，其中，三星级宾馆2家，即溆园宾馆和维多利亚大酒店，共有住宿床位4097张。

村级建设

全镇31个建制村，有村级公路43条，实现村村通公路。住房建设得到很大改善，至2015年80%的农户都建起了新房。2005年，根据中共中央提出建设“生产发展、生活宽裕、乡风文明、村容整洁、管理民主”社会主义新农村的总体目标。镇内开展了“文明村”“五好家庭”等各项活动，农村面貌发生很大变化，人民生活提高，村容村貌改观。高低村成为全县社会主义新农村建设试点示范村。

防洪大堤建设

县城主城区南北防洪大堤建设由县人大常委会主任谭显聪任指挥长，一期至六期工程于1996年12月21日破土动工，到2007年5月竣工，历时11年。南岸从怀屈楼到溆浦大桥，北岸自双江亭至溆浦大桥，全长3100米。主体工程顶宽12米，高均8.8米。共疏浚河道60多万立方米，拓宽河床7万多平方米，拆迁房屋149栋，安置移民223户。总投资3889万元，其中国家财政投资1830万元，单位个人捐资1217万元，县财政投入资金842万元。随后，在溆浦大桥到溆浦二桥南北两岸，南岸怀屈楼到溆浦三桥，北岸双江亭到洛阳桥以及东岸洛阳桥到溆浦三桥进行防洪堤续建。在建防洪大堤的同时，增建洛阳桥广场、屈原广场、辞海广场以及沿溆水河防洪大堤风光带，为县城的秀丽增添了一笔浓浓的色彩。

为加强县城环保建设，政府启动城市生活垃圾无害化处理工程。此项目选址在卢峰镇横岩村（红远机械厂区内），设计垃圾填埋场占地总面积298.3亩，总库容302.5万立方米，总投资7900万元，服务年限为31年，整个工程分二期完成。第一期工程于2010年8月18日动工，2012年8月12日竣工，建起生活垃圾无公害处理场，占地189.7亩，库容114.2万立方米，日处理垃圾150吨，为城市环保解决了一大难题。

社会事业

文化

群众文化

县民众教育馆建于民国24年（1935年），主要工作是开展“抗日救亡”宣传活动，曾编印《民众旬刊》30余期,《壁报》434期及《屈原画报》《抗日三字经》等刊。与抗战时期迁入的民国大学合编“通俗读物丛刊”11种，全国发行，颇有影响，1949年9月闭馆。

民国时期，民间传统文艺活动比较盛行，主要有渔鼓、莲花落、三棒鼓、花灯、船灯、龙灯、车马灯等，多在春节期间演出。

中华人民共和国成立后，群众文艺活动

辞海广场　　（雷文录摄于 2020 年 5 月）

日趋活跃。50 年代初，流行扭秧歌、打霸王鞭。1956 年，县城举办首届民间文艺观摩会演，演出 60 个传统文艺节目，评出 12 个优秀节目参加地区会演。1973 年，县城举办工矿业余文艺调演。1993 年，由县农村改革试验区策划，举办了开发之光文艺演出，桔花园、江口、低庄、桥江、龙潭等 5 个经济开发区组队参演，展现了经济开发区的风采，极大地促进县内小城镇建设。之后，基本上每年都举办过各种名义的群众文艺会演活动。

20 世纪 90 年代末，录像放映厅、歌舞厅、卡拉 OK 厅盛行。1997 年为鼎盛时期，城内有录像厅、歌舞厅、卡拉 OK 厅 200 余家。2000 年兴办音乐茶座、酒吧等娱乐场所。

2000 年后，广场舞普遍兴起，广场舞队城区内有五六十支，每个建制村也都有 1~2 支广场舞队。几乎每年举办一次广场舞比赛，丰富群众的文化活动。

电影电视

民国 26 年（1937 年）和民国 27 年（1938 年）。县城放映过美国传教士带来的一部无声电影和湖南省电影教育宣传队带来的五部有声电影。中华人民共和国成立后，电影事业得到了蓬勃发展。1978—1990 年为电影事业发展最好时期。县电影院不仅室内电影爆满，还增设了露天电影场。据统计，1983 年，全年放映 4000 多场，观众达 36 万多人次。

20 世纪 80 年代，电视发展迅猛。1981 年，花果山差转台建成，配有 50 瓦发射机 3 台，覆盖卢峰镇及周边水东、桥江部分地区，转播中央一台、二台及湖南台节目。1987 年，雷峰山转播台建成，覆盖面积 2269 平方千米，占全县总面积的 60%，受益人占全县总人口的 73%。1991 年 10 月有线电视台正式开播。2003 年实施城区有线电视数字化工程，节目总量达 41 套。之后，电视向高清技术发展。

戏剧

境内主要是辰河戏，原称汉戏，1955 年正式定名为辰河戏。辰河戏分为高、低、昆、弹 4 种声腔，高腔剧目保存最多。在湖南省地方大戏中，辰河戏是高腔最多的剧种。很多剧目，其他剧种只存单折，而辰河戏却有全本，被艺人们称为“戏祖”“戏娘”的 48 本目连戏，是最具代表性的剧目。此戏配合祠堂祭祖、盂兰盆会、罗天大醮等活动进行演唱，自明、清、民国长达 500 多年的历史时期，被称为戏剧的“活化石”。2005 年，辰河目连戏被列为湖南省十大民族民间文化遗产。2006年被列入第一批国家级非物质文化遗产代表名录。辰河戏剧团常年活动在县城，为辰河戏爱好者提供了丰富的精神食粮。

另外，音乐、舞蹈、美术、书法、摄影及文学业余创作等都有很大发展和成效。2014年，王跃文作品《漫水》获第六届鲁迅文学奖。

教育

卢峰镇辖内教育历史底蕴深厚，教育源远流长。宋代在县城建立溆浦学宫，位于华盖山麓（今圣庙山），后毁于元宋。明洪武初年重建，明末颓废。清康熙四年（1665年）再度修复。道光元年（1821年）移建于华盖山上。学宫为官办县学，亦称儒学。入学生员分廪生、增生、附生三种。清雍正年间增收武生、新生（原称瑶生）。对生员课以“四书”、“五经”、“时文”及宋明理学，以备科举考试。清末停办。

明天启年间（1621—1627年），建九苞书院，明末废为水星阁。清康熙三十二年至五十一年（1693—1712年），建解公、蒋公、庄公3所书院，后均废。乾隆十九年（1754年）和道光十五年（1835年）分别建卢峰书院和蒙泉书院。卢峰书院是当时县内一所比较完备的书院，设有院长、监院、总管等职，管理生童的学习和院产工作，订有《章程十则》和《学规十则》。由于办学认真，管理严格，为溆浦科举时代培育了一批人才，在县内外享有盛誉。

清光绪二十九年（1903年），卢峰书院筹办县立小学堂，后改为高等小学堂。随后，全县所有书院均为公立小学堂。民国元年（1912年），县立高等小学堂改为高等小学校。民国24年（1935年），成立县义务教育委员会，创办短期义务小学。民国14年（1925年），县办初级中学一所，民国24年（1935年）因经费不足停办。民国26年（1937年），共产党人彭庆昭创办卢峰中学，校址设广福桥严氏宗祠，聘请梁春阳等中共党员为教员。旨在宣传共产党抗日主张，培养抗日救亡力量。彭庆昭离溆时，交梁春阳接办。民国二十七年（1938年）8月1日，被国民党当局勒令停办。民国29年（1940年）恢复县立初级中学。民国27年（1938年），创办县立简易乡村师范学校，民国29年（1940年）与县立初级中学合办，民国35年（1946年）两校分开，更名为溆浦县简易师范学校，1949年11月撤销。民国28年（1939年）省立沅陵中学迁入溆浦，民国30年（1941年）改为湖南省立第九中学。

北平民国大学，创办于北平（今北京）。抗日战争爆发后首迁长沙，民国27年（1938年）10月迁入溆浦卢峰镇大潭村。张天翼、翦伯赞、谭丕模、刘彦等教育界名人也随校到溆浦，在溆浦办学7年。抗日战争胜利后，民国35年（1946年）迁离溆浦，后并入湖南大学。

国立师范学院，民国27年（1938年）7月创办于湖南蓝田，民国33年（1944年）9月迁入溆浦城郊钟家（今卢峰镇桔花园村）。曾帮助溆浦培训师资280余人，民国35年（1946年）夏迁离溆浦。

1949年10月，县立初级中学并入省立第九中学。1952年，两校分开，分别更名为溆浦县第一中学和溆浦县第二初级中学。

中华人民共和国成立后，党和政府高度重视教育，教育事业得到了蓬勃发展。至2015年，卢峰镇辖区内有职业中专1所，完全中学4所，即溆浦一中、二中以及民办凯文和楚才中学，十二年制中学1所，即圣达中学，

灵翠山公园廊桥　　（雷文录摄于 2020 年 5 月）

九年一贯制学校 3 所，即鹿鸣、仲夏、新坪学校，初中 3 所，即卢峰镇中学、麻阳水中学以及民办鸿志中学，完全小学 9 所，其中，三杰学校为民办，村小 21 所。全镇在校学生 3 万余人，专任教师 2100 余人。幼儿园 35 所，其中公办 3 所，其他为民办。有幼儿教师 500 余人，在园幼儿 8000 余人。初中适龄人口入学率 99%，小升初升学率为 100%，九年义务教育覆盖率达 100%。

重点学校

卢峰镇第一完全小学：前身为宋代的溆浦学宫，明天启年间的“九苞书院”，1949 年更名为城关镇第一小学。校内留有“文庙”遗址，是溆浦教育的发源地。

警予学校：原称卢峰镇第二完全小学，前身是民国 2 年（1913 年）创办的“溆浦女校”，民国 5 年（1916 年）向警予接办。为纪念这位中国共产党创始人之一，第一位女中央委员的妇女领袖，1966 年举办了首届校庆活动，并确定民国 5 年（1916 年）年为建校时间。1978 年经湖南省委宣传部批准，正式定名为“警予学校”。此校曾荣获全国教育系统先进集体称号。

鹿鸣学校：是一所九年一贯制的公办学校，位于卢峰镇马田坪村。由于乡镇区划调整，2006 年将原马田坪中学和中心小学合并建校，称城南学校。前身为清代时一所私塾，20 世纪 20 年代更名为大坡塘完全小学，时为民国时期全县唯一一所农村完全小学。2002 年更名为溆浦县鹿鸣学校。此校是一所有着革命传统的学校。民国14年（1925年）初，革命先烈向五九在马田坪大坡塘小学秘密组建了中共溆浦县第一个党小组。

溆浦二中：前身为卢峰书院，始创于清乾隆十九年（1754年），清光绪二十九年（1903年）改为县立高等小学堂，民国14年（1925年）更名为县立初级中学，1952年正式成立溆浦县第二中学。培育了革命先烈向警予、专家学者舒新城、军政名人向仲华等一大批人物。

溆浦一中：位于卢峰镇枣子坡，民国27年（1938年）建于沅陵县铜鼎岗，前身为沅陵中学。民国28年（1939）9月，因避侵华日机轰炸迁入溆浦水东溪口，租用祠堂，民房续办。民国30年（1941年）改为湖南省立第九中学。民国33年（1944年）迁城东枣子坡。1952年10月更名为溆浦县第一中学。1980年，定为怀化地区重点中学，是怀化市规模最大的完全中学之一，现为湖南省示范性中学。

医疗卫生

民国以前，城乡多依赖民间中（草）药防疫治病。民国18年（1929年）县城始有西医西药。民国20年（1931年），助产士王鹤琴在县城首办幼幼诊所。翌年，美国传教士在溆浦天主堂设诊所，专为神职人员与教民治病。民国26年（1937年）首建县卫生院。至1949年10月前，除公立的县卫生院外，还有2家私人开办的医院。

中华人民共和国成立后，医疗机构逐年增多，医疗卫生得到了逐步发展。1949年9月，

县城夜景俯瞰图　（雷文录摄于2020年5月）

县人民政府接管民国时期的县卫生院，与救济院合并，成立溆浦县救济院诊疗所。1954年撤销，成立溆浦县政府卫生院，1956年改为溆浦县人民医院。1956年5月，在城区中医联合诊所的基础上组建县中医院，先后两次并入县人民医院，1970年正式恢复县中医院。之后，相继成立县职工医院和卢峰镇医院，各建制村也都建立了卫生所。

清末到民国时期，霍乱、天花等烈性传染病多次流行，由于缺医少药，死亡者甚多。据史料记载，民国9年（1920年）和民国10年（1921年），霍乱流行，陈林坪等3个村死200多人。

中华人民共和国成立后，卫生防疫得到高度重视。医疗卫生部门认真执行"预防为主"的方针，及时开展防治工作，使传染病的种类、流行面、危害度逐渐减少或灭绝。1950年起，连续3年普种牛痘，天花绝迹。1951年开始接种霍乱菌苗，霍乱得到控制。1956年，钩端螺旋体病流行，通过发动群众灭鼠和进行钩体疫苗防治注射，发病率由1956年的213.8/10万下降到1985年的3.86/10万。1968年以来，对流行性出血热，采取消灭动物性传染源（黑线姬鼠）和用中草药红花、泽兰注射预防、治疗，发病死亡率由1968年的21.93%下降到1985年的2.99%。

1978—1985年麻疹普遍流行。1985年后，加大疫苗接种措施，发病率大幅度下降，至2005年没有麻疹病情报告。1978—1990年，甲、乙型病毒性肝炎发病率较高。通过切断传染源、控制传播途径、疫苗接种等措施，此两种病都得到很好的控制。进入90年代以后，卢峰镇境内的医疗卫生事业有了长足发展。至2015年，境内有二等甲级医院2所，即人民医院和中医院。二等乙级医院1所，即济民医院。一级医院15所，综合门诊6所，村卫生室33个，医疗点18个。医院卫生技术人员2382人，编制病床数2854张。

社保优抚

民国时期，境内民众没有任何社会保障。中华人民共和国成立后，党和政府时刻关心人民群众生活，采取各种措施保障人民群众生活不断提高。50—70年代，特困户由政府给予救济，五保户由生产队养老，歉收年可享受返销粮救助。2006年开始实行"最低生活保障制度"，城乡居民都可享受。城镇居民每月最高可享受420元的生活保障金，农村村民每月最高可享受130元生活保障金。2008年起，全面推行新农村合作医疗保险和城镇居民医疗保险。2011年开始实施城乡居民养老保险，对年满60岁的老人每月给予一定金额的生活补助。2011年全镇医保参保人数119971人，2012年医保参保125129人，农保参保人数23274人，2015年农保参保51691人。

2014年后，卢峰镇政府把精准扶贫、精准脱贫作为战略重点，周密部署、真抓实干，采取易地搬迁扶贫、发展产业扶贫、教育扶贫等措施，打好脱贫攻坚战。全镇6个贫困村，因地制宜，采取切实可行措施脱贫。桥头水村建立黑木耳基地，南华山村开展特色养殖，桐木坨村组建枣果合作社，双江口村发展蔬菜种植，红星村培育葡萄基地，雷峰山村开展稻田养鱼等措施帮助贫困户脱贫。

特色地情

人文历史

重要事件

红军长征过溆浦：红二、六军团长征，由贺龙、任弼时、肖克、王震等率领，于民国24年（1935年）11月26日进入溆浦，12月22日全部出境去隆回，在溆浦历时27天，在卢峰镇辖区10天。

溆浦解放，新政权成立：1949年9月19日，中国人民解放军某团解放溆浦县城。9月20日，陈策、谌鸿章率“湘西纵队”进驻县城，21日成立溆浦县治安维持委员会和军粮征借委员会。10月23日，任之率南下工作团38人到溆浦工作，10月26日，由任之、傅声远、沈宁组成中国共产党溆浦县工作委员会，任之任书记。10月27日，成立溆浦县人民政府，接管旧政权和溆浦飞机场。1950年2月，中国共产党溆浦县委员会成立。县治设卢峰镇，时称首善镇。

陈慕华参加向警予铜像揭幕仪式：1995年9月5日，向警予诞生100周年，全国人大常委会副委员长陈慕华等中央及省市有关领导到溆浦，参加向警予铜像揭幕仪式和纪念大会。

风景名胜

县城旧八景：卢峰仙隐、桃谷春风、桂坊秋月、龙堆积雪、溆水屈遭、鹰渚回波、芦潭渔唱、栎垅樵歌。

丫髻山塔（护邑塔）：位于城西。始建于元末明初。明时建护邑庵，同治九年（1870年）重建。此塔于1971年毁，2012年重建，2013年竣工。

涉江楼：为纪念伟大爱国诗人屈原所作《涉江》一诗而修建。地址位于城北防洪大堤干（溆浦方言）码头，七级八角，塔楼高十一丈（约33.7米）。2001年动工，2002年竣工，耗资150万元。

招屈亭：位于今卢峰镇茅坪村坳上，为爱国诗人屈原而建，是全国最早纪念屈原的建筑之一。古亭毁于清末，仅存遗址。1997年，在城南防洪大堤处恢复这一建筑，更名为“怀屈楼”。

慕义亭：位于城南桔花园村。项羽弑义帝，武陵人缟素哭亡。汉高祖刘邦以武陵人（溆浦为武陵郡郡治）重情重义，而设义陵县。后县人建亭崇义帝，遂名“慕义”。古亭毁于民国，1997年重建。

水星阁：位于城北华盖山，今圣庙山。旧为九苞书院，明天启年间，县令毛应韶建，毛四川人，字九苞，故称九苞书院。古阁毁于民国初期，20世纪80年代复修，并移址花果山。庙前古樟参天，绿树环绕，风景秀丽，登上则县城尽览。

向警予纪念馆：位于城西卢峰镇解放街。向警予是中国共产党创建时期的重要领导人之一，为纪念她的丰功伟绩，1985年9月经湖南省人民政府行文建馆。纪念馆由向警予故居、生平事迹陈列室、纪念碑广场三部分组成，占地面积8680多平方米。纪念碑总体高9.4米，向警予铜像高4米，碑体正面镌

浮桥 （雷文录摄于2000年5月）

刻“向警予同志纪念碑”八个金色大字，碑的南面镶有蔡和森民国17年（1928年）写的《向警予同志传》全文。1995年1月25日，湖南省委宣传部公布为第一批省级爱国主义教育基地，1996年11月30日，国务院公布为全国重点文物保护单位，2005年列为国家AAA级旅游景区。

灵翠山公园：位于城西灵翠山，公园总用地面积804亩，总投资12217万元。整个公园建设分三期实施。已完成第一期工程建设，投资6688万元，建成西大门广场、景观大道、人民英雄纪念碑及广场、圆形广场、芦潭湖、风雨廊桥、花谷、栎垅樵歌亭、芦潭渔唱亭、桂坊秋月亭、鹰渚回波亭等景点景区。游人络绎不绝，成为县城一道亮丽的风景。

民俗风情

上所化曰风，下所习曰俗。就风俗而言，卢峰镇与县内各乡镇，以及整个大湘西大同小异，多个民族居此融合。

服饰：妇女勤纺织,衣服布料、被褥、腰带、裤带均自行纺织而成。从弹棉花、纺纱纺线、牵布织布到染色加工都是自己动手，各村落都有纺车和织布机。服饰较为独特，男人上衣为格子花或条子花，青壮年着五扣或七扣对襟，妇女和老人多为斜襟，开襟一般在左边。男女裤子都是直筒，分为两截，上截称裤头，裤头为白布缝成，下截称裤脚，多为蓝色或黑色。穿上后，往一边一折，用裤带一系便成。男人喜系腰带，头裹包坨，被子多为九坨花。进入80年代后，此服饰已基本消失。

宗教信仰：乡民喜到南岳山朝香拜佛，称拜佛还愿。拜佛者称为香客。每年农历五月、六月，香客都去南岳山朝拜。旧时多为结伴徒步而行，香客带上雨伞、香袋，一路唱着佛歌，三步一跪，九步一拜，直到南岳庙。后多为集体租车或乘火车而去。朝拜还愿者为表心诚，还愿须三年。

中元节：农历七月十五日为中元节，俗称鬼节。每年农历七月十三日家家户户就准备迎祖先回家。在神龛上摆上供品，点上香火，在神龛下和堂门外焚烧纸钱，称接老人家。吃饭时要盛上饭菜放在神龛上。七月十五日傍晚称送老人家，点香烧纸并沿路插上香火为祖先送行。现有的地方为农历七月十四日送老人家。

拜新灵：家有亲人死后，第二年春节期间，要组织家人亲戚清早就去上坟，摆上供品、酒茶，点上香火，焚烧纸钱，称为拜新灵。城中、城南一带为初一，城北麻阳水等地为初二。当日不能同时拜年。

娱乐老牌：乡民喜爱玩老牌，称麻雀服，此牌为溆浦一绝，其他地方没有。一副牌分万字36张，索子36张，本子36条，加上老千、牛儿、票子各4张，共计120张。

棋类：有打山棋、裤裆棋、五字飞、六字棋、五行棋（即金木水火土）等，田间地头、阶前廊下到处都可以下。

节序风俗、婚嫁丧葬，和其他地方基本相同，不再赘述。就婚嫁而言，嫁女时，除女哭嫁外，先日要把出嫁女孩脸上的环毛用细线弹掉，叫开脸。

名优特产

溆浦鹅：具有体型大、生长快、耗料少、适应性强、屠宰率高、肉质鲜美、肥肝性能好的特点。成年公鹅体重5.5~7.5千克，母鹅5~6千克。肉鹅全生长期约耗精料2~2.5千克，每耗料0.37千克增重1千克。种鹅全年耗粮20~25千克。屠宰率成年公鹅全净膛为78.01%，母鹅为78.42%。1958年，溆浦鹅曾在北京农业展览馆展出。1974年，溆浦鹅销往香港，至1985年，共销售38461羽。1983年8月，对溆浦鹅采用填料育肥技术，鹅肥肝平均重746克，最大重达1330.5克。鹅肥肝质地细嫩、胆固醇含量低。深受顾客青睐。

溆浦鹅肥肝厂于1985年4月建成投产，当年填鹅9000羽，生产鹅肥肝2.4吨，销往北京。1986年鹅肥肝生产被列为国家“星火计划”，1987年被列为国家科技开发项目。因种种原因，此计划未能实现。

溆浦人有饲养溆浦鹅的习惯，多饲养在县中部的平丘区。卢峰镇饲养范围在麻阳水、桥江、竹坳、双江口、仲夏、马田坪、桔花园、高低、地坪、漫水等村，年饲养量1万羽左右。

饮食名吃：有碗儿糕、米糕、麦筵汤、葛面、米粉、凉粉、香粉、甜酒汤圆、油糍粑、葛糍粑、蒿菜糍粑、黄麦糍粑、桐叶糍粑、芭蕉糍粑、枕头棕糍等数十种。

佳肴名菜：有坨子肉、肉榨粉、冬笋炒腊肉、焖炖鹅肉、溆浦血鸭、小炒狗肉、牛杂汤、牛肉炖魔芋、泥鳅煮豆腐、小蒜豆腐渣、擂钵擂油发辣子小竹笋、酸辣子炒干鱼儿、酸辣子炒豆豉、酸辣子炒芝麻等几十种。

糖类：有溆浦片糖、麦芽糖、棉花糖、牛筋糖等多种。

名优产品：溆浦酒厂生产的“味美思”果酒，1979年在省评酒会上荣获全省第一名，1982年被评为省优产品。

魔芋食品厂生产的魔芋精粉于1988年12月荣获首届中国食品博览会银奖。

溆浦罐头厂生产的雪峰牌玉米笋，1989年3月获评湖南省优质新产品；山妹子果蔬饮料，1994年8月获成都精品展示会金奖，由国家科委颁发；神龙八宝粥，1994年10月获蒙古国乌兰巴托国际博览会金奖，由对外经贸部颁发；312号橘子罐头，1994年10月获北京国际博览会金奖，由对外经贸部颁发。

雪峰公司生产的雪峰牌“片片桔”罐头，2002年被湖南省消费者协会评为“信得过”产品。2003年12月，被湖南省名牌产品评审委员会评为“湖南省名牌产品”。

民营企业主沈佳云创立的“佳云牌”精制橘片，获省农博会三项金奖。

溆浦湘妃酒业有限责任公司生产的湘妃金樱子酒，于2012年被认定为怀化名牌产品。

（撰稿：舒良顾）

沅水流域重要商贸古镇，
抗英名将郑国鸿故里

大江口镇

（江口镇、水湾乡、小江口镇部分）

城区俯瞰图

（雷文录摄于 2020 年 5 月）

区域概况

位置面积

大江口镇位于溆浦县西部、处沅水与溆水交汇口。东连溆浦县卢峰镇、思蒙镇，南邻辰溪县黄溪口镇、仙人湾乡，西接辰溪县火马冲镇，北靠辰溪县柿溪乡、谭家场乡。镇人民政府驻江口社区，电话区号0745，邮政编码419301，距溆浦县城25千米，距怀化市区52千米，距辰溪县城33千米。

民国27年（1938年），原属大江口第七保的杉帽坪村、双溪口村、马家村、罗家冲村、陈家湾村、仇木湾村、谭家坳村被划入辰溪，使原本以子溪为界的辰溪溆浦县界西移至顿旗山脉的山脊。

1954年，原属大江口镇的黑家溪村划入辰溪县。同年，原为新民村的牌楼边向家和荆锋村的大山溪自然村划入辰溪县。

沅水流经大江口约20千米，溆水流经大江口约18千米，大洑潭电站蓄水以后，沅水河面增宽至500米左右，大江口镇水域面积大增，达到15平方千米，加上溆水河水域面积，大江口的水域总面积约为25平方千米。

建置沿革

民国初年，大江口设区，区下设团，区长有肖良德、邓开发。民国16年（1927年），撤区设乡，乡以下设保，保下设甲，每个自然村落为一个甲，整个大江口乡设7个保，乡公所办公地点设在江口小学隔壁的观音堂。中华人民共和国成立后，大江口设区，为溆浦县第六区，辖仲夏、思蒙、大江口，大江口为下六区，区下设有小乡（即行政村）。1956年撤区以后，大江口区设小江口乡、洑水湾乡、江口镇、思蒙乡。1958年人民公社成立以后，江口镇划分为江口镇和江口公社，1984年，人民公社撤销，原人民公社辖区不变，设乡镇人民政府。江口镇、江口公社合并为江口镇，一直沿用至2015年底。2015年，乡镇合并后，洑水湾乡、江口镇、小江口乡的一部分（曹家溪、白岩山、江星、高桥、立新、双峰、鱼米溪）合并为大江口镇。

1978年后，大江口镇先后有李远和、何先岸、曾凡书、夏健生、张良欢、舒良顾、刘志洪、张晓波、舒宜生、张卓生、毛绍阳、饶骁、曹召省、熊水平、张旭、舒建忠、何国发任中共大江口镇党委书记。先后有李远和、贺方定任职革委会主任和郭先求、米久告、周本告（代理）、舒良顾、李传良、戴英万、张晓波、赵年雨、刘东旭、曹召省、郭琦、张旭、熊勇军、贺德海、舒孝阳、田鑫、任镇长。有夏德勇、黄孝时、向洪来、张孝仁、夏健生、潘啟武、郭先求、黄丽君、夏晔、罗尚荣、关建平、周向德、舒建忠、李翔、舒孝阳任洑水湾乡党委书记。有夏德勇（兼）、黄孝进、向洪来、黄孝均、黄祖高任洑水湾公社革委会主任，有田百池、马云书、黄丽君、邹金宇、刘东旭、张建平、唐群友、舒建忠、熊勇军、李翔、向宣绘、雷汉

乡村风光 （雷文录摄于2020年5月）

生任洑水湾乡乡长。有荆长福、黄友诚、颜克玉、舒清告、董紹祥、何先岸、田百池、王小炎、张小波、冯本富、翟波、谢正刚、黄果、夏为民、贺德禄任小江口乡党委书记。有荆长福、黄友诚、颜克玉任小江口公社革委会主任，有李延军、熊区生、田百池、向助义、李永福、贺显高、戴英万、李远駒、舒像林、张爱芳、赵俊芳、张良兴、黄果、夏为民、吴怒华、张克任、夏海勇任小江口乡乡长。2015年，原江口镇、洑水湾乡、小江口乡合并，设大江口镇，第一任党委书记何国发，镇长雷汉生。

行政区划

2015年底，大江口镇辖新民、合农、莲花、洑水、荆峰、沅江、枫香、白岩头、岩坪、大湖坪、江星、高桥、曹家溪、白岩山、渔米溪、斯文溪、立新、双丰、高峰、金明、芦冲园、坨里、上斯文、虎皮溪、茶湾、田坪、白沙、沅水、大江坪、清江屯、金桥、新田岭、土桥、和平等34个行政村，上街、下街、蒜园、江坪、湘维一居、湘维二居等6个居委会。

人口民族

中华人民共和国成立初期，大江口镇的总人口为12637人，到1958年，人民公社成立时，江口镇总人口为31247人，到2015年底，大江口镇的总户数为21964户，总人数为68229人，其中，男性为36225人，女性为32004人。总人口数中汉族为85427人，占总人口数的85.6%；土家族为3634人，占总人口数的5.3%；瑶族为2116人，占总人口数的3.1%；其他少数民族4052人，占总人数的5.9%。农业人口为53736人，非农业人口为14493人，2015年度人口出生率为18.2%，死亡人口为

442人，死亡率为65%。

自然环境

环境：大江口境内以山地、丘陵为主，平地面积很小，只有狭窄的河谷盆地，平均海拔267米，最高点的顿旗山顶峰，海拔高度881米，最低点是沅水水平面，海拔高度129.5米，气候温和，属亚热带季风气候，春夏为东南风，秋冬为西北风。气候特点是四季分明，冬夏长，春秋短，冬天严寒，夏天酷暑，雨量丰沛，热量丰富，无霜期长，1951年来，年平均温度为17.0℃，年平均气温最高为21.6℃，最低为13.7℃，极端最高温为40.2℃，极端最低气温为-12.1℃，全年气温最低的时候是1月，最高为7月下旬和8月上旬，8月下旬开始降温。年平均日照时数为1300小时，最多达1454.7小时，最少只有1179.8小时，年总辐射96.1千卡/平方厘米，年均降水量为1400~1500毫米，极端年最大降水量为1780毫米，极端年最少降水量为891毫米。

资源：大江口境内矿产资源主要为石灰石、煤、铝土、煤矸石，境内有耕地3.92418万亩，有森林面积22.8万亩，土地肥沃，适宜多种植物生长。地下水资源非常丰富，水位埋深5.4米，物质性质较好，固形物含量不高，硬度低，不具腐蚀性，盐害和碱害均在国家规定标准之内，为适宜的饮用水、工业用水和良好的农业用水，主要是村民打井取水饮用，农业灌溉和工业用水很少。

灾害：境内主要有旱、涝、霜冻、冰雪，洪灾主要是沅水和溆水发大水，1970年沅江水位达到了142.7米、2004年达到137.6米、1996年，水位达到138.2米。沅江两岸的村庄大部分被淹没，涉江社区全部被淹。造成了巨大的经济损失。

经济发展

经济综述

沅水、溆水为大江口提供十分便利的交通运输条件，为大江口的经济发展增添活力，明万历年间，大江口犁头咀商铺林立，商人络绎不绝，码头上商船来往不断，十分繁忙，成为周边地区的商品集散地。发达的商贸带动传统农业及手工制造业的发展。自明代开始，大江口的经济名列溆浦县的前列。

农业

历史上溆浦人民以种养为主，种植以水稻、玉米、油菜、蔬菜、柑橘为主，养殖以猪、牛、羊、狗、鱼、鸡、鸭、鹅为主。早在春秋战国时期，当地农民就开始栽种柑橘，柑橘已成为大江口镇的支柱产业，随着不断地引进和改良原有品种，现在大江口镇的柑橘品种多样，品质优良，优质品种有纽荷尔、朱红橘。2003年，大江口镇的朱红参展广州农博会获金奖，到2015年底，大江口镇共种植柑橘76229.65亩，年产量21.345万千克。

大江口镇有耕地39241.8亩，人均0.58亩，其中，水田33703.95亩，旱地5537.85亩，

果农采摘柑橘　　（雷文录摄于 2019 年 10 月）

2011 年生产粮食 29178.3 吨，人均 427.65 千克。2015 年生产粮食 34787.68 吨，人均 509.87 千克；油菜 18940.1 亩，产油菜籽 2178.11 吨；有规模养殖户 65 家，母猪存栏 2410 头，肥猪出栏 4.6 万头，有肉鸡和蛋鸡规模养殖户 9 户，加上村民散养户，年出栏肉鸡达 11.8 万羽，年产鲜鸡蛋达 75.25 吨，年出栏鸭、鹅 2.8 万羽。2015 年末，全镇有农用小四轮 129 辆、三轮车 175 辆、大卡车 52 辆，拖拉机 33 辆，耕地平整机 1052 台，小型收割机 5 台，机动电动喷药机 3000 多台。

林业

1949 年以前，大江口镇林木茂密，森林覆盖率较高。1958 年以后，遭到三次较大规模破坏，第一次是 1958 年“大炼钢铁”，大量森林被砍伐用作炼钢铁的燃料；第二次是“文化大革命”时期；第三次是山林承包到户以后，部分村民大量毁林，变林地为耕地。致使森林覆盖率下降，土桥溪等地的原始次森林被毁，大量珍贵木材被砍伐。进入 90 年代以后，林业生产逐渐得到重视，随着退耕还林等一系列惠林政策的实施，大江口镇的植被得到恢复，2015 年，全镇拥有森林面积 22.8 万亩，森林覆盖率达到 75%。

工业

自宋朝到民国初年大江口镇境内五匠俱全，手工业比较发达，民国 31 年（1942 年）就建有锅厂，生产的铁锅经水路销往各地。

到20世纪70年代，先后在大江口建立了湖南维尼纶厂等多家企业。

湖南省维尼纶厂：始建于1971年，设有热电、纺丝、PVI、无纺布等车间，还有建材、电石、机修等分厂，有职工3000多人，年产值14.6亿元，给地方带来税收5660余万元。因产品滞后等诸多原因，于2017年停产。

大江口水泥厂：始建于1970年，属于老式立窑水泥厂，于2003年改为股份制，因污染严重，于2010年关停。

怀化地区大江口煤矿：始建于1958年，1985年因资源枯竭而停产，后改建电解锰厂。

大江口锅厂：建于民国31年（1942年）以前，中华人民共和国成立以后，收归国有，为溆浦县轻工业局的下属企业，于1991年停产。

大江口航运公司：组建于20世纪50年代，当时的大江口帆船运输社只有几十条帆船，靠风帆做动力，人工拉纤。到了20世纪70年代末，木帆船全部改为机动船，并拥有自己的造船厂。但随着铁路、公路的高速发展，航运公司的业务每况愈下，于1998年停止运营。

大江口搬运公司：大江口自古就是货物集散地，搬运工自古就有，20世纪50年代，镇政府组建搬运社，到2015年，运营良好。

以上企业还带活了一批乡镇企业和私营企业以及个体手工业者，2013年，大江口的工业从业人员达到4623人，工业产值达到15.8亿元，上缴税款达到7200万元。占县财政收入的30%以上。

商贸服务

大江口镇的墟场在宋代已初具规模，经清代到民国早期已比较成熟，素有小武汉之称，是溆浦最大的商品物流集散地。当地的石灰、生漆、木材、桐油、烟叶等特产直达常德、武汉及江浙一带，贵州、江西、江苏等地均在此设有会馆，是沅水流域重要的商贸古镇。

1949年以后，江口镇设有国营供销社、新华书店。1970年，江口大桥通车以后，大江口的墟场逐渐向南扩建至公路沿线，湘维尼纶厂建成以后，在湘维生活区又建成了新的墟场。至2015年，湘维市场和大江口市场逐渐连成一片，形成了以两个市场为中心，以公路为纽带的大型墟场，共有店铺860余家，摊位569个，从业人员4287人，社会消费品零售总额达3.98亿元。

财政金融

清代，大江口就设有钱庄，经营信贷业务，当地人称为“放印子钱”。中华人民共和国成立后，镇内有“农村信用社”3个，农业银行营业所1个，20世纪70年代以后，镇内又增加了工商银行营业所1个，建设银行营业所1个，邮政储蓄所3个，乡政财政所3个。自20世纪70年代后，大江口镇就是全县的财税大户。

在二十世纪八九十年代，大江口镇的财税收入占到了全县财税收入的30%以上，2000年，全镇财政收入10433.11万元，至2015年底，全镇的财税收入11279.63万元。

基础设施

交通运输

境内的第一条公路是建于民国27年（1938年）的S308公路，从辰溪县山塘驿至安化县烟溪镇，抗战期间为汉阳兵工厂南迁而建。是大江口通往外界的一条重要交通线。境内水运一直都很兴盛，木材运输主要是木排。其他货物的运输都靠木帆船，中华人民共和国成立后，镇政府组建了帆船运输社。

客运

20世纪70年代，出现机帆船，大江口帆船运输改为大江口航运公司，航运公司开通每天往返大江口至安江、大江口至辰溪的客班船。20世纪50年代，溆浦至辰溪的客车也正式开通。20世纪70年代，湘黔铁路正式通车，设大江口、沙堆2个火车站，方便人们出行及货物的运输。2013年，娄怀高速建成通车，设大江口互通，人们出行更加便捷。

2006年，境内所有村修通公路并硬化，连通大江口至辰溪黄溪口、大江口至辰溪仙人湾、大江口至辰溪长田湾、大江口至辰溪县柿溪乡4条县际公路，形成四通八达的交通格局。

长芷高速　（雷文录摄于2020年5月）

龙舟赛 （雷文录摄于 2019 年 6 月）

供水供电

20 世纪 80 年代以前，境内的饮用水主要为泉水、溪水及河水，20 世纪 70 年代，湘维尼纶厂建成后，工人及大江坪村用上了自来水，20 世纪 80 年代初，大江口镇自来水厂建成，居民区及附近田坪村的村民用上了自来水，自 20 世纪 90 年代末开始，镇政府启动饮水工程，到 2010 年底，自来水在全镇范围内普及。

清代，境内大部分村民以桐油灯照明，民国时期至 20 世纪 70 年代初，村民使用煤油灯照明，20 世纪 70 年代，部分村使用柴油机发电，解决村民的照明问题。湘维尼纶厂建成，柘溪电网高压电进入大江口，境内的村民逐渐拉通了高压电，经过三次农网改造，到 2015 年，境内所有自然村通电，并实现与城镇同网同价。

水利建设

1949 年以前，境内除了少数村落中有用于消防的烟火塘之外，用于抗旱的山塘极少，只有一些引流泉水的渠道，从 50 年代开始，大搞水利建设，全镇共有小（2）型水库 9 座，骨干山塘 18 座，电灌站 2 处，溪坝 6 处，高标准渠道 5 处，全镇有灌溉自流化耕地 30.63 万亩。

1993 年，溆浦县修建银珍电站，电站坝高 27.8 米，坝长 125 米，库区容量 3100 万立方米，集雨面积 3341 平方千米。全年发电量达 5700 多万千瓦时，纯利润 1800 多万元。

邮电通信

中华人民共和国成立以前，大江口镇境内无任何邮电通信设施，中华人民共和国成立初，成立大江口邮电支局、洑水湾邮电支局、小江口邮电支局。境内各村安装可摇电话，有邮递员送《湖南日报》、《人民日报》及各类报刊和邮件。1994 年，程控电话设施安装投产。1995 年，境内程控电话开通，共安装电话 5300 多部，BB 机 12365 部。至 2005 年，全镇已开通移动、联通、电信三大通信体系，通信覆盖率达 100%，并开通数字电视，实现城乡一体化。到 2015 年底，境内有邮政局 1 个，个体快递店有十余处，营业网点已延伸到各个行政村，邮政业务总量 670 万元，纯收入 420 万元，杂志、报纸累计发行 2.2 万份，发送与接收邮件 58 万余件，其中，当地土特产通过快递销售的达 1000 万千克，其中，脐橙达 750 万千克。

境内有电信分局 1 个，电信、移动、联通的服务网点达 12 处，电话交换机总容量 6.2 万门，有固定电话 6560 户，电话普及率达 80%，移动电话用户 64000 余户，电脑 6500 台，互联网用户 5800 余户，全年电信业务收入 720 余万元。

镇村建设

境内墟场在宋代初具规模，明万历年间，犁头咀一带，商铺林立，已成规模，设大江口驿站。到清代中叶，犁头咀成为远近闻名物流中心，常住人口达 2000 多人。民国时期更是商贾云集，物流繁忙，有“小武汉”之称。当时的建筑以吊脚楼为主，有少数徽派窨子屋，吊脚楼之间建封火墙。沿河有码头 18 个，沿河修建，呈 9 字形，集市多集中在主街道，只有粮油、家禽市场在中心区域。古市场以家族姓氏为主体修建，管理费也是以姓氏家族为单位收取，现残存遗迹有郭家场坪和俞家场坪。随着陆路交通的发展，境内重点建设南移。20 世纪 70 年代，供销社从犁头咀迁到大桥桥头，随后，信用社、农行营业所等单位均迁到供销社附近，集贸市场从犁头咀移至公路沿线，至 20 世纪 90 年代，镇集贸市场建成，以路为市的现象得到改观。接着又建设湘维市场和江维街，形成西起双桥，东至火车站货场的商贸区，沿线共有店铺门面 1429 个，经营各种生产和生活用品及农副土产品。

20 世纪 80 年代，城乡居民住房条件逐步得到改善，到 2015 年底，农村 80% 以上的村民建新房，城乡居民居住条件得到改善。

2014 年，境内开展“美丽乡村·幸福家园”活动，全镇十余村获评“美丽乡村·幸福家园”先进示范村，2 个村被评为市级先进示范村。

社会事业

教育

旧时，大江口镇境内只有少数富人开办私塾。民国元年（1912 年）乡绅肖平兴在大江口镇犁头咀马颈坳创办第一所二级小学（低年级和高年级），即大江口小学。

1950 年，政府在各村设立初级小学，全镇有完全小学1所。

20世纪60年代，境内小学进一步完善提高。并设有3所中学，江口区有高中1所。20世纪80年代，江口区中更名为溆浦五中，校址迁往田坪村。湘维尼纶厂建成后，设湘维子弟学校，从小学至高中。2006年，湘维子弟学校的高中部并入溆浦五中，更名为江维中学。洑水湾乡中学与湘维子弟学校合并，称湘维学校。原江口镇金明中学与大江坪中学合并，称江口镇中学。至2015年，境内共有高中1所，初中3所，完全小学4所，教职工46人，在校生719人，小学适龄儿童入学率100%，九年义务教育覆盖率100%。2015年财政预算内教育经费2281.74万元，比上年增长8.61%，预算内教育经费占大江口镇财政总支出比为30.2 %，比上年增长12%，溆浦五中特长生教育成绩显著，为溆浦县体育特长生专门教育基地。镇内有幼儿园15所，在园人数2300多人，专任幼师104人。

中南林学院于1974年由广州迁入境内更名为湖南林学院。1975年9月开始招生，1978年恢复中南林学院校名，1983年迁往株洲。办学十年，为国家培养和输出英才3000多名。

文化体育

境内历来文化体育活动主要是在大端午的农历五月十五纪念屈原划龙舟，大江口的龙舟很有特色，外形与赛制跟其他地方都有区别。境内龙舟长30余米，宽约1.7米，可容纳50~60人参赛，以人为“活龙头”。赛制与其他地方也不同，大江口龙舟是以力量、技巧、搏击技能为主，两舟相遇，两舟上的“龙头”以肩扛、手拉、推、扯、扭等动作互斗，以把对方推到水里为目的，落水者输，仍坐在船头的赢。大江口龙舟的组对方式是以院落宗族姓氏为单位组队，竞赛时间在农历五月十四、十五日两天。境内传统文艺活动有舞龙灯、唱船灯、唱渔鼓、唱山歌、打霸王鞭，近年流行广场舞。到2015年底，全镇有各类舞蹈队66支，文化站1个，广播电视站1个，大型文化宫及文化活动中心各1个，文联1个，摄影、写作、广场舞、书法、音乐等协会6个，龙舟协会1个，村级文化中心24个，村级图书馆10个，农家书屋25个，藏图书12万余册。龙舟75只，篮球场22个，丰富广大城乡居民的文化生活。

龙舟赛

医疗卫生

民国时期，境内有中草医三家，县医院在此设卫生室1个，有医生1人。1951年在犁头咀王家码头成立江口卫生所，有工作人员4人，60年代改为江口区卫生院，后迁到大江口桥东。20世纪70年代，成立江口镇卫生院、泆水湾乡卫生院、小江口乡卫生院。2009年，撤区以后，原大江口镇卫生院与大江口区医院合并成立江口镇中心医院。2015年进行调整，小江口卫生院、泆水湾卫生院并入大江口镇中心医院，医疗资源留在原地，名称不变，镇医院有各类专业技术人员146人，其中，副高级医师3人，主治医师14人，执业医师17人，执业助理医师22人，护士61人，有床位198张，固定资产1600万元，2015年向主管部门申请改名为溆浦县第二人民医院。

2005年，原湘维职工医院划归地方，改名智德医院。

到2015年底，大江口境内有县级医院1所，镇中心医院1所，卫生院2所，村级卫生室45个。

2008年开始参加新型农村合作医疗，全镇参合36255人，报销医疗费729.63万元。2015年，全镇参合人数48872人，报销医疗费1436.16万元。

（雷文录摄于2019年6月）

社会保障

中华人民共和国成立前，境内老百姓没有任何社会保障，中华人民共和国成立初，境内的特困户通过区公所得到县政府的救济，人民公社时期，人民政府通过粮站向粮食不能自给的村民发放返销粮、统销粮，孤寡老人统称为五保户，由集体供养。2006年开始实行“最低生活保障制度”，镇内有1389户1892人得到生活保障，领取保障金22.7万元。2015年，全镇有2223户4293人得到生活保障，领取最低生活保障金3795.84万元。2009年，建敬老院1所，供养老人20人，每月享受600元的生活费。2012年，实行农民养老保险，全镇有9105人领取养老金546.3万元，2015年8970人领取养老金592.02万元。2015年底，全镇有特困户（五保户）209人，每人每年2400元补助金全部按月发放到位。到2015年底，全镇已顺利完成599户危房改造。

人民生活

1949年以前，人民生活贫困，因主粮不足，农民多以红薯、蔬菜、蕨根、树皮等充饥。

生活在最底层的有排牯佬和拉纤佬，是指在沅江河上以放排为生的人。拉纤佬是指为木帆船拉纤维生的人，他们生活、生命都没有保障。中华人民共和国成立以后，排牯佬和拉纤佬的生活得到很大的改善，当地政府为排牯佬成立排友工会，大部分排牯佬成了木材公司的工人。拉纤佬也成了航运公司的工人。

农村住房大多数为茅草房，只有少数木质瓦房。中华人民共和国成立之初，粮食产量低，农民人均口粮不足200千克。到了二十世纪六七十年代，粮食产量有所增加，人们生活得到较大改善，农村的茅草屋已极少见到。1981年实行家庭联产承包责任制，粮食产量增加，基本解决温饱问题，20世纪90年代后，部分家庭逐渐富裕，开始兴建楼房，使用电风扇、电视等家用电器。进入21世纪后，随着农业效益的逐步提高，农民的收入逐年增加，到2015年底，农民人均纯收入达到5200元，85%的农户入住新楼房。城镇居民人均纯收入达到16800元。全镇有面包车1200多辆，摩托车6300余辆，小轿车3600余辆，户均彩电1.2台、洗衣机1台、电热水器1台。

特色地情

人文历史

重要事件

民国24年（1935年）12月，中国工农红军二军团进入大江口，在犁头咀宣传中国共产党的政策和主张，并在当地征兵。

1970年，江口公路大桥通车。

1971年，湘黔铁路通车，大大方便了人们出行。

1972年，湘维尼纶厂在大江口镇大江坪村破土动工。

1974年，中南林学院迁至大江口镇威虎山村，1983年，中南林学院迁往株洲。

1978 年，湘维尼纶厂正式投产。

1997 年，银珍电站正式发电运营。

1998 年，小江口大桥正式通车。

2007 年，大洑谭电站正式发电运营。

2014 年，娄怀高速正式通车过境大江口，设大江口互通。

2015 年，江口镇、洑水湾乡、小江口乡合并为大江口镇。

风景名胜

大江口镇境内有三大国家级公园。

溆浦县国家森林公园威虎山景区：以大江口镇新田岭村、土桥村、和坪村为中心，于 2015 年被批准为国家级森林公园，总面积 18.33 平方千米。公园内山清水秀，瀑布成群，植被丰茂。野生动物种群多样，园内建有 2 家旅游公司和中南林学院纪念馆。

思蒙国家湿地公园：大江口镇辖区有渔米溪村、双丰村、江星村、斯文溪村、大湖坪村、岩坪村、立新村、金明村、田坪村、上街居委会、下街居委会属于思蒙湿地公园范围，总面积为 76.67 平方千米，经过多年治理，水资源得到保护，水质提高。

雷峰山国家石漠化公园：大江口镇辖区有白岩头村、顿旗村、沅枫 3 个村属于石漠化公园的范围。

雄狮山、飞水洞风景区：位于曹家溪村，距镇政府 12 千米，洞深 8 千米，已开发 35%，洞内有 8 个大厅，钟乳石、石笋形态万千，数量众多，极具观赏价值。

大洑潭电站库区：2008 年大洑潭电站建成发电，沅江水面抬高 4 米，河面宽增至 400~800 米，湍急的河水变成了平缓的湖面，境内湖面达 15 平方千米，两岸村庄密布，山水相连，青山绿水相得益彰，风景靓丽。

黑神庙：境内有黑神庙 5 座，黑神，即黔王雷万春，唐玄宗时期一骁将，安史之乱时守城有功，后为黔地太守，主政期间，物丰民安，政绩斐然，受民众拥戴，被视为保护神，遂建庙朝拜。

伏波宫：位于涉江社区，为纪念东汉伏波将军马援而建，马援平五溪蛮之乱时，出兵大江口，五溪蛮平定之后，马援回朝，当地百姓念其功德，建庙纪念之。

屈原祠：屈原流放期间，曾在大江口登岸居住，人们怀念诗人屈原，遂建屈原祠，每到端午龙舟赛时，各个龙舟队都会在屈原祠举行祭祀活动。

名优特产

当地的主要特产有朱红橘、纽荷尔等。朱红橘是大江口本地特产，早在战国时期就已经大面积种植，不仅颜色鲜红美观，而且口感极佳、营养丰富。纽荷尔是 20 世纪 90 年代引进的新品种，由于气候与土壤的原因，纽荷尔特别适合在当地栽种，在不到 20 年的时间里，纽荷尔的栽种面积已达到了 7 万多亩，成了当地的支柱产业。

民俗风情

端午民俗：大江口的端午节有大小之分，五月初五为小端午，五月十五为大端午，从初五到十五的十天里，每天都能感受到节日的气氛。端午习俗分为公俗、家俗、礼俗。公俗，农历五月十四、十五日两天为扒龙船、看龙船的日子，也就是大江口的全民节日，再忙的事情都可以停下来。大江口俗语，宁荒一垅田，莫误扒龙船。家俗，门插艾、洒雄黄、包粽子。大江口的粽子为圆柱形，形似枕头，又称为枕头粽，主料为糯米、腊肉、十三香。礼俗，走亲戚、访好友。走亲访友一般是在农历五月十二、十三日两天。在大江口，端午节的走亲访友除了礼节拜访以外还多了一层意思，是明天就是扒龙船的日子，明天在龙船上我是不会认亲戚、讲交情的，若有得罪，还请谅解，今天我是有礼在先了。体现了大江口人在端午节时，岸是认亲、水是不认亲习俗。

婚俗：未婚青年男女恋爱结婚要经过提亲、相亲、上门、结婚、回门。后婚礼倾向于时尚化、现代化，还留下的有“回神”“拦煞”“闹洞房”。

丧葬习俗：境内的丧葬习俗分为两类。

一类为正常死亡，由道士送亡；另一类是非正常死亡，必须得由老士来送亡。

（撰稿：田伯卿、左敬英）

境内有国家级湿地公园，
为新潇湘八景之一

思蒙镇

思蒙山水

（雷文录摄于 2020 年 4 月）

区域概况

位置面积

思蒙镇位于县城卢峰镇西部，溆水下游。东接卢峰镇、水东镇、统溪河镇，南与统溪河镇和辰溪县后塘乡、苏木溪乡接壤，西连大江口镇，北与卢峰镇相接。思蒙历史悠久，早在5000~7000年前即有先民在此繁衍生息。镇政府驻仁里冲村。距县治卢峰镇12千米。

1953年划乡建政时，总区域面积83平方千米，山多田少。1958年9月将原仲夏乡并入思蒙称思蒙人民公社。区域面积为123.5平方千米，有耕地18716亩，其中，水田14660.46亩，旱地4055.54亩，林地24762.5亩。1961年10月仲夏乡划出思蒙人民公社，思蒙人民公社总面积83平方千米。耕地9698.41亩（其中，水田6387.46亩，旱地3310.95亩），林地12300亩（其中茶林5570.7亩）。至2015年底，境内有耕地8698亩，其中水田5387亩。

建置沿革

明清时期思蒙属仲夏江口地。民国29年（1940年）设思蒙乡，乡政府设思蒙墟场，后搬迁到仁里冲祠堂。中华人民共和国成立后，1950年到1952年进行土地改革，1953年划乡建制，保改为小乡，1956年7月成立中国共产党思蒙乡总支部，1957年8月改总支部为思蒙乡党委。1958年9月思蒙乡与仲夏乡合并成思蒙人民公社，公社驻地设思蒙

思蒙山水

墟场。1961年仲夏与思蒙分设人民公社，思蒙人民公社驻地仍设思蒙墟场。1981年驻地从思蒙墟场迁至仁里冲村二组。1984年设思蒙乡。2015年区划调整，原小江口乡蓑衣溪村并入，设思蒙镇。

1957年以来，先后有雷光求、夏德勇、舒清芳、黄全发、舒善泮（革委会主任）、舒振易、夏健生、颜克玉、向助义、陈俊江、张贻俊、邹金宇、李远鸲、谌利斌、熊水平、蔡超欢、向长春、张克华、张克任、向梅、易长生任党委书记。有雷光其、向宗尚（管委会主任）、向隆国、邓泽林、罗宽友、曹召省、向宪楚、向延发、熊水平、蔡超欢、向长春、向治国、伍巍卿任乡、镇长。

行政区划

1953年划乡建制。1958年9月，将原仲夏乡并入思蒙乡称思蒙人民公社。1961年10月，仲夏迁出思蒙。1961年10月到1984年称思蒙人民公社，区域面积仍为83平方千米。1984年将思蒙人民公社改称思蒙乡，直到2015年区划调整，将原小江乡蓑衣化村并入，设思蒙镇，区域面积为91平方千米。

1984—2015年，思蒙乡辖仁里冲、山坡、长溪、中心、白山坨、花园、山河、黄家庄、九家溪、新庄垅、虾溪、上虾溪、军田湾、管子垅14个村140个村民小组。2015年底区划调整，小江口乡蓑衣溪村并入，中心村与白山坨村合并设思蒙湾村，虾溪林和花园村合并称花园村，山河村并入黄家庄村设黄家庄村，山坡村、长溪村和仁里冲村合并，设仁里冲村，其余不变，共辖10个村。镇域总面积为91平方千米。

人口民族

1949年底，境内总人口约7000人。1978年总人口约9500人。2010年末境内人口16719人，其中，男9211人，占55.1%；女7508人，占44.9%。2015年总人口18490人，其中，男9890人，占53.5%；女8600人，

（雷文录摄于2020年5月）

占46.5%。2015年度出生296人，人口出生率为15‰，死亡136人，人口死亡率为6.9‰。境内居民以汉族为主，约占83%，其余为瑶族、土家族、侗族等少数民族，约占17%。

自然环境

环境：境内以山地、丘陵为主，间以少数河沿盆地，地势东高西低，南高北低。气候温和，属亚热带季风气候，常年主导风向为北风。气候特点是四季分明，冬夏长，春秋短，冬严寒，夏酷暑；雨量充沛，常年降水量在1400~1600毫米之间，极端年最大降水量为1780毫米（1976年），最少只有891毫米。全境溪流众多，水源丰富，年平均气温17℃，最高温39℃，最低温-6℃。全年以1月最冷，2—5月开始升温，7月下旬和8月最热，8月下旬降温。

年日照时数为1300小时，最多年达1454小时，最少为1179小时。年总辐射96千卡/平方厘米。

资源：境内耕地略呈酸性，土地肥沃，适宜多种植物生长。地下水资源丰富，水位埋深5~10米，性质好，固形物含量不高，硬度低，不具腐蚀性，盐害和碱害指标均在国家规定的标准内，为适宜的饮用水、工业用水和农业用水，已开采的地下水，主要是居民打井取水饮用，农田灌溉、工业用水很少。

灾害：主要灾害有旱涝、霜冻、冰雪等。旱涝几乎每年发生。中华人民共和国成立以来最严重的冰雪灾害发生在2008年的1—2月，全镇断电停水，交通封闭达26天。1976年冰冻，境内1200多亩柑橘，损失过半，给全镇各村带来重大的经济损失。洪灾主要是溆水发水，1991年，溆水水位涨至152.3米，2004年，溆水水位涨至153.1米。

经济发展

经济综述

思蒙镇自然条件独特，群山风景秀丽。以农业为主，小手工业为辅。20世纪50年代，连年兴修水利，农业生产条件好转。1978年后乡镇企业有所发展，建了砖厂、沙石站、搬运公司。1989年全镇农业总产值900余万元，2015年境内建起万亩油菜基地。千亩杨梅基地。境内建有游客接待中心，全境国民生产总值5482万元，农产品收入达1605万元，农民人均收入2810元。

农牧业

思蒙镇以农业为主，小手工业为辅，传统经济以油茶、油桐、柑橘、西瓜、地瓜为主。境内历来以种养为主。种植以水稻、玉米、油菜、蔬菜、瓜果为主，养殖以猪、牛、羊、鱼及鸡、鸭为主。1949年以前境内耕地为少数富人所有，产量低，粮食不能自给。1978年以来，放手搞活经济，经济效益大幅提高。1978年境内播种面积25957.6亩，粮食产量5556.2吨，亩产214千克。2015年全镇粮

思蒙俯瞰图
（雷文录摄于2020年5月）

油播种面积18535.5亩，产量5596.2吨，亩产353千克，农民人均收入2810元。农产品收入1605万元，国民生产总值5482万元。1978年全镇生猪出栏11862头，羊出栏308头，牛存栏358头，鸡、鸭、鹅存栏65271羽，鸡蛋67吨，养鱼122吨。2015年全镇生猪出栏7849头，牛存栏873头，出栏230头。羊存栏1389只，出栏780只。鸡、鸭113618羽，出笼95600羽。

林业

1950年以前，境内荒山多，林木少。2001年退耕还林3837.2亩。2009年加快农业产业结构调整，引进湖南万木春油茶发展有限公司，在九家溪、上虾溪、黄家庄等村新建油茶基地5890亩。在长溪、思蒙湾等村建板栗基地280亩；在仁里冲、思蒙湾等村建杨梅基地1100亩。2015年，退耕还林21.4亩，花园村新建柑橘基地400亩，全镇现有柑橘1000余亩，杨梅1000亩。在黄家庄、思蒙湾、仁里冲等村建有近百亩观光花卉。2015年全镇有林地9.8万亩，林木覆盖率64.5%。

工业

中华人民共和国成立前，境内只有零星的手工业者。中华人民共和国成立后，铸造、农具加工、修理、成衣加工发展加快。舒泰安铁

思蒙秋景 （雷文录 摄）

匠犁头闻名县内外。1972年成立思蒙公社农具厂。1975年组建搬运社。1979年把农具厂、搬运社、砂石管理站整合成思蒙公社企业办，年收入560万元，每年上缴纯利42万元。2015年末，全镇有小型砖瓦厂1家，电子加工厂1家，水泥预制厂1家，农具加工厂2家，成衣加工厂10家，山泉水厂1家。

商贸服务

清初境内在小河边上始建墟场，约200米街道，清末移到半边街。中华人民共和国成立后，墟场搬到正街上，约400米，有卫生院、邮电所、信用社、红旗工厂、合作社、代销点，个体摊担布满整个街道。1993年，中心村在肖家垴建农贸市场。2015年底，境内有商业网点158个，从业人员400余人，年创纯利50万元。2006年思蒙入选湖南新潇湘八景，2014年创国家级湿地公园，境内旅游服务业快速发展，利用民间资本1.2亿元，打造了潇湘第一庄、顺风游船、飞龙峡漂流、花园烧烤、薰衣草庄园、孔家湾丹霞阁苑等一批旅游服务企业。

财政金融

1949年以前，境内只有少数私人钱庄。1951年成立思蒙信用社，股金5万元。1993年思蒙信用社扩建。2015年末各项存款余额8132万元，各项贷款余额1027万元，存贷比12.6%。1984年8月乡政府始设财政所。1995年境内财政收入106万元，其中，农业税42万元。2003—2005年，取消农业税、特产税、屠宰税。2011年财政收入386万元，其中，地方财政收入190万元。2015年全镇总决算收入1643.38万元。

基础设施

交通运输

中华人民共和国成立初期境内无公路，20世纪60年代初，只有一条通往县城的简易公路，无班车。1971年湘黔铁路通车，设仁里冲火车站，村民可乘火车出行。20世纪80年代，先后开通到县城班车和溆水机帆船。2008年，思蒙大桥正式通车，开通从溆浦过思蒙到黄溪口班车。1998年，乡政府组织黄家庄、九家溪、新庄垅、虾溪、上虾溪、军田湾等村修建公路，2000年全线通车。后村级公路建设加快，到2015年，境内公路总长216千米，已硬化138千米，全镇自然村全部通公路。

邮电通信

1949年以前，境内无邮电通信设施。1956年，成立思蒙邮电所，安装3部手摇电话，邮递员步行投递报纸杂志和邮件。1997年，境内安装程控电话100部，移动电话传呼机35部。至2005年，境内开通移动、联通、电信三大通信业务，通信覆盖率达95%，2015年，境内有邮电所1个，个体快递3家，移动电话13200多部。

供电供水

清代，境内大部分居民点桐油灯照明，少数山民用松明子照明；中华人民共和国成立至1963年，村民点煤油灯，少数农户仍点桐油灯。1963年，公社在中心肖家滩筑坝发电，解决公社干部办公及当地200多户村民生活用电问题。后因洪灾中断。境内仍用煤油灯。1973年，公社在中心肖家垴建柴油机发电厂，解决境内部分村民用电问题。1987年开始，由县供电公司送电，村民全部用上电。电网经过三次改造，到2015年，实现与城市用电同网同价。

境内居民自古饮用溪水、河水和井水。1978年，居民开始打摇井取地下水，埋管采用山泉水。2015年思蒙湾村打井取地下水，解决村民及境内学校、卫生院、幼儿园生产生活用水。之后，仁里冲、黄家庄、九家溪等村先后打井建池，其余各村取山泉水，实现自来水工程全覆盖。

水利建设

思蒙地处溆水下游，溆水在境内全长15千米。1949年以前，境内基本无水利设施，只有小河上新旧2座柴草坝。旧坝灌溉良儿滩、下田坪；新坝灌溉向家坪、武家湾等地。新坝屡修屡溃，清乾隆二十一年（1756年）大水后，知县陶金谐督工建成，之后再不复溃，农业丰收，乡民感恩，故称新坝为陶公坝。1950—1978年修小型水库1座，骨干塘1座，山坪塘100余口，灌溉主渠道73.3千米。全镇有80座溪河坝，其中，固定坝40座，柴草坝50座。陶公坝维修加固仍灌溉500亩良田。2015年全镇有小型水库3座，骨干塘22座，山坪塘182口，灌溉主渠道93.3千米。全镇有溪河坝124处，其中固定坝55座，柴草坝69处。全境提灌工程4处，总装机量44千瓦，灌溉面积260亩。全境堤防工程70米。

镇村建设

清初在小河边始建墟场，后搬至半边街，有门面20多家。1954年迁至正街，有门面30多家，设供销社、邮电所、医院、粮站、农技站、打米厂、修理厂等。1993年，中心村在肖家坳投资24万元修建面积3400平方米、摊位110个的村级市场，吸引县城、大江口、辰溪县的商贩，年贸易额5000多万元，市场管理收入每年2.4万元。随着思蒙旅游业的兴起，村镇建设速度加快，通过房屋建筑外观风貌改造，提升村镇品位。

社会事业

教育

民国以前，境内教育只有少数富人开设的私塾。民国28年（1938年）秋，乡绅蒋胜忠、朱正德等人在河上坪创办短期学堂。民国28年（1939年）初迁思蒙场坪上，更名思蒙国民小学，设1—6年级6个班。1954年改为思蒙完全小学。1958年迁河上坪，1959年9月始招初中班1个。1967年思蒙农中并入，1968年11月更名为思蒙公社中学，设初中6个班。1975年9月招高中2个班，有初、高中共10个教学班。1979年9月停办高中，恢复全日制初级思蒙中学。1993年修建主体教学楼，1997年完善配套设施。2014年新建学生宿舍、食堂和教学楼。2015年底，思蒙中学共有教学班6个，在校学生230人，教职员工26人，其中高级教师3人。2009年被评为怀化市合格学校。1976年，思蒙小学迁仁里冲，后搬至思蒙湾村王家山。1984年设思蒙中心小学。2015年，迁至思蒙湾肖家坳，占地13925平方米，建筑面积4891平方米，有教学班15个，村级教学点6个，在校学生870人，教职员工55人。2014年获全县年度综合考核一等奖。境内有幼儿园2所，入园幼儿345名，教职工21人。2015年全镇幼儿入园率、小学适龄儿童入学率、适龄少年升初中入学率、九年义务教育覆盖率均达100%。

文化体育

境内居民文化体育活动有山歌、号子歌、打三棋、踩高脚、舞龙灯等。中华人民共和国成立后，境内文化事业得到发展，中心村剧团演出的《梁祝》一剧轰动全县。三年经济困难时期，传统文体活动基本停止。“文化大革命”时期，兴起跳“忠字舞”，演“样板戏”和打篮球等文体活动。1978年以来，现代歌舞演唱、打篮球、羽毛球、舞龙灯活动兴起，传统活动得到恢复。2015年末，境内有文化站、广播电视站和文体活动中心各1处，村级文化活动中心10个，图书室3个，农家书屋10个，藏书20余万册。农村文艺

思蒙山水　　（雷文录摄于2020年5月）

演唱队10支，广场舞蹈队6支，农村篮球场3个，音乐、美术书法、摄影及业余制作队伍20多人。

医疗卫生

境内旧时以中草药治病为主，民国时期有中医杨代祥、舒易和等在境内行医，杨代祥医治麻疹全县闻名。1955年在思蒙场坪上建思蒙乡联诊所，医务人员2名。1961年10月改称人民公社卫生院，医务人员5人。1976年迁至黄家山，有医务人员8人；1981年复迁场坪上，医务人员9人。2008年3月迁肖家垴。2015年称思蒙镇卫生院，占地1800平方米，建筑面积480平方米，有职工17人，其中，中级职称1人，中医执业医师1人，执业助理医师2人，注册护师1人，护士4人。开放床位20张，开展大内科、儿科、中医科、外科、妇科、预防接种、公共卫生等诊疗服务。2008年实施新农合政策，全乡参加新农合人数13689人，2008年有1342人享受新农合政策优惠，共计报销医疗费108.55万元。2015年参加新农合人数15491人，享受优惠人数3120人，共计报销费用789.45万元。

社会保障

1949年以前，居民无社会保障。中华人民共和国成立初期，境内特困户通过区公所得到县政府救济。人民公社时期，社员在歉收年份，每年人均享受政府75千克左右的返销粮救助，五保户由生产队养老。2006年开始实行最低生活保障制度，境内有236户570

人享受，共领取保障金 127.65 万元。2015 年完成 88 户危房改造和 251 人脱贫解困工作。

人民生活

民国时期，人民生活贫困，因主粮不足，农民多以红薯、蔬菜、蕨根、树皮等充饥，民国 10 年（1921 年）大旱，境内饿死 50 余人。中华人民共和国成立初期，农民人均口粮仍每年不足 180 千克，农村住房大多数为茅草房，少数为瓦房。人民公社时期，粮食产量有所增加，瓦房增多，但 1958—1928 年，人均口粮仍在 200 千克左右。1981 年，实行家庭联产承包责任制，当年粮食产量亩产 650 千克，基本解决温饱问题。1990 年以后，部分家庭逐步富裕，开始修建楼房，购置电扇、电视机、冰箱等家用电器。2015 年，全镇农产品收入达 1605 万元，生产总值 5482 万元，农民人均年收入 2810 元。

特色地情

人文历史

重要事件

民国 24 年（1935 年）11 月中旬，红二、六军团长征驻扎溆浦期间，到境内三间滩、河上坪等地，没收地主大量银圆和粮食。当地贫苦农民参加红军。

民国 27 年（1938 年）秋，乡绅蒋胜忠，朱正德等开明绅士在思蒙黄家庄村河上坪创办短期学堂。

1971 年 10 月，湘黔铁路通车，过境思蒙，设仁里冲火车站。

1976 年 10 月，成立思蒙公社革命委员会，

烟雨思蒙　　（雷文录摄于 2020 年 5 月）

由舒善泮任主任，向宗尚为思蒙公社管理委员会主任。

1977年5月，公社党委组织修建思蒙浮桥。

1999年，境内下游银珍电站发电。

2006年被评为全省“新潇湘八景”之一，2014年2月被列为国家级湿地公园。

2008年12月，思蒙溆水大桥正式通车。

2013年，“思蒙发展联谊会”注册成立，联谊会先后资助贫困及品学兼优学生40万元。救助特困群众等8万元，累计48万元。

2015年10月，蓑衣溪村申报国家级传统古村落成功。思蒙镇被住建部评选为国家生态宜居小镇。

名优特产

思蒙镇改革开放后大力改造了传统茶林，又大力引进外来杨梅，变成水果之乡。

茶油：境内有茶林1.2万亩，分布在九家化村上虾化等村落，油质纯正。

辣椒：境内每年种植辣椒2800多亩，畅销娄底、湘潭等地。

柑橘：境内有柑橘5200亩，是当地的拳头产品。

西瓜：境内每年种植3000多亩，西瓜个大味甜。

杨梅：境内种植1000余亩，成为当地农民的重要经济来源。

民俗风情

婚俗：黄花儿、黄花女恋爱结婚要过门提亲、松口、讨八字、相亲、看人家、定庚、派腿巴、看日子、报日、送彩礼、接亲、回门12道礼。闹洞房，或叫闹新房，是新郎的发小或朋友来“闹”，新郎新娘做各种游戏取乐。

丧葬习俗：道人送亡，道人或先生看地入葬。父母在外面伤死不能进儿女及自家堂屋。

舞龙灯：过年从正月初五开始以自然村组织龙灯到自村与别村舞龙灯，对方接帖后要准备礼金及茶饭。龙灯从正月初五舞到正月十三。

风景名胜

思蒙丹霞地貌景点群：是思蒙镇景区的核心风景，为新潇湘八景之一。它位于县城西10千米的溆水中游。由溆水屈僮、五佛山，被岩山、屈子峡、湿地公园、陶公坝、鬼葬山、飞水洞等景点组成，景区面积65平方千米，水域面积3300亩。

三间滩：位于镇政府上游3千米处，屈原被流放，经过此地并著《涉江》，为纪念三间大夫屈原而得名。

屈子峡、离骚湾、伏波宫：屈子峡自思蒙镇政府顺水而下，两岸高峰耸峙，坡峭岸陡，古木参天，峡长约10千米。即屈原《涉江》中所描写之处。屈子峡右岸有一处山湾，叫离骚湾，据传就是屈原写《离骚》之地。在离骚湾对面，有一座伏波宫，为纪念东汉大将马援而建。

桃源洞天：在三间滩斜对面上方有一座岩山，岩山下面有一个面积100多平方米过境山洞，据传屈原流放溆浦到此洞中，山上桃花盛开取名桃源洞天。

五佛山：位于三间滩北岸，并列5座山峰，酷似五尊大佛，堪称一绝。

黑神殿：雷万春，唐朝涿州人。唐安史之乱以一万人抵抗敌军十万，孤军坚守十个月而遭杀害，唐肃宗封雷万春为黑神将军并塑金身。清咸丰年间，黑神塑像从江西迁至思蒙雷氏宗祠安放，取名黑神殿，现香火旺盛。

陶公坝：县令陶金谐于乾隆年间督工修建，当时浇灌500亩良田，现仍保留。

武陵郡遗址：在三间滩斜对面下方，有一古墓群，相传是安葬武陵郡官员及亲人的地方。

棋盘山和文星桥：据传屈原到蓑衣溪，看到风景秀丽。有一块平坦的大石头，可乘凉，可下棋，于是动手在石板上刻棋盘与老人一起下棋。此为棋盘岩。在棋盘岩下游，村民集资修了一座石桥，取名“文星桥”。民国元年（1912年）发大水把桥冲断了，但石碑仍矗立桥头，每年端午村民在碑下烧纸焚香，怀念屈原。

破岩山：在五佛山对面，有一座插入溆水河中的丹霞山，临河一面陡坡峭壁，中间裂缝自山顶插入水中，无比险峻。

（撰稿：舒海水）

溆 浦 鹅 获 2014 年
国 家 地 理 标 志 认 证

观音阁镇

（由观音阁镇、木溪乡合并）

金家洞水库

区域概况

位置面积

观音阁镇位于溆浦县西北部，三都河上、中游。明代，南阳知府邓少谷回乡，将当地姚、苏两家出资修建的“文昌阁”改建为“观音阁”。镇名由此沿用至今。东毗双井镇，南连桥江镇，西接均坪镇、卢峰镇和辰溪县，北界沅陵县。镇域总面积 162.74 平方千米。镇政府驻观音阁村，距离县城 10 千米。株六复线（原湘黔铁路）、山烟公路在镇域内通过。

建置沿革

观音阁自唐至 2016 年属溆浦县。明万历年间，全县分七都，观音阁属第三都。清末溆浦分七区，观音阁属第三区，分属大潭乡、花桥乡、覃村乡管辖。民国 2 年（1913 年）叫保安镇，属第三区。民国 27 年（1938 年）为中正乡，观音阁为中正乡一部分。1949 年后属第四区，1950 年 6 月，属第七区。1952 年 6 月是第四区。1953 年 6 月，第七区的铁溪垅乡、第八区的丁家冲乡，划归观音阁区管辖。1956 年 6 月撤区并乡，原第四区的小乡，分别并入观音阁乡和木溪乡。1958 年 10 月，木溪并入观音阁，成立观音阁人民公社，辖 14 个大队，120 个生产队。1961 年 10 月，公社划小，木溪析出。1982 年 10 月，枫林改名铁路湾，山门改名颜家垅。1984 年 5 月，撤公社置乡，分别设观音阁乡、木溪乡。1985 年 12 月，撤乡置观音阁镇。2015 年 12 月，木溪乡并入观音阁镇。

1978 年后，观音阁镇历任镇（乡）党委书记有杨连贤、李叙希、周秉礼、朱代伟、陈远友、向铁生、刘士秋、李小健、刘国仁、刘生礼、武宗希、周勇、曾祥文、彭东华、许坤泰、张智忠、贺晓、舒畅、宋克祥、张克喜。公社革委会主任有杨连贤、李叙希、周本礼、朱代伟 、陈远友。历任乡（镇）长有舒作长、刘平让、刘国仁、罗威、孙钦贵、邹迪春、李少华、舒军、蒋建国、向长旬、舒孝阳、邱远改、石志华。木溪乡先后有谢绪元、舒清发、舒清福、印道福、武忠民、张良一、刘生礼、廖思良、周新兵、郑光德、许坤泰、张智忠、雷生春、贺晓、谌德明、梁晋芳，赵永生任党委书记；有谢绪元、李远书、舒炳寅、王义泉任革委会主任；有舒培友、伍锡旺、舒清元、谢必松、谢家清、谢烨、张贻会、夏洪健、张小阳、关健平、江士林、赵永生、严芳艺任乡长。

行政区划

1953 年，观音阁设区，为第四区，覃村、建设、双川、青垅、坪里、山门、清河、铁溪垅、舵园、金坡、珠宝、畔坪、岩坪等小乡隶属第四区。1958 年，观音阁公社辖覃村、建设、青垅、大湾桥、枫林、坪里、铁溪、湖清、山门、舵园、木溪、桐油坡、畔坪、岩坪等 14 个大队。1985 年，木溪乡辖舵园、董家坡、木溪、石

桃园基地 （雷文录 摄）

岩湖、雷鸣溪、桐油坡、珠砂宝、皂溪、畔坪、同口、田儿冲、岩坪、茸溪等13个村委会；观音阁镇辖黎阳、铁金2个居委会和颜家垅、仑斗坪、山脚下、湖清、水田、铁溪、浆池湾、坪里、白竹溪、栎林、铁路湾、赤壁垅、大湾桥、丁家冲、温湖、覃村、建设、葛家冲、高地、青垅、川水、双江口等22个村委会。

2015年12月，合并后的观音阁镇辖黎阳、铁金2个居委会和颜家垅、仑斗坪、莲花台（山脚下、湖清合并）、铁溪垅（水田、铁溪合并）、观音阁（浆池湾）、坪里（坪里、白竹溪合并）、赤洪（赤壁垅、铁路湾合并）、丁桥（丁家冲、大湾桥合并）、覃村、文家冲（建设、葛家冲合并）、青垅（青垅、高地合并）、川水、警予（栎林、温湖合并）、金家洞（舵园、董家坡合并）、木溪（木溪、石岩湖、雷鸣溪合并）、桐油坡（桐油坡、珠砂宝、皂溪合并）、畔坪（畔坪、同口、田儿冲合并）、岩坪（岩坪、茸溪合并）等18个村委会，双江口村析出，并入卢峰镇。

人口民族

1978年，境内总人口为37587人，其中，原木溪公社10282人，原观音阁公社27305人。男19015人，女18572人。1985年底，境内共9023户，总人口为39266人，其中，原木溪乡总户数为2390户，总人口为10762人。2015年，全镇总人口为48836人，其中，原木溪11965人，原观音阁36871人。镇内主要有汉族和土家族。

自然环境

境内以中低山、低丘为主，有少量低岗和平原。丘状中山，分布于田儿冲村，低山分布于镇域北部，低丘分布于镇域中部，低岗分布于镇域东部和南部，江河冲积平原分布于三都河中游两岸地区。地势由西北向东南倾斜，北部地区海拔在500米以上，最高1105米，南部地区海拔多在200米左右。境内大部属三都河水系，较大支流有朱砂溪、雷鸣溪、颜家垅溪，小支流有水田溪、黄沙溪、太栗坳水等。铁溪水注入四都河。

境内气候温暖，属中亚热带季风湿润气候，冬夏长，春秋短。最高气温40℃，最低气温 -5℃。年降水量在1200~1600毫米。无霜期为284天，平均气温为16.5℃。全年以1月气温最低，7月气温最高。年平均日照时数为1474小时。

自然资源：

境内矿产资源主要为非金属矿，有石灰石、白云岩、耐火土、煤、石墨、磷、硫铁矿、石膏等。以煤和硫铁矿最有名。硫铁矿分布于颜家垅和舵园等村；金属矿有铁等。

境内有耕地41293亩，土壤以黄沙壤为主，还有板页岩、紫色砂页岩和石灰岩发育形成的土壤以及红色黏土和河潮土。有林地14.31万亩，林木蓄积量达20.24万立方米。

自然灾害：

境内自然灾害主要有洪灾、旱灾、冰冻、雹灾等，尤以洪灾和旱灾发生率高，洪灾多发生在4—7月，旱灾多发生在7—9月，冰冻发生在1—2月，雹灾多发于4月。

经济发展

经济综述

1958—1980年，居民收入来自生产队的“按劳分配”，基本解决温饱问题。部分居民居住土坯房，没有家电。1981—2004年，发展第二、三产业，到2004年底，除土地外，其他行业都转变为非公有制经济，居民收入增多，有余钱存入银行，各种家电进入百姓家中。2005—2015年，第三产业得到快速发展，居民收入大幅增长，大多家庭修建二层楼房。1985年，全镇社会总产值2022.04万元。2005年，全镇国民生产总值为5077.2万元，人均年收入为2956元。2015年，全镇国民生产总值4.95亿元，第一、二、三产业产值分别为1.485亿元、0.891亿元、2.574亿元，三大产业结构比为15：9：26。

农业

境内农业历来以种养为主，种植以水稻、玉米、油菜为主，辅以西瓜、甜瓜、棉花、烟叶、甘蔗等；养殖以猪、牛、鸡、鸭、鹅为主，辅以羊、鱼、兔等。1981年以前，耕地产量低，粮食难以自给。1978年，境内粮食种植面积36358.6亩，产量为8981.91吨；油菜种植2350亩，产量146.88吨。2005年，粮食种植36378亩，产量为19907.92吨；油菜种植6879亩，产量为1169.43吨。2015年，全镇粮食种植34967亩，产量215237.6吨；油菜种植面积6952亩，产量1390.4吨。草莓、油桃、火龙果、圣女果等特色种植在县内外负有盛名。2015年，全镇养殖户37家。其中猪场19个，养牛场4个，养鸡场9个，养鸭场6个，

溆浦鹅　（雷文录 摄）

溆浦鹅养殖基地　（雷文录 摄）

养鹅场1个，养兔场1个。境内母猪存栏2580头，肥猪出栏25248头；养牛3865头，出栏2780头；出笼肉鸡28.64万羽，养蛋鸡32852羽；出棚肉鸭21.83万羽；养鹅23600羽，出售13500羽，存栏种鹅10100羽；养兔6.65万只。水库、池塘、稻田养鱼3万千克。2002年，境内退耕还林15.68万亩，其中，木溪乡12.15万亩。发展工业原料林4000亩。2015年，境内有林地156820亩，其中，木溪乡121500亩，森林覆盖率64.27%。活立木蓄积量138457立方米。境内自古使用传统的农具生产。二十世纪七八十年代出现人力打稻机，1990年出现动力打稻机、农用拖拉机。2000年后出现耕整机、收割机等。至2015年，境内有农用车106辆，柴油机178台，电动机3560台，耕整机1371台，动力打稻机3285台，联合收割机26台，插秧机39台，碾米机2118台（大型的17台），榨油机39台，锯木机6台，抽水机2498台，镇内基本实现农业机械化。

工业

境内历史上基本无工业，1949年之后，境内工业有颜家垅磺矿、公社铁器社、铁溪垅煤矿等大队开办的煤窑、石灰厂、砖瓦厂、糖厂和“920”肥料厂等。1985年，境内有乡办农场1个，林场2个，茶场2个，木器加工厂1家，榨油厂1家，石灰厂1座，修配厂1家，加工厂1家，工业总产值10.49万元。1995年，有镇办企业7家，村办28家，合办21家，个体439家，工业总产值2328万元。建镇以来，先后办过煤矿、茶场、石灰厂、修配厂、罐头厂、玻璃纤维厂、塑料粒子厂、“顺成”牌竹笋加工厂、金裕米业、鸿福门业、绿之然公司、清河钢构、兴隆建材公司等企业。2015年，境内有榨油厂6家，砖厂1家，竹木加工厂1家，建筑队28支，锯木厂2家，酒厂1家，大米加工厂1家，门厂1家。工业总产值8710万元，占国民生产总值的21%。

商贸服务

清乾隆年间建观音阁墟场和舵园墟场。1954年，观音阁墟场设市场管理委员会。“文化大革命”时期场期变更，1981年恢复农历“三、八”场期。集市为露天市场，以江坪、街道和小巷为市。1994年建棚式农贸市场，年成交额2100万元。同年，木溪建墟场，年成交额300万元。2010年以来，两集市年成交额在9500万元以上。1952年，成立观音阁供销社，1985 年有职工 21 人。1954 年设观音阁粮食管理站。1957 年粮油机构合并。1992 年成立粮油购销公司，2004 年 6 月撤销，成立金裕米业有限公司。1952—1957 年，境内有供销社分销店 2 个，代销店 4 个，经销点 4 个。后发展到网点 18 个。1979 年设“双代”（代购代销）店 38 个，网点 39 个。1985 年网点 183 个。2010 年 340 个，从业者 1180 人，社会商品零售总额为 1.358 亿元。2015 年，境内共有商业网点 1300 个，遍布所有村镇，个体工商业者 1860 人，社会商品零售总额 2.37 亿元，其中集市成交额 1.5 亿元，比 2010 年增长 74.5%。

劳务经济

20 世纪 80 年代，境内有少数人外出务工。之后外出务工人数增多，地点以浙江和广东为多。1998 年，外出务工人员 2560 人，带回资金 180 万元。2009 年，外出务工 5675 人，带回资金 1021 万元。2015 年，外出务工 8624 人，带回资金 2.845 亿元。

金融财税

1954 年，成立观音阁农村信用合作社。1993 年，成立镇农村合作基金会，1999 年 8 月基金会并入信用社。1987 年，镇邮电所开办邮政储蓄业务。1984 年成立乡财政所，翌年改称镇财政所。2002 年加挂农税所牌子。1998 年镇财政总收入 289.7 万元，其中，农业税 98.15 万元，年末各项存款余额 2028 万元。2009 年，全镇财政总收入 782.34 万元，境内金融机构各类存款余额 4756.5 万元。2015 年，全镇财政收入 1373.86 万元，年末境内金融机构各类存款余额 7453 万元。

基础设施

交通运输

民国 27 年（1938 年）以前，境内无公路，只有溆沅古道和溆安古道通往相邻县。民国 27 年至民国 28 年（1938—1939 年），山（塘驿）烟（溪）公路（中华人民共和国成立后称 1802 线，后称 S308 线）境内段（葛家冲—赤壁垅）建成通车，经过镇内六村一社区。2008 年路面拓宽硬化。1964 年，观（音阁）木（溪）线建成通车，2007 年硬化。1971 年，湘黔铁路境内段竣工通车，经过境内川水、建设等 7 个村子，设有川水站。20 世纪 80 年代修建溆观公路，境内段自丁家冲村，经大湾桥、温湖、栎林至铁路湾，与 1802 线相连。2010 年硬化，成为娄怀高速公路观音阁连接线。2009 年至 2014 年，修建娄怀高速公路，经过境内双江口和青垅村，长 4 千米，有高架桥 1 座，天桥 2 座。境内村级公路有竹（坳）双（江口）、葛青、浆文、铁丁、浆山、坪白公路等 23 条，总里程 88 千米。2015 年，实现村村通公路，且已硬化。20 世纪 90 年代以前，镇内只有过路班车。2002 年成立观音阁客运车队，有中巴客车 14 辆。木溪设专线班车。境内有各种桥梁 57 座。其中，大型桥梁有黎阳大桥、同心大桥、铁路湾高架桥、荷叶塘高架桥；中小型桥梁有山脚下桥、仑斗坪桥、油麻田桥、金叉湾桥、畔村桥、瞿家湾桥、温溪口桥、桐油坡桥、李家冲桥等。

邮电通信

1951年成立观音阁邮政代办所，后经历邮电局、邮政支局、邮政所、邮电所等名称变更。1978—1989年，信函业务为主要邮政业务。1994年12月，开通程控电话700部，1996年开通移动通信业务。1998年邮政、电信分家，邮政支局有干部职工4人，电信支局有干部职工3人。1999年实现计算机联网。2000年以前邮寄包裹较多，2000年后，快递业务飞速发展。2001年中国联通观音阁专营店设立。2002年，全镇已开通移动、联通、电信三大通信体系。2015年来，全镇有8种快递业务。有邮政网点2个，投递点32个，乡村通邮率100%，全年投递国内函件1.6万余件，国内异地特快专递信件完成3634件。有电信服务网点1个，固定电话1523户，移动电话用户32200人，宽带用户250户。

供电供水

1980年以前，镇民大多点煤油灯或桐油灯照明，饮用水主要是井水、溪水。1965年，由县投资修建金家洞水库电站。1980年后，镇民逐渐用上电灯照明。1988年，各村全部用上并网电。20世纪90年代起，有些村民打井取用地下水，有的埋管采用山泉水。2005年，由县电网直供电，供电变压器71台，总容量为3391千伏安。自2000年起，各村陆续实施农网改造工程，观音阁于2013年、木溪于2016年全部完成农网改造。2013年9月至2014年11月，省电力公司在葛家冲村修建220千伏变电站，稳定怀化市的电力供应。2014年，修建观音阁镇自来水厂。供镇区周边赤壁垅等六村和黎阳社区及镇政府、镇卫生院、中学、中心小学、中心幼儿园等单位18000人饮水用水。

水利建设

清代，境内有头坝、铜钱坝、观音坝等20座水坝，有老堰塘、新堰塘、荷叶塘等水塘。1978—1979年，水利建设以整修水库、塘坝为主；1980—1987年，为加固完善，消灭干旱死角；1988年以后，重点实施防洪抗灾、病险工程整修、渠道清淤补漏、塘坝扩建配套工程和解决农村饮水困难等项目；2000年以后，注重渠道的硬化。2015年，境内有大小水坝40座，渡槽4座，中型水库1座，小（2）型水库3座，骨干塘20口，山坪塘175口。骨干水坝有清河坝、同心坝、温湖坝、西坝等，中型水库有金家洞水库；小（2）型水库有老堰塘、新堰塘、烟门坡水库；骨干塘有荷叶塘、解放塘、椅子湾塘、岩冲塘等10座。全镇渠道硬化100多千米，水利工程遍布各个村子，基本形成以水库为骨干，山塘为基础的“中小相结合，蓄引提并举”的立体灌溉体系。

村镇建设

清代建墟场于境内浆池湾村，光绪年间繁盛，后多次发生火灾，逐渐衰落。直至20世纪80年代才得以恢复。1987年底完成镇总体规划，后陆续对街道、建筑、市场、照明、防洪堤、水厂、街道绿化、环卫等进行建设。二十世纪八九十年代，黎阳街两旁陆续改建和新修住宅及商铺，形成规模化商业街。1994年建棚架农贸市场，木溪建墟场。1996年对靠近1802线的规划小区进行施工建设，占地3.9亩。1997年，对黎阳街道进行混凝土硬化，设置路灯28盏，栽种樟树62棵。2000年以后，赤壁垅、青垅、白竹溪等10个村陆续改修村部。2000年，修建集市至黎阳桥西桥头的防洪大堤。2005—2015年的土地平整项目惠及13个村2万余人。2012年，修建江坪集市防洪堤，健全各村卫生室。2014年，赤壁垅村建成社会主义新农村。同年，修建镇自来水厂。2015年，集镇有各种建筑400余栋，各种店铺300余个，启动新市场建设，于2017年实施搬迁，有摊位220个。村间道路全部畅通并硬化。各村普及二层楼房，30%的住户修建了三层至五层不等的楼房，以颜家垅村为最。在丁家冲、大湾桥、建设、葛家冲等村出现现代化别墅。覃村、栎林、坪里的集中建房，整齐划一。

社会事业

教育

民国时期，镇内葛家冲、仑斗坪、畔坪、岩坪等村开有私塾。民国29年（1940年），颜家垅、覃村、铁路湾、建设、坪里等村办有民国小学。当年，潭头坡学堂被改为中正乡中心小学。中华人民共和国成立后，该校更名为观音阁完全小学。1970年，改为公社中学，开办初中，各大队办小学。1975年，中学开设高中部。20世纪70年代末，颜家垅、仑斗坪、湖清等8个大队开办初中班。1984年9月，在苏家塅开办观音阁乡中心小学。翌年，更名为镇中心小学 。2005年，调整学校布局，湖清、白竹溪等7个村小学合并后只开办低年级，中高年级学生入中心小学就读。1996年3月，国家投资和居民集资共220万元，建成中学四层教学楼和四层综合办公楼。2000年起，先后对丁家冲、铁路湾、仑斗坪等村教学点进行维修，对中心小学教学楼、食堂以及川水、山脚下、青垅、浆池湾等教学点校舍进行重建。1990年后，中学、中心小学配备电视机、幻灯机、录像放映机等设备。2000年建微机室。2008年，中学、中心小学安装校园广播网。2012年，中学、中心小学更换微机，建多媒体教室4间，图书总数逾20万册。2015年，全镇有幼儿园6所，31个班，在园幼儿1260人，专任教师17人；有学前班35个，学前幼儿450人，教师由小学教师兼任；有小学1所，教学点21个，共48个班，小学生2650人，专任教师178人；有初中1所，联校1所，有18个班，学生930人，专任教师97人。适龄儿童入学率、巩固率均为100%，九年义务教育覆盖率100%。

文化体育

1963年建公社文化站，1966年撤销，1974年恢复。1980年建立公社文化中心站，各大队建文化室。2003年，文化站与广播站合并，更名为文化服务中心。2006年建成文化楼。1976年建公社广播站，设专职广播管理人员，各大队和生产队通广播，1990年开通调频广播，2005年停播。2010年后，各村陆续恢复广播播音。1980年，建影剧院放映电影、戏曲。2005年1月，建立镇有线电视台。同年11月，实现有线电视数字化，村居联网。镇内群众文化活动主要有打腰鼓、打霸王鞭、跳街头舞等。2012年各村建立农家书屋。镇内传统文化主要有辰河戏曲、纸扎、剪纸等。2009年，剪纸、戏被列为湖南非物质文化遗产。镇内文化名人有邓启愚、向英蒲、丁公喜、王行水、丁哲、夏纪慎、张英洪等。镇内古迹有遇仙亭、五里亭、三门潭亭。文物有向仲华故居。

中华人民共和国成立以前，境内的民间体育活动主要有下“打三棋”、踩高跷、踢毽子、掰手腕、跳房子、摸高、跳绳等。中华人民共和国成立后，体育活动增多，有拔河、骑自行车比赛、篮球比赛等。2015年全镇有篮球场32个，乒乓球桌31张。白竹溪等村建有农民健身运动场。是年，观音阁镇中、观音阁镇中心小学体育代表队参加麻阳水片区运动会，皆夺团体冠军。

医疗卫生

民国时期，境内无医院，只有郎中用草药医病。1952年，建观音阁区中西结合诊所，1958年改为观音阁公社卫生院，1984年称乡卫生院，1985年为镇卫生院。1999年与麻阳水区卫生院合并，称观音阁中心医院。医院始设浆池湾，后迁黎阳街，最后迁至黎阳大桥桥头。1955年建立木溪卫生所，1958年建立木溪公社卫生院。2015年12月成为观音阁镇木溪卫生院，有专业卫生人员11名，其中执业医师4人，助理医师2人，注册护士1人。有床位19张。卫生院主要设备有四维彩色超声诊断仪、X光机、心电图机、高压氧缸、胃镜等。2015年，镇中心卫生院有卫生人员54人，其中，在编26人，聘用28人；具有中级职称的5人，初级职称的41人，具有大专以上学历的29人，中专学历17人。全院有编制床位15张，实开放40张。门诊30034人次，住院2502人次，收入为351.7万元。是年，全镇有卫生机构40个，其中，卫生院2个，村级卫生室36个，个体诊所2个，有药店2家。

社会保障

民国时期，境内百姓无任何社会保障。20世纪50年代初，境内特困户通过区公所得到县政府救济。人民公社时期，社员在歉收年会得到人民政府返销粮救助，五保户由生产队养老。2002年，对困难户实施低保救助，每人每月20~80元不等。自实行农村合作医疗后，每人每年有参保救助金补贴和一次性粮油救助。2003年实行新农合，2010年，新农合覆盖面达80%以上。2012年，建五保村敬老院，将五保老人集中供养。是年，全镇享受低保人数为2305人，资金157.53万元。居民养老保险参保人数达17139人，共缴纳参保资金177.9万元。全镇复员军人优抚金发放24.8万元。2015年，全镇城乡居民养老保险参保人数为27710人，其中，缴费人员19920人，共缴纳参保资金205.4万元，发放社保卡27168张。全镇新农合覆盖率为92%，享受国家低保的人数2504人，资金为240.12万元。

人民生活

中华人民共和国成立时，镇民住房底多为茅草房，少数为瓦房、木板房。1981年，镇民人均收入202元。1982年，镇民户均有房3间，人均7.5平方米，多为一层土坯房。

2005年，人均住房面积22平方米，砖木结构占70%，钢混结构的占26%。2015年，镇内户均住房面积200平方米，人均50平方米，多为砖混结构二层楼，有少量框架结构三、四层楼，个别户建五层楼，始出现乡村别墅。20世纪80年代，少数家庭购买手表、收录机、缝纫机、自行车；20世纪90年代普及黑白电视机、电风扇；2000年后普及彩电、影碟机，部分家庭拥有洗衣机、电冰箱。2010年后，镇民普遍拥有手机、热水器、摩托车，部分家庭拥有电脑和小轿车。2015年，镇民人均年纯收入8438元，95%农户入住新楼房，80%家庭有摩托车或电动车，10%家庭拥有小轿车或面包车，户均彩电1.5台，洗衣机0.8台，空气能或太阳能热水器0.9台，成人手机拥有率为95%。

特色地情

人文历史

重要事件

石盘寨惨案：清顺治二年（1645年），李自成部将牛万才（人称“牛瞎子”）部攻打位于白竹溪的石盘寨（周边豪强、富户及其金银细软皆藏于此寨），寨内乡民1000余人协力坚守，牛万才部久攻不下。后其部下于晚上捉得从后寨崖壁吊下欲偷逃的一对夫妇，他们供出寨中详情：粮食尚足，饮水却即将断绝。乡民砍断从悬崖下攀上来的野葡萄树藤，以流出的苦涩汁液解渴。牛知情大喜，即刻令部下将寨子四周崖壁下的野葡萄树悉数砍断。寨内乡民饥渴难耐。有人打开寨门欲逃逸，却遭牛万才部截杀。牛万才部趁势涌入寨内，大开杀戒。寨内尸横遍野，钱物被洗劫一空；石盘寨下，血流成河。血水赤陂数里，下方村子即称血陂垅，后改称赤壁垅。

民国20年（1931年）7月6日，大水，镇民数百人溺死，古建筑“观音阁”被洪水冲毁。

民国22年（1933年），全镇先后遭受雹、水、旱等严重灾害，稻田歉收，粮食总产仅达常年3成，灾民达3000人。

民国24年（1935年）11月27日，红二军团第六师在师长郭鹏率领下，过境观音阁，去占领溆浦县城。翌日，为了迎击尾追之敌，红六师主力返回观音阁驻扎。红军在青垅、高地、文家冲、覃村、温湖、栎林、铁路湾、赤壁垅、坪里、浆池湾、湖清、仑斗坪等村开会，发动群众打土豪分浮财，扩红（动员青年参加红军）。30日，红六师主力离开观音阁。

民国27年（1938年）8月，建县内最早的烟（溪）江（口）公路，于三都河上修建黎阳大桥。翌年7月竣工通车。

1949年12月底，土匪柴某臣800余人抢劫均坪，观音阁民兵600余人协同麻阳水民兵，配合驻军将其围歼。

1954年12月27日，持续冰冻11天，最低气温-6.8℃，水塘的冰厚达1尺，柑橘树被冻死。

1955年7月，舒秀清出席省农业表彰大会，被省政府授予“劳动模范”称号。

1956年7月，置观音阁乡。同月，在山门兴办溆浦县磺矿，有矿井9个，职工32人。

1958年9月，以生产队开办食堂，并开展“大炼钢铁”运动。

1960年，遭受寒潮、风灾、水灾、旱灾，农民粮食紧张，生活困难。

1965年7月1日，发生水灾，同心桥和黎阳木桥被冲毁。

1965年10月，建金家洞水库，1978年投产发电。

1966年，由湖南省投资复修黎阳大桥。

1972年1月，在山门大队兴建溆浦县山门化工厂，生产硫黄，有职工44人。1978年增至110人，1974年转为全民所有制企业。

1977年1月28日到2月5日，持续低温冰冻，最低温度为-5℃，柑橘树全被冻死。4月13日，雹灾严重，稻秧被毁，屋瓦被打烂。

1980年10月，仑斗坪大队失火，烧毁民宅11栋，烧死猪、牛数十头。

1984年5月，恢复乡建制，改观音阁人民公社为观音阁乡。

1985年12月，观音阁乡置镇。

1990年5月12—15日，发生风暴、水灾，房屋损坏，逾万人受灾。

1992年4月20日，全镇遭受暴风雨、冰雹、龙卷风袭击。枫林渡槽、遇仙亭、川水和赤壁垅村部垮塌；温湖村一株2000多年树龄、腰围5米多的岩桑古树被连根拔起。

1995年，栎林村推广红皮甘蔗种植，发展为全县红皮甘蔗重点栽培基地。

1996年4月，青垅村遭遇龙卷风袭击，一农家房屋倒塌，死3人。7月，发生暴雨、洪灾，全镇上万人受灾，损坏房屋60多栋，数百人无家可归。

2001年12月8日，叶立慧获“第四届中华人口奖”。

2009年，观音阁的剪纸、汉戏被列为湖南省非物质文化遗产名录。是年，毛修林创建溆浦县修林优质稻种植农民专业合作社。

2012年，青垅村黄德茂等人创建湖南鸿羽溆浦鹅业发展有限公司，建溆浦鹅资源场，培育种鹅6000羽。

2013年9月，湖南省电力公司在葛家冲村修建观音阁220千伏变电站，2014年11月投产。

名优特产

溆浦鹅：是溆浦县优良的地方鹅品种，具有觅食力强、长速快、产蛋率高、体大肝肥、肉质细嫩等特点。溆浦各地皆有饲养，镇内三都河沿岸村子饲养甚多。数量逾百羽的养殖户有近20户，其余为小规模家养。2015年，全镇养鹅达3.36万羽。镇内大型养鹅场位于青垅村。2012年9月，在青垅村成立湖南鸿羽溆浦鹅业发展有限公司，与湖南农业大学技术合作，是溆浦鹅国家级保种资源场。2014年，溆浦鹅获国家地理标志产品认证。公司的中心场建在青垅村、高地、覃村等地，设有4个扩繁场，养鹅总数达3万羽，其中种鹅6000多羽。公司坚持“公司+基地+农户”的养殖模式，有合作农户1260余家。2015年，公司成为怀化市农业产业龙头企业。

草莓：坪里村于1998年始种草莓，每年种植面积达100~200亩。

甜瓜：葛家冲村的甜瓜，既大又甜，闻名全省。每到出产甜瓜的季节，S308线葛家冲、覃村段的公路两旁，摆满甜瓜摊，瓜农将鲜甜瓜卖给过往的司机和乘客。

草莓基地

（雷文录 摄）

火龙果：2013年，川水村种植户李云引种台湾红心火龙果，栽培种植30亩，耗资70万元，创办溆浦县晟皓火龙果基地。红心火龙果颜色紫红，果肉细嫩柔滑，香甜可口，内含植物性蛋白、花青素、维生素和水溶性膳食纤维，收入可观。

桐油：木溪乡出产桐油，是制造油漆、油墨的主要原料，可作防水防腐防锈涂料，可制作油布、肥皂、农药、杀虫剂等。木溪乡1985年产油桐籽88.3吨，2015年产43吨。

野山羊：俗称"黄麂"，是野生的珍贵动物。其瘦肉率高，脂肪含量低，肉香味浓，全身是宝，可用作多种药材。主要分布在畔坪等村的山区。

锦鸡：形状类似喜鹊，脚爪厉害，好打斗，属国家二级保护动物，主要分布在畔坪、木溪等村的山区。

野猪：出没于木溪乡的岩坪、金家洞、木溪、畔坪、桐油坡及观音阁的铁溪、水田、颜家垅等村。肉质鲜嫩香醇，瘦肉率高达85%，是绿色滋补食品，野猪肚极具药用价值。

民俗风情

建房风俗：境内居民建房先请人择址择时。选吉日，择址称"看屋场"。方位定好后，由泥工师傅"放线"。给房屋奠基，称"摆脚"，也叫"动工"。架梁木称"抛梁"，砌墙完工称"扫墙"。这些日子，均须"请饭"。"看屋场"、"放线""抛梁"皆须备好"礼生"。

风景名胜

金家洞水利风景区：景区内空气清新，有碧波千顷、水天一色的水域风光，有千姿百态的高山沟谷，有距今6.5亿年前的原始"水母化石”，集生态旅游、休闲、度假、考古和户外活动为一体。

山门天河风雨桥：位于山门潭，跨三都河，始建于清光绪十八年（1892年），为石砌一孔拱式桥。桥长34米，宽4.5米，高6米。桥上建有木结构凉亭，桥的两侧设护栏，置30厘米宽的长木凳，桥顶盖瓦，形成长廊式走道。走道一半处的两侧各建一阁，内置佛像。桥上砌有4对水泥柱，穿出凉亭，支撑起亭上方“凌空飞渡”三都河的钢筋水泥渡槽，渡槽南侧有“山门天河”大字，对联为“学习愚公耐大劳，英雄人民改河道”。该桥将桥、亭、渡槽合三为一。

观音阁渡槽：原名枫林渡槽，位于铁路湾（枫林）、大湾桥、栎林、温湖四村交界之地。长1260米，高20米，宽2米，水槽深2米，有支撑礅67个，水流量为2.1立方米/秒，灌田1800亩。初建于20世纪70年代，系高标准钢筋混凝土渠道，全县灌溉面积最多的渡槽。

九里洞：又名九连洞，位于畔坪村田儿冲，为喀斯特地形溶洞，洞中多钟乳石。据说有九里长，洞中复杂，洞洞相连，故得名九里洞。

（资料收集：贺达文　撰稿：张英毛）

县内最大石灰石储藏地，
县级煤矿企业天星堂煤矿所在地

舒溶溪乡

舒溶溪乡全景

（雷文录 摄）

区域概况

位置面积

舒溶溪乡位于溆浦县西北方向，雷峰山北面。东南与卢峰镇交界，西与江口镇、辰溪县谭家场乡接壤，北邻均坪镇。地名由来，舒姓祖先到此地落户，村庄附近有一口石灰岩溶洞，有洞水常年流成小溪，故得名。距县城15千米。

区域面积为62.43平方千米，其中陆地面积61.94平方千米，占99.22%，水域面积0.49平方千米，占0.78%，至2015年末，乡内有耕地9921.43亩，林地67200亩，森林覆盖率达70%。

行政区划

辖舒溶溪、火炉溪、荷包湾、侯利垴、龙角桥、水洋坪、尖岩塘、竹坡坳、扎水塘、灯盏坨、水田溪、匡家坨、曹家溪13个村，136个村民小组。

建置沿革

民国时期，该区域属均坪乡第四、五、六保。1953年划乡建政，境内设3个小乡：水洋坪乡（乡长邹西庆）、水田溪乡（乡长李远镜）、竹坡坳乡（乡长杨兆贵）。1956年小乡并大乡，3个小乡合并成舒溶溪乡。1958年10月并入麻阳水人民人民公社。1961年10月从麻阳水人民公社析出，成立舒溶溪人民公社，实行社长制。1963年建立公社管理委员会，设主任。1968年9月成立舒溶溪人民公社。1980年2月恢复公社管理委员会。1984年5月，设舒溶溪乡人民政府。

先后有舒均尚、舒国安、戴英祥（兼革委会主任）、刘秋堂（兼革委会主任）、罗教生、舒恒生、张英兴、匡乐山、谌光荣、宋仁喜、向理书、张克松、陈华、郭其、孙钦祥、陈汉舟、江士林、朱辉任乡党委书记。有顿振汉、舒盛生（社长）、吕延田（革委会主任）、吴结武（管委会主任）、张英兴、黄友才、李少华、邹迪春、雷光奇、刘哲卿、张晓雄、贺海伟、肖福立、邓阳、江士林、郑子勇、严芳艺、向伟、李远海任乡长。

人口民族

中华人民共和国成立初期，全乡总人口4200人，1961年成立舒溶溪人民公社时人口为7853人，到1978年全乡达3055户，总人口13188人，其中，男性6838人，女性6350人，非农业人口166人。2015年末，全乡共4098户，总人口14896人，其中，男性7833人，占52.6%，女性7063人，占47.4%，汉族13811人，占92.7%，土家族1085人，占7.3%，非农业人口150人，占1.0%。2015年度共出生134人，人口出生率9‰，死亡45人，人口死亡率3‰。

自然环境

环境：境内以中低山类型的石灰岩山地为

主，间以少量平地，地势南高北低，平均海拔498.05米，最高点扎水塘村洞垴山为781米，最低点龙角桥村庵堂边215.1米。气候温和，属亚热带季风湿润气候，常年主导风向为北风。气候特点四季分明，冬夏长、春秋短，冬有严寒冰冻，夏有干旱酷暑。雨量一般，热量丰富，年平均气温在14.5℃~16.5℃之间，极端最高气温40℃，极端最低气温-13℃。全年农历腊月最冷，大暑至处暑最热。常年平均日照1300小时左右，最多年达1412小时，最少年只有1180小时，无霜期280天左右，年平均降水量1500毫米，极端年最大降水量1853.3毫米，极端最少降水量为860毫米。

资源：全乡土地总面积93631亩，已探明矿藏资源主要有煤、铁、铅、锌、磷、硫铁、方解石、耐火土、石灰石等，其中，石灰石贮藏量最丰富，每个村都有。全乡土质略呈酸性，土地肥沃，适宜多种植物生长。水资源以舒溶溪、水田溪、水洋坪、侯利垴四村较丰富，其他村均不同程度缺乏。地下水属碳酸盐岩岩溶水，水的物质性较好，固型物含量不高，不具腐蚀性，盐害和碱害指标均在国家规定指标内，为适宜的饮用水、工业用水和良好的农业用水。已探明地下河2处：一是扎水塘楠木洞地下河，长4000米，最小出口流量75.88升/秒；二是烧炭垴舒溶溪地下河，长2000米，最小出口流量165.67升/秒，一般每秒600升，有夏家溪洞、陈家潭洞、麦利坨洞、史新冲洞和水田溪洞5处溶洞。

灾害：主要自然灾害有旱涝、冰冻等。旱灾主要在扎水塘、竹坡坳、尖岩塘、匡家坨4个村，特别是扎水塘和竹坡坳村，严重时庄稼全部枯死无收，农村饮水都有困难。涝灾分布在水田溪、舒溶溪、水洋坪3个村。水田溪是一个盆地，连续降大雨，洪水积成一片汪洋，靠地下溶洞泄水，十几天才能泄完，庄稼全部被淹，所收无几。舒溶溪、水洋坪两村沿溪两岸，在山洪暴发时田坎被冲毁，冲走水稻等庄稼。冰冻冰雹多数年份都有发生，中华人民共和国成立以来最严重的冰冻灾害发生在2008年1~2月，时间长达一个多月，全乡断电停水，交通封闭。

经济发展

经济综述

中华人民共和国成立初期至1980年，粮食产量不高，人年均口粮在130~180千克之间，温饱问题得不到解决。居民收入主要来自生产队的“按劳分配”，一个劳动日（10分工）年终核算的价值在三角到一元之间。村民家中无家电，住房多为土墙瓦屋。1981年实行家庭联产承包责任制后，粮食产量大幅增长，部分农民逐步富裕，收入不断增多，各种家电开始进入百姓家中，温饱问题基本解决。2011年，全乡地区生产总值收入13047.79万元，农民人均纯收入2663元。90%以上的农户住上新楼房，日常家电基本配置齐全。2015年全乡国民生产总值24689万元，人均16574元。第三产业不断壮大，农民收入逐年增长，生活逐步富裕。全乡农民购置大货车 80 辆，面包车 40 辆，小轿车 200 余台。

农业

舒溶溪乡是一个典型的农业山区乡。2015 年有耕地 10312 亩，其中，水田面积 6228 亩，旱土 4084 亩，人均耕地 0.79 亩。粮食作物以水稻、红薯为主，农业优势产业主要为养殖业，其中三元杂交猪年出栏 2 万头以上。荷包湾村的桑蚕养殖已初具规模，舒溶溪乡西瓜特产，甘甜鲜脆，享有盛名，年种植面积在 2000 亩以上，年产量达 5000 吨。粮食作物种植，境内水源制约水稻生产，农户采取田埂加固，等办法也难旱涝保收。1975 年，县委书记孙学辰决定开展旱粮革命，在灯盏坨村建立旱粮试点站，开展造梯土运动，历时 16 个月，动用劳力 38800 多个，总投资 28 万多元，平整出高标准梯土 120 亩，年产粮食 35 万千克，比上年增长 1.2 倍，平均亩产 597 千克，总收入上升到 84600 元，比上年增长 64%，人均 116 元。成为干旱地区农业生产的典范。2011 年全乡生产粮食 378 万千克，人均 265 千克，其中水稻 151 万千克；油茶林 6800 亩，年产茶籽 185 吨；有养殖户 21 家，母猪存栏 598 头，肥猪出栏 11000 多头；有耕牛 758 头，家禽出笼 1.59 万羽。2015 年末，全乡有农用车 320 辆，平均每百户 8 辆，有机引犁耙各 16 台，喷药器 1360 多台。生产粮食 395 万千克，西瓜 5200 吨，茶油 52 吨。有养殖户 11 家，存栏母猪 896 头，出栏肥猪 13893 头，养牛 976 头，出笼家禽达 1.8 万多羽。2015 年国民生产总值 24689 万元，人均 16574 元，比上年增长 1.76%。

林业

舒溶溪乡地势呈“U”形，地处东边雷峰山系一线的扎水塘、灯盏坨、竹坡坳、尖岩塘等村自古以来荒山多、林木少、水资源缺乏；西边一线的曹家溪、火炉溪、荷包湾等村，荒山少，林木相对较多，水资源较丰富。1978 年以后，着力开展植树造林，油茶低改项目。1995 年造林 677 亩，封山育林 1100 亩，建成匡家坨村 150 亩枣子基地，水洋坪村 200 亩板栗基地、竹坡坳村千亩油茶基地。2010 年起，完成 2066 亩油茶低改、746

油菜飘香　（雷文录 摄）

亩油茶新造和440亩工业原料林建设任务。2015年完成工业原料林266亩，全乡共有林地面积67200亩（其中，退耕还林面积4092亩），生态公益林面积50460亩，森林面积达47200亩。

工业

中华人民共和国成立以前，境内只有零星的手工业者。1949年10月后，金属打造、食品加工、竹木加工等发展较快。工业发展有尖岩塘、舒溶溪、水田溪等村建造的人工木制榨油坊。1973年尖岩塘村建立大米加工厂。1990年，境内出现机械榨油坊，取代木榨榨油。境内煤炭资源丰富，70年代创建的天星堂煤矿，1974年筹建，1976年7月动工，1979年2月投产。前身为黔阳地区天星堂煤矿，1981年更名为怀化地区天星堂煤矿，1985年5月下到县政府管理，更名为溆浦县天星堂煤矿。有固定资产680多万元。干部职工600多人，年产煤6万吨以上，生产总值达360万元。天舒煤矿和桐坪井煤矿，年产量在6万吨以上。境内采石场、石灰窑较多，著名的有20世纪60年代创建的楠木油石灰厂。1970年，乡政府企业办成立，乡镇企业从无到有，从小到大。1995年，全乡农业企业发展到7家，工业企业112家，施工企业2家，交通运输业126家，批发零售、餐饮52家，服务业企业5家，其他企业6家，共计310家，就业人数1097人。2015年末，舒溶溪乡企业办实现年生产总值840万元，占全乡国内生产总值的17%。

商贸服务业

自古以来，境内没有墟场，只有货郎挑担叫卖。20世纪50年代中期，开设舒溶溪和楠木洞2个供销社，成为人们日常生活用品的购买点。生产资料的采购及农副产品的销售大多在乡镇外进行。文化大革命期间，水洋坪、曹家溪、水田溪、竹坡坳等村相继设立代销点，方便村民购买日常生活所需物品。进入80年代后期，舒溶溪村村民吕延其在乡政府左侧公路边住宅中，办起了第一家住宿餐饮店；在乡中学往东一百米的公路桥头，偶尔有屠宰的新鲜猪肉售卖；村民挑着水果零食在乡政府附近销售。1999年，舒溶溪墟场建立，规模不断扩大，自老供销社后至乡政府的公路两边的商铺和住宿楼不断增加。以公路拱桥为中心，南往舒溶溪村的龙家大道，北往该村的吕家方向的楼房门面也在不断增建。2011年末，有商业网点40多个，从业140多人，社会商品零售总额达1200多万元。2015年末，共有门面123个，商业网点（含摊位）200多个，从业人员250多人，集市成交总额达480多万元，比2011年增长30%。

基础设施

交通运输

中华人民共和国成立前，境内无公路，只有一条经灯盏坨、竹坡坳两村前往县城的官道。1958 年，哑塘至均坪公路建成。1970 年，灯盏坨村至小江口陈林坪村公路通车。1971 年，舒溶溪至长岭坡公路建成，全长 8 千米，宽 4.5 米，从乡政府驻地出发，经灯盏坨、竹坡坳，在长岭坡与哑均主道相连接，耗时 2 年，总投资 20 多万元。1979 年，溆浦至舒溶溪的客班车开通。2004 年，舒溶溪至水洋坪龙角桥、均坪镇"四点一线"公路通车。 2014 年末，火炉溪村至辰溪县潭家场乡公路开通。至 2015 年，全乡 13 个村，136 个村民小组，全部通路，形成村村通公路，村组一线连的交通网络格局，70% 以上的村组公路已经硬化。

邮电通信

中华人民共和国成立前，境内无邮电通信设施。1963 年，舒溶溪邮电所成立。主要任务是投递各种报刊和邮件，各大队安装手摇式电话机。1995 年，乡内程控电话开通，所属机关单位全部安装运行。至 2005 年，全乡已开通移动、联通、电信三大通信网络，通信覆盖率达 100%。2015 年，境内邮电局 1 处，个体快递 2 家，邮政业务总额 93 万元，纯收入 40 万元，各类报刊累计发行 1 万多份，发行与接收邮件近 10 万件。有电信企业 1 家，服务网点 2 个，移动电话用户 8940 多户，电脑 700 多台，互联网用户 900 多户，全年电信业务收入 180 万元。

供水供电

自古以来，境内饮用水主要是井水和溪水。每逢干旱，无井水，取水需来回四五千米路程。牲畜饮水主要是囤积的废水和阴沟里的水。大旱年，扎水塘、竹坡坳等村不少农户靠饮用政府消防车、洒水车送来的"救济水"。改革开放后，政府除送水下乡外，加大资金投入，加固水井，探测水源。2015 年，在尖岩塘村 8 组南方的塘坎下 17 米多深处找到了地下水，尖岩塘、灯盏坨等村大多农户用上了地下自来水；曹家溪、荷包湾等村，山涧常有积水下渗，人们则通过埋管采集山泉水的办法用上山泉自来水。1949 年以前，境内大部分点桐油灯，少数山民则用松油柴照明。中华人民共和国成立后，大部分村民点上煤油灯。1972 年，尖岩塘村实现电灯照明后，水洋坪、龙角桥、水田溪等村先后通电。至 1979 年，全乡通电到户，大部分村办起了打米厂、食品加工厂，少数农户开始打井取用地下水。2000 年开始，农网改造在全乡铺开。2015 年，全乡农网改造完成，用电从此科学规范化，并实现与城市同网同价。

水利建设

自古以来，境内水资源匮乏，人们靠天

吃饭，主要食物是旱粮。民国时期，境内无水库，山塘水坝极少。中华人民共和国成立后，截流筑坝、围山修塘，先后修建侯江坝、茶器容水库、岩屋坑山塘。1970 年，修建下马冲小（2）型水库，历时 4 年多，投资 20 多万元，建成后确保下游的农业生产和房屋安全。至 1983 年，全乡共有水库 6 座，塘坝 704 座，灌溉面积达 3837 亩。至 2015 年末，全乡新增加水库 2 座、塘坝 109 座，灌溉面积达 3320 亩；国家投入水利维修资金 476 万元，共维修水库塘坝 11 座，水井 19 口。

乡村建设

1961 年，舒溶溪从原麻阳水公社析出，乡政府设在舒溶溪村一民房小院内，1969 年择址修建乡政府办公楼、迁至现所在地，乡粮站、食品站、卫生院、供销社等相继修建。20 世纪 80 年代起，乡政府大院规模不断扩大，至 2015 年已修建办公大楼 1 栋，建筑面积 1056 平方米，住宿楼 2 栋，面积 3600 平方米，大礼堂 1 座，面积 264 平方米。新建、改装各种配套设施、办公用房 16 间。扩大集市，一条东起幼儿园，途经集市、乡中学、供销社、乡政府、敬老院至中心小学的集市长廊形成，商铺和民房逐年增加。全乡有村级活动中心 9 栋，占地 2800 平方米，总投资 1170 万元；新建村级小学 6 所，占地 1324 平方米，总投资 480 万元；建垃圾处理场 136 处。舒溶溪乡中心小学新建综合大楼 2 栋，住房 36 套，配套设施 28 间，投资 722 万元，容纳学生 700 多人。2012 年建成的乡敬老院，占地 200 多平方米，总投资 170 多万元。荷包湾村为省级特困村，国家实施易地搬迁政策，2016 年在该村建集中安置点，占地 35534 平方米，可入住 120 户贫困村民。

曹家溪自然村落

（雷文录 摄）

社会事业

教育

民国前期，境内只有少数富人家开办的私塾教育。民国晚期，有舒溶溪、烧炭垴、尖岩塘、侯利垴4所保办小学。20世纪50年代初增办龙角桥、枫坳、匡家坨3所公立初级小学。1956年舒溶溪小学开设高小班，为完全小学。1958年新办扎水塘、曹家溪、灯盏坨、火炉溪、荷包湾5所小学。1963年舒溶溪小学由庵堂边迁到枫香坪。1970年实行三级办学，县办高中、公社办初中、大队办小学，小学学制改为五年，小学每校一名公办教师，其余全是民办教师。1983年，在舒溶溪村张家垴创办乡中心小学，以公办教师为主，新修教学楼、宿舍楼2栋共1200平方米，学制恢复六年制。1998年民办教师全部转为公办教师。2012年，中心小学重新规划布局，全面扩建校舍，总投资721.17万元，建成教学生活用房及其他功能配套用房共计4835.5平方米，建成少年足球场等体育活动场地。到2015年末，全乡有幼儿园1所，在园幼儿177人，专任教师7人。中心小学1所，村小7所，在校学生644人，专任教师35人，小学适龄儿童入学率、普及率均为100%，中学1所，在校学生255人，专任教师18人，小学升学率、九年义务教育普及率均为100%。

文化体育

中华人民共和国成立前，境内民间文化体育活动有唱山歌、打霸王鞭、武术、狮子灯、舞龙灯等。中华人民共和国成立后除继承传统项目外，各村成立了文艺宣传队，农闲时晚上到各地演出。1974年成立公社文化站，1982年建立公社电影院。1984年开始有了黑白电视机，收看湖南电视台节目，1990年后有了彩色电视机，2000年建立了有线电视台，随后国家开通了“户户通”。20世纪70年代起，境内体育得到发展，特别是学校体育运动发展较快，1974年起，中小学男女4个球队，多次在麻阳水大学区篮球运动会上夺取四项冠军，中学篮球队多次参加县篮球比赛。学校培养人才，带动村民篮球运动的开展和普及，每个村都有篮球队，乡政府还定期举办篮球比赛。民间武术也不断发扬，扎水塘村张克兴、张家顶伯侄二人于1976年参加怀化市和湖南省民间武术赛，取得优异成绩。到2015年末，境内有文化站、广播站各1个，有村级文化活动中心13个，农家书屋9个，藏书20000余册。

医疗卫生

民国时期，境内扎水塘村有中草药骨伤科医生1人，无其他医疗机构，百姓看病都是从外请郎中治疗。1957年各村建立卫生室，有保健员1人，同时成立乡联合诊所，有医疗人员3人，在龙家垴院子租用两间民房作门诊室。1961年成立人民公社，联合诊所改为公社卫生院，院址搬到枫香坪，有一栋四

竹坡坳村安置点　（雷文录 摄）

封三间的木板平房作门诊室和药房，医务人员增加到 4 人。1975 年院址迁到张家塃，规模扩大，修建一栋 240 平方米的砖木结构平房，设立诊室、药房和病房，开始收治住院病人。1978 年全公社医务人员增加到 21 人。2008 年，建立新型农村合作医疗制度，全乡 9891 人参合，报销医疗费 61.66 万元。到 2015 年，全乡 12955 人参合，年报销医疗费 618.43 万元。2015 年全乡有门诊部和卫生室共 13 个，床位 26 张，专业卫生人员 26 人，其中执业医师 4 人，注册护士 4 人。

社会保障

民国时期，境内乡民没有任何社会保障。中华人民共和国成立后，特困户得到政府的救济。人民公社时期，五保户由生产队供养。在特大自然灾害、粮食歉收的年份，政府给农民返销粮救灾。2006 年开始实行“最低生活保障制度”，乡内 285 户 645 人受保障。领取保障金 12.1 万元。2012 年乡政府投资 170 万元修建敬老院，供养孤寡老人 28 位。2012 年开始实行农民养老保险制度，全乡 2045 人领取养老金 137.39 万元，2015 年全乡共 2403 人享受养老保险，领取养老金 216.27 万元。2015 年底，全乡五保户 53 户、53 人，每人每年 4800 元的补助金全部按月发放到位。同时，全乡已完成危房改造 20 户，7 户、30 人已脱贫解困。

人民生活

中华人民共和国成立初期，粮食产量不高，农民人均口粮仍不足 150 千克，农村住房多为土墙茅房和部分瓦房且人多房窄很拥挤。20 世纪 70 年代，粮食产量有所提高，生产队和农民家庭副业收入有所增加，部分农民盖新房，农民生活有所改善，但人均口粮徘徊在 130~180 千克之间，温饱问题未根本解决。1981 年实行家庭联产承包责任制，加上良种推广，粮食产量亩产达600千克以上。到20世纪90年代，基本解决了温饱问题，部分农民逐步富裕起来。新房不断增加，开始使用家用电器。进入21世纪后，农业效益逐步提高，剩余劳动力进城务工创收，农民生活走向富裕，80%农户盖新房。2010年全乡实际地区生产总值13047.79万元，农民人均纯收入2663元。

特色地情

人文历史

重要事件

舒溶溪农民武装暴动：民国16年（1927年）5月24日，继长沙“马日事变”后，溆浦反动军阀陈汉章在县城制造了“敬日事变”,中共溆浦县委遭到破坏。民国17年(1928年）初，中共湘西特委孙家信到溆浦，传达特委指示。4月，湘西特委派杨杰卿回溆任县委书记，张子平、王楚伟、武德章、贺振六、曹振华等为县委委员。4月中旬，县委在均坪云雾山庵堂召开会议，研究武装暴动问题。5月上旬，县委在楠木洞庵堂召开暴动前准备工作会议，定于“敬日事变”一周年前暴动。5月18日，武德章、贺振六率300多名农民，携带武器,以防匪为名到均坪“亮团”。19日，县团防局派兵捉拿贺振六。武德章闻讯组织小低庄、烧炭塆等村400多名农民，赶到上曹家溪，击毙敌军11名。5月20日晨，曹振华得悉舒溶溪暴动消息，带400余人往舒溶溪驰援，命令一组埋伏于红岩，阻击县城增援之敌，自己率一组赶往舒溶溪，在坐岩塆与数百敌人交火，农民武装伤亡30余人。得龙角桥农民武装增援，均坪农民武装摆脱了敌军。由于敌我力量悬殊，当即决定集中100多名青壮年，组成游击队，奔赴云雾山，武德章为总指挥，谢家松、顿钦庭担任正、副队长。成立军事委员会，武德章、曹振华为正副主任，贺振六等为委员，转战沅、溆、辰三县交界的九角尖山。舒溶溪农民暴动，是中国共产党组织领导的一次武装斗争，有力地牵制了敌人对江西革命根据地的“围剿”。

民国24年（1935年）11月，中国工农红军二、六军团撤离湘鄂川黔革命根据地，追随中央红军北上抗日。26日进入溆浦县境。12月2日，四师经舒溶溪、竹坡坳到达县城。红军经过舒溶溪时，得到当地群众的支持，筹集了部分粮食资金，火炉溪的张世碧当即加入红军，后任陕西咸阳军分区副司令员。

1958年溆均公路建成通车，途径该乡尖岩塘村。1971年舒溶溪至溆城通车，之后，部分村相继通车，至2015年全乡各村通车并且公路硬化率达90%。

1968年9月成立舒溶溪革命委员会，1984年5月设舒溶溪乡人民政府。

1972年舒溶溪村通电，之后各村相继通电。2015年农网改造完成，全乡各村供电网路标准化。

1975年在县委书记孙学辰指导下，县农业局在灯盏坨村建立旱粮站，开展旱粮革命，试种、推广旱粮杂交品种。

2012年第一座乡养老院建成。

1979年，黔阳地区天星堂煤矿在境内建成投产。

名优特产

茶油：油茶树茶籽榨出的油，既是优质食用油，又是名贵中药材。全乡有油茶林3000余亩，年产茶油40吨以上。

西瓜：由于山区气候和土壤条件好，所产西瓜，甘甜鲜脆，盛名享誉县内外，全乡每年种植面积2000亩以上，年产量达5000吨。

石灰石：是石灰生产和基础设施建设砌筑、铺路的重要原料，全乡各村都有。

民俗风情

婚俗：黄花儿、黄花女恋爱或经媒人介绍结婚要经过合婚，女方将出生年月写成八个字（如“甲申二月初八子时”）发给男方，男方就带上礼物去女方家报八字；对面看“人家”，即女方及其长辈代表去男方家，了解男方人品及家庭情况，如无异议就算订婚了；上门，男上带上彩礼趁端午节、中秋节、春节等节日去女方家拜访岳父母大人；过礼接亲，选定良辰吉日，男方带礼金、礼菜（供女方设宴待客用）等于结婚前一天送去女方家，次日早晨趁良时女方出闺，出闺时女方母亲及姐妹们要“哭嫁”,然后男方用花轿（现在多用花车）将新娘接回家，拜堂、设婚宴，晚上村里男女老少吵茶闹洞房；回门，婚后第三天，新郎新娘一同回女方娘家住两晚，然后再回到新郎家，就算结婚程序完成。

丧葬习俗：道人送亡，选吉日出殡下葬。

宴会习俗：凡遇嫁、娶、建房、老人庆寿等红白喜事，都设宴请亲戚朋友来庆贺。宾客每人都要送上一份礼金或礼品。

拜年、拜节习俗：每年春节期间，晚辈都要给长辈拜年；端午节、中秋节、晚辈要给长辈拜节，这是敬老的优良传统。

（撰稿：蔡光潘、肖典刚）

县内最大陶器产地

均坪镇

均坪镇俯瞰图

（雷文录 摄）

区域概况

位置面积

均坪镇位于溆浦县城西北部。地处辰溪、沅陵、溆浦三县接壤的纱帽垴山南麓。东、北连观音阁镇，南接舒溶溪乡、卢峰镇，西靠辰溪县的谭家场乡，且与沅陵县相邻。相传明朝末年，农民起义军李自成余部牛万才攻打溆浦县城之后，官府率众退守在乌龟山上，牛万才围攻乌龟山，驻扎在山下的一个村庄，后人把这个驻扎部队的地方称军坪，后演变为均坪，故得名。镇政府驻先锋村，离县城18千米。

行政区划

民国时期，均坪乡有15个保，原麻阳水乡的全部和舒溶溪乡的水洋坪、龙角桥、尖岩矿、竹坡坳都属均坪。1956年析出为均坪乡，1958年属于麻阳水人民公社，1961年析出为均坪人民公社，1984年改为均坪乡，1985年改为均坪镇，总面积88平方千米。辖白务头、思茅坪、老王界、老屋场、水桐湾、扶家溪、板溪、王里坑、向家塘、先锋、老窑上、来坡湾、明家塘、岩落湾、长坪、杨务溪16个行政村和振兴、新建2个居委

均坪镇全貌

会。2015年区划调整，白务头和思茅坪合并为白雾头村，老王界和扶家溪合并为金溪界村，老屋场和水桐湾合并为金屋湾村，板溪和王里坑合并为板溪村，先锋和杨务溪合并为先锋村，其余不变，辖先锋、板溪、明家塘、向家塘、长坪、岩落湾、来坡湾、老窑上、白雾头、金溪界、金屋湾11个行政村和1个新建社区。128个自然村、177个村民小组。总人口22441人。镇政府驻先锋村，占地8亩，建筑面积3280平方米。

建置沿革

民国时期，均坪镇隶属溆浦县第三区均坪乡。乡行政驻地在现先锋村。中华人民共和国成立时，称溆浦县第三区均坪乡，辖15个保，麻阳水乡及舒溶溪乡的水洋坪、龙角桥、尖岩矿、竹坡坳村都在其内。1956年划为均坪乡，1958年隶属麻阳水人民公社，1961年从麻阳水人民公社内析出设均坪人民公社，1964年向玉友任社长（观音阁镇覃村人），武垂照任书记（麻阳水人民公社桥头水人）。1965年张泽保任书记，黄孝钧、吕道春先后任社长。1984年复为均坪乡。1985年改乡设镇至今。

1978年以后，有李远其、周学益、张祖俊、王义泉、毛生于、刘士秋、舒作长、朱达林、荆长满、张贻坤、朱乐生、彭东华、向理树、刘丰阳、蒋建国、关建平、张晓阳、武长辉任书记。有李远其、周学益、张祖俊任革委会主任。舒友平、向吉晓、黄自安、朱达林、舒清元、向玉佩、谢家清、彭冬华、向理树、刘丰阳、唐继军、黄盛厚、刘让余、周馥卉任乡（镇）长。

（雷文录 摄）

人口民族

1965年，全镇3291户，13688人。1984年，全镇4459户，20004人。1998年全镇有5012户，21605人。2015年，总人口22441人，其中男12396人，女10045人。土家族2125人，占总人口的9.5%。回族224人，占总人口的1%。2015年人口出生率为14‰，人口自然增长率为9‰。

自然环境

环境：境内以山地、丘陵为主，有极少的平地，小溪流较多，有一条较小的河流。地势西北高、东南低，地势最高的是白雾头村的纱帽垴。气候特点是四季分明，冬夏长、春秋短，冬天严寒，夏天酷热，时期较长，无霜期长达240天，有纪录的最高气温是36℃，最低气温是-3℃，年平均气温在15℃左右，全年1月最冷，2月起开始升温，7月下旬和8月最热，9月上旬开始降温。常年降水量1200~1800毫米，降水多集中在4—7月，5月最多。境内最大的河流为麻阳水河，以白雾头的纱帽垴山为发源地，经老王界、扶家溪，流经舒溶溪乡的侯里垴、龙角桥，在镇内向家塘斋公潭与王里坑、板溪的小河汇合后，经来坡湾村流经麻阳水注入溆浦三都河，全长约33千米。

资源：境内矿产资源主要是煤、炭质页岩、磷、石英岩、软质黏土（耐火泥），主要集中在先锋、向家塘、来坡湾、老窑上、金溪界等村。清雍正年间，就有私营煤矿挖煤外运。由于软质黏土储量大、质量好，1953年，县政府设立国营椒板溪耐火材料厂，后改称溆浦县耐火材料厂，产品远销贵州、河南、云南等地。境内还建有陶器厂，宋朝时期就有人烧制陶器。长坪村、板溪村、先锋村、白雾头村储有大量炭质页岩矿。

灾害：境内自然灾害主要为洪灾、旱灾、冰冻和虫灾。1984年5月发生洪灾，小河、小溪边的田地不同程度地受灾。2008年发生冰冻，导致全镇断电、交通封闭达一个多月。松树林集中在长坪村、观音阁镇交界的大里坳、老窑上和先锋的松树林，部分松树林发生林木虫害。

经济发展

经济综述

境内经济历来以传统农业经济为主。20世纪60年代公社化时期，实行集体生产，统一分配，集体经济得到发展。1981年实行家庭联产承包责任制。利用当地矿产资源，发展工业、经济快速发展。1986年全镇工农业生产总值715万元，1986年人均收入340元。2005年起发展经济作物和名优水果等，全镇国民生产总值4682万元，2005年人均收入1940元。2011年发展养殖业、商贸服务业，全镇国民生产总值5735万元，2011年人均收入2689元。2015年国民生产总值6878万元，2015年人均纯收入2850元。

农业

种植业：1980年以前，全镇以种植粮食

均坪镇老屋村民舍（雷文录 摄）

作物为主，主要种植水稻、玉米、红薯、大豆等。经济作物以油菜、蔬菜为主。1980年以后推广杂交水稻，粮食大幅度增产。1986年粮食总产7650吨。其中，稻谷6430吨，人均320千克。2005年粮食总产10805吨，其中，稻谷8102吨，人均400千克，粮食自给有余。产油菜籽316吨。柑橘面积20亩，产量100吨，金秋梨210亩，产量105吨。2015年稻谷总产8270吨，产油菜籽450吨，柑橘产量190吨，金秋梨产量100吨，板栗50吨，杨梅70吨，蓝莓500亩。杨梅、蓝莓为境内名优产品。2015年全镇农业机械拥有320台，其中，收割机10台，犁田机120台，农用三轮车及拖拉机30台。

养殖业：境内养殖历来以家庭散养猪、牛、鸡、鸭为主。2000年后，推广科学养殖方法，养殖逐步向专业化发展，养殖业发展较快。2005年全镇养殖专业户41户，其中养猪20户、养牛2户、养羊7户、养鸡12户。水蛭养殖合作社1个，养殖面积50亩。2015年全镇母猪存栏500头，年产仔猪10000头，出栏肉猪9850头，养牛850头，羊980只。出笼家禽82650羽，产蛋12吨。

林业：境内自古属自然林业，自然更生，荒山多。中华人民共和国成立后，鼓励农民植树造林，林业得到发展。1966年在纱帽垴植树造林3500亩，建纱帽垴社办林场。1979年设林业管理站，鼓励植树造林，严格砍伐审批，林业迅速发展。2000年境内林地面积85800亩，森林覆盖率65%。2003年实施退耕还林，全镇退耕还林面积7368亩。2011年全镇实行封山育林。2015年新增退耕还林342亩。2015年末，全镇退耕还林总面积7710亩，林地总面积96880亩。

工业

境内煤炭和软质黏土资源丰富。清雍正年间，有私营小煤窑挖煤销往外地。明初老窑上建窑制烧陶器，后迁椒板溪制陶至今。境内有木匠、铁匠、裁缝、篾匠等民间工匠。1953年成立陶器社、铁器社及缝纫社。1972年建均坪公社煤矿，1975年建均坪农机站，从事农业机械加工和维修。1981年后，老窑上村开小煤窑15家，1985年全镇开办集体和私营股份煤矿4家，从业人员2018人，年产煤30万吨，产值900万元。建有长坪碗厂1家，耐火材料厂2家。1953年在境内建溆浦县耐火材料厂，1968年建怀化地区国营椒板溪煤矿。1983年建怀化地区国营均坪煤矿，1985年下放为县办煤矿。2015年末，全镇有私营耐火材料厂2家、陶瓷厂1家，建筑队12个，锻造、运输、榨油、打米及食品加工各类私营企业共62家，从业人员12人，年产值1965万元。

商贸服务

清代境内始建墟场，农历四、九场期。20世纪50年代，境内建有供销社、肉食水产站。70年代中期，供销社在各村开设代销点。改革开放后，各村的代销点转为个体经销点。1990年建集贸市场，占地15亩，有商业网点52个，从业人员106人，总销售额120万元。1999年供销社完成改制，镇内有个体经营户120家，从业人员350人，总销售额2600万元。2015年末，集贸市场扩大到20亩，商业街2条，近1000米长，有商铺门面280个，商业网点（含摊位）625个，商品销售总额5200万元，比2000年增长923%。

财政金融

境内有农村信用社1家，镇设财政所。1998年全镇完成各项财政收入185万元，其中农业税68万元，2005年免征农业税和屠宰税。2010年财政收入980万元，储蓄存款2850万元，2015年财政收入1200万元，比上年增长9%，各类存款余额3680万元，比上年增长10%。

种植的蓝莓　（雷文录 摄）

陶瓷制作　（雷文录 摄）

基础设施

交通运输

民国时期，境内无公路，只有到县城的2条便道。1958年修建溆浦至均坪公路，1972年修建均坪至麻阳水公路。1970年开通溆浦至均坪客运班车。1998年开通明家塘至溆浦、长坪至溆浦客运班车。1995年修建均坪至扶家溪公路。1998年修建均坪至思毛坪、均坪至老屋场公路。2000年实现全镇村村通公路，2015年村组公路全部硬化，总长80千米，实现自然村全部通公路，镇内设客运站1个，有中型客车16辆，小汽车400辆，摩托车520辆。

邮电通信

民国时期，境内无邮电通信设施。1958年设立均坪邮电所，有专职邮递员递送报刊、书信等邮件。公社成立后各大队都安装了手摇电话机。2000年镇内开通程控电话，安装程控电话300部。2005年先后开通移动、电信、联通三大通信网络。2015年境内有邮电所1家，个体快递户3家，移动、电信网点各3家。报刊全年发行3万份，发送接收邮件3.6万件。成人使用手机已经普及。

供水供电

境内饮用水历来是井水和山泉水，照明用桐油灯。中华人民共和国成立后，照明用煤油灯。1967年溆浦耐火材料厂附近的来坡湾、向家塘、老窑上、先锋4个村，从耐火材料厂搭电，用电照明、打米。1970年，老王界、扶家溪两村修建小水电站发电。1988年境内各村通电。2006年陈家潭电站建成发电。2015年全镇16个村农网改造工程全部完成，全镇村民用上安全廉价电。镇内在先锋村修建自来水厂1座。铺设干线水管2千米。各村铺设饮水管道31千米，入户率80%，加上少数村民自引山泉水入户，自来水普及率95%。

水利建设

1949年以前，只有少量山塘溪坝，没有一座规模水库。1958年，修建小（1）型卫星水库，库容量550万立方米，灌溉面积4500亩。1974年修建小（1）型王里坑水库，库容128万立方米，灌溉面积1300亩。到2000年，全镇有小（1）型水库2座，小（2）型水库7座，骨干山塘11座，小平塘溪坝130处，总蓄水量达860万立方米，灌溉面积9600亩。2015年，2座小（1）型水库完成加固维修，小（2）型水库及骨干山塘完成维修清淤，水库主干渠道全面实行三面防渗硬化，硬化渠道总长28千米，80%的农田实现灌溉自流化，确保旱涝保收。

镇村建设

1999年集贸市场搬迁扩建，占地15亩，后扩建到20亩。2015年，镇政府完成办公住宿大楼及水泥球场建设，镇政府大院占地 7 亩，建筑面积 3280 平方米。中心小学，占地总面积 8800 平方米，建筑面积 3640 平方米。卫生院扩建门诊部、住院部及职工宿舍大楼。农村商业银行新修营业和住宿大楼。集镇建商铺、住宿综合楼 65 栋，商铺林立，2010 年建客运站。2015 年建自来水厂 1 座。垃圾处理场 1 个，集镇安装路灯 30 盏，修通集镇排污排水管道，街道实施硬化，镇容镇貌得到改善。

社会事业

教育

境内自古只有少数富人办有私塾，民国 12 年（1923 年）曹振华在榴木垴（均坪镇中学旧址）办小学和农民夜校，后板溪村民办邹氏族校，先锋向家院子办向氏族校，向家塘斋公潭办初级学校。中华人民共和国成立之后，白雾头办二保学校，国家出资办水桐湾学校。1963 年，在均坪煤矿旧址办均坪公社农业中学，后迁至乌龟山，教育与生产劳动相结合。其他各村相继办村小。1976 年，均坪中学办

纱帽垴　（雷文录 摄）

高中，各村小办初中班。1979年，取消乡中学高中班、村小初中班。2015年，均坪中学8个班，在校学生430人，专任教师25人，义务教育覆盖率100%，2012—2014年连续三年获溆浦县综合目标二等奖。均坪镇中心小学占地总面积8800平方米，教学楼、住宅及各种楼房5栋，建筑面积3637平方米，教学仪器等设备总值75.5万元。辖区内有中心小学、村小共13所，学生1219人，有专任教师62人，入学率达100%，2012年六年级毕业会考全县排名第二。辖区内有民办幼儿园2所，11个班，入园幼儿338人，幼师和保育员23人，活动场所3000平方米，校车4辆。

文化体育

2006年，镇内办起广播电视站2个，其余是各家自买和政府发的电视机接收器，电视覆盖面达到100%。全镇有农家书屋17个，藏书18万册。有广场舞队16支，每逢庆祝活动都要举行广场舞大赛。乐队3支，腰鼓队2支，阳戏队3支，每年春节和办喜事，阳戏队出队唱堂会。新修篮球场9个，每年春节都举行一次篮球赛。

医疗卫生

民国时期，只有板溪的邹万春在镇内行医，开设中医万春堂。中华人民共和国成立后，增加1个中医“回春堂”。1952年，设立乡卫生所，中西医结合。1959年改为均坪公社卫生院。1968年，各村设卫生室16个，医务人员为赤脚医生。1976年公社卫生院迁到均坪公路边，开设门诊、药房、注射室、换药室、手术室、住院部、食堂、医务人员宿舍。后增加X光室。2014年镇政府对卫生院进行改建，配备电脑12台，有固定资产233万元，病床15张，专业医务人员11人，其中执业医药师3人，执业助理医师2人，注册护士4人，村卫生室17个，医务人员33人。

社会保障

民国时期，境内老百姓没有任何社会保障。中华人民共和国成立初，境内特困户享受人民政府的特困救济。五保老人由生产队供养。2006年开始实行最低生活保障制度。2015年，镇内有五保户45人，享受最低生活保障1015人。2008年开始实施新农合，2015年，全镇参加新农合人数达1.8万人，报销医疗费8万余元。有1.6万人参加农村养老保险，保险金额420万元。

人民生活

民国10年（1921年）大旱，老百姓吃菜叶、草根。中华人民共和国成立初期，粮食产量低，人民生活有所改善，人均口粮不足100千克。人民公社时期，人均口粮最低保障到180千克，农户的家庭副业收入有所增加，木质瓦屋增多。1975年试种杂交水稻，粮食增产增收。1981年实行家庭联产承包责任制，粮食亩产500千克以上，基本解决温饱问题。20世纪90年代以来，农民开始富裕，建楼房，购置电风扇、电视机、空调、冰箱等家用电器。2000年以后，农业效益逐步提高，到2015年，全镇实现产值271万元，固定资产投资663.62万元，农民人均年收入2850元，90%以上农民住上新楼房，95%以上农民过上小康生活。

特色地情

人文历史

重要事件

民国17年（1928年），曹振华、顿钦庭率农民武装300人在均坪赶集日“亮团”。5月19日，曹振华率部在舒溶溪发动农民暴动，遭到国民党军队围攻，在舒溶溪座落岩与国民党军队激战，后因敌我武器装备悬殊，伤亡甚众，被迫撤离阵地，在乌龟山、云雾山一带开展游击。

1984年，来坡湾、老窑上村修建电视接收站。2006年均坪镇在岩落湾和均坪建有线电视台，有线电视覆盖率达到68%，边远山区各家自买接收机，实现电视信号覆盖率100%。

民族风情

婚俗：女子到已婚年龄，介绍人（媒人）帮着说亲，有相亲（男女会面）、讨“八字”、送彩礼（包括年礼）、上门（即男方第一次去女方家）、报日（告诉女方结婚的日子）、接亲、婚礼、回门等主要礼节。拜堂，打新郎公，新郎新娘拜完堂入洞房时，围观的亲友或新郎的朋友可以喜闹新郎，喜打新郎，新郎只能躲，不得还手，直到将新郎闹到进入新房才罢手。闹新房，结婚那天晚上新郎的朋友、小孩子可以在新房里喜闹。有的在高潮时可以将床上的新被子拿来“舞狮子”“讲口号”向新郎新娘道喜，或要新郎新娘做各种游戏取乐，待到新娘或新郎家人拿出糖果来还谢大家后，方才喜息。《中华人民共和国婚姻法》施行后，近亲结婚已绝迹。娃娃亲或者指腹为亲不存在了。同姓结婚已成为时尚。

丧葬习俗：均坪实行土葬，人死后，请道士到家里来为死者出殡下葬。

宴会习俗：均坪人凡重大喜庆之事，都要设宴请亲朋好友来庆贺。重大喜庆之事指娶亲或嫁女、修造房屋成功等。

餐饮：改革开放以后，无论哪家喜庆设宴，都是八人一席或十人一席，都备有公筷，供入席者共同用来夹菜。在桶边喝水放有一次性塑料杯，供来宾喝水用。发一瓶矿泉水，成为公共喝水习惯。

拜佛：拜佛，其一是人们乞求神灵的保佑而进香，烧纸，许愿；其二是人们聚会走动，锻炼身体的一种形式，均坪庵堂庵院除了乌龟山庵堂和雲雾山庵堂之外。还有向家塘的河龙庵，修建在向家塘河边处，供奉黑身菩萨。交通便利，香火旺盛。长坪庙宇、明家塘庙宇，香火也旺。杨雾溪庵堂建在山冲里，树木林立，环境优雅，香客们常来进香避暑。白雾头的纱帽塝庵堂，修建在溆浦、辰溪、沅陵三县交界之处，视野广阔，环境清幽静凉。庵堂下尚存一条通往辰溪和沅陵的古驿道，路边有一处泉水名碗儿井，泉水长年不断，而且

乌龟寨 （雷文录 摄）

清凉。板溪村的雷公殿，地处平坦，面临公路，管理较好，香客多，香火旺盛。

风景名胜

乌龟寨遗址：《溆浦县志2005年》记载，乌龟寨遗址位于溆浦县城北20千米的均坪镇先锋村，海拔673米，三面悬崖峭壁，南稍平缓。明末农民起义军牛万才率师入溆浦。县举人舒自志在此建军寨，在南鹿山垴一带筑墙1000米。时嘉兴通判向秋围等亦在山南云鸡公、棋盘，二寨与乌龟寨互为犄角，起义军围攻三年不克。今尚存残墙一段，长约500米，高四丈（一丈约3.33米），厚3米。乌龟寨属溆浦四大名寨之一，因山体形似乌龟而得名。

迴龙庵：建于明末，因建在椒板溪三拱桥上迴水处而得名，故取名迴龙庵。交通便利，地处平地，有僧人管理庵院，历来香火旺盛。

云雾山庵堂：修建于明朝，在扶家溪、板溪、王里坑三村交界的云雾山上。传说是顿氏仙姑回娘家的仙地。民国17年（1928年）曹振华率领农民暴动队伍撤到这里休整，召开秘密会议，并成立军事委员会，坚持游击战。

曹振华墓：民国21年（1932年）曹振华牺牲后，葬在均坪镇向家塘村鲫鱼洞上方。中华人民共和国成立后，民政部门两次拨款修建。现已成为均坪革命传统教育基地，清明时节，村民到此扫墓。

泥溪冲古碑：泥溪冲古碑在县城北二十五（千米）泥溪冲，碑面字多残缺不可识，其阴，有八字云："崇横四年，地皮转动。"似为证述泥溪冲因地震引起的崩毁状况。

（撰稿：伍兴均、向延忠、彭秀猛、蔡春铭、王韬）

全国农村综合改革试点镇，
湖南省小城镇建设示范镇

低 庄 镇

（低庄镇、大渭溪乡）

低庄镇全景

（雷文录 摄）

区域概况

位置面积

低庄镇是溆浦县的重要集镇，距县城27.7千米。东临安化县的烟溪镇，南与祖市殿、双井两镇接壤，西靠观音阁镇和沅陵县的凉水井镇，北连深子湖镇。总面积207.75平方千米，镇人民政府驻东门头社区（原低庄镇人民政府驻地）。

建置沿革

明万历年间，实行都里制，全县设一访七都，低庄属四都。民国初年，县以下行政区划沿袭清制。民国16年（1927年）废里倡区，低庄时属四区，民国24年（1935年）改为低庄乡。

中华人民共和国成立初，沿用民国旧制，在县下设区，低庄乡、大渭溪乡属第四区。1956年撤区并乡，设立低庄乡，下辖25个村。大渭溪乡，下辖9个村。1958年9月，政社合一，低庄乡改为低庄公社，花桥乡（今双井镇）并入低庄公社。大渭溪乡改为大渭溪公社。1961年4月调整公社规模，把花桥从低庄公社划出。1962年9月将低庄圩镇从低庄公社划出设低庄镇，1963年撤镇划回低庄公社。1984年3月，改低庄公社为低庄镇，行政区划不变。

2015年11月，乡镇区划调整，大渭溪乡成建制并入低庄镇。低庄镇原有25个村4个居委会，合并为18个村4个居委会。大渭溪原有9个村合并为3个村。低庄镇辖21个村，4个居委会。

1978年以后，低庄镇（公社）先后有张腊文、吴传兴、毛生干、舒象宏、武文其、张贻权、田永杰、肖汉文、舒培乔、唐逢显、向理铁、刘松让、严安民（兼）、刘生贵、张斌、张勤焕、宋克洋任中共低庄镇（乡、公社）党委书记；先后有向忠尚、黄德爱、黄和平、舒培乔、向德喜、张向阳、严安民、田千恒、舒朝阳、李平国、胡尚华、朱辉、刘兴任镇人民政府镇长（公社主任）。

1978年以后，大渭溪乡（公社）先后有金宗谦、武文其、陈远田、刘奇雄、刘仁伦、刘士华、蒋光省、冯本富、向晓华、饶骁、彭庆林、武治平、李平国、黄胜厚任中共大渭溪乡（公社）党委书记。先后有金宗谦、刘元泉、曹光湘、刘士华、刘士贵、易克诚、向晓华、张贻文、饶骁、彭庆林、武治平、刘华孝、朱建华、冯本欽任大渭溪乡乡长（公社主任）。

行政区划

2015年，大渭溪乡成建制并入低庄镇，原低庄镇25个村4个居委会，合并为18个村4个社区。原大渭溪乡9个村合并为3个村。低庄镇辖21个村，4个社区（居委会）。4个社区（居委会）是白毛湖、东门头（原东门村、东门头社区合并）、镇东、镇南。21个建制村是牌子田、严家坡、月塘、后村湾、栗子坪、金凤、岩头、荆湖、莲塘、连山、阳兴、杨和坪、吉家冲、枫香林（原枫林）、镇宁（原松阳坪、肖家湾、赤竹溪、镇宁合并）、思溪（原思溪、思庄合并）、低庄（原老屋园、松龙合并）；小龙潭（原小龙潭、新庄合并）、夜珠溪（原夜珠溪、龙门溪、杨家垴合并）、大渭溪（原张家坪、宋家、罗山溪合并）、金子湖（原木松溪、洞潭、冰冷溪合并）。

人口民族

人口：中华人民共和国成立初（低庄、大渭溪）不足4万人。1978年，低庄公社38520人，大渭溪公社5208人。2015年末，乡镇合并后总人口61388人，其中，男性31308人，女性30080人。总人口中，农业人口39079人占63.7%；2015年末，汉族56612人，土家族4579人，瑶族114人，苗族83人。

自然环境

地形地貌：镇内有山地、丘陵、平原等多种地貌类型，西部为山地，东部以丘陵、平原为主。境内平均海拔220米，最高点大渭溪羊皮帽山海拔1232米。

气候：属亚热带季风湿润气候，四季分明，雨量充沛，无霜期较长，年平均气温在17℃左右。

水文：年平均降水量为1400毫米，境内有大、小溪河12条。主要有渭溪江，长达30千米，汇入四都河，后由北向转南流入双井镇。常年平均流量为156立方米/秒。

资源：山地10.3万亩，水面1500亩（不含溪河面积），耕地面积42620.9亩，其中：水田30231亩，旱地12389.9亩（其中果园9600亩），分别占71%和29%。主要有煤、锰、石灰石、硅砂等。现开采利用的有石灰岩、硅砂矿。2015年林地面积10.3万亩，森林覆盖率92%。果木林有柑橘3000亩，枣子4000亩，油茶1450亩，板栗210亩。

灾害：洪灾、旱灾时有发生，雷灾、雪灾偶然发生。1984年7月，四都河沿岸9个村被洪水冲毁良田2000多亩。1993年7月，暴雨倾盆，山塘水库容量爆满，深子湖双闸门溢洪，大水过堤冲进街道、村庄，冲毁市场，冲毁良田4000多亩，4000多户房屋进水，13户房屋被卷走，造成经济损失1.2亿万元。灾后，国家下拨救济金2300万元，减免农业税2000万元。1984年发生了罕见的雷灾，2人丧生，42部彩电被击毁，致使停电8小时。2007年的冰冻，长达43天，车辆停开，人行困难。跌伤17人（其中，致残2人）。2015年5—8月，久旱未雨，蔬菜及红薯、玉米等作物严重减产。

经济发展

经济综述

从1958年至1977年，居民在生产队按劳分配，生活水平低；住的是老一辈建的木房，陈旧不堪，青砖房很少，家电设备尚未出现。1978年人均年收入62元，较之前有所好转。

改革开放以后，工农业连年增产，商业贸易也出现新气象，第三产业迅速发展，居民连年增加收入，生活水平提高，粮、油、肉食保障供应，满足需求。直到2015年，多余劳力外出打工，农民人均年收入达2500元。

农业

农牧业历来以传统农业经济为主。人民公社化时期，普遍实行集体生产，统一分配，群众生活贫困。1978年农业总产值（含大渭溪）264.78万元，人均年收入62元。2015年末，农业总产值1.4亿元，农民人均年纯收入2500元。

1978年以前，粮食生产以种植水稻为主，红薯、玉米、大豆为次，水稻两季亩产达不到300千克。少量的经济作物以油菜、甘蔗等为普遍。2015年水稻2.4亩，总产1451.9万千克，亩产627千克。红枣4000亩，总产110万千克。柑橘3000亩，总产150万千克。另有桃、李、板栗等果木。

境内以饲养猪、牛、鸡、鸭等家禽家畜为普遍。1978年出栏生猪8162头，出笼家禽4.32万羽，喂牛247头，喂羊678头。1985年生猪出栏17005头，家禽出笼14.7万羽。2015年出栏生猪27208头，出笼家禽23.52万羽，喂牛650头，喂羊2650头。

林业

1949年，中华人民共和国山林基本属于自然林地，只伐不造，靠自然更新。中华人民共和国成立后，山林归国家或集体所有，实行计划造伐。1958年，境内森林几乎砍光。1978年有林地面积4.7万亩，森林覆盖率80%，伐木材1500立方米。1978年以后，山林经营权承包到户，林木迅速恢复。2015年末森林面积10.3万亩，森林覆盖率达92%，伐木材4200立方米。另有桐油、茶油、山竹笋、松脂、桂皮、金银花、茶叶等优质土特林产品。

工业

民国时期，有民国政府办的低庄煤矿，另有少数私人小煤窑。中华人民共和国成立初，低庄煤矿转为县政府国营煤矿。1958年，在大渭溪和镇宁一带开采铁矿，大炼钢铁。1975年10月，创办低庄水泥厂。20世纪80年代后，先后创办罗山溪碎石厂、低庄硅砂厂，效益可观。2015年末，全镇各类企业508家，其中，外来投资企业203家，从业人员8124人，年总产值2.3亿元。

商贸服务

清代，低庄就是溆浦的主要圩场及货物聚散地，低庄为农历四、九场，大渭溪为农历一、六场。20世纪50年代，设有供销社、肉食水产站，各村开设集体商业零售店或代销点。“文化大革命”期间，圩场被关闭，“文化大革命”后期又改为全县统一逢星期日赶场，改革开放后低庄圩场得以恢复。1978年商品销售额615万元。1991年全镇有商业网点152个，从业人员508人，总销售额810.9万元。2000年，供销体制改革后，中心农贸市场建立，有个体经营户623家，年销售额1836万元。2004年，新建农贸市场1个，场内摊位240个，场外增加个体经营门店摊点310个。每逢赶场商贾络绎不绝，不少于10000人。2004年商贸经营户1152户，年销售额4860万元。2015年商贸经营户1805户，年商品销售额9025万元。

财政金融

1979年农村信用合作社在低庄公社设立分社，1984年设镇财政所，1985年正式建立低庄镇农村信用合作社及大渭溪乡信用合作社，1986年至1988年相继在吉家冲、莲塘、牌子田、镇宁等村设立信用站。1995年成立的合作基金会，于1999年经农金会清理整顿后撤销，资产移交信用社。1997年建立低庄镇、大渭溪乡财政办公楼。2000年低庄镇财政收入7704万元，人均200元；大渭溪乡财政收入937万元，人均180元。2003年至2005年逐步免征农业税、停征屠宰税。2015年，存款4.3亿元，发放贷款5115户、580万元。邮政部门储蓄额1亿元。财政总收入3.7亿元，人均6000元。

基础设施

交通运输

民国26年（1937年），低庄至辰溪山塘驿的简易公路通车，名曰山烟公路。中华人民共和国成立后，山烟公路低庄段经多次改造，加宽至9米并铺上了水泥。1971年5月，湘黔铁路竣工通车，途经松阳坪、肖家湾、镇宁、思庄、思溪、后村湾、岩头、荆湖、阳兴9个村，境内设有低庄站，后因客货量减少和铁路提速，二等站降为四等站。1976年10月低庄至大渭溪公路开始修建，1978年10月通车。1978年以后，省道S225线（山烟公路）、S308线（溆安公路）均直通长沙，与全国交通网点接轨。1981年红岩板渡口架起混凝土石拱大桥，1986年，首次购进中型客车，开展客运业务。1991年有机动车240多辆。2002年省道S308线四都河段架起钢筋水泥大桥，全镇实现村村通公路。2007年，修建镇客运站。2010年，低庄至大渭溪公路铺水泥路面。2010年，实现村村通水泥路，80%的村民小组实现入组道路硬化。2011年，通往溆浦四中的四都河上宽9米的石墩大桥建成。2012年低庄至祖市殿7.5千米的水泥路通车。2015年，有中型客车128辆，货车445辆，小汽车650辆，摩托1500辆。

邮政电信

明清时期，设有铺递、驿马、挑夫。民国元年（1912年），改驿为邮，不办理邮政电信业务。中华人民共和国成立之后，此业务由当地供销社代办。1961年，随着业务的增多，设立邮政所，办理邮政电信业务，启用电话交接机，机关单位及各大队先后安装磁石电话。1991年增开特高频通信，1992年邮电所开通程控电话，开展创建电话村活动，安装固定电话4500余部，1995年底经验收合格达标。2000年，投资60万元，修建移动通信接收塔4座，通信信号覆盖率92%，移动通信业务迅速发展。2001年，邮政和电信分开，分别设局，邮政局还增设储蓄业务。2015年，有通信基站7个，固定电话300部，手机用户3.2万户。

牌子田村进村牌楼　（雷文录 摄）

供电供水

1958 年全镇的照明用电由低庄农机站自发供电。1978 年 12 月，成立公社水利水电管理站，实行用电自给，供电陆续扩大到老屋元、松龙、东门、荆湖、岩头等大队。1980 年，县里接管供电，用电范围逐渐扩大，用户增多，迅速扩大到全镇各地。1985 年至 2015 年，基本实现村村通电，户户用电。自古以来，低庄百姓饮用河水、井水、山泉水。河水受到污染以后，摇井风行了一段时间。2011 年动工兴建自来水厂，占地 2000 平方米，供水设施先进，有职工 12 人。供水 2038 户，15123 人，年均收入 56 万元。

水利建设

1958 年以前，境内只有小规模的拦河坝设施。1958 年修建东风拦河坝，1962 年修建狭门溪、杉木塘水库。1965 年组织全公社劳力扩修嗣爷塘水库，扩修山塘 14 处，总库容 4180 万立方米，有效库容 3800 万立方米，灌溉稻田 2580 亩。1972—1975 年，各大队分别修建了小（2）型水库和骨干山塘，修建了深子湖大型水库主渠道，共增灌溉面积 4500 亩。1975 年，从四都河月塘至荆湖，修长 3 千米的红岩大堤，堤内造田 300 多亩，栽种柑橘、水稻、蔬菜等。2011 年，大堤用钢筋水泥加固，并装有栏杆及电灯等设施。

2012 年对全镇的河道进行清障，完成工程量 7 万立方米。2015 年，全镇水库设施有效灌溉面积 3.8 万多亩，占耕地面积的 80%。

村镇建设

中华人民共和国成立初，镇内仅一条弯曲狭窄的老街，人们居住的多为木房。街道铺的是沙石，每逢下雨泥泞难行。1978年以后，钢筋水泥结构的楼房成批涌现，一条条整齐的街道相继形成。20世纪90年代，低庄镇被列为全国小城镇建设试点镇，镇以改革的方式和各项优惠政策，吸纳农民进城，共同建设小城镇，极大地推动低庄镇的各项建设，先后修建永安路、永乐路、永兴路、永富路等，形成四方城的城镇格局。2000年，投资120万元，新建高规格的农贸市场。影剧院、幼儿园、图书馆、医院相继配套，教育电视台、有线电视、程控电话相继开通。对集镇规划进行修编。2004年改善镇容镇貌，治理脏乱差和堵车现象，成立集镇管理维护队。2007年整修旧客运站。2011年投资25万元修建集镇排水管道。2015年，集镇规划面积4.8平方千米，主要街道5条，其中，永富路长2千米，宽40米，全镇照明路灯2138盏。自来水厂1座，日产水2280立方米。垃圾处理场1处，日处理垃圾60吨，各村都有垃圾处理设施。农贸市场6处，占地面积5.1万平方米。牌子田、吉家冲、大渭溪等村建设规范，经济繁荣，功能齐全，形成辐射作用。大渭溪农贸市场成为山区土特产聚散交易场所，全镇旧貌换新颜。

社会事业

教育

清咸丰三年（1853年），在财神馆创办凤翔书院，清末改为学堂。民国末年，设有第四区公立小学。1951年3月，将该校改名为低庄完全小学。1956年，县里在岩头大队设立低庄完小初中班。1957年下半年，改为溆浦县第四中学。1969年9月，低庄、大渭溪各大队普遍办起五年一贯制小学，公社建立中学，学制为初中二年，高中二年。1978年以后，低庄、大渭溪各村五年一贯制小学改为初小，学制四年，低庄、大渭溪中心小学学制为六年，中学只设初中，学制为三年。

1988—2000年，全镇各村小学校舍完成危房改造和扩建。镇中学校舍扩建，占地面积50亩，38个班，教师87人，学生1600多人，居全县农村中学之首。

2015年有幼儿园27所，在园幼儿2482人，小学学生2415人，初中学生1966人，九年义务教育覆盖率和适龄儿童入学率均为100%。

文化体育

1957年架设有线广播。1965年建立有线广播站。1972年组建电影队。1976年，黑白电视进农家。1980年彩色电视进村入户。1981年建立影剧院。1984年设立低庄文化站，1988年建立电视差转台和万册图书馆。1990年成立篮球协会、书法协会、文学协会等群众文化组织，图书室、广播站、电视台、图书馆等文化实体及演出活动、文化培训等遍及各村，并开通有线电视。2015年，电视入户率98%，村级文化活动中心20处，各类小型图书室20个，藏书18.8万册。

医疗卫生

1953年，将民间中草医组织起来，建立低庄镇联合诊所。

1958年各大队设立卫生所。1961年改低庄联合诊所为低庄卫生院。1970年各大队成立合作医疗站，各配赤脚医生1~2名。1978年大渭溪建立公社卫生院。1984年公社卫生院更名为乡镇卫生院，改大队合作医疗为村卫生所。1991年低庄镇卫生院有业务用房1500平方米，病房24间，病床96张，设有手术室、妇检室、注射室、门诊室、X光室、药房等。村均设卫生所，每个卫生所有1名医生，1名接生员。大渭溪卫生院占地300平方米，病房6间，病床24张，有门诊、注射室、药房。2015年有医疗机构26个，其中镇卫生院1所，村居卫生室25个，病床165张，专业医疗人员224人，全年完成诊疗8.5万人次，全部治愈出院。25个村（居）新型农村合作医疗参保率100%，孕产妇住院分娩率100%，五苗接种率100%。同年投资250万元，修建四层住院大楼1栋，并改造1栋旧楼，医疗卫生条件大大改善。

社会保障

1991年有国家抚恤、优抚对象185人，发放资金2000元。2000年以来，有五保户89户，烈属4户，残疾人120人，发放优抚事业费8500元，赈灾救济金12000元，社会救济金4500元。2012年经过重新评定，有五保老人98人，农村最低生活保障人数1020人，五保老人全部采取分散供养。2015年有敬老院1处，占地3000平方米。有五保老人166人，其中集中供养45人，供养费48万元。低保对象684户1251人。

人民生活

民国时期，贫富差距大，富者经商、收租，穷者挑脚、当长工，无劳力者甚至行乞。住的多是破旧木房，大户人家修的砖房寥寥无几。中华人民共和国成立后，民生基本得以平衡。1958年转人民公社、大办食堂，民生极度贫困。1962年解散食堂，人均口粮（稻谷）达不到150千克，有时则以野菜充饥。城镇居民粮油由国家供应，稍高于农村水平。1978年以后，农村实现土地承包责任制，由于粮食和经济作物连年丰产，养殖业的兴起，取缔一切票证。人民生活明显好转。高楼大厦遍布村镇，家家户户有手机、彩电、电冰箱、电风扇、洗衣机。购买小汽车、摩托车的在集镇、社区达40%，农村达30%，单车更是不计其数。2015年，全镇工农业总收入大幅提升，人均6000元，70%的户数达到小康水平。

特色地情

人文历史

重要事件

民国24年（1935年）11月，红军从沅陵经大渭溪、冰冷溪、吉家冲、阳兴、双井镇往新化方向而去，在低庄镇播下了革命的种子，唤醒了民众。

在严家坡茶家垴的阴包山上，建有革命先烈周有珪的陵墓，每年清明节，中小学生

严家坡　（雷文录 摄）

及人民群众，到墓地献花，接受红色教育。

1950年，四川籍解放军战士曾云山，在大渭溪剿匪战斗中牺牲，葬于雷家院子山脚下。为纪念曾云山，张家坪村小学和当地的石拱桥都以“云山”命名。

1996年，小城镇建设被列为全省示范镇，教师乡、镇企业全省百强镇。

1998年，被批准为农村综合改革全国试点镇、建设部示范镇。

1999年，低庄镇文化站获评全国文化工作先进集体。

2000年2月16日，低庄镇文化站站长张克华出席全国文化工作先进代表会议。

民俗风情

朝山拜佛：依照传统惯例，每年农历二月十九、六月十九、九月十九都是观音太士的生日。农历六月二十三，又是王爷公公的生日。人们提着准备好的凑疏、香纸、蜡烛等，成群结队，分赴龙凤寨、白云山、金凤、天河池及严家坡等地庵院进香。

春节：远在外地劳作的人都要回家过一个团圆吉祥的大年，享用早已准备好的年粑和腊肉。大年三十，每家每户都要焚烧冥纸怀念先人。同时祈祷全家平安顺遂，四季发财。

清明节：孝子贤孙为已故先人上坟，敬奉肉食水果，烧纸焚香又放鞭炮，祈求保佑。有些以家族为首组织的祭祀活动较为庞大，设清明会，杀猪宰羊放铁炮，进入族人祖先墓地，祭拜祖先。

端午节：为纪念爱国诗人屈原，每年农历五月十五吃粽子、划龙船，热闹非凡。

中元节：农历七月十一，人们为已故先人，每天三餐供饭，敬酒、焚香、烧纸、放鞭炮，直至十五晚上。

中秋节：农历八月十五为中秋节，既庆贺丰收又享受团圆。除了合家同食丰盛的团圆饭之外，还以象征团圆的月饼送礼或食用。

女人回娘家要以鸭鹅为礼，晚上一起赏月。

重阳节：历史上以“重九登高”作为典故，意思就是农历九月初九爬山登高，把老年人的品德喻为神圣的高峰，让后人去攀登，达到延年益寿的目的。后来就把这一天定为重阳节，现又称老人节。这天老年人集会，载歌载舞，热闹非凡。

婚俗：自古以来，男婚女嫁首先要合年月日时，合好之后，男方要以“双鹅双肘”为礼。男方到女家，和女方父母或兄弟姐妹见面，男女双方不能直接见面。结婚当天，男方必须送去聘礼（全猪1头，不少于75千克；牛肉50千克，衣服2~4套，金首饰）。女方的嫁妆也相当排场，多则32抬（陈遐龄将军嫁女至低庄），少则两三抬，一般十几抬或二十几抬，抬的是被褥、家具等物品。女方到男家之后要拜堂,然后进入洞房。婚嫁之时，男女双方家庭大办宴席。

丧葬习俗：人死之后入殓，然后打灯、上祭、烧纸、焚香放炮，停放几天后，由孝子贤孙护送下葬。

风景名胜

财神馆：坐落低庄镇东门头居委会，现低庄镇人民政府驻地。此地原有一会馆，内供赵公明神像。俗传赵死后，姜子牙封他为“财神”，因此得名。

龙王潭：地处严家坡村和月塘村之间的四都河中。河边建有镇龟塔。现塔被拆，塔基尚存。

龙凤寨：坐落在岩头村，因山似龙凤。又传说昔日李自成部下曾在此安营扎寨，故名龙凤寨。

千军潭：传说李自成部下牛瞎子率领残兵在岩头村四都河边遭清军围歼，很多人跳入潭内，“千军潭”由此产生。现泥沙淤积，深潭成为浅滩。

天生塘：传说金子湖村鸡蛋湾山顶上，因大禹治水在那里踏了一脚而形成，水从塘底涌出，塘边用水泥加固，能灌溉稻田1000多亩。

金子湖：传说金子湖村有一庵堂建于茅坪江边，由一老和尚主持。有一年涨大水，眼看庵堂被淹，老和尚对天长叹几声，把围在颈上的佛珠抛向天空。这时，从河里冒出一巨石，佛珠正好落在巨石之上，一刹那，老和尚变成了金人，闪了几道光，升天而去，水即刻消退。以后每年涨水，涨到巨石上的佛珠边就自然消退了。人们为纪念老和尚，把这里叫作“金子佛”，后来并村，就把“佛”改为“湖”，以“金子湖”作为村名。

镇宁：镇宁村有轿头山和纱帽山相对而生，村中有衙门田和城隍庙，明清时期准备在此设县城，因缺水只设了巡警司，后来叫作镇宁司，现为镇宁。

天河池：在离吉家冲村部八里远的地方，顺坡而上有一水池，面积150平方米左右。这里水质奇特，用它沐浴，特别舒服，人们便叫它为“天河池”。明末清初在池边建有庵堂，朝拜的人络绎不绝。

大渭溪：相传明末清初，此地发生瘟疫，人烟绝迹。后从沅陵县渭溪迁来雷、蔡等十姓人居住。因此地比沅陵渭溪地方宽阔，溪水也多，故名大渭溪。

（撰稿：刘仁德）

县内最大硅矿产地，
最大人工湖（深子湖）所在地

深子湖镇

（谭家湾镇、让家溪乡、水隘乡）

让家溪集镇

（雷文录 摄）

区域概况

位置面积

深子湖镇距县城 30 千米，为溆浦北大门，因纪念 1975 年县委原书记孙学辰带领全县人民兴建深子湖水库而得名。东邻安化县奎溪镇，北靠沅陵县先门林场，西、南两面与低庄镇接壤。四都河由北向南径流，贯穿全境，镇人民政府驻卫星村。总面积 245.57 平方千米。电话区号 0745，邮政编码 419307。

建置沿革

民国时期，属四区明牌乡。中华人民共和国成立后到 1950 年 3 月，仍沿袭乡、保、甲旧制，6 月后属第六区（严家坡）。1953 年 1 月后属第五区（谭家湾）。1956 年 6 月境内置谭家湾乡、水隘乡、让家溪乡。1958 年 9 月，并为谭家湾大公社。1961 年 10 月体制调整时，复分为谭家湾公社、水隘公社、让家溪公社。1984 年 5 月，农村体制改革，易为谭家湾乡、水隘乡、让家溪乡，2001 年底谭家湾乡改为谭家湾镇。2015 年 12 月，县区划调整改革，原谭家湾镇、让家溪乡、水隘乡成建制合并设立深子湖镇。

原谭家湾镇地处溆浦县北部 30 千米，东邻水隘乡，南面低庄镇，西依原大渭溪乡，北靠让家溪乡，四都河水蜿蜒迂回，由北向南径流。相传曾有谭姓人居住此河湾处，故名谭家湾。2015 年乡镇区划调整前，辖卫星、农跃、白泥、赤泥、黄游、畔里、贺家冲、清水塘、下家坪、张家冲、桥头龙、深子湖、五七 13 个村委会。镇域面积 67 平方千米，辖 14 个村（居）委会，127 个村民小组，15968 人。

原水隘乡为 1956 年设置，1958 年属谭家湾公社，1984 年复改水隘乡，位于溆浦县东北部，距县城 40 千米，省道 S308 线穿境而过，历来是溆浦县通往安化县的北大门。乡内民风淳朴，人文荟萃，经济发展，交通便利，乡域面积 62 平方千米，辖 12 个村委会，86 个村民小组，10086 人。

原让家溪乡位于四都河上游，属溆浦县北部边沿山区乡，乡政府距县城 52 千米，省道 S243 贯穿该乡。该乡有“一脚踏三县”之称，北以钟角界与沅陵县和安化县分界，东与水隘乡及安化县奎溪镇为邻，西靠“人间仙境”圣人山，南接谭家湾镇和大渭溪乡。全乡总面积 113 平方千米，辖 11 个村，86 个行政组，8136 人，耕地 7160 亩。

历任党政班子：1950 年 6 月第六区（严家坡）书记席清堂、副区长王启元。1953 年 1 月第五区（谭家湾）书记侯祥源、张诚忠，副区长王启元，第一副区长张诚忠、区长王在浩、刘士吉。1956 年 6 月谭家湾乡书记曹德云、赵成金，乡长张良、代乡长武祚远、乡长阎万生；水隘乡书记舒良瑞、贺时福，乡长舒清欢，代乡长张克龙，乡长张克龙；让家溪乡书记张在峰、杨永高，乡长黄祖杨，代乡长吴结武、贺侃，乡长贺侃。1958 年 9

月谭家湾大公社第一书记徐泽民、万吕和，社长赵成金、舒远福、朱世欢。1961年10月谭家湾公社书记陈宗清、黄全发，组长刘克胜，书记刘克胜、舒均英、刘秋生，社主任董高明、向延昌、张腊文、黄全发、刘克胜、陈远田、舒象宏；水隘公社书记张克龙、舒良端，组长黄全发，书记黄全发、戴先乾、舒象宏，社主任肖春生、张英喜、黄全发、戴先乾、曹光湘；让家溪公社书记赵成金，组长武思富，书记武思富、严会文、田治常，社主任刘生良、赵成金、武思富、严会文、李昌职、谢序东。1984年5月谭家湾乡书记舒象宏、刘仁伦、张良一、刘士贵，乡长刘仁伦、周坤林、舒桂华、周本告、王小炎、张在铁、张在欢；水隘乡书记张良一、刘士秋、黄胜初、易克成、刘春让、向小华、张在欢、张英鑫、张斌、张克华、宋克洋、罗胜，乡长刘士华、舒贵华、夏代金、刘仁忠、郑光德、揭开育、胡显社、宋克洋、伍锡军、周馥卉；让家溪乡书记蒋隆晓、陈银堂、刘士仁、蒋光省、黄和平、向厚象、夏跃秋、张良一、张在田、刘松让、张斌、刘哲卿、田海峰，乡长周坤林、周秉林、蒋光省、舒作用、肖富华、刘仁忠、邓同伙、张斌、马绍吉、胡尚华、周生华、舒建君。2001年谭家湾镇书记严安民、刘仁胜、钟家勇、刘哲卿、武长辉，镇长马继魁、舒朝阳、张克华、舒象生、武长辉、周生华；2015年12月原谭家湾镇、让家溪乡、水隘乡成建制合并设立深子湖镇，书记刘仁江、镇长冯本钦。

人口民族

中华人民共和国成立时，境内人口1.5万人，1962年，总人口为20016人。1978年，总人口数为29994人。2010年第六次全国人口普查时，全镇户籍人口数为35472人，其中，男性18720人，占52.77%，女性16752人，占47.23%。常住户数9374户，人口27989人，占户籍总人口79%。常住人口大部分为汉族居民（26970人，占96.35%），少数民族主要有土家族（846人，占3.02%）、瑶族（105人，占0.38%）、回族（54人，占0.19%）、苗族（14人，占0.05%）等，土家族以向姓居民为主，主要集中分布在向家垴村夏高坪片。2015年底，总户数10970户，人口36800人。

自然环境

环境：境内北部多山，地势较高，最高处海拔1353米，位于溆浦、沅陵两县之间的圣人山，东南丘陵连绵，南部四都河及隘水两岸为较开阔的平坦地带，是一个山多田少的山区镇。年均气温16℃左右，最高39℃，最低-12℃；年均降水量1400~1600毫米，属中亚热带季风湿润气候。

资源：隘水和让家溪水两条河流贯穿全境，水资源丰富，土地肥沃、酸碱度适中，适宜农作物生长。矿产资源主要有硅砂、铁矿，其中，硅砂的储量与质量均为全国之首，是中国优质硅砂基地之一。根据湖南省建材局四〇四队勘探，该矿区面积1.28平方千米，矿体厚度106米，预计其工业储量超过20亿吨。天然气正在钻探开发之中。耕地面积35091亩，林地29万亩。有国家重点保护的名贵珍奇树种银杏、水杉、楠木等，国家级保护动物有穿山甲、金钱豹。中药材资源有人参、茯苓、朱劲根。

灾害：主要灾害有旱涝、冰冻。民国10年（1921年），境内遭百年一遇特大旱灾，50多天滴雨未下，庄稼颗粒无收，境内饿死

200余人。民国19年（1930年）发生冰冻，冰冻时间达40天，气温-12℃，河水结冰厚达5寸之多。民国20年（1931年）特大洪灾死伤严重。1969年冰冻，境内柑橘基本冻伤、冻死。1976年冰冻严重。2004年旱灾60多天，年降雨仅1053毫米。2008年1—2月的冰雪灾害，致使全镇断电，交通封闭达1个多月。

经济发展

经济综述

2015年并镇后，全镇完成地区生产总值比上年增长2.9%。其中，第一产业实现增加值增长2.5%；第二产业实现增加值增长3.8%；第三产业增加值增长0.21%。按常住人口计算，人均生产总值达20060元（现价）。全年全社会用电量1.5亿千瓦时，同比下降0.5%。完成固定资产投资3.04亿元，同比增长7.6%。

农业

农牧业以传统种养为主，种植有水稻、玉米、红薯、蔬菜，养殖有猪、牛、羊、鸡、鸭、鹅、鱼，水果主要有金秋梨、华丰梨、柑橘、南丰蜜桔、李子、香桃、板栗等。1962年境内有耕地31141亩，其中，水田20150亩，旱土10991亩，人均耕地1.56亩，年产粮食6701吨，其中，稻谷产量463.8万千克，粮食不能自给。1978年境内有耕地28265亩，其中，水田19919亩，旱土8346亩，人均耕地0.94亩，年产粮食9740吨，其中，稻谷产量698.3万千克。2015年全镇耕地35091.15亩，其中，水田27024.6亩，旱土8066.55亩，人均耕地0.95亩。水稻亩产达650千克，年产水稻1560万千克，玉米240万千克，粮食自给自足有余。有生猪养殖户41户，加之散养共养殖母猪700余头，年出栏肥猪2万余头；养牛场8个，加散户共养牛1200余头；养鸡场4个，加散养共2万余只；全年散养鸭1.6万余；养羊专业户16户，加散养共养殖羊3000余只。各村小鱼塘均养鱼，大型养鱼是深子湖水库，全年产鲜鱼4万千克；清水塘水库养鱼年产鲜鱼5万千克。全镇已经形成小规模、大产业的种养发展格局。

20世纪60年代，谭家湾1300多名群众，在公社书记刘克胜的带领下，于1970年开始，动员全社力量，发起挖道坳改河造田行动，在没有任何机械设备和经济资助的情况下，完全依靠人力在两年时间内，用原始方式在一道山坳开凿出一条新的河床，筑起一道200米长大坝，新开出200多亩良田。同时开工的还有胡家坪大队的改河造田，挖断马劲坳造田50余亩。

林业

中华人民共和国成立后，境内的林地较多，森林覆盖率高，让家溪、水隘尚有大片的原始森林。1958年，大片的森林被砍伐。大片林地被开垦，用于种植农作物，境内原

冬瓜岭民舍　（雷文录 摄）

始森林基本被伐光。直到21世纪初，国家推行退耕还林政策，从2001年到2015年，全镇落实退耕还林面积3.6万亩，国家累计补助金额8805万元。加之胡家坪良种苗木合作社、让家溪林场等单位的努力，林业生产得到全面发展。2015年全镇的林地面积已达29.07万亩，森林覆盖率达82.16%。在林业发展的同时，林下经济也成为全镇村民的一条致富门路，除了野生枞菌，全境发展板栗林3000余亩，每年有上千吨板栗、上万斤枞菌销售临近县市，捡板栗、捡菌子成为当地一大特色。2009年加大农业产业化进程，大力调整产业结构，2010—2015年共完成油茶低改2000亩，新造云雾山、金子凹等地油茶10000余亩，实现全镇经济效益和生态效益双丰收。

工业

中华人民共和国成立前，境内五匠俱全，手工业比较发达，1956年成立铁器社，铁器社主要负责人张湘太打造的镰刀、斧头，闻名全县，1958年被评为省劳模。1958年成立铁匠、木匠、篾匠、裁缝等联合厂。20世纪90年代，境内硅砂企业开始兴起，2010年7月，省财政厅将溆浦县硅化工材料列入湖南地方特色产业集群和特色产业聚集区，县硅材料产业基地初具规模。2011年5月，县硅材料产业基地建设正式启动。6月，溆浦县建国硅业有限公司启动了产业改造升级，异地新建年产50万吨精制砂和4万吨硅酸钠生产线，以及库容达31.17万立方米的尾渣治理项目。2012年9月，溆浦县硅材料产业被纳入湖南省“十二五”发展规划，实现硅材料产业的省级认可。2015年底有硅材料产业基地1个，基地规划总面积8平方千米，近期规划面积2平方千米。硅砂基地共有硅矿企业8家。基地硅砂企业年产硅砂800万吨、硅酸钠4万吨，产值6亿多元，创税收2000余万元，解决周边贫困群众就业52人，人均月增收3000元。

商贸服务

民国时期建有4个墟场，分别位于谭家湾河滩边、胡家坪河滩边上、黄溪湾大院子、让家溪杨家。中华人民共和国成立后，胡家坪和黄溪湾墟场逐渐衰落，谭家湾、让家溪场依旧兴隆。1956年谭家湾成立供销社，1961年谭家湾设粮站。1961年让家溪、水隘相继成立供销社。1981年以来，辖区内个体商店开始兴起。1987年水隘建市场，地址位于现水隘村S308沿线。2006年，水岩村集资60万元，建立农贸市场，被县里提名为新农村建设试点村之一。2007年，让家溪原址新建农贸市场。2015年底全境内有谭家湾、水隘、让家溪三个集市，有商铺200余家，从业人员达到500余人，2015年社会零售总额达到1.9亿元。

财政金融

1956年谭家湾成立农村信用社。1961年让家溪、水隘相继成立信用社。1978年工业总产值22万元，农民人均纯收入119元。1984年，谭家湾、水隘、让家溪分别成立乡财政所。1991年工业总产值272万元，人均纯收入373元。2015年金融机构各项存款余额2.622亿元，贷款1.3124亿元，农民人均纯收入3954元。

基础设施

交通运输

中华人民共和国成立前及初期，境内交通闭塞，没有任何交通工具，所有需要转运的物资都用肩膀挑，“脚夫”便应运而生。供销社进货、送货有专门的脚夫。1964年谭家湾至低庄土石路建成通车，结束境内不通汽车的历史。1968年谭家湾至让家溪公路成型通车。1975年谭家湾至安化分界处的便道拉通，1976年开通水隘到谭家湾公路，当时四都河没有建桥，汽车从河里通过，遇汛期中断。1994年谭家湾公路大桥建成，是年，对1802省道谭家湾至安化硅溪段进行改造，降坡截直，路面扩宽至12米并柏油铺面，自此打通了溆浦连接安化的交通瓶颈。2006年进一步扩建并硬化成308省道，成为省内交通主干线之一。实现村村通硬化路，全镇拥有客运公司1家，客车30多辆，40多个客运站点。

邮电通信：

中华人民共和国成立前，境内没有任何通信设施，60年代初，成立谭家湾邮电支局，工作人员靠徒步投递报纸、信件，各大队也开始安装有线手摇电话机，直到1996年，电话开始进入寻常百姓家。到20世纪末，全镇

65%的家庭都安装了程控电话。21世纪初，移动、联通、电信三大通信运营商分别进入深子湖镇，建立交换台23处，通信覆盖率达60%以上。2015年末，境内有谭家湾邮政局1所，水隘、让家溪邮政代办所2处，个体快递10余家，通信服务网点9家，除圣人山等偏远村部分区域信号不佳外，其余通信信号均已覆盖保证通话畅通。

供水供电

境内自古用井水，每个村至少都有2~3口井，洗衣服用河水。清代、民国至中华人民共和国成立后，境内大部分农户点桐油灯照明，少数山民则用松子照明。1954年后，部分村民用煤油灯照明，1965年谭家湾公社所在地建成小型水电站，机关、部门能用电灯，农户仍用煤油灯。1979年通电，村（居）民开始使用电灯。进入21世纪，国家投资兴建胡家坪、水岩自来水工程，解决村饮水问题。2015年底，全镇拥有矿泉水厂2家，自来水工程8处，有50%的住户用上干净的自来水。

水利建设

该镇地处四都河源头，中华人民共和国成立前及成立初期，全镇无水库，只有少数几口人工开凿的山塘，是个十年九旱、靠天吃饭的地方，唯一用来抗旱的原始工具就是水车。每逢干旱，就用水车从河里车水，一递一递往高处递送，当时流传着一句话："河里有水白白流，田里用水贵如油。"直到1958年，水隘的沙湾修建栏河坝，灌溉面积500余亩，是当时辖区内的第一大水利工程。1959年修建了清水塘幸福水库，有主干渠5条，总长28.5千米，灌溉面积6800亩，1960年3月开始受益，是怀化市水利管理效益最好的小（1）型水库之一。1966年开始修建云麓水库，1968年开始受益，主干渠2条共18千米，灌溉面积1780亩。在人民公社大集体的时候，有一部分生产队添置小型柴油机泵站，灌溉面积100多亩，在当时是比较先进的灌溉工具。1976年，时任县委书记的孙学辰动员全县6万名劳动力，在当时没有任何大型机械设备的情况下，建成了一座全县最大的大型水库，控制集雨面积163.8平方千米，设计库容1亿立方米，实际库容为8050万立方米，东西两条主干渠，延伸至外区社，设计灌溉面积18万多亩，实际灌溉面积7.6万亩，已安装4台机组发电，装机容量1800千瓦（设计总容量为3760千瓦）。从根本上解决全镇农田缺水问题，打通镇农业发展的瓶颈。全镇拥有大型水库1座，小（1）型水库2座，小（2）型水库7座，骨干山塘10口，山塘568口，灌溉80亩以上固定坝25座。

镇村建设

20世纪60年代中期，谭家湾公社、水隘公社、让家溪公社分别成立农机站，每个农机站有拖拉机1台，随后各公社又成立企业办，开办联合加工厂、铁器厂、铀矿厂、榨油厂、柑橘厂、农场等。1978年谭家湾公社驻地从鹰嘴岩搬迁到谭家湾坳上（现深子湖镇政府驻地），占地5亩，新修礼堂1座，240平方米，干部办公住宿楼1栋，共500平方米。70年代中期，水隘集市开始兴起，地址位于现水隘村省道S308。1987年，谭家湾河滩市场搬迁到卫星村谭让公路两旁。90年代初，水岩村干道沿线商铺和住房开始火热兴建。2006

年，水岩村集资60万元，填河建立农贸市场，建成后集市迁至此。

其间，2006年白泥村被列为市、县社会主义新农村建设试点村，村里完成高标准的村庄规划,深入开展“三清三改一分离”工作，添置垃圾箱，配备垃圾箱，配备专职环卫人员，硬化2.6千米村到组公路和6千米2米宽到户公路。2014年卫星村被列为全县统筹城乡发展示范村，该村委托县城乡规划设计室编制总体规划，三年时间共栽植树木5000余株；安装太阳能路灯219盏；改厨12户，改厕30户；购买垃圾车1辆，建垃圾池50座、垃圾亭8座，聘请环卫人员5人；修通及硬化公路10.5千米；安装自来水用户860户；硬化渠道3000余米，村容村貌发生了根本性的改观。

社会事业

教育

民国时期刘伟在谭家湾三义宫创第一所高等小学，此后桥头垅、水隘、让家溪先后创办初级小学，也称为保校。中华人民共和国成立后，谭家湾高级小学改称谭家湾完全小学。1952年在胡家坪创办水隘第一所公办小学。1959年谭家湾创办农业中学。1960年在水岩村的大枫树坳，创办中心小学。“文化大革命”开始后，中心小学升级为农业中学，校址迁到乌鸦山，1967年又迁回到水岩村的山包上，正式改名水隘公社中学，学生一边读书，一边建校。1964年谭家湾完全小学设附中班，水隘、让家溪于同年都开办农业中学，1965年各公社又创初级中学。“文化大革命”结束后,随着国家对教育事业的高度重视，每个大队都办了1所小学,儿童都能就近入学。1984年，谭家湾初级中学与完小分开，初中设在原三义宫，完全小学搬迁到乡政府后面。

2015年末，全镇共有镇属学校4所，分别为深子湖镇中学、深子湖镇中心小学、深子湖镇水隘学校、深子湖镇让家溪学校，共有51个教学班，在校学生2748人，专任教师166人。有村教学点22个,在校学生756人，教师43人。有幼儿园3所，在园幼儿1205人。深子湖镇中学2008年获评怀化市合格学校，2009年被评为怀化市绿色学校。深子湖中心小学2012年被评为市级绿色学校，2013年通过“湖南省合格化学校”验收达标。

文化体育

中华人民共和国成立前，境内的民间活动主要有唱山歌、挖土歌、打花鼓、舞龙灯、舞狮子、摆三棋、五子飞棋和辰河高腔戏等。中华人民共和国成立后，唱山歌已成时尚。篮球运动从无到有，1980年后发展迅速，现村村有篮球场，每年还举办篮球比赛活动。群众性的广场舞全面普及，已成为人们健身的主要活动，镇政府每年还组织表演比赛。村村都有老年活动中心，极大地丰富了老年人文化娱乐生活。村村有图书室，图书室藏书上万册，图书室的兴建对提高农民科学知识有着深远意义。

深子湖　（雷文录 摄）

医疗卫生

民国时期为草药医生行医，1952 年成立谭家湾卫生所，有医务人员 5 人，所址设谭家湾。1956 年成立谭家湾卫生院，地址设在卫星村，有医务人员 8 人。1963 年让家溪、水隘、大渭溪从谭家湾公社分出，每个公社分别建立卫生院。1968 年，各大队设卫生所。2015 年，境内有医疗卫生机构 3 个，分别为深子湖镇卫生院、深子湖镇水隘卫生院、深子湖镇让家溪卫生院，共拥有病床 42 张，专业医务人员 44 名，其中执业助理以上医师 18 人，注册护士 10 人。全镇有村卫生室 35 个。

社会保障

至民国时期，境内老百姓没有任何社会保障。中华人民共和国成立后，境内的特困户由政府救济。人民公社时社员遇到歉收年份，由政府下拨返销粮解决，五保户由生产队解决生活问题。从 2006 年开始实行最低生活保障制度，2008 开始实行新农合，2010 年新型农村合作医疗制度基本覆盖全镇居民，全镇参合 33083 人，参合比例 89.9%。2011 年参加农村养老保险 11014 人。2015 年底，全镇有敬老院 3 所，五保户 197 人，其中集中供养 97 人，分散供养 100 人；低保户 3708 人；

参合人数33506人，参合比例达91%；参保人数为16482人，全镇有5796人领取养老保险金。

人民生活

民国时期，人民生活贫困，主粮不足，农民多以大麦、小麦、玉米、高粱、红薯、粟、荞、野菜等充饥。民国10年（1921）大旱，境内百姓外出逃荒，饿死200余人。中华人民共和国成立初期，粮食产量低，人均口粮不足200千克，仍以瓜菜代粮，农村住房有少数茅草屋。人民公社时大部分社员每年口粮在200千克左右，家庭副业受到限制，户平均4只鸡鸭、1头猪（平均重量60千克以下），年人均收入70~80元，全镇没有一栋砖瓦结构的房子，人民生活长期处在贫困状态。1981年实行家庭联产承包责任制后，农民生产积极性提高，基本解决了温饱问题。1990年以后，农民家庭经济发展快速，以种养殖业和务工收入为主，年收入逐年提升，原始的茅房、瓦房逐渐改建新型楼房，家用电器已普及。2015年人平均收入达3954元，户平均有摩托车0.6辆，小轿车0.2辆，洗衣机0.7台，热水器0.8台。

特色地情

人文历史

重要事件

民国10年（1921年），境内百年一遇特大旱灾，50多天滴雨未下，庄稼颗粒无收，百姓外出逃难，饿死达200余人。

民国24年（1935年）冬，红二方面军路经溆浦，在深子湖和国民党部队开展了一场激烈的反追击战。刘光兆连长在木家垴冲锋时牺牲，葬在深子湖漆树湾山上。

1964年，低庄至谭家湾便道通车，开启全镇通车的历史。

1973年，低庄—让家溪公路建成通车。

1974年，谭家湾至安化水隘段建成通车。

1976年冰冻严重，深子湖水库建成蓄水，大大增加旱涝保收水田面积。

1995年，谭家湾大桥建成通车，1802线铺油路。

名优特产

桐油、茶油：桐油是一种工业用油，旧时民间用以照明。茶油是一种名贵的食用油。茶油取出后的壳属化工原料，去污能力强，旧时人们作洗发、洗衣服用。

枞菌：枞菌也叫松菌，是松树底下长出的菌子，可食用，味道柔和，口感较脆，香味浓郁。枞菌以水隘片区产量最高，每年春秋两季均有生长，年产量上万斤，畅销周边县镇。

野生猕猴桃：让家溪和水隘片区部分山区出产，以让家溪为最。猕猴桃营养丰富。境内种猕猴桃100多亩，年产猕猴桃万斤。

板栗：全镇有板栗3000余亩，年产板栗50万千克以上，畅销各地。

风景名胜

深子湖：在境内雨雾山下，宣扬江上游。

此人工湖于1975年动工、1977年建成。湖长二十里，属全县最大水利工程。湖岸重峦叠嶂、峭壁奇异，湖内水映青山、绿波唱吟。已成县内旅游、探秘胜地。

六甲寺：位于境内让家溪片柑子园村。主体由观音殿、洗心桥、文化长廊、洗心石、地藏王殿、及第门、授冠亭、皇榜台、大雄宝殿、大成殿、三圣殿、化生水库、钟鸣塔、文昌帝君殿、文殊菩萨殿、弘法莲社三教文化研究会所、圣人山庄组成，大殿坐落于凤冠山头顶。六甲寺风景优美，气候宜人，是人们休闲旅游的好去处。

圣人山：圣人山属自然保护区，是沅陵和溆浦的分界岭，横跨20多里，主峰天平峰，海拔1353米，取与天平齐的意思。相传大禹治水，登此山以观沅水，而得名。登上山峰可俯视沅陵县城，有一览众山小、唯我独尊之感。这里气候宜人，即使炎热的夏季气温最高只在30℃左右，是避暑的好去处。

红军墓：红军墓位于谭家湾镇深子湖村3组漆树湾山上。民国24年（1935年）12月红二方面军在深子湖木家垴战斗中，牺牲的红军刘光兆连长葬于此地。1988年4月4日，共青团溆浦县委为其立碑。历年清明，当地学生及村民为其扫墓祭奠，是进行爱国主义教育的重要场所。

千年古枫：深子湖镇深子湖村2组有一株千年古枫树，树高近50米，树干周长5米，是县内最大的古枫之一，现已挂牌保护。夏季远看此树，犹如一把撑开的绿色大伞，每到晚秋时节，枫叶如火。

民俗风情

信佛教、唱佛歌：境内大多笃信佛教，敬奉观音菩萨，每年农历的二月十九、六月十九、九月十九，为观音菩萨生日，届时善男信女，斋戒三日，着青衣青裤、提香纸贡品，一路跪拜至庙宇许愿还香，沿路吟唱佛歌，歌调低沉委婉，内容多为歌颂佛祖功德、孝敬父母、劝人为善、报父母恩情等。

婚俗：请媒人，男方相中女方不直接当面谈定婚事，需请媒人，即明媒正娶；合八字，媒人去女方家介绍男方基本情况，女方认可就将生辰八字用红纸写上，男方将女方八字交由八字先生测算相合；对面，八字合好后，选定日期，由媒人通知女方到选定地点与男方见面交谈，若双方都同意则男方送女方定金即见面礼；押八字，押八字一般选在农历腊月初八。男方将猪肘、棉花及一定数额的礼金送到女方家，这就是正式定亲；结婚。结婚需择定良辰吉日，由男方到女方家告知；断节，结婚先要断节，双方谈定结婚礼金、物资等，接新娘，礼金、礼彩送齐后，男方迎娶时要有德高望重的长辈和一对童男童女随去，女方则随长辈和一名童女陪嫁；拦轿门，当新娘到达婆家时，男方需向送亲的童女讨钥匙，要给童女送钥匙钱；避煞，由懂行的老者举行，杀鸡、烧纸和撒完茶叶米后，新娘由男方家带亲的女人扶进中堂；拜天地、拜高堂、夫妻对拜；闹洞房，闹洞房由年轻人要求新郎、新娘做一些游戏娱乐；入洞房。

指腹为婚，老表结婚，亲上加亲。现在已不存在。

建新屋习俗：择址，定吉日吉时；奠基礼、赞梁，择址、定日吉时，奠基礼，赞梁由木工、泥工举引。

丧葬习俗：人死后，必须穿专门的寿服，手拿桃花或桃枝或蒲扇，死人口中还要放入

六甲寺　（雷文录 摄）

一小块银子，然后选出墓地，定出入殓下葬的时辰日子。子女穿孝服、披长孝，亲戚朋友披长孝，子女还要草绳捆腰。“打灯”，即是由一个小童引领着亲朋孝家绕着灵柩行礼。

宴会习俗：每八人一席，每席至少要八样菜，俗称八大碗。每席要放置公筷若干双。在山区由专人给客人盛饭，以前大桶茶水，每人一包香烟，后大桶茶水改为一人一瓶矿泉水代替。若是丧事酒席则加白毛巾一条。

端午节习俗：境内端午节在农历五月十五吃粽子，民国和中华人民共和国成立初期，每年端午节在谭家湾码头边要举行划龙舟比赛，后因河床抬高，河水深度不够而中断。

桐叶烧纸：境内深子湖田家过春节别具一格，传说田姓人的祖先遭灭族之祸，兄弟几人在腊月二十八逃避灾难，每人从一牛角上取一段作兄弟今后相认的标记，随后来不及置年纸就在屋后山上取桐叶代纸烧敬祖先，此后田姓后人为纪念此日使用桐叶做烧纸，此习俗流传至今不变。

春节唱大戏：每年从正月初一至正月十五，各地要请戏班唱戏，祈求新的一年诸事顺遂。

舞龙灯：每年正月初一至十五要舞龙灯祈福。

挖土歌：20 世纪，深子湖镇盛产桐油、茶油，是当地的主要经济收入来源，境内拥有大片的桐、茶树林，每年都要挖垦 1~2 次，自家人手不够，就请来亲戚朋友、邻里乡亲，有时 30~50 人，有时上百人，为了鼓劲，由年长的人站前方，一人敲锣，一人打鼓，唱挖土歌，歌声高亢悠扬，催人奋进，因而大大提高劳动效率。

辰河戏：境内的辰河戏在辰河高腔的基础上结合本土创作自成一派，深受溆浦、沅陵、辰溪、洪江人喜爱。该戏原出于境内夏高坪村的向志俊，他年幼爱好戏剧，先是要木偶戏，由木偶戏演变成现今的辰河高腔戏。随着戏剧行业的逐渐没落，辰河戏后继无人，几乎绝迹。

（撰稿：邓忠伟、张在东、刘真生、田　逾）

县 内 著 名 农 业 大 镇，
曾获周恩来总理亲笔题字授奖

双 井 镇

（双井镇、岩家垅乡）

双井镇全景

（雷文录摄于2015年）

区域概况

位置面积

双井镇位于溆浦县城北面18千米，东连祖师殿镇，南邻桥江镇，西接观音阁镇，北抵低庄镇，四都河从北经南穿镇而过。原名花桥公社，因重名，1981年更名为双井公社。又因花桥墟场边有两口并列的水井，故名双井。

行政区划

中华人民共和国成立后，花桥乡为第七区，1956年撤区并乡为花桥乡。1958年属低庄公社管辖（岩家垅乡为红旗公社管辖），1961年体制改制，调整后花桥从低庄公社分出为花桥公社（岩家垅乡从红旗公社分出为岩家垅公社），辖34个大队，401个生产队，11520户，49348人，总面积104平方千米，其中，耕地面积45604亩，林地面积57085亩，荒地面积8420亩，其他40891亩。20世纪改河造田新增面积500亩，70年代改造荒山荒坡增地346亩，新开林地面积24220亩。至2015年末，镇内有耕地46450亩，林地81306亩。2015年末，根据怀化市和溆浦县关于建制村合并的有关精神，将双井镇23个村合成12个，岩家垅乡12个村合成8个，现共有18个村，2个社区，镇区总面积未变动。

建置沿革

明万历年间，实行都里制，花桥境内一部分属四都，一部分属三都。民国时期，该镇属三区，花桥乡、岩家垅属四区，朱湾乡属七区。中华人民共和国成立后，1956年撤区并乡为花桥乡、岩家垅乡。1958年人民公社化时属低庄公社，岩家垅属红旗公社。1961年体制调整后，从低庄分出为花桥公社，红旗公社分出岩家垅乡。1967年，花桥公社改称为花桥公社革命委员会，直到1984年花桥公社改为双井乡人民政府，1995年改称为双井镇人民政府。2015年撤乡并村，岩家垅乡和双井镇合并，称双井镇人民政府，该辖区由原35个村（居）委会合并为20个村（居）委会。

1956年7月，花桥人民委员会首任乡长向德考。1957年10月到1978年3月先后任花桥公社党委书记和花桥公社革委会主任的有向明甲、饶升宏、舒易风、李启连、舒善泮、贺方望、王学富、李望章、舒政文、舒清泉。

1978年后，双井镇先后有刘士秋、钟克发、舒劲松、李启贵、候桃林、曾祥文、刘仁宽、周远考、武小宏、吴厚俭、舒清旺、李益中、舒菊香、向艳平、贺德海、易长生任职乡（镇）长。

1956年7月至1962年7月岩家垅乡人民委员会首任乡长刘隆庄。1962年7月至1978年3月先后任岩家垅乡公社主任和革命委员会主任的有张良镜、谢良泉、李启连、丁人代、孙阳桂、张贻国、周政文、舒万省、候周湘。

1984年4月，体制改革后，沈家钊、龚武斌、汤国忠、向理铁、王行治、李启贵、舒清菊、戴安华、张克成、黄贻发、武帅、龚中文任乡长。

人口民族

中华人民共和国成立后，辖区（花桥、岩家垅）人口不足4万人，1977年双井总人口30679人，岩家垅总人口17908人。1980年双井镇总中人口31164人，岩家垅总人口18184人。2015年末合并后双井镇总人口65058人，其中，男性33250人，女性31808人，非农业人口1240人。2015年度共出生1022人，出生率20.85‰，死亡368人，死亡率7.63‰，98%为汉族，2%人口为土家族、苗族、瑶族、回族。

自然环境

环境：境内三面环山，中部平坦，属平原丘陵镇，有耕地面积3097公顷，其中，水田2696公顷、旱土401公顷，山林5420公顷，土地肥沃，适宜多种植物生长。地形北高西低，东高南低，平均海拔280米，最低点堰塘湾村湖桥岩150米，最高点伍家湾村风坡826米，属亚热带湿润季风气候，温度适中，雨量充沛，年平均无霜期286天，春、夏、秋、冬四季分明，年平均气温16℃，历年平均气温18℃，极端最高气温为39.5℃，极端最低气温-8.5℃，最冷时段为每年1月中旬至2月中旬，2月下旬气温开始回升，最热7月上旬至8月中旬，8月下旬开始降温。年平均日照时间为1450小时，年均降水量1539毫米，极端最多降水量1700毫米，极端最少降水量820毫米。

灾害：主要自然灾害有冰雪霜冻、旱灾、洪灾等。中华人民共和国成立后最严重的灾害是1977年1月，发生严重冰冻灾害，气温低至-8.5℃，全镇柑橘树全部冻死；1996年7月26日洪灾，全镇近1.5万亩水田被冲毁，粮食无收。冲毁房屋2栋，直接经济损失达8000万元；2008年1—2月冰冻灾害，全镇断电、停水，出行封闭近一个月之久。

经济发展

经济综述

双井镇中华人民共和国成立前，主要以种植、养殖为主。经济作物以油菜、甘蔗、棉花、蔬菜为主。中华人民共和国成立后，全镇经济逐步发生变化，促进社会的发展进步，尤其是1984年推行完善家庭联产承包责任制及改革开放以来，大量剩余劳力外出务工创业，促进经济快速发展。1980年，双井总人口31164人，岩家垅总人口18184人。双井人均口粮265.5千克，岩家垅人均口粮271.5千克。双井人均纯收入66.4元，岩家垅人均纯收入65.1元。2015年双井镇（双井、岩家垅合并后）总人口65058人，人均纯收入4313元，生产总值2.36万元。

农业

农牧业：双井镇属农业大镇，粮食作物以水稻、玉米、红薯、豆类为主；经济作物以油菜、蔬菜、甘蔗、瓜果为主。有耕地面积46450亩，人均0.95亩，其中，水田40438亩，旱地6012亩，果园面积5000余亩。1958年，洞底湾村柑橘曾出口欧洲及俄罗斯、美国等国家，周恩来总理亲笔题字授予该村“农业社会主义建设先进单位”荣誉。20世纪70年代，水稻种植普遍为双季稻，之后逐渐推广杂交稻，双季稻面积逐年减少，中稻种植面积增大。20世纪90年代初开始推广杂交玉米的栽培。1980年全镇粮食种植面积43768亩，总产5339万千克，亩产423千克，比中华人民共和国成立前增加一倍。油菜籽5300亩，总产37万千克。蔬菜播种面积1083亩，柑橘面积3331亩，产量600万千克；2011年来，全镇有养殖大户32户，母猪、仔猪存栏3000余头，年出栏肥猪58000头；养牛专业户8户，养牛1800头。2015年全镇存栏20头以上二元杂交母猪养猪户23户，二元杂交母猪存栏1610头，年出栏肥猪62200头；养牛专业户新增10户，养牛2800头；养鸡专业户16户，养鸭专业户14户，年出栏9万羽，其中出笼肉鸡56000羽，出笼蛋鸡20000羽，肉鸭14000羽；养羊专业户10户，出栏羊3100只；养蜂专业户30户、养鱼专业户28户。现各项专业养殖业在全镇已基本形成小规模，大产业发展格局。

国务院颁发给双井镇洞底湾村的荣誉奖状

全镇共有小型机引犁410台，机引耙410台，大型收割机5台。2015年，全镇共种植中稻31935亩，玉米10148亩，红薯1733亩，马铃薯2394亩，豆类1268亩，油菜18007亩，蔬菜7413亩，其他作物5090亩，新增柑橘园1100亩。

2012—2015年双井镇先后获溆浦县府粮食生产先进单位、怀化市无公害水稻栽培技术农业丰收二等奖荣誉。

林业

全镇有林业面积81306亩，其中，乔木林41002亩，灌木林28332亩，其他灌木950亩，未成造林地709亩，无立木林地398亩，宜林地2852亩，其他7063亩。2001年以来发展退耕还林项目7254亩。2004年申请生态公益林项目6003亩。2009年加大产业化进程，大力调整产业结构，开展高标准、高起点封山育林工作，涉及伍家湾、梅花、塘下垅、塘湾等15个村。改造油茶经济林项目2000亩，工业林原料林1800亩，林业生产有较大发展。2013—2014年落实1000亩油茶低改和油茶新造任务。

工业

中华人民共和国成立初期，境内工业以个体手工业为主，五匠俱全，特别是竹木编织加工、地方特色风味小吃、个体商贩及服务行业发展较快。官庄村刘氏家族祖传“油豆腐”制作，畅誉溆浦；“米豆腐”“油炸糍粑”“脚板糍粑”是当地闻名的地方小吃；刘生清手工制作银饰产品做工精细，成为姑娘出嫁的首选工艺品，产品畅销方圆百里。

20世纪70年代，社办企业开始组建，先后将石灰厂、打米厂、缝纫社、榨油厂、铁器社等组编入社。80年代又增加装卸队、农机站、建筑队，个体水泥预制板厂6家，小型砖瓦厂4家，个体手工业户及五匠人员达380余户，从业人员660人。乡镇企业工业产值50.1万元。2015年末，全镇有大型砖瓦厂2家，个体运输户10家，水泥预制板加工厂4家，工业从业人员（含个体修理行业）人数达686人，实现工业生产总值达亿元。

商贸服务业

清代，沿小河边建有墟场。民国时期，花桥为逢农历一、六场岩家垅为五、十场，场地在河街中心。中华人民共和国成立初期，扩展戊寅桥、牛儿桥、正街区域，面积约1000平方米。1956年在河街建国营花桥供销社。随后花桥商店、花桥信用社成立。“文化大革命”时期，曾改为星期日全县所有集市统一赶集。1980年，恢复传统场期，全面放开粮、油、棉、畜禽市场，允许各类农副产品上市交易。市场统一归花桥交易所和花桥工商所管理，集市贸易全面放开。1996年，在牛儿桥占地20亩新建花桥农贸市场，增设固定摊位110个，流动摊位200个，门面摊位和商业网点86个，新增从业人员980人，比上年增长15%。商品交易总额9000万元。1998年，政府为解决以路为市的困境，在天主堂左侧双塘两边占地8亩修建双井镇农贸市场。2002年，市场体制改革，供销体制转轨，全部转为个体经营，商贸呈现多元化，在原供销贸易基础上，新增个体经营户300余户。

基础设施

交通运输

民国时期，境内有一条从安化烟溪到辰溪山塘驿的公路（今省道S308），途径双井镇彩花、岩园、宝塔、灯塔4个村，境内路长6千米。1958年，修建从双井镇宝塔村至水田庄乡级公路，全长22千米，途经境内11千米。1983年开通县城的客班车。改革开放至21世纪初，境内先后修建堰灯红公路（堰塘—灯塔—红坡）、伍塘宝公路（伍家湾—塘下垅—宝塔）、太水宝公路（太坪—水集—宝塔）、塘水公路（塘湾—水集）、双兰公路（双井—兰花）、和百公路（和平—百花）、梅百公路（梅花—百花）、官长洞公路（官庄—长潭—洞底湾），公路总路程长160千米，路面全部硬化，已实现村村通公路，80%村民小组实现入组道路硬化。村民出行主要为公共客车、小轿车和摩托车。

除公路外，境内还有湘黔铁路穿境而过，1971年竣工通车。境内原建有双井火车站（因火车提速，双井站于2005年拆除），镇内铁路4.5千米。

邮电通信

20世纪50年代初，成立了花桥邮电所，

地址设在老横街。70年代初成立花桥邮电局，地址搬迁到现在的双井中心卫生院旁。人民公社所属机关及各村都装有手摇电话，并转送各类报刊和邮件。80年代末，私人开始安装电话，1993年实施安装程控电话，双井安装了3755部，岩家垅安装了2200部，2005年，全镇开通移动、联通、电信等无线通信。2015年末，全镇有7个营业厅，有手机用户10389户，互联网用户1096户，宽带网络用户6100户，覆盖率达99%，全镇电信业务收入770万元。辖内个体快递服务业7处。

供水供电

中华人民共和国成立至1967年，境内大部分村民用煤油照明。1968年花桥人民公社利用和平坝水源建发电站，装机1台20千瓦发电机，供公社机关和附近村400多户村民用电。1969年云坡、凤凰、洞底湾、岩门、长潭等5个村拦截五溪河河水装机5台共100千瓦发电机，解决了上千户村民照明用电。1978年双井镇变电站、供电站建成，使境内80%村民都用上了电。2000—2005年全镇进行农网改造，20个村100%村（居）民都用上了电灯，年供电量1800万千瓦时。居民用水主要是井水和溪水，2009年8月，镇政府筹资95万元在四都河边建成双井镇自来水厂。水厂建成后，集市周边1108户居民都用上了清洁卫生的自来水。2015年10月，塘下垅、洞底湾、百花、水集等村筹资400万元建自来水厂。全镇有自来水厂8座，可供36000人生活用水和工业用水。

水利建设

境内属溆水支流四都河中段，自北向南横贯全镇，汇入大小支流7条，流域面积94平方千米。民国时期，水利条件差，全镇无一座像样的骨干山塘。1953年11月修建29千米长的和平坝灌溉渠道，灌溉水田面积2.47万亩。20世纪50年代中期，相继复修水集塘、神塘、邓家塘、青木塘等8座小（2）型水库。1975年8月，集三镇5000劳力，投资90万元，用一年时间将杉木塘中型水库筑好蓄水，灌溉三镇3.1万亩农田。2010年至2015年，全镇投资400万元，将境内深子湖、和平坝、杉木塘三大干渠全部清淤防渗。全镇有骨干山塘38座，山坪塘2359座，拦水溪坝322处，95%农田灌溉自流化。

镇村建设

中华人民共和国成立初期，境内属第七区，所属区机关办公设在初云阁庵堂。1967年4月，修建花桥人民公社办公楼及宿舍，选址天主堂（美国人修建的天主教堂）。20世纪70年代末，花桥邮电局、铁器社、花桥人民公社卫生院在花桥至水田庄公路两边修建办公楼（即现在新华街）。1984年，公社搬迁筲箕垅双井7组征地8亩新建办公楼1栋，宿舍楼2栋及礼堂。集镇内东起双井社区至新华街，南起镇敬老院，西至幸福街，北至镇政府。各单位先后修建办公楼及宿舍楼15栋，镇中学及中心小学教学楼2栋，居民建商铺及住房楼320多栋。境内建停车场1处，建自来水厂1座。新华街、新民街、幸福街、蓓蕾街、兴镇街5条主街道及7个小巷全部硬化。投资100万元，安装路灯190盏，改建清理地下排污水道4000米。2010—2014年，全镇20个村（居）办公楼全部建新，建筑面积8100平方米，村民娱乐、健身场地17000平方米；电视、广播、通信网络进入各村各户。2015年初，

和平村村级活动中心 （雷文录 摄）

双井镇被确定为溆浦县五朵金花示范镇之一。是年9月，镇农贸市场再扩大至长潭公路桥头，新建高标准停车场1座（工程已启动）；另规划修建一条4千米长的绕城公路。

社会事业

教育

清光绪年间，在三都大坳创办三都书院，又名鹅峰书院。光绪三十一年（1905年）移建于花桥伏波宫，清末改为学堂。民国32年（1943年）在岩家垅财神馆建私塾小学堂。1949年设立朱湾乡第一所1至6年级的完全小学。1968年9月，岩家垅完小升级为中学，校园面积3746平方米，学生700余人，教师175人。1984年9月创办岩家垅中心小学，校址在凤凰村白泥坪，学校占地面积5842.62平方米，建筑面积8013.16平方米。2015年，末有教职员工69人，30个班级有学生1151人。

1958年设花桥完全小学，校址在三义宫祠堂。1966年3月，创办花桥农业中学。1971年开始各大队开设小学，花桥农中设7个班，水集设4个班。1976年花桥2个学校合并为花桥区中，设初中4个班，高中11个班，花口、彩花、大塘、新塘、水集大队各设一个班。1984年9月创办双井中心小学，校址设在花桥社区地界。校园占地面积29694平方米，6个年级38个教学班，学生1981人，教职员工292人。双井镇中学创建于1970年，校址建在双井社区后头坡上，占地面积42亩，有教职员工67人，学生1050人。

花桥苗苗完全小学创办于1984年，占地面积2900平方米。2015年4月新建教学楼3栋，建筑面积7400平方米。2015年末有12个班级，学生593人，幼儿部11个班级，幼儿420人，有教职员工46人。

改革开放后，按照创建合格学校、信息现代化建设的要求，20世纪90年代中期实行全民集资，按人均20元标准收取教育附加费，用于发展教育事业。经过10多年的努力，极大地改善了学校的教育环境和条件。学校坚持以提高质量为中心，狠抓教学常规管理，经过多年探索和实践，教学质量大幅提高。2015年末，双井镇中学、双井中心小学、双井镇岩家垅中学、中心小学、花桥苗苗学校、10所村小学、7所幼儿园，先后被评为省、市、县教育先进单位。

文化体育

民国时期，境内的民间文化体育活动以唱辰河高腔、花灯、阳戏为主。其间，还盛行唱三棒鼓、舞龙灯、狮子灯，丧事请艺人唱坐台戏。20世纪60年代中期，文艺宣传活动广泛开展，33个村都成立文艺宣传队，剧目以跳“忠字舞”，唱革命歌曲和“样板戏”为主，还自编自演一些广大农民喜闻乐见的文艺节目。1972年公社组建2个电影队，配备4名电影放映员到各大队巡回放映。1976年10月，新华大队文艺宣传队曾以辰河高腔剧种，代表市级参加省地方剧种赴省会演获得好评。改革开放后，传统文化活动更加兴旺起来，2015年末，全镇有龙灯队2个，狮子队1个，丧事拜香队及铜管乐队、演唱队16支。有音乐、美术、书法、摄影专

长潭安置房　（雷文录 摄）

业队伍17个。有篮球场18个、镇文化站及村广播站和村级文化体育活动中心21个。有线电视转播台5处,农家书屋16个,藏书30万册。全镇20个村（居）有广场舞蹈队29个，队员达3000余人，极大丰富了全民健身运动。

医疗卫生

中华人民共和国成立后，七区政府将境内民间中草药医务人员等人组织起来，成立花桥联合诊所，1961年改为花桥区卫生院，院址设新华大队8队双路坪。在新华一组征地3亩成立花桥公社卫生院，在岩家垅百花村成立岩家垅卫生院。1970年在各大队设合作医疗站，每个站设1~2名赤脚医生和接生员。1974年花桥区医院搬迁百家山。1984年花桥公社卫生院改为双井乡卫生院，大队赤脚医生称为乡村医生。1995年乡卫生院改为镇卫生院。1998年双井镇卫生院与花桥区医院合并为溆浦县双井镇中心卫生院，并在双井镇卫生院院址新建门诊住院部。合并时有医务人员29人（区医院20人，镇医院9人），设门诊部、中西药房、住院部，病房5间，病床15张，科室有手术室、化验室、X光室、B超室。2013年8月为改善医疗条件，国家拨付资金修建门诊住院四层综合大楼和职工宿舍。2015年末,全镇有医务人员80名，病床74张，拥有彩超、DR、全自动生化分析仪、电子阴道镜、手术电刀等先进诊疗设备，功能科室设置相对细化和完善。

社会保障

2015年，城镇最低生活保障户58户，77人，支出21.7万元，每月人均234.8元。农村最低保障户3308户，4324人，支出404万元。农村五保集中供养85人，分散供养155人，开支86.4万元。参加农村养老保险57919人,参保率89%。城镇居民参保26人,参保率20%。60周岁以上享受生活补贴9708人，发放养老金额72.8万元。参加农村合作医疗人数57119人，民政部门支助参加农村合作医疗483人，支付4.35万元。

人民生活

民国时期，境内大部分是木质房屋和土砖茅草房，人民生活贫困。中华人民共和国成立初期，粮食产量低，农民口粮人均在180千克左右；20世纪60年代，粮食产量有所增加，但增幅不高，农民人均口粮在220千克左右。人民公社集体化时期，劳动效益低下，增产不增收，口粮在240千克左右，农民生活仍然贫困。1981年实行家庭联产承包责任制以及种植杂交水稻高产品种后，当年粮食亩产达700多千克，农民基本解决温饱问题。80年代初，青壮年走出农村到沿海地区打工挣钱，家庭逐渐富裕，一部分家庭开始修建新楼房，购置电视、电扇、洗衣机等家用电器。21世纪后，各项收入逐年大幅提高，2013年，全镇农村经济收入达2520万元，农民人均纯收入4067元。2015年农民人均收入4313元。

特色地情

人文历史

重要事件

1958 年 12 月，洞底湾村获国务院奖状农业社会主义建设先进单位。

1971 年 1 月，湘黔铁路通车，由北向南经兰花村、彩花村、双井、花桥、灯塔、堰塘湾 6 个村（社区）穿境而过，长达 4.5 千米。当时设有双井火车站（因火车提速，2005 年双井站撤除）。

1976 年 1 月，双井镇杉木塘中型水利工程（水库）竣工，开始蓄水。主坝高 375 米，副坝 7 座，干渠 4 条，支渠 21 条，总长 31.5 千米。倒吸管 3 处，长 14409 米，渡槽 3 处，长 282.3 米，集雨面积 24.1 平方千米，库容 1075 万立方米，灌溉面积 2.47 万亩。1976 年 11 月成立管理所，第一任所长张贻会。

1992 年 9 月，双井镇长潭村长潭公路大桥竣工通车，大桥长 140 米，宽 7.2 米，结束了人、畜、车过往靠轮渡的历史。

2015 年 12 月，双井镇凤凰村武思光革命活动地改建为中国农工民主党陈列馆动工。

名优特产

该镇盛产多种水果，有柑橘、西瓜、红枣、脆蜜桃、优质葡萄、枇杷、甘蔗等。

柑橘：20 世纪 60 年代，柑橘是境内优质水果，供销社及生产大队都设有收购站点，产品畅销欧洲各国及、俄罗斯等。1958 年国家领导人授予洞底湾村“农业社会主义建设先进单位”奖牌，洞底湾村柑橘生产曾被拍成影片。21 世纪，柑橘老品种已逐步减少，新品种主要有纽荷尔、脐橙、朱红桔和蜜橘等。

甘蔗：生产历史悠久，生产地带主要是四都河两岸的村组，甘蔗采收后，加工成红塘，畅销全国各地。

红枣：全镇红枣面积 400 余亩，年产红枣 2 万多千克，品种分为鸡蛋枣、牛奶枣、米枣。红枣除鲜吃、干吃，也可以加工、泡酒。

民俗风情

婚俗：1949 年以前，男婚女嫁在年龄上没有具体规定，存在童养媳、娃娃亲。中华人民共和国成立后，国家颁布《中华人民共和国婚姻法》，明确规定，男 20 周岁，女 18 周岁方可结婚。婚前按当地的习俗，第一步初步对面。男女青年经媒人介绍，约定时间、地点，男女双方本人及母亲、伯母、姑姑等共同见面。同意后，再约定时间要女方到男方家去对面（看人家）。如满意了，男方要给女方陪同女方来的亲戚送红包。第二步上门，男方携礼品到女方家相认（叫上门）。第三步压八字（也叫定庚），男方到女方家索要生辰八字，需要重量 8 斤以上猪腿 1 只，给女方买 4 套衣服，还要送棉花、莲藕 4 根、酒、礼钱、糖果等。进门时放鞭炮，女方大人将女儿的“生辰八字”交给男方，由男方将男女双方的生辰八字合排，叫压八字。第四步断节，断节就是男女双方结婚条件已成熟，由男方送彩礼给女方，表示在当年必须结婚。第五步报日，男方通过先生择定结婚的日子，先在头年由男方告知女方某月某日某时结婚，双方做好结婚准备。第六步嫁娶；男婚女嫁双方摆席做酒，哭嫁、坐花轿、拦大门、挡煞、拜天地、闹洞房等。随着时代的变更，有些习俗消失，但嫁妆要求越来越高，高档电器、日用品和金银首饰是婚嫁必需品。

打三朝：女方婚后生下第一胎，当日男方要燃放鞭炮并送一只猪腿到岳母家告知妻子已生男（女）的喜讯。女方娘家人也在当天通知亲戚六眷、兄弟姐妹第三天到女婿家贺喜，叫打三朝。打三朝由婴儿外婆家及亲眷备些礼金、婴儿衣服和给产妇补身子的鸡、蛋、甜酒营养品。进屋后要给婴儿一定数量的摸脑钱（礼金），改革开放前一般几十元，改革开放后几百元至上千元，并讲些小孩快乐成长、听话好养的吉利话。

祝寿：六十花甲，儿女为父母大人做寿酒，随着社会发展和人民的生活条件提高，七十、八十乃至九十高寿老人做寿酒的也多了起来。

丧葬习俗：人死办丧事，由院子中管事的总管安排丧事。先决定黄道吉日，5~7天出殡下葬较为普遍。出殡前一天俗称会亲，即所有亲戚朋友、邻居到灵堂吊唁。孝子拿哭竹筒跪拜接客，女儿女婿要抬猪、抬羊、抬台盒来为亡者祭吊。所有来人下午吃白事酒，即“打丧伙”，抬棺人，即称丧夫。10人抬单杠，18人抬是龙杠。抬轿人待亲朋好友都吃完酒饭后，到傍晚即可开饭，开饭前，总管要把香烟、白鞋、白头巾等交到轿夫头的手中，所有丧夫加放炮的人开连席前围桌坐满。酒菜上满桌后，丧夫头还要宣布明日出殡的时辰，所有孝子面对丧夫跪拜致谢，所有丧夫同时起立说声吉利话即可吃饭。第二天，按择定的时辰出殡。中华人民共和国成立初期，办下葬的当天下午焚烧“灵屋”，至此，葬礼结束。

美食美味

米豆腐：将米打成浆，加水煮熟后掺一定比例的石膏水拌匀倒入器皿，刮成丸子后放入水中冷却，捞出加调料享用，味道香辣爽口。

土蘑儿：雨后山坡上、水塘边、堤坎上长出软乎乎的褐色似猫耳朵的菌类食物，洗净后煮汤，又甜又香。

枞菌：枞菌按颜色，分为乌枞菌和红枞菌、黄枞菌。按生长的季节分为三月菌、六月菌和重阳菌。三月菌、重阳菌以乌枞菌居多，而六月菌几乎都是黄枞菌。枞菌是纯天然、无污染的天然食品，味道鲜美、营养丰富，当地视为稀品。

香椿：香椿被誉为“树上蔬菜”，是香椿树的嫩芽。每年春季谷雨前后，香椿嫩芽可做成各种菜肴。它营养丰富，并具有较高的药用价值。可与多种食品拌炒食用。

甜酒煮鸡蛋：甜酒煮鸡蛋是独创的营养食品，将甜酒、鸡蛋、糯米、红糖，加少许水一起煮，营养丰富，产妇吃后可以起到美容、通乳、消肿及补充营养的作用。老少适宜，也可祛风散寒、滋阴补肾等。

蒿菜糍粑：俗名社糍粑，又叫粉粑、清明粑、绵菜粑，是当地百姓喜爱的一种食品，当地人用作祭祀祖宗的必备佳品。蒿菜糍粑韧绵糯滑，有一股浓郁的野蒿香，且益气健肺，和缓脾胃。

办酒席：20世纪60年代以前，修新房子、丧葬等红白喜事，主人选定好日子后，到村里请上3~5名厨师提前一天宰猪宰牛。根据亲朋好友的数量购买五大碗菜、烟和酒水。五大碗菜是坨子肉一碗、片子牛肉一碗、鱼一碗、芋头或藕一碗、粉丝一碗，五大碗菜边吃边添。第二天一早，亲朋好友赶来呷酒，快进大门时要放大炮，接着放小鞭炮，主要亲属还要抬台盒担缸子，台盒里放有鸡鸭鱼肉蛋等12碗菜一式两份，吃完酒后，主人回送一份给客人抬回家。台合上盖一块红，红上贴满了钱，有1元、2元、5元、10元、20元，总数额不限。担缸子的，缸子一边装有5升大米，一边也可装几斤酒水。缸子上贴红纸。呷酒时8人一桌，坐齐开席，直到客人开完席为止。随着新时代的变化，五大碗菜也逐步在改变，菜品更加丰富。

（撰稿：李永县）

县内最大蜜枣和脆蜜桃生产基地

祖师殿镇

（祖师殿镇、水田庄乡）

祖师殿镇全貌

（雷文录 摄）

区域概况

位置面积

相传明朝末年，龟鹤山脚有一古寺，内供祖师菩萨，故名祖师殿，镇以此命名。祖师殿镇地处溆浦县东北部，距离县城29千米，东靠安化县烟溪镇，南邻三江镇、油洋乡，西连双井镇，北接低庄镇。镇政府驻地为荷叶居委会第二组，五都河自东向西贯穿全镇。

原水田庄乡位于县城东北方，境内群山环绕，峰峦起伏，河流纵横。古时，此地系深山密林，后来人们定居此地，开垦出一片田地，建立村庄，故名水田庄。民国时期原朱湾乡的第一、二保，1949年后属第七区的三个乡。1956年为水田庄乡，1958年属红旗公社，1961年析出为水田庄公社，1984年复又为乡，至2015年12月合并为祖师殿镇。合并后祖师殿镇总面积116.48平方千米。

行政区划

并镇后祖师殿镇辖荷叶、星光2个居委会，柳林、四门、松溪、赤溪、向家垅、两峰、柳溪、

祖师殿镇全貌

王钊溪、坪头、清潭、灶溪、水田庄、令吉冲、鲁家溪、青龙溪、水堆湾16个村委会，249个村（居）民小组。

建置沿革

清乾隆年间属东4乡，即朱湾乡，直至同治年。清末，溆浦县复分7区，祖市殿划属四区管辖至民国初期，其后属四区朱湾乡。1949年后属七区，1956年撤区并乡为祖市殿乡，1958年属红旗公社，1961年红旗公社分为祖市天、岩家垅、水田庄3个公社，1984年复又为乡，2001年撤乡建镇。2015年12月把水田庄乡并入祖市殿镇，改“市”为“师”，即为祖师殿镇。

原祖市殿镇：自1978年以来，先后有马明发、贺达祥、刘秋生、舒清福、舒清富、李佑机、聂青山、陈银堂、田治党、蒋光省、舒宜生、王行治、吴厚俭、刘生东、舒清旺、刘丰阳、李平国、黄贻法任党委书记，马明发、驾达祥、伍祚远任革委会主任和舒清富、樊德章、田治党、邹希群、冯本富、王行治、龙清和、刘生东、向长旬、孙健、黄贻法、龚澎任乡（镇）长。

原水田庄乡：自1978年以来，先后有江尚武、李远群、丁先理、李佑机、张克和，田治党、张顺连、刘仁宽、戴宽国、张必生、单海文、杜甫永、马晓任党委书记，有江尚武、李佑元、王修富任革委会主任，张贻会、刘士再、侯桃林、张顺连、周远考、罗宽明、戴宽国、张君平、杜甫永、龚澎、李香任乡长。

2015年12月机构改革，原祖市殿镇与原水田庄乡合并为祖师殿镇，祖师殿镇第一届

（雷文录 摄）

党委书记刘利明、镇长陈慧平。

人口民族

1990年原祖市天乡有人口16580人，其中，男性8435人，女性8145人，总人口中，农业人口15122人，占91.2%，人口自然增长率10‰；原水田庄乡有人口7980人，其中，男性4012人，女性3968人，总人口中，农业人口7398人，人口自然增长率9‰。2000年，祖市天有人口18458人，比1990年增加1878人，增长11.3‰；水田庄乡有人口8450人，比1990年增加470人，增长5.9%；2010年祖市殿有人口21240人，比2000年增加2782人，增长15.1%；水田庄乡有人口9255人，增加805人，增长9.5%；2015年水田庄乡合并为祖师殿镇后，全镇总户数8549户，总人口34166人；其中，男性17714人，占51.8%，女性16452人，占48.2%。

自然环境

地形地貌：境内平均海拔105米，最高点为水田庄两丫峰950米。全镇以山地为主，兼有丘陵、岗地、平原等多种地貌类型。

气候、水文：全镇位于亚热带地区，属于亚热带季风气候，四季分明、降水充沛，无霜期较长，年平均气温在18℃左右，常年降水量1200~1600毫米。境内有大小河流30多条，五都河发源于青龙溪村横阳界，流经水堆湾、水田庄、清潭、坪头、荷叶、星光、柳林等12个村，长达15千米。由东向西流经双井镇云坡村，归四都河。

土地资源：祖师殿镇总面积116.48平方千米，有水田1072.19公顷、旱土936.97公顷，园地334.6公顷，林地8040.75公顷，草地218.96公顷。城镇村庄用地404.95公顷，交通运输用地83.33公顷，水域及水利设施用地243.34公顷，其他用地312.37公顷。

矿产资源：境内矿藏资源主要有锰、银、铜、铁等。1958年在两峰村建炼铁厂，土法炼制铁坯。1960年在洞底坪、岩落冲等建磺矿，因多种原因停办。

森林资源：据2010年森林资源调查统计，全镇森林面积112245亩，森林覆盖率为80%，属山多地少半分田的自然地貌。

水果资源：主要果木经济林有柑橘2000余亩，金秋梨1300余亩，鸡蛋枣500余亩，板栗600余亩，脆蜜桃600余亩，油茶1500余亩。

灾害：1960年7—9月，大旱，农作物受灾面积达200亩，粮食严重减产。1969年1—2月，柑橘树被冻死60%以上。1976年8月，柳溪大队发生3.2级地震，无人员伤亡。1985年4—9月，春、夏连续干旱90多天。1990年7月，大水冲毁稻田300多亩。1997年6月，大水冲毁水田300多亩，减产9万千克。2012年1—2月。冰冻，气温-12℃持续10天。2014年7月，大水冲毁稻田200多亩，房屋20多间。

经济发展

经济综述

20世纪70年代，实行集体生产、统一分配，人年均不到300元。1980年粮食总产574.5万千克，比民国时期翻了一番多。社队企业总收入44万多元。1981年后，推行和完善家庭联产承包责任制，农业经济发展逐渐进入快车道。1991年人均纯收入373元。2005年农民人均纯收入2684元。2010年人均收入4281元。

农业

1978年以前，农民以种植水稻为主，种双季稻，辅以其他粮食作物，经济作物以油菜为主。1980年开始推广杂交水稻，扩大中稻种植面积。2000年，推广超季稻和吨粮稻，粮食单产由原来的350千克跃升至650千克，提高了85.7%。

林业

辖区内林地，1978年以前只伐不造，自然更生。20世纪80年代后期“谁种谁有”“谁栽谁管”，农民开始造林，尤其是21世纪初，退耕还林的实施，调动广大农民造林的积极性。山林面貌焕然一新，全镇林木面积有

柳溪村李佑金生态脆蜜桃基地　（周晓鹏摄）

112500 亩，楠竹面积 3000 余亩，油茶面积 1200 余亩，森林覆盖率为 84%。

工业

1958 年，在柳林村建成土法炼铁厂，出产毛坯铁。1972 年以后，镇企业办成立，先后组建铁器社、竹木加工厂、建筑队、榨油厂、农机站（2 台 35 型拖拉机、2 台手扶拖拉机，专门为各大队生产队运送物资等）、镇办煤矿、镇办石灰厂等企业。1985 年组建祖市天食品饮料厂。1988 年，发展镇办蜜饯加工厂，产品销往江浙沿海一带。1992 年食品厂改建出口藠头加工基地，生产的藠头罐头远销韩国、日本等。1995 年末，镇办工业企业从业人数 240 人，工业总产值达 150 万元，占工农生产总值 12%。镇办企业有园艺场 2 家，个体企业有砖瓦厂 2 家、预制构件厂 2 家、个体运输户 3 家。2008 年，招商引资，湖南紫中有限责任公司落户镇食品厂，专门加工红薯淀粉和粉丝，日产淀粉 2~5 吨，年产值 300 万元（生产周期为 3 个月）。2015 年末，全镇工业总产值达 360 万元，占全镇生产总值的 6%。

商贸服务业

祖师殿市场在民国时期已形成农历三、八赶集日。20 世纪 50 年代，建有供销社和食品站。60 年代各大队开设有集体商业零售或代销点。“文化大革命”期间，市场一度被闲置，全县统一逢星期日赶集，先后迁至柳溪、至公坳等地赶集。1980 年，恢复传统场期为三、八日直至现在（水田庄为二、七日）。取消限制集市贸易的各种限定，放开粮油、禽畜市场，允许农副产品自由上市交易。集市贸易又重新活跃起来。1990 年，全乡有商业网点 30 个，从业人员 40 人；总销售额 100 万元。2000 年，在市场体制改革中，供销社设各大队的代销点，全部转为个体所有。随后祖市天供销社和水田庄供销社也完成改制。全镇个体经营户 80 户，饮食服务业 10 户。2015 年，全镇商业网点达 120 家，餐饮业 20 家，从业人员 400 人，社会商品零售总额 2000 万元。

财政金融

20 世纪 60 年代初期，镇内有农村信用社 2 家（祖师殿、水田庄各 1 家）。1995 年，完成各项财政收入任务 250 万元，其中，农业税 150 万元，信用社存款余额 190 万元。2006 年，免征农业税、停征屠宰税，财政收入减少。2010 年财政收入 260 万元，2015 年 280 万元，2 家农村商业银行存款余额 1200 万元，各项贷款 900 万元。

基础设施

交通运输

境内的交通建设，从花桥至祖师殿延伸至水田庄的简易公路修建于 1962 年，当时只准小型汽车及手扶拖拉机上路，无客车通行。1970 年县汽车运输公司开通每天 1 班客车。以后逐年增加班车。20 世纪 80 年代中期，实现村村通简易公路。1990年，溆浦县城至祖师殿的客运业务扩大至每天5趟对开班车。2006年，修建客运站（停车场）。有班车33辆，每10分钟一趟，方便了广大群众进城。2014年底，全镇实现村村通水泥路，50%的村民小组便道实现硬化。

邮电通信

民国时期，境内无任何邮电通信设施，1958年成立祖市天公社时，邮电支局相继成立，公社、大队均装有手摇电话，保持上下联系，传递政令。1996年，溆浦县程控电话安装投市，镇内安装程控电话400部，BB机100部。2002年，移动电话进镇。2010年联通机站开通，电信由原来的电缆线改为光纤电缆，通信覆盖率100%，数字电视已实现城乡一体化。

供电供水

1978年以前，广大农户均靠煤油灯照明，做饭烧茅草、柴。1984年8月，镇内有荷叶、松溪、中坡、严门桥等4个村架设高压电线（高压线从双井架至水田庄），年底4个村基本通电。1985—1987年，各村陆续架设低压线路通电，村民用电范围逐渐扩大，用户增多。

2012年，为解决2个居委会的安全饮水问题，在县水利局的支持下，兴建祖师殿镇自来水厂，供水至荷叶、星光2个居委会的大部分群众，镇卫生院、中心小学、中学、镇政府等机关事业单位4000人受益。

水利建设

1955年以前，辖区内人工修建的水利设施只是一些小溪小坝小山塘。1956年抽调全乡部分劳力，修建蓄水9.8万立方米的坪头村蛤蟆眼水库。1965年前后，组织全社大部分劳力，先后修建马眼洞小（1）型水库、灶溪胡家冲水库、四门村书包冲水库、赤溪吊壳池水库、青垅溪月公坳水库等10处较大水库及骨干山塘，

荷叶杉林坡安置点　　（雷文录 摄）

库容量达120万立方米。全镇水利设施有效灌溉面积12800亩，占水田面积72%。

镇村建设

民国时期，祖市殿乡属第七区管辖，乡公所设祖市天市场边一栋四面倒水的木房；1956年，公社迁至荷叶2组王氏宗祠办公至1976年。原乡公所改为祖市天卫生院，柳溪舒元生木房改建为祖市天农业中学至1967年底。1982年，因公社房屋狭窄无法办公，经县委批准，将旧宗祠拆除，新修会议室、办公楼及礼堂等。2000年，拆除原旧办公楼危房，另建一栋三层住宿楼。1989年，祖师殿大桥动工兴建，1990年下半年建成通车，2010年，集贸市场扩建，东至镇卫生院，西至河堤，南至星光拔源头，北至大桥，商铺成排，钢架棚屋6栋，有摊位200个，面积5000平方米。

社会事业

教育

20世纪60年代前，境内只有祖师殿、水田庄2所高级小学，村小4所，20世纪60年代中期，成立祖市天附中和祖市天农中，“文化大革命”后期停办。1970年，成立祖市天和水田庄2所初级中学和2所中心小学。各大队成立村小。村级小学现有6所。

医疗卫生

1958年，原朱湾乡的老乡公所改建为祖市天诊所，1961年改为卫生院。1970年各大队相继成立合作医疗站，配赤脚医生1~2名，负责本大队群众看病就医。1985年公社卫生院改为乡卫生院，改大队合作医疗站为村卫生所。2002年，乡卫生院有职工26人，病床16张。2008年实行新型农村合作医疗制度，全镇参合人数18100人，参合率55%。

社会保障

2015年优抚对象266人，发放优抚款110万元。低保对象395户981人，低保金228万元。2015年全镇享受养老保险的5551人，发放养老保险金532.9万元。

文化体育

1958年，有广播站2处。1972年组建电影队，配放映员2名，在各大队巡回放映。1984年部分村通电后，电视机进入农户家庭，1990年彩电入农户，2005年荷叶居委会王升江等筹建有线电视台，平原7个村有线电视入户率达80%。

人民生活

民国10年（1921年）大旱，粮食颗粒无收，境内老百姓饿死30多人。中华人民共和国成立初期，粮食产量低，人均不足150千克，住房多为土砖茅草房。十一届三中全会后，实行家庭联产承包责任制，农业经济发展进入快车道。1990年人均收入460元，2005年人均收入1680元。

特色地情

人文历史

重要事件

民国25年（1936年）12月，红二方面军（贺龙部）长征由低庄镇思溪抵祖市天柳溪村，因气候影响，主力部队部分红军将士在花台行老百姓家屋檐下露宿，先遣部队在坪头园家屋檐下和过道边露宿，红军纪律严明，未惊动和打扰老百姓。第二天早晨，老百姓自发煮好饭菜，请红军将士就餐，饭后付清伙食费，沿清河、匣垅、油洋经岗东北上新化奉家山。

2005年11月9日，祖市殿集市赶场，低庄一辆个体客车载有赶集回油洋乡的群众，途径祖市殿镇坪头村七组凉水井路段时，因路基垮塌，客车坠入五都河深潭中，死11人，重伤8人。

名优特产

蜜饯：20世纪90年代蜜饯加工是祖师殿的特色项目，蜜饯是用鸡蛋枣、牛奶枣，经严格筛选、刮皮、洗涮，倒入大铁锅，加1∶8的广西产精制一级白砂糖熬制，煮熟沥干后用竹筛放进烘房烘烤72小时，手工整形的一种绿色食品。含糖量高，口味佳，深受金华、义乌等地客商的青睐，每年9月将加工好的蜜饯发往江浙销售。2005年后，江浙商贩到镇内各村收购鲜枣运回自己加工成品。

脆蜜桃：由袁隆平院士推荐，祖师殿镇柳溪村李佑金生态脆蜜桃基地种植，2017年9月获袁隆平院士“溆浦脆蜜桃”的题词，同年并被评为湖南名优特水果之一。

板栗：2006年，全镇种有板栗150亩，2010—2015年，全镇先后发展板栗650亩，年产板栗150吨，产值120万元，年产板栗30多吨。板栗可生熟食用，拌入鸡肉、猪脚炖熟，营养价值极高。

风景名胜

庙宇：境内有山峰庙（坪头村）、主岩头庙（水堆湾村）、洪福庵（荷叶居委会）等3座庙宇，每日均有人焚香朝拜。农历二月十九、六月十九，九月十九，人们自发集聚于庵内，朝拜，上香祈福。

龙凤亭：位于祖师殿镇四门村与低庄镇岩头村交界处。相传此亭修建于明朝，专供来往行人休息，经各朝代翻修，凉亭造型别致。1998年，四门村70岁以上的8位老人，募捐资金10万元，将凉亭重新复修。

凉水井：凉水井位于祖师殿镇坪头村7组，传说明代建造，两边各有长板凳两条，旁边建有亭。专供行人休息。此亭背靠陡山，面朝五都河，陡山下边有一股泉水从岩石缝中流出，夏天似冰水，冬天似温水，泉水从未断流，故得名凉水井。泉水清净，口感舒适。1978年因公路修建，凉亭被拆除，但泉水至今仍保持原貌，根据季节的变化时大时小。

民俗风情

婚俗：男女恋爱结婚，要经过提亲、对面、相亲、看人家、合八字、压八字、送年礼、送彩礼、接亲、拜堂、回门等12道礼。婚礼当天亲朋好友要去男女双方家喝喜酒，放鞭炮。晚上男方家要闹洞房，让新郎新娘做各种游戏取乐至深夜。

丧俗：乡里有人死后要选吉日下葬，做三天三夜道场；晚上要打灯；会亲，亲朋好友来奔丧；圆班（丧夫吃饭），孝家兄弟姐妹对丧夫谢恩；出门送葬；下葬（棺木入土）；最后进行谢土。

接七仙姑：每年农历七月初七，传说七仙女下凡，农村有接七仙姑风俗，点香亮蜡，大人小孩围坐在堂屋中央，保佑家里顺利吉祥。

（撰稿：何本尧）

湘西经济明珠，
“经世致用”学创始人严如熤故里

桥 江 镇

（桥江镇、新田乡）

独石村

（雷文录摄）

区域概况

位置面积

桥江镇位于溆浦县城东部，镇政府驻沙湾村，靠近四都河边。东邻新化县和本县油洋乡，南与水东镇接让，西靠县城卢峰镇，北与观音阁镇、双井镇毗邻。电话区号0745，邮政编码419308。距溆浦县城10千米。

镇域面积

全镇总面积133.06平方千米，林地面积47.42平方千米，森林覆盖率为78%，有耕地55593亩，其中，水田41238.45亩，旱地14354.55亩，水域面积10.2平方千米。

建置沿革

明万历初年为溆浦县第五都，称五都京，清代改为第五区。因建市集修大木桥，便叫桥江，意指江上有桥，桥下有江。民国时期辖南通乡。1952年置桥江镇。1953年4月划乡级镇，即桥江镇。1958年10月建桥江公社。1961年10月大湾、新坪、新田析出另设三公社。1984年改称桥江镇。1995年大湾乡、新坪乡并入桥江镇，下辖43个村（居）。2009年撤桥江办事处，2015年新田乡并入桥江镇，原桥江镇枣子坡、岩湾、温里、车头、新坪、小水田6个行政村划归卢峰镇，余下村仍属桥江镇。

1978年以后，先后有廖昌度、熊家财、舒均英、刘仁迪、张克顺、郑大连、陈仁琪、陈德庆、熊昌欢、武忠民、罗尚荣、刘生善、李文泉、黄贤华、舒畅、刘岳清任书记。先后有廖昌度任革委会主任和唐春初、刘仁迪、陈代华、刘华宗、郑大连、严洪友、李林、饶以和、李文泉、黄贤华、王销铱、武育好、谢正德、向旺权、石艳梅任镇长。

2015年，新田乡合并入桥江镇。原新田乡由桥江河东沿曹坡进入双其便到达紫荆大山。东界新化县奉家镇，南临县陶金坪乡，西连桥江镇，北接县油洋乡。明末清初，此地人烟罕迹，草木荒芜，后有江西人迁居，新开良田，兴建村院，故名新田。乡政府驻建冲绿坡村上界硬利坳。该乡狭长，东高西低。境内群山叠嶂，紫荆高峰入云，乃溆浦境内著名高峰。全乡总面积62平方千米。耕地（田、土）7037亩，林地64284亩，森林覆盖率79.8%。11个村，129个自然村落，6个片村，92个村民小组，7291人。民国时期该乡属五区，后为南通乡。1949年后为八区，设新田和灶坪2个乡，1956年并为新田乡。1958年合为桥江公社。1961年缩小，独成新田公社。1984年复为新田乡，系溆浦境内少有的高寒山区乡，贫穷落后。古树木在“大跃进”时破坏惨重，直到改革开放后得以恢复。自1980年开始，经20余年奋战，闭塞的交通得到改善，全乡与桥江、油洋、陶金坪均有公路接通。该乡魔芋、百合、土鸡、辣椒闻名三湘。1978年以后，先后有舒易生、舒孝

水稻示范片　　（雷文录 摄）

清、张克顺、陈仁琪、刘秋元、陈德庆、严洪师、刘生善、张景云、周彪、刘卫文、杜甫永、向梅担任乡党委书记。有舒易生、舒孝清、舒清德任革委会主任，严延职、张吉培、陈仁琪、刘秋元、陈德庆、严洪师、肖体书、张景云、刘卫文、马晓、向旺权任职乡长。

人口民族

1949年底，全镇1808户，总人数7836人。其中，男4027人，女3809人，行政村13个，居委会1个。1978年底，全镇3654户，总人数18270人，其中，男9464人，女8806人。2015年底，并镇后全镇总户数为12607户，总人数为54052人。其中，男28010人，女26042人，行政村27个，居委会2个，民族主要是汉族、土家族，另有侗族、瑶族、苗族、回族等。

自然环境

境内以山地、丘陵为主，平地（属河谷盆地）较少。地势东高西低，北高南低，平均海拔726.2米，最高紫荆山峰，海拔1301.3米，最低点塘头蛇湾村151.2米。气候温和，属中亚热带季风湿润性气候，常年主导风向为北风。气候特点是四季分明，雨量充沛，热量丰富，无霜期长。多年平均气温在15.5℃~16.5℃之间，历年平均为17℃，年平均气温最高为20.5℃，最低为14.6℃，极端最高气温为 39.5℃，极端最低气温 -6.5℃，全年 1 月最冷，7 月下旬和 8 月上旬最热，年平均日照数为 1300 小时，最多达 1458.6 小时，最少只有 1182.5 小时，年总辐射 96.2 千卡 / 平方厘米。年平均降水量为 1400~1500 毫米，极端年最大降水量 1780.2 毫米，极端年最少降水量 891 毫米。

自然资源：境内矿产资源主要为铁、金。铁矿面积达 16 平方千米。境内耕地和林地百分之九十略呈酸性，百分之十略呈碱性。土地肥沃，适宜多种植物树木生长。地下水资源丰富。

自然灾害：主要是旱涝、冰雪、霜冻等，涝灾多于旱灾。四都河发大水，致使全镇断电、停水、交通封闭，时间一两天，洪水退却，一两天便恢复正常。

经济发展

经济综述

1949 年 10 月以前，民不聊生。中华人民共和国成立初期，有三分之二的村民靠政府救济。从成立合作社以后，1958—1980 年，公社化社员收入来自集体化按劳分配。由于生产力落后，除了部分村基本解决温饱问题外，大部分仍缺粮。居住木架草棚加土墙，烧柴照煤油灯。1981—2004 年收入增多，种植业、养殖业发展，生活大为改善，家电入户，部分人家还有余额存银行。2005—2015 年，第三产业快速发展，外出打工收入猛增，大多数家庭修建楼房。人均收入 3200~4000 元。全镇国民生产总值 5.83 亿元。

农业

桥江镇为农业乡镇，境内以种养为主。种植以水稻为主，杂以玉米、高粱、红薯、黄豆、油菜及各类蔬菜，养殖以猪、牛、狗、鱼、鸡、鸭、鹅为主，兼养羊、兔、鸽、蜜蜂，改革开放后还有人养马。中华人民共和国成立前境内耕地人均 1.2 亩，其中，水田占 73.8%，旱土山地占 26.2%。2015 年全镇耕地 55593 亩，人均 1.28 亩，其中，水田 41238.45 亩，旱地 14354.55 亩。中华人民共和国成立前亩产稻谷 85 千克，1978 年，亩产稻谷平均 260 千克。2015 年生产粮食 4611.6 万千克，人均 854 千克，其中，稻谷 4011.5 万千克，玉米 500.1 万千克，红薯 40 万千克，黄豆 60 万千克，粮食自给有余。2015 年，水果面积 12156 亩，产量 58.46 万千克。1978 年，没有专业养殖户。1978—2015 年，母猪存栏年年稳定在 4000 头，肥猪出栏 68000 头，牛场 6 个，养牛 2800 头，养羊专业户 10 户，共有存栏羊 6800 头，出售羊 5000 头。鸡鸭几乎家家饲养，一年总饲养销售量达 168 万羽，专业养鸡户和养鸭户有 165 户，饲养量 89 万羽，养鱼年产量达 96 万千克。2015 年末，全镇有农用小四轮、三轮、大卡车、中型卡车多辆，拖拉机 30 辆，有机引犁 10 台，机引耙 10 台，联合收割机 3 台，电动喷药器 68 台。2015 年农业总价值 3.4 亿元，占镇内生产总值的 63%。

林业

1978年以前，境内林木少，开垦的小面积梯土多。1998年实施退耕还林政策。全镇退耕还林8480亩。2006年，调整林业产业结构，实施油茶低改项目，扩大高产油茶面积2400亩，发展工业原料速生林3600亩。到2015年，实现了经济效应和生态效益双良好，每户林木产值达150万元以上。曹坡、双其、绿坡等12个行政村落实退耕还林。

工业

中华人民共和国成立前，境内各类匠人俱有，手工业较之邻近乡镇发达。木匠、桶匠、篾匠、棕匠、弹匠、瓦匠、鞋匠、铁匠、补锅匠、麻秤匠，应有尽有。中华人民共和国成立后铸造、建筑、竹木加工、铁器打制成为湘西有名的市场供需地。1958年，成立桥江铁器社、桥江竹器社、桥江木器社等八大手工业社。1978年，主要生产人力打稻机及其零部件。1990年，镇内有镇办农机厂、榨油厂、打米厂、面粉厂、个体手工业者384户，从业人员上千人。2015年末，全镇有砖瓦场12家，水泥预制品加工场2家，竹木加工场6家，从业总数达1238人，生产总值达8630万元。

商贸服务

清乾隆年间，在梅子坳村设有墟场。因该地交通不便，水源不足，当时有艾、向、张、段、杨、叶六姓首脑人将墟场搬至四都河边，河上架有宽大木桥。中华人民共和国成立前，桥江商贸通达新化、安化、辰溪。中华人民共和国成立后建国营供销社、批发部、粮站、食品站、新华书店、卫生院。牛场加大，集日成交额25万元。2005年市场扩大，旧市增容，容纳量达2万人有余，肉屠案达70张有余。按河流流向桥江镇市集上新街（起自沙湾村垴上横向桥江大桥头）有店家门面203个，新农贸市场有店家门面128个，正街至医院门口有店家门面191个，由镇政府左手与正街分岔入河街到牛市有店家门面57个，河堤店家门面18个，还有小巷店家门面36个。2015年境内零售（包括）农产品年总额达6.57亿元。

财政金融

1978年以前，镇内有农村信用社、农业银行营业所，改革开放之后增设邮政储蓄所、镇财政所。1996年，桥江镇完成各项财政收入任务100万元，2003—2015年，调减、免征农业税，停征屠宰税，财政收入减少。2011年财政总收入447.63万元，比上年增长5%。2015年财政总收入4683.22万元，比上年增长34.78%，人均财政收入2000元，比上年增长35%。

基础设施

交通运输

民国初期以前，镇内没有公路。民国34年（1945年），因修桥江机场，修建大潭至黄潭公路，经镇内楚垅、林家坡、沙湾、独石4村，8千米。水运富水期才有小木船。清代初，桥江建墟场架有一座长达160米，宽3米大木桥，大木桥下方架有白田小木桥、双丫江小木桥、蛇湾小木桥，大木桥上方有独石小木桥、黄潭小木桥。1970年，修建由县城经桥江镇至三江镇的公路，1971年开通客运汽车。1978年，修通由桥江至新田乡公路。1990年桥江钢筋水泥混合大桥建成，结束了木板桥的历史，桥长250米，宽6.4米，高7.2米。后又建修白田至罗家坡大桥和白田至桥江场牛市的踏水水泥桥。2012年溆浦新化高速公路大桥建成通车，设桥江出口，经梅子村、黄潭村跨过独石河穿望乡坡隧道，由此上高速。2014年桥江镇联通双井镇的黄潭钢筋水泥大桥建成。境内能过车辆的大小石拱桥32座。至2015年，27个行政村包括68个自然村和608个村民小组和院落，全部通公路，总长270千米，日均客容量10540人次，日均货运达1600吨。

邮电通信

中华人民共和国成立前，境内无任何邮电通信设施。1952年成立桥江邮电支局，设在桥江老木板大桥头西码头大街。1958年，辖区所属乡、村安装手摇电话。1995年镇内程控电话开通，共1549部，板水村率先实现电话村，户户通，移动电话（BB机）168部。至2005年，全镇已开通移动、联通、电信三大通信体系，通信覆盖率100%。并开通数字电视，实现城乡一体化。2015年末，境内有邮政局1处，个体快递8家，邮政业务总量480万元（不含个体快递业务量），其中，纯收入258万元，杂志、报纸累计发行2.54万份，发送接收邮件28万多件。电信企业1家，服务网点8处，电话交换机总容量7万门，固定电话2895户，电话普及率100%，移动电话用户19680户。

供电用水

清代，境内大部分人家用桐油灯照明，少数点蜡烛。中华人民共和国成立开始用煤油灯。用水主要是溪水、河水和井水。1970年，镇内机关才开始使用电灯。1978年在紫荆村建冲修建小型水力发电站，与县内电网并网，全境解决用电照明问题，并时兴打摇井取水饮用。2005年至2015年末，桥江镇集市居民大部分用上自来水，全镇95%村民用摇井或山泉自来水。供水供电正常，同时启动改水、改厕、改灶工程，人民生活质量提高。

水利建设

桥江镇地处溆水支流四都河中下游，四都河流经镇内18个村。境内东岸有4条小溪流入桥四都河，水域面积62.8平方千米。1949

黄潭村　　（雷文录 摄）

年以前，境内无一座水库，山塘多而小，近河平原村靠小坝灌溉。20世纪50年代修建独石水库、鸭婆塘水库、岩屋冲水库、紫荆水库和8处小于小（2）型水库的大塘。1958—1976年，溆浦中大型水库金家洞渠道和渡头拦河坝、杉木塘中型水库的修建，全镇所有耕地，包括橘园蔬菜地均实现灌溉自流化，旱涝保收。

镇村建设

清初，建墟场于境内正街和河街，有门面120余个，成自然集镇。中华人民共和国成立后建桥江镇，镇机关驻国民党遗留下来的桥江天主堂。20世纪50年代，建桥江粮站和食品站在沙湾渠道边，农技站和农业机械厂在建粮站。供销社和桥江公社建正街腰部。1978年，镇政府重新修建。中共十四大以后，黄潭村党支部开拓创新，在村级建设上率先发展，水利、交通、学校、村部再到各户住房统一安排，成了远近闻名的美丽乡村。独石村在建设社会主义精神文明和乡村风貌美化得到认可。黄潭、独石的先进榜样带动全镇各个村。

同时，镇内全面开展“五好家庭”和“文明村”建设“平安户”“创先争优”等活动。2009年独石村被评为全国文明村镇，2012年被评为全国民主法治示范村，2012年黄潭村被评为省级文明村。

社会事业

教育

清同治十年（1871 年），创办紫峰书院。中华人民共和国成立后，书院改为桥江完全小学。1960 年秋季，桥江完全小学附设初中班。1969 年桥江附中增设高中班。1970 年，改为桥江完全中学，高中两年制 8 个班级，初中两个年级 12 个班级，学生总数 600 余人，教职员工 50 余人。桥江完全小学改为桥江中心小学，校址迁往河边市场，后选址重建镇政府所在地沙湾村坰上。1975 年，高中

部与初中部分开。高中部改为溆浦六中，初中部改建为桥江镇中学。2010年溆浦六中撤销并入溆浦一中，六中高中设施划归桥江镇中学。2015年全镇共有初级中学1所，九年一贯制学校2所，中心小学1所，完全村小1所，村小教学点7所，公办中心幼儿园2所，民办幼儿园5所，有初中教师100人，小学教师176人，幼儿教师82人，初中在校学生1321人，小学在校学生3143人，在园幼儿1267人。境内九年义务教育普及率达99.9%，巩固率99.2%。

文化体育

民国时期，境内民间文化体育活动主要有唱山歌、唱三棒鼓、打霸王鞭、踩高脚、下打三棋、象棋、裤当棋、唱洋戏、花灯戏、船灯、接七姑娘、划龙船。中华人民共和国成立后境内民歌、民间地方戏剧大力发展，各村成立业余剧团。沙湾村剧团多次出席县地区文艺会演并获奖。业余记者在市、省、中央党报上发表文章，反映桥江镇改革开放新人新事。1997年5月26日，《人民日报》刊登桥江镇张微渺和张克泰合写《收购垃圾》。

（雷文录 摄）

父子俩多次获得国家级及省级、市级、县级新闻奖。2015年张微渺在桥江镇遭受特大洪灾时抓摄的“抢救生命”新闻镜头被中央电视台《新闻联播》采用。2015年末，镇内有文化站、广播电视站各1处，歌舞队18支。农家书屋52个，藏书48万册。新修广场4处，广场舞15支，新修农村篮球场4个。有音乐、美术、书法、摄影、文学等创作队伍。出版《独石村志》和长篇小说《寸草春晖》。

医疗卫生

民国时期，有草医、中医32人在镇内行医。1952成立桥江镇卫生所，工作人员7人。1958年改称桥江人民公社卫生院，医疗人员增加到15人。1998年桥江区卫生院和桥江镇卫生院合并为桥江中心卫生院，2015年改名为桥江镇中心卫生院。2015年末，境内有桥江镇卫生院及下属31处卫生室，桥江卫生院有床位70张，固定资产总值1200万元。专业医务人员56名。

社会保障

中华人民共和国成立前，老百姓没有任何社会保障。中华人民共和国成立后，境内特困户可获县人民政府救济。境内公社社员在歉收年享受政府返销粮和其他应急救济，五保户由生产队养老。2006年，开始实行最低生活保障制度，到2015年末，镇内有5190人享受低保政策。2005年建桥江镇敬老院，供养五保老人86人。2008年全镇参加新农合98%，2015年达100%。2015年开始实行农村养老保险，全镇有8998人领取养老金67.49万元。完成77户危房改造和247户921人脱贫。

人民生活

民国十年（1921年）天旱，境内老百姓饿死300余人。中华人民共和国成立初期，粮食产量低，农民人均口粮不足200千克，农村住房大多为土墙茅草房，少数为瓦房岩屋。1981年实行家庭联产承包责任制，当年产量跃升为亩产800千克。到1990年，富裕起来的农民纷纷兴建楼房，购置电扇、电视、电冰箱。21世纪后，农民收入逐年增加，2005年，全镇人均纯收入1840元。2015年，全镇社会总产值实现5.04亿元，固定资产投资2.5亿元。农民年纯收入5246元，96%农户入住新楼房。镇内有面包车、农用车多辆、三轮车82辆，摩托车92辆，小轿车12辆。户均有彩电1.6台，洗衣机1台，热水器0.8台，98%的镇居民过上小康生活。农家小院，处处展现社会主义新农村繁荣的新气象。

特色地情

人文历史

重要事件

明末农民起义军李自成余部牛万才入驻溆浦，并在章池望乡坡山顶修筑工事坚守。

民国八年（1919年），军阀割据，外地土匪入侵八门垅，民众聚集抵抗。引发土匪报复，

紫荆山风力发电场（雷文录 摄）

半夜放火烧毁八门垅民宅40余户，流民失所。

民国24年（1935年）11月，中央红军长征途经溆浦，肖克部部分队伍驻扎在桥江天主堂，另一部分驻扎在桥江板水村，发动贫苦农民参军打土豪；同月，红军离开桥江。

民国34年（1945年），由美国人出资征集20余个县民工修建桥江飞机场。1965年，国家高质量扩建桥江飞机场。

民俗风情

桥江在古代五都京时，就盛行手工作坊。甘蔗、杂粮、水果、竹木种植，牛、猪、狗、鸡、鸭、鹅、鱼养殖等农业吸引各路工匠和商贸加工从业者汇聚此地创业，桥江发展成为湘西经济明珠。中华人民共和国成立后，经济更为发达，民众文化长兴不衰。春节大唱五都京洋戏、目连戏、花鼓戏、辰河高腔，船灯，龙灯，三棒鼓，霸王鞭，端午划龙船，改革开放后各行政村建起大礼堂，歌舞戏剧，热闹非凡。

风景名胜

二龙抢宝：二龙抢宝在独石和黄潭两村，这里天天有人来垂钓、游泳，从黄潭龙口入匣溪河坝乘船弯道左拐右拐，十几丈深的潭水平静如镜，两岸绝壁，墨乌石缝长藤如同天际垂绿，仰视山顶，青松翠竹，苍鹰翱翔。从黄潭往八门垅北上，左手是门扇岩风景，三座巨岩如竹笋状、如牛角状、如人蹲地状，彼此相距几百米却又一字排开。西面是滔滔四都河倾泻而来的白浪，东面是十里长廊八门垅，北高南低，由南而上，层层入境，如同仙地。此地有网顶罩鱼、水牛卧波、倒水冲江景点。

望乡坡：位于桥江镇政府所在地，河的对面是望乡坡，山形如猛虎下山。山上遗留牛万才部所设战壕格杀石墙。

紫荆山风光：从桥江大桥沿曹坡鸭公山可进入新田紫荆山峰，进入视野的是盛夏阴凉的峡溪坑两面绝壁，仅剩五米宽的水路；正前方左侧是飞水洞瀑布。进去是紫荆山水库。再向前进入新田紫荆山风力发电场。此地山峦葱翠，彩云缭绕，风景迷人，前来游玩观赏的人络绎不绝。

（撰稿：张克泰、张微渺）

娄怀高速公路设溆浦三江出入口，
境内有千年龙泉古寺

三江镇

（原岗东、两江、善溪乡）

云蒸霞蔚三江高速公路桥

（雷文录 摄）

区域概况

位置面积

三江镇位于溆浦县东南方向，长芷高速自东穿境而过，辖区内设三江收费站。东界新化县金凤乡，南接新化县奉家镇，西邻县油洋、祖师殿等乡镇，北靠安化县渠江镇，是三县连接地。人民政府驻三江村，电话区号 0745，邮政编码 419309，西南距溆浦县城 31 千米，东南距新化县城 50 千米，西南距怀化市区 93 千米。至 2015 年末，三江镇区域总面积为 287 平方千米，林地面积 36.29 万亩，辖 49 个村，共 350 个村民小组。

建置沿革

三江镇在明朝万历年初属溆浦县第五都，后划归新化，1953 年 7 月又重新划归溆浦县，属第九区的 5 个乡，与油洋 4 个乡设为第九区，区公社设原江东乡，区长陈中岳。1956 年撤区并乡为江东、两江、善溪乡，1958 年 9 月江东、两江、善溪合并为江东人民公社。1982 年，江东人民公社改称岗东人民公社，1985 年复又为乡。

何维忠、刘永正、刘礼让、郑大连、罗忠太、张国新、严洪友、向初义、曾文格、覃生年、刘楚生、向艳平历任原两江乡书记。何维忠、刘永正、郑大连任职革委会主任，何维新、刘登仁、章升台、李延勇、向初义、谢绍华、张必生、严易掌、刘楚生、刘岳清、刘崇忠历任原两江乡乡长。

张光田、舒符平、陈德存、陆升田、黄志安、刘华宗、伍先坤、周本杰、肖芳芝、刘益清、周重庆、杨修文历任原岗东乡书记。张光田、陆永传、舒孝礼任职革委会主任，刘华宗、戴恩惠、何维新、伍先坤、曾文格、刘益清、舒海生、伍帅、刘登琴历任原岗东乡乡长。

舒荣章、刘华宗、何先主、陆继文、刘新江、李延勇、刘文会、张善文、刘岳清历任原善溪乡书记。先后有舒荣章、刘登余、何维新、刘华宗任职革委会主任，刘勤读、章升台、陆继聪、刘新江、刘自读、刘楚松、刘文会、张善文、何石光、李俊华历任原善溪乡乡长。

2015 年 12 月 26 日原岗东、两江、善溪三个乡合并为三江镇。撤乡并镇后，由赵永生任三江镇第一届党委书记，邹锡华任三江镇第一届镇长。

行政区划

1953 年 7 月，原属新化县的两江、民主、古台、朱溪、沙滩、江东、锡正、坪山、青龙、大花、团结村等 11 个小乡划属溆浦县。

人口民族

1949 年，境内总人口不超过 1.5 万人，1965 年总人口为 22257 人，1978 年总人口 28655 人。镇内主要是汉族、瑶族、土家族。2015 年末，辖区总人口 35785 人，其中男性 19075 人，占 53%，女性 16710 人，占 47%；

总人口中汉族35153人，占98.3%，瑶族195人，占0.5%，土家族228人，占0.6%，其他民族209人，占0.6%。农业人口31329人，非农业人口4456人。2015年度共出生458人，人口出生率13%；死亡196人，死亡率5%。

自然环境

境内以山地为主，高山纵横交错，连绵起伏，属中低山，平均海拔达500米，最高点紫荆山1185米，最低点一心村273米。山体呈猪背状，山脊鞍部多，特征明显与地质构造一致，山岭陡峻，峰峦起伏，沟窄谷深，流水状切割侵蚀强烈，多形成峡谷，切割密度为3.5~4.5千米/平方千米，坡度大于30度，相对高度400~600米。土壤以黄红壤、黄壤为主，植被以常绿阔叶林和常绿落叶混交林为主。气候温和，属于亚热带季风气候，常年主导风向为北风。气候特点是四季分明，年均气温16℃，最高37℃，最低5℃。年均降水量在1600毫米左右。主要矿产品有石灰岩、钒矿等，其中，钒矿储量较大，含量占0.8%。林木蓄积75万立方米，森林覆盖率85%。

经济发展

经济综述

中华人民共和国成立以后，镇内经济逐步恢复发展。农业以种植水稻、黄豆、红薯、玉米等经济作物为主。林业以木材出售加工为主。1984年，推行完善家庭联产承包责任制，促进农业生产发展。2015年，农业总产值3476万元。

农业

中华人民共和国成立前，农民主要种植水稻、红薯、玉米、油菜、蔬菜等，但受农业技术、自然条件等因素的影响，粮食产量低，不能自给，生活水平低。三江群众立足当地资源，发展玉竹、高山云雾茶、百合、金银花、黑茶、茯苓等特色种植产业，山鸡、肉兔、山羊、石蛙、竹鼠、孔雀等特色养殖产业。已建成了种植面积1000余亩的花卉苗木基地1个，成立50户以上农业专业合作经济组织12个，年营业收入50万元以上农村大户数38个，集中连片200亩以上种植大户（不含种粮户）12个，年缴税10万元以上企业6家。1995年以来，在两江乡建立茶叶示范基地，推广茶叶高产栽培技术。两江七星银尖绿茶连续三年被评为湖南省优质名茶。1965年，境内耕地面积25026亩，人均1.12亩，其中水田9399亩，旱地15627亩。1978年，耕地面积15581亩，其中，水田9962亩，旱地5619亩。1989年，善溪乡木兰村成为沼气推广示范样板。截至2015年，全镇耕地面积15240亩，人均0.42亩。

林业

三江镇属于典型的林区乡镇，居民分散，旧时，人民生活必需品，有进靠“三阳”（益阳、邵阳、黔阳），吃靠“三莌”（木莌、竹莌、茶莌）。素有“看见屋，行（háng）得哭”的古语，加之又夹在新（化）安（化）两县之间，交通闭塞，经济不发达。改革开放以后，推行经济体制改革，实行农村家庭联产承包责任制，大力落实林业生产责任制。1993 年，实施农业结构调整，岗东、两江、善溪因山地面积大，森林资源丰富，蓄积量大，发展东部林业。三江镇每年的木材采伐指标都在 8000 立方米以上，占全县木材采伐限额的 30%，溆浦县每年为三江林农免费供应造林良种壮苗 30 万株以上。原两江乡是溆浦县最早实施退耕还林的重点试点乡之一，有退耕还林面积 1.1 万亩，每年有 160 万元补助资金发放给林农。天然商品林面积 2.2 万亩，每年发放天然商品林管护补助 26.4 万元，占全县补助总额的 4.7%。生态公益林面积 5 万亩，每年发放的补助资金有 72.5 万元。

商贸服务

旧时，岗东、两江、新化奉家镇、新化天门乡、长峰乡等所有木材都由河流运往渠江，转运益阳、武汉。因此益阳、武汉两地大量商人到两江收购木材，将大米、食盐、鱼、布料等商品船运至两江销售，并在两江开设米行、盐店、布料绸缎等店铺，因而有山沟里“小南京”的雅称。江东集贸市场，也享有盛誉，其集结了溆浦的油洋、桥江、祖师殿、岩家垅等地的农户，挑运旱烟、片糖、柑橘、干红辣椒、棉花等农产品到此销售，从而吸引新化县金凤乡、天门乡、长峰乡等地农户前来赶集，赶集日在人数最多时达 2000 余人。自 2015 年长芷高速三江出口开通以后，商贸服务业得到快速发展，商贸物流及农副产品的流动速度大大提高。

工业

1978 年以前，三江镇工业发展缓慢，仅有少数从事简单加工的小手工业作坊。改革开放后，通过引进资金、技术，搞联合经营等方式，先后创办了木板厂、竹木加工厂、采石厂、电站等企业，但是由于地理条件的影响，三江镇主要以原材料加工为主。

其他产业

三江境内森林覆盖率达 85% 以上，被誉为“天然氧吧”，镇内自然生态保护良好。由于三江位于“一极两带”（即辐射大西南、对接成渝城市群的新增长极和沪昆高铁经济带、张吉怀精品生态文化旅游经济带）上的张吉怀精品生态文化旅游经济带，县委、县政府将三江镇定位为“生态宗教文化旅游靓镇”。自三江镇成立以来，党委、政府认真贯彻落实“一极两带”战略布局，顺利对接高速时代。规划打造两条精品生态旅游路线：一条是以龙泉河漂流、龙泉寺观光、紫荆山风力发电、红色旅游、苗木观光、农家饭庄、休闲烧烤、土特产购买为主题的“三江—西湖—乐园—江东—龙泉山”精品旅游路线；另一条是以河边垂钓、山上攀岩、户外自行车运动等体育产业为主题的“三江—两江—朱溪”的体验式精品旅游路线。加强旅游路线周围的集镇建设和房屋改造，已完成西湖村、朱溪村房屋风貌改造 365 栋，投入资金达 1100 多万元。打造成古香古色的休闲观光小镇和村庄，同时加强与邻近新化桃花源、渠江源、苏西湖湿地公园、紫鹊界梯田、梅山龙宫等景区的融合，充分发挥三江拥有的生态环境、生态养殖、生态种植、生态景点和生态美味五大生态旅游资源，让三江成为县城和周边市县居民精品两日游的首选地。龙泉河漂流、龙泉寺、紫荆山风力发电等休闲旅游观光项目已成全县品牌，远近闻名。

基础设施

交通运输

中华人民共和国成立以前，辖区内没有公路，运输基本靠放排行船脚力。2006—2010年，交通设施建设相对滞后，交通基础设施主要以通乡公路为主，同时实施行政村通达工程部分路基较好的行政村实施通畅工程；2011—2015年，加大对三江镇交通基础设施投入，其中2013—2015年，在境内实施行政村通畅工程，打通边界路、断头路共33条，公路硬化改造192千米，总投资7708万元。如大兴公路、黑冲村公路、石牛寨村、竹园村等线长路险公路的建设，完成了所有行政村水泥路（原老村部）建设。

邮政通信

中华人民共和国成立前，境内无任何邮电设施。1978年，有县邮电局至岗东的干线邮路，长100千米。1999年，岗东邮政网点开办绿卡业务，实现计算机联网。2003年，岗东邮政支局局长何瑞桃获评“湖南省邮政企业优秀农村支局长”。2005年，设立岗东邮政支部营运网点。2015年末，境内有邮政局1处，

朱溪村 （雷文录 摄）

设在岗东集市，邮政业务总量2000万元，纯收入227.65万元。杂志、报纸累计发行1350万份，发送邮件1250份，接收邮件34156件。1995年11月，岗东开通程控电话改制。2003年10月，岗东地区开通数字无线农话。2004年，岗东开通450兆数字无线农话交换机。2015年末，服务网点6处，电话交换机总容量1280户，宽带总容量2048户，固定电话用户265户，电话普及率86%；互联网用户2175户，全年电信业务收入158.6万元。

供电供水

建制村合并之前，属溆浦县电力公司供电的共有39个行政村，2011年12月底前完成12个行政村，投入改造资金1350万元；2012年至2016年12月底前完成27个行政村，投入改造资金3510万元。新建110千伏变电站1座，投资2230万元；改造10千伏线路3条，共计投资209万元。截至2015年底，完成原西湖、彭洲、巴油、乐园、锡泥、正江、栗坪、三口、粟溪、双江、陶金、梓木、将溪、木壕、梨园、一心、大花、梅坪、两溪、金龙近20个村的安全饮水工程，投入资金1610万元。

水利建设

善溪江为资水的一级支流，有左右2支。左支称岗东河，源出新化县奉家镇上塘，右支，即石牛河，源出新化县双林江。境内河长在5千米以上的河流共5条，河流总长度51.04千米，总流域面积为76平方千米。渠江全长42.53千米，岗东河全长23.86千米，善溪江全长9.78千米。至2015年末，境内共有飘溪、胜利、人民、跃进4座小（2）型水库，水电站8个。

村镇建设

改革开放以来，善溪乡集镇根据自身的资源优势和区位优势形成林业型集镇，利用当地竹木优势，加工竹制品，如竹床、竹椅、竹席等。岗东乡集镇形成周边地区的物资集散地，是东部经济比较发达的集镇之一。1997年投入10万元改善乐园集贸市场。总投资4800万元，共建住房640栋，对街道进行硬化，吸引两江、油洋及新化的商贩到此经商。境内有两江集市、岗东集市、三口集市、一心集市、龙山集市。其中以两江集市、岗东集市最为热闹。2012年，因新溆高速修建，原两江乡政府被征收，选址新建于高速公路出口。2015年7月，原两江乡人民政府由三口村迁址新政府所在地栗坪村，2015年12月，三个乡合并为三江镇，新成立的三江镇人民政府选址在原两江乡政府所在地。

社会事业

教育科技

民国31年（1942年）由江东彭洲的何樸哉（新化县参议员）提案申请，在境内笋芽山开办一所六年制新型学校，增开新课程。新化县批准后并任命何樸哉为校长。民国32年（1943年）春季招生开学，中华人民共和国成立后改为江东完全小学。1955年溆浦县教育科下文批准，创办两江中心学校。1958年由江东人民公社报请县教育局申请开办两江中学，后因江东人民公社设在江东，把学校搬迁到江东，即现江东中学。1970年两江、善溪同时开办中学。2015年末，全镇共有3所九年制学校，分别是三江镇学校、三江镇江东学校和三江镇善溪学校，共有26个村小教学点，其中，两江片区18个、善溪片区7个、岗东片区1个。全镇在校生为2016人，在编教师为171人。镇内村部文化设施齐全，有文化活动场地14个，文化站3个，内含文化活动室5个，农家书屋37个。中学硬件设施完善，教师公租房、图书阅览室、实验室、运动场等硬件设施一应俱全。

医疗卫生

中华人民共和国成立前，江东开设药铺2家，善溪乡开设药铺1家，两江乡开设药铺1家。1953年底成立江东联合诊所，有医疗人员胡万永、李月楼、李叙朋。1955年成立善溪联合诊所，1956年成立两江联合诊所。1957年，诊所改为公社卫生院，1958年，江东人民公社卫生院先后接收仁寿堂药铺、鼎丰泰药铺。1975年，修建新的江东人民公社卫生院，第一任院长为舒世荣。1981年，江东人民公社卫生院改名为岗东公社卫生院。2015年，镇内有两江卫生院、岗东卫生院、善溪卫生院3所，建筑面积4100平方米，共有医务人员40人，乡村医生47人，村卫生室44个，执业医师11人（其中，中医9人），执业助理医师15人，执业护士7人，执业药师1人，病床45张。

文化体育

三江人杰地灵，文化底蕴深厚，素有演话剧歌剧的传统。境内有古典戏剧团，每年春节剧团都要去安化的大塘、连里及新化的大坪等邻地演出，由演出地提供住宿生活，并付微薄酬金。1958年后，三江大力开展文化活动。每逢节假日都有节目表演，公社组织各大队进行比赛，评选一二三等奖。各村基本都有自发组织的文艺队。三江人酷爱书法，从小练字，即便有的群众文化水平不高，但也写得一手好字。三江人自古有习武之爱，善溪的枇芭滩、梅坪都有享誉的拳师，古语称“枇芭的腿、梅坪的拳”，境内大兴习武练拳之风。

社会保障

中华人民共和国成立前，人民的生活没有任何社会保障，中华人民共和国成立后，经济慢慢恢复，人民生活得到逐步改善，2008年，开始参加新农合，全镇23156人参合，参合率64.7%，2015年，新型农村合作医疗90元/人，全镇参合人数32151人，参合率98%，养老保险参保人数23101人；低保1118人，领取最低生活保障金258.57万元，并发放临时性救助78.9万元。2014年，开始筹建敬老院，占地面积10亩，总投资600万元，后期民政自筹资金投入150万元，于2015年10月竣工并交付使用，供养老人62人。

西湖村村部　　（雷文录 摄）

特色地情

人文历史

重要事件

民国 24 年（1935 年），中国工农红军第二军团进驻原岗东乡芭蕉村。

1953 年 7 月，两江、江东、善溪重新划归溆浦县。

1956 年，撤区并乡为两江、江东、善溪乡。

1958 年 9 月，两江、江东、善溪合并为江东人民公社。

1972 年，溆浦县创办野战医院，选址原两江乡三口村。

1973 年，动工修建哑善公路。

1979 年 5 月，善溪、两江公社和岗东公社彭洲大队划为县内重点林区。

1979 年 12 月 19 日，将龙泉寺划为文物保护区。

1986 年 7 月 1 日，开始修建善溪政府至安化县大塘湾村公路。

1999 年，动工修建岗上公路。

名优特产

木材：三江镇为全县重点林区乡镇，木材储量丰富，主要以杉树、枞树为主，杉木树干通直，材质轻软、细致，纹理直，不开裂，耐腐蚀，易加工供建筑、桥梁、造船、坑木等用，为优良用材。

楠竹：有面积3万亩，蓄积约450万根，材质坚韧，富弹性，大量用于建筑、农用、家具制作和生活用品等。

茶叶：七星云雾香茶被列入湖南名茶。民国24年（1935年）红军长征时，此茶的鲜叶子还代替枪伤药，曾救治过20多名红军伤员。1976年修建一个半机械化的红碎茶厂，日制红碎茶40担。

豆腐：三江豆腐鲜嫩爽口、细腻甜滑，主要依赖于水质甘甜清冽，做出的豆腐远近闻名。

玉兰片：原料竹笋，年初挖未出土的竹笋，除去外皮，高温蒸煮，烤干后呈白色，味道鲜美，出售全国各地。原岗东乡黑冲村为制品之地。

风景名胜

龙泉古寺：龙泉古寺位于湖南省怀化市溆浦县三江镇龙泉山村，海拔286米，龙泉山属于雪峰山西部的白马山系。龙泉山古树参天、景色清幽，有银杏、株树、榉树等名贵物种。早在一千多年前，佛教便传入此地。

据考证，龙泉山早在唐代末年就建有寺庙，曰“观音殿”，俗称“茅庵”。《新化县志》载：龙泉山，宋初即为梅山十洞之一的“瞿家洞”，洞主建寨于其上。南宋少熙年间，洞主瞿赖三委官兵所杀，寨破之。明德正年间，峨眉山十世弟子发华禅师至紫荆山建寺。其弟子天心，维心，修心，一心四人，由发华禅师分支四山，天心主紫荆山老庵，维心座青龙山，修心上白云山，一心下龙泉山创修寺庙。明万历二十四年（1596年）天山陈博传人陈义、茂述、永正等高僧在龙泉古寺为住持，至今留在山中的和尚墓葬群与和尚塔群（舍利塔），可兹为证。

民国时期，有名人优贡为寺亲书“佛德巍巍”金匾，新化著名书法家田一山献对联一副。民国24年（1935年）任弼时、关向应率红军政治部由此过境，驻扎于龙泉山古寺，中华人民共和国成立后由于寺庙无人看守，加之年久失修，因此慢慢被损坏。

20世纪80年代，一批地方贤达人士发起募捐，重修了龙泉古寺，在原址上建设佛殿和山门，共500余平方米，重塑菩萨金身20余尊，整修上山梯步503级，龙泉古寺为县市级文物保护单位，舍利塔为大湘西保存最久远、完整的舍利塔群。

红军野战医院：系原芭蕉村奉氏家族合建祠堂。民国24年（1935年）中国工农红军第二军团由新化金凤乡经大兴、两江、岗东进驻溆浦，其中一部分进驻油洋乡大址坊一带，一部分进驻岗东乡芭蕉村一带，时属新化十九区的岗东乡芭蕉村祠堂改用为红军后勤部战地医院。大部分受伤战士转送芭蕉红军医院治疗。战争结束后，芭蕉村红军医院依然是共产党地下特殊联络点，是革命活动中心前沿根据地之一，中华人民共和国成立后，医院沿用为土地革命运动点、党支部委员会办公点、革委会活动中心、大队生产管理委员会工作点、村级组织活动中心等。在此创办过学校，从普益小学到芭蕉小学，为祖国建设事业培育大批优秀骨干人才。

朱溪村：朱溪村位于溆浦县三江镇境内，距娄怀高速公路三江收费站10千米，为三江镇生态休闲旅游发展带中的重要支撑点。全村共有574户2270人，2015年由湖南省体育局驻点联村扶贫帮扶，准备将该村打造成为湖南省第一家“户外运动示范村”，相继建成健身中心岛、筏钓平台、全民健身广场等项目。

龙泉寺 （雷文录 摄）

两江风雨桥：桥名为“服义桥”,匾名“长虹利涉”，始建于清嘉庆年间，建桥者为刘镜人，由新化横阳山迁居两江。后风雨桥被洪水冲毁，木壕周朝兴进行复修。1962年，木壕村罗崇智对此桥进行再次修复，改名为“人民大桥”。

民俗风情

春节舞龙舞狮　春节期间，三江有舞龙舞狮的习俗，舞龙舞狮自带乐队、武术队。舞龙要求严格，只能逆水而上不能顺水而下，违背这个规定，户主拒绝入门并不予接待。舞狮只能由小门进，先要参拜，否则户主可向狮队索赔。在狮龙表演时，由武术队打一套拳，户主陪演一套拳或者兵器，如武术队比不过户主，就舞不出门。

婚娶丧嫁：举办丧事，孝家及亲戚都要披麻戴孝，但未过门的女婿和媳妇却要披红挂彩。结婚给客人敬烟时，必须双手敬两支烟。

春节习俗：春节期间，走亲访友也有严格要求，叫作初一崽、初二郎。初一必须给自己的父母拜年，初二给岳父岳母拜年。给父母或者岳父岳母拜年时，不仅要拿生猪肉，还必须拿上年三十煮熟的肉才视为敬重。

饮食生活习惯：三江镇大多数房屋属于木房，木房的卫生难清理，但是家家户户屋内卫生很干净，甚至有些人家里进门需要脱鞋。另外三江有良好的饮食的习惯，不管是喜庆摆酒还是自家人吃饭，都要用公筷，一是杜绝浪费，二是可以防止疾病传播。

（撰稿：张　钦）

茶油、板烟和辣椒曾为明代贡品

油 洋 乡

油洋乡貌图

（雷文录 摄）

区域概况

油洋，地上产茶油、地下藏石油，古称油的海洋。民间有桐油、茶油洗澡之传说。

县志记载，明万历年间，址坊板烟、辣椒为贡品，白羊洞美景久闻名。

位置面积

油洋乡位于溆浦县东部,东界三江镇（江东、善溪、两江），南连桥江镇，西接双井镇，北邻祖师殿镇。乡人民政府驻地为油洋村，电话区号为0745，邮政编码419308，距溆浦县城30.3千米，辖区总面积84平方千米。

建置沿革

中华人民共和国成立前，油洋乡属五区，后为北达乡。下设保、甲。中华人民共和国成立以后，油洋隶属桥江管辖。1950年3月改制，废除乡、保、甲旧制。1953年6月，全县划区改革，油洋乡划为9区，区驻地设在江东。1956年6月撤区并乡，同年7月，10个小乡合并一体，成立河底江乡人民委员会，办公地设河底江半边祠堂。1958年9月实行人民公社，河底江乡并入桥江大公社。1961年10月体制调整，河底江从桥江大公社分出，更名为河底江公社管委会，下辖21个大队，137个自然村，209个生产队（1962年大址坊大队分出陈家湾和中村两个大队，小址坊大队分为址坊、乔里和余腊三个大队），均隶属桥江区公所管辖。公社机关设于河底江三耳湾。1968年3月25日，成立河底江公社革命委员会，取代管委会职能。1969年10月21日，成立中共河底江公社革命委员会核心小组，取代公社党委会。1970年11月17日，恢复中共河底江公社委员会。1984年5月，经省人民政府同意，撤销河底江公社，建立庄坪、油洋2个乡政府。庄坪乡政府辖庄坪、长岭、东山、永丰、河底江、官溪江、岚石溪、三板桥8个村（大队改为村，生产队改为组），乡政府驻庄坪村大溪湾。其中太坪大队更名为河底江村（中华人民共和国成立前称黄家垴村、中华人民共和国成立后为太坪大队）、凉水井大队更名为官溪江村。油洋乡机关驻油洋村尖栗冲，辖13个村党支部，即油洋、麻溪、红花、泽溪、雷钵井、来溪、长坡、余水、陈家湾、址坊、余腊、乔里、中村（中村大队后来取消并划分为长冲、溪家湾和报木洞三个村），庄坪和油洋均隶属桥江区公所管辖。1996年机构改革，油洋乡与庄坪乡合并为油洋乡，辖23个村，机关驻地为油洋村。桥江区公所更名为桥江办事处，油洋隶属桥江办事处管辖（2009年桥江办事处撤销）。

油洋9区区长陈中岳。历任河底江公社社主任有舒清龙、舒万省、李启高、沈家钊、黄德佳。历任河底江公社书记有舒跃林、魏象斌、周秉礼、李启高、刘旺生、刘水让。历任庄坪乡书记有张在福、潘吉武、舒易标、夏喜衡、刘秋元。历任庄坪乡乡长有黄德元、张吉培、邓刚、舒易佳。历任油洋乡党委书记有刘礼让、黄德佳、陈文红、曹仁、刘奇雄、罗尚荣、向长进、舒清求、刘松让、周彪、张勤焕、刘利明、田海峰。历任油洋乡乡长有陈仁寿、戴先后、刘仁迪、黄德佳、严洪友、刘助锡、严佳银、向长进、舒清求、覃生年、贺旭明、杨修文、刘利明、刘中华。

行政区划

1953年划区改革时，油洋与江东合为9区，办公地驻江东。1956年6月成立河底江公社，1984年5月，河底江公社分为庄坪乡和油洋乡。

庄坪乡下辖8个自然村，114个村民小组，耕地面积8228亩。油洋乡下辖15个自然村，共122个村民小组，人口为11799人，耕地面积为12560亩。1995年，庄坪乡和油洋乡合并为油洋乡。

2015年12月机构改革，油洋乡23个村合并为10个自然村，分别是大址坊村（陈家湾、溪家湾、长冲、报木洞）、小址坊村（乔里、余腊、址坊）、来溪村、麻溪村（麻溪、红花）、官溪江村、河底江村、庄坪村（庄坪、三板桥、岚石溪）、东山村（东山、永丰、长岭）、长坡村（长坡、氽水）、油洋村（雷钵井、泽溪、油洋），下设236个村民小组。全乡土地总面积84.2平方千米，辖区东西直线距离15千米，南北直线距离13.2千米，陆地总面积12.68万亩，占98.7%。水域面积1.38平方千米，占1.3%。林地面积79875亩，森林保有量62142亩，森林覆盖率为62.98%。耕地面积20788.6亩，其中，水田15237.6亩、旱地5551亩。

人口民族

中华人民共和国成立时，辖区总人口只有12000人。1978年河底江公社时，辖区总人口为19674人，4509户。其中，男性10116人、占51.4%，女性9558人，48.6%。当年出生人口353人，占比1.8%，死亡182人，占比0.9%。2015年末，全乡总人口为24775人，比1978年增加了5101人，总户数7144户，总劳动力14756人，当年出生总人口290人，占比为1.17%；其中，男性171人，占出生人口58.97%；女性出生119人，占出生人口41.03%；当年死亡人口为150人，占总人口0.61%；全乡80岁以上老人76人，100岁以上3人。人口密度为每平方千米280人。辖区舒姓人口最多，向、张、李、严等多种姓氏和睦相处。98%以上为汉族，也有少数土家族等少数民族杂聚于此。

自然环境

油洋以山地、丘陵为主。四面高山合围，东有紫金山、北靠将军山、西有望乡坡、南近阿公山。紫金山上看日出，望乡坡山顶观晚霞。境内东高西低，北高南低。有3条河流自东北向西南流入溆浦宣阳江（四都河）。辖区有六山一水三分地之说，其中，庄坪、东山、河底江3村地势较平坦，二份水田一份旱土；长坡、油洋、官溪江、大址坊、小址坊、来溪、麻溪等村，只有一份水田二份旱土。紫金山海拔高度1200~1600米，河底江村平均海拔300米左右，海拔落差较大。油洋属于亚热带季风湿润气候，四季分明，垂直差异较大；庄坪、东山、河底江三村比长坡、油洋、大址坊、小址坊、来溪、麻溪、官溪江村日均气温高出1℃~2℃。常年气温

15℃上下，最高温度达 39℃，最低 -6℃。每年 7 月下旬至 8 月中旬白天温度最高、天气最热，月均气温 26℃ ~29℃，每年平均日照时数达 1400 小时以上，最多年份达 1550 小时；常年降水量在 1200~1600 毫米之间，光热充足，雨水充沛。年均无霜期 290 天左右；每年 4—5 月，油洋乡气温维持在 12℃ ~20℃之间，有利于油菜等农作物的开花结果；8 月、9 月、10 月温度维持在 10℃ ~21℃之间，非常适宜油茶、辣椒作物成熟，适宜农、林、果业生产的发展。极端气温有时超过 40℃。

资源：油洋乡境内已发现的矿产资源有铁、石油、煤等。原庄坪片区以紫色红砂土壤为主，油洋片区大小址坊以黄沙页岩泥土为主。略成酸性，土壤肥沃，非常适宜辣椒、玉米、烟叶、金秋梨等农、果作物的生长。紫金山上风力发电一期工程竣工，油洋境内 8 根风柱设备正常工作，山下 7 里之外的白羊洞，怪石林立、洞中有洞、景点迷人，与风力发电场一并成为境内最佳旅游、观光绝佳胜地。大址坊的平溪水库、东山辖区的杉木塘等都是旅游休闲的好地方。庄坪高速公路服务区美景绝佳，望乡坡山顶风光无限。麻溪、官溪江石灰岩储藏量大。地下水资源比较丰富，水位埋深 4~8 米，水质极好，不具腐蚀性。盐害和碱害指标均在国家规定标准之内，紫金山上的水资源也极为充沛，成为工业、农业和农村的良好水源，地下打井、和山上取水成为辖区群众饮水最佳途径。

灾害：主要灾害有旱涝、冰、雪灾等。中华人民共和国成立后，最严重的灾害为 20 世纪 60 年代初的连续三年旱灾，1978 年的水灾冲毁庄坪村境内的文昌阁大桥、东山的永丰阁桥、河底江凉亭。2008 年的冰灾，严重影响群众的出行，2009 年的水灾又冲毁多处溪谷良田。

经济发展

经济综述

明清时期油洋乡辣椒、烟叶成为贡品。油洋址坊、庄坪设有粮仓，辖区至今有“南庄北柳”之说（南面庄坪、北面祖师殿柳溪，两地属于水稻高产区）。中华人民共和国成立前，油洋辖区土匪盛行，多路土匪盘踞紫荆山下、将军山旁，经济萧条、商业凋敝，民不聊生。中华人民共和国成立以后，辖区经济迅速发展。水稻、油茶、油菜、辣椒成为辖区主产作物。原庄坪乡成为桥江区公粮缴送大乡。紫荆山农场为桥江区最大农场，飞水洞电站为辖区最大电站。辖区有斗笠厂、砖厂、瓦厂、辣椒加工厂、打油厂、打米厂、棉花加工厂无数。每个村有木匠、泥瓦匠、竹篾匠、桶匠、岩匠、缝纫匠多人，成为当地农村经济发展的带头人。中共十一届三中全会后，辖区实行家庭联产承包责任制，农民生产积极性提高，万元户迅速增多。1978 年粮食总产达 3715.43 吨。2015 年从事第一产业人数为 5326 人，从事第二产业人数为 2450 人，第三产业人数为 3819 人。2015 年生产总产值达 4500 万元。辖区成立辣椒合作社、竹鼠合作社、油茶等6个合作社。

种植业

主要种植水稻、玉米、辣椒、油菜、烟叶、红薯、蔬菜等作物。20世纪60年代，庄坪村、东山村的柑橘基地，址坊村的辣椒基地，官溪江村、麻溪村、油洋村、庄坪村的油茶基地成为当地经济发展支柱，水稻、小麦、大麦成为辖区主粮，兼种油菜、红薯、黄豆、高粱、马铃薯等作物。中华人民共和国成立后，辖区耕地面积为24242亩，1978年全乡水稻总面积为20993亩，其中，早稻面积8791亩，亩产190千克，产量1670.29吨，中稻2613亩，亩产145千克，产量378.885吨。晚稻面积9589亩，亩产150千克，产量1438.35吨。玉米2806亩，亩产81千克，总产227.29吨。2015年耕地20789亩，其中，水田15237.6亩，旱地5551.4亩，粮食总产量12025吨，当年水稻播种面积10200亩，产量5100吨；玉米面积9530亩，产量4517吨；大豆面积330亩，产量66吨；红薯面积570亩，产量243吨；马铃薯810亩，产量219吨；油菜面积6300亩，产量814吨；棉花580亩，产量87吨；烟叶1150亩，产量404吨。

养殖业

畜牧养殖以猪、牛、羊、鸡、鸭为主。20世纪50年代至70年代，家家户户皆有少量养殖，每逢赶集时，入市换取油盐酱醋等生活资料，逢年过节改善生活。农村体制改革后，特别是进入21世纪，各级政府鼓励引导农村发展规模养殖，农村在建大型养殖场逐年增多，农户开始在自家大院修建家庭养殖场，到2015年，辖区开始注重绿色养殖，一些大型养殖场开始转移。辖区肉猪养殖规模增大，肉猪养殖品种增多，出现本地黑花宁乡猪种，肉质可口香甜；进口良种杜洛克、大白等，小址坊村邓少兵户每年生猪出栏达1000头；每年出栏500头以上的8户。每年养殖生猪出栏22000头，存栏母猪1900头，生产仔猪28000头，30头以上养殖大户50户，牛230头，10头以上养殖18户，肉鸡养殖18.4万羽，养鸡大户140户，麻溪村向初平户竹根鼠养殖基地当年饲养竹根鼠1500只，并成立向平竹鼠产业养殖基地，成为当地扶贫的特色产业，其养殖规模还在迅速扩大。

晒干辣椒　（雷文录 摄）

林业

中华人民共和国成立前，境内多荒山、林木稀少，纵有少许古木，在“大炼钢铁”时期，均被毁坏。之后辖区掀起植树造林、退耕还林热潮，境内荒山均种植马尾松、松杉等木材，林地总面积79875亩、来溪村的金秋梨、杨梅初具规模。庄坪村种植的玳玳果长势喜人，油洋村雷钵井片的奈李年年丰收，官溪江和长坡村的油茶绿满山冈。麻溪村的茶叶基地品质优良。2009年后，全乡扩大油茶种植面积，新增面积9867亩。到2015年末，全乡森林覆盖率达63%。

工业

1978年以前，油洋乡工业发展缓慢，仅有少数从事简单加工的小手工业作坊。改革开放后，通过引进资金、技术，以股份等经营方式，先后创办了庄坪的斗笠厂、油洋的木板厂、竹木加工厂、采石厂、响水洞电站、辣椒厂等企业。到2015年底，全乡有各类企业18个，从业人员200人，实现产值1200万元，实现利税20万元，其中油洋乡大址坊村调口胃辣椒厂投资200万元，年收入达1000万元。

商贸服务

中华人民共和国成立时，村民赶集靠肩挑手提，20世纪90年代并乡之后，油洋乡申报扩建油洋市场，先后投资340万元新建住宅小区，项目建设总占地面积4026平方米，总建筑面积7488平方米；其中，集镇建设投资262万元，建筑面积2254平方米，街道两侧共建新房34栋。市场建成后，有各类个体工商户52家；每年集镇贸易额达800万元。每逢农历四—九日，油洋市场极为热闹，特别是干红辣椒上市时，红满市场街道，外来客商络绎不绝；干红辣椒畅销省内外 。到2015年底，油洋市场两边新建住房达78栋。

财政金融

1978年之前，油洋有农村信用社1个，1978年之后，庄坪乡和油洋乡政府各自设立财政所1个。1995年后，油洋乡政府仍设有财政所，负责管理农村的各种上交提留等税费。2003—2005年，调减、免征农业税，财政收入逐年减少。2015年，财政总收入532.18万元，2015年信用社改制为农村商业银行，个人存款余额8210万元，各项贷款1154万元。

基础设施

交通运输

中华人民共和国成立以前，境内没有公路，只有2条道路联通桥江和三江。一条是经来溪、油洋、长坡、庄坪联通三江和桥江，其中，庄坪村境内的人行道皆为青石岩板铺成。一条是河底江、官溪江、麻溪、油洋人行道。2条道路每隔8里均建有凉亭。1969年，桥江至油洋公路动工，1970年试通车，公路宽度4.5米，全长18千米。1978年后开通客班车运营。东山村修通永丰至长岭的村级公路，河底江修通河底江至桥江的村级公路，大、小址坊修通来溪到陈家湾的村级公路；1984年后，修通油洋与祖师殿镇的连乡公路。1995年后，麻溪修通油洋村至红花的村级公路，小址坊修建址坊、余腊、乔里的村级公路；庄坪村也修通三板桥至庄坪村的村级公路；公路总里程达100千米。2015年底，90%的村级公路得到硬化。境内开通5条村级客运站，即官溪江至桥江、长岭至桥江、麻溪至油洋、庄坪至桥江、大址坊至桥江、溆浦客运站。公路桥梁22座，全乡及辖区自然村，实现村村通公路。县级公路经油洋到三江。娄怀高速公路穿境而过，总长11.8千米，并在庄坪和河底江两村交接处修建了溆浦服务区。

邮电通信

1949年之前，辖区无任何邮电通信设备，1956年，原为河底江公社时期，成立邮电所，辖区各村装有手摇式电话，各类党报杂志可送达各村。1978年以后，油洋乡修建邮电所，有员工3人。后通信事业飞速发展。90年代，安装程控电话198部。2014年底，辖区新建邮电大楼，《人民日报》等报刊及时送抵各村，每年投递包裹达7500个，辖区90%的群众受益，同时快递业务也直达各村，村村建有电子商务快递网点。全乡建有移动信号塔8座、联通信号塔6座、电信信号塔5座，辖区移动用户4560户、联通用户682户、电信手机用户3600户，其中电信宽带用户560户、辖区电脑用户560台。大址坊村村民利用网店做生意，足不出户即可把家乡各类土特产销往全国各地，还解决8位村民就业。乡村通邮率100%。

供水供电

明清时期，油洋乡境内留有许多古水井，有的深达10余米。中华人民共和国成立时，村民靠挑水生活，用水极不方便。1978年以后，村民家家户户开始打井取水，山区村民也开始使用水管将泉水引入户中。至2015年底，全乡开始筹建自来水厂。先后在庄坪村、油洋村、小址坊村，分别投资30万元、20万元和50万元，建成3个供水厂。供水人口分别为1800人、1100人和3000人。其他各村85%的户数和95%以上的人口，或自建，或合作从高山引泉水，余下户数均打井取水。

辖区村民也从中华人民共和国成立前点灯取亮到使用电灯，1978年以前，每个村1台变压器，架线电杆以杉木杆子最多。90年代后改为5米左右的水泥杆子。到2015年底，全乡农网全部改造完毕。户户安装自动收费电表，村民利用手机缴纳当月电费。辖区建响水洞电站1座；平地、高山农户皆户户通电。

水利建设

境内属沅江水系发源地之一，全乡共有3条小河。第一条水源来自紫荆山，经麻溪、官溪江、河底江流入四都河；第二条小溪河发源于将军山、紫荆山，经来溪、油洋、长坡、庄坪、河底江流入宣阳江（四都河）；第三条溪河水源源于将军山，经大址坊、小址坊、东山村后流入桥江黄潭村，与宣阳江（四都河）汇合。

1949年前，境内无水坝和山塘。60年代，辖区人民修建紫荆山水库、平溪水库；庄坪村民修建上塘龙、古塘龙、偏塘龙等水库，河底江村修建太阳塘，东山村修建羊溪口等水库。1975年，油洋人民还参加杉木塘水库和深子湖水库建设。辖区有小（1）型水库1座，小（2）型水库4座，全乡共有13座水库。80年代，杉木塘灌区实施低改工程，8000多米长水渠得到全面整修，到2015年，辖区大小水库均已全面修缮，三条溪河上共建拦河水坝21座。确保辖区农作物旱涝保收。

乡村建设

中华人民共和国成立前，油洋为北达乡，办公地设于桥江章池村。1949年以后，河底江公社成立，增设信用社、商店、医院、小学等机构，农村各种专业合作社（打米厂、棉花加工厂、茶厂等）也相继建立。60年代，河底江公社搬迁油洋后，政府办公地初设于舒氏和公祠堂，后在油洋村尖栗冲新建2000平方米木质结构办公大楼一栋。1984年，河底江公社分为油洋乡和庄坪乡之后，庄坪乡政府在庄坪大溪湾半山坡上修建600平方米的砖房，为庄坪乡政府办公场所。后迁于大溪湾公路旁，并扩建办公大楼。庄坪中学在庄坪村原5组塔形地修建校舍，设立庄坪中小学校；扩建庄坪医院（20世纪60年代至70年代医院设在庄坪村二队拱桥队屋，后迁至庄坪乡政府驻地）。油洋乡卫生院也进行多次搬迁，50年代医院选址于白羊洞旁，后迁油洋市场路口，2010年新建800平方米医院大楼一栋；油洋粮站也几经易地，50年代油洋粮站设于大址坊村俊先大院，60年代迁往油洋与来溪村交界之地，并修建1800平方米的木质房屋，农技站、水管站、财政所、信用社、邮电所、供销社也迁往油洋，并于80年代扩建800平方米供销大楼一栋。

1995年并乡后，油洋乡在政府驻地规划小城镇建设，先后投资10万元硬化供销社至政府的街道公路，一条丁字形商贸大街初见雏形。至2015年底，油洋乡市场又全面改扩建，各村办公大楼陆续竣工。农村住房变化极大。

2008年，政府机构改革，乡政府设立“一办六中心”，即党政办、计生卫生服务中心、农业技术服务中心、林业服务中心、文化旅游中心、社会保障服务中心、综治维稳中心和财政所、民政办、扶贫办、司法所、国土所、派出所。先后担任党政办主任的有邓丽萍、刘斌、姚骑、刘婷、张乐鹏。计划生育服务中心主任有邓捷。农业技术服务中心主任有叶振幅、刘少英。林业服务中心主任有赵万本。文化旅游中心主任有舒毅。综治维稳中心主任有候发纯、蒋楠。社会保障服务中心主任有舒毅、李爱平。财政所所长有孟卫生、舒雄。民政办主任有邹生铁。司法所所长有向助军、朱华。国土所所长有刘文跃、夏湘平。派出所所长有唐亮。

改革开放以来，辖区有党员支部26个，支部严格按照原则，认真开展工作，按照中央八项规定从严要求自己，争先创优。2015年底，共有党员879人。各单位先后开展创建“万元户”、“遵纪守法户”、“双文明户”、“和谐家庭”、“平安家庭”和“文明卫生村”、“综治维稳先进村”、“创先争优村”、“环境优美村”等活动。获省级荣誉1人，获市级荣誉2个。2015年，全乡获县级荣誉的有优秀共产党员2人，乡政府文化、国土、综治维稳、安全生产、计划生育、关工委和科协等工作。获乡级荣誉的有2015年优秀党支部3个，优秀党员40人，创建平安村3个，平安家庭15户，五好家庭20个，“十佳婆婆”4人，“十佳媳妇”5人，优秀教师13人，优秀乡村医生5人，优秀学生80人。

张家冲安置点

（雷文录 摄）

社会事业

教育科技

民国5年（1916年），向警予学校毕业后，回溆浦创办了警予学校；桥江、油洋等地也迅速建校。民国时期，学校设在章池村（现桥江章池村），当时辖区只有8所小学，学生总数为320人。

中华人民共和国成立后，辖区有1所中学，2所完全小学。1958年完全小学迁移河底江（太坪三耳湾），更名为河底江完小。1962年9月恢复油洋徐氏宗祠中心完小。1969年3月，更名为河底江东风中学，1976年3月再次改名为河底江中学。1984年改称油洋中学。1996年庄坪中学与油洋中学合并，始称油洋中学。2015年底，共有学生300人。建校来，先后有张家骥、周本畅、彭益生、扶文喜、黄少华、段吉良、曾锦绣、严生标等担任校长。

庄坪中学成立于20世纪60年代，初设于庄坪村金山麻子屋，70年代初，学校在庄坪5组塔形地选址新建楼房，中学办有高中班，二届高中毕业后撤销高中部，庄坪中学于2006年撤销。历任学校负责人：张家骥、李瑞成、彭益生、舒象华、李启刚、向初润、张克欢、严绍华、严易忠、邓成才、向明勇。

庄坪中心小学创办于1982年9月，1996年并乡之后，学校迁至原庄坪乡政府驻地，2007年创办庄坪中心小学幼儿园，至2015年底，投资700多万元，修建新的校舍。占地面积由原来2127平方米增加到3694平方米。校园面积由3168平方米增加到6848平方米。有学生275人。历任校长：陈德贤、舒作召、廖敦学、李佑彪、邹金权。

油洋中心小学，1981 年称油洋联合小学。1984 年 9 月建立油洋乡中心小学，后又多次扩建。至 2015 年，校舍总面积达 12130 平方米，有教师 37 人，学生 769 人。历任校长：周友畅、张家兴、张传福、伍锡东、彭益生、肖锋、严友生、刘助余、舒作召、向天明、邹金权、严佳明。

至 2015 年，油洋辖区另设中村、东山、河底江 3 个小学。小学就读人数累计 1200 人，是中华人民共和国成立前的 4 倍。增设幼儿园 3 所。

文化体育

中华人民共和国成立前，辖区民间文化体育活动，因为环境等条件的限制，集体组织活动很难，一些爱好文艺体育的人，以江湖艺人身份出现，并靠卖艺谋生。当时境内有唱三棒鼓（边唱边舞刀、舞镲）的，也有学打霸王鞭、学唱山歌的，还有踩高脚比武的。中华人民共和国成立后，辖区文艺活动丰富，每个村都成立文艺宣传队，公社每年组织一次文艺会演。修建紫金山水库、杉木塘水库等国家大型建设项目时，工程指挥部成立一支文艺宣传队，每月为工地施工群众进行一次慰问演出。20 世纪 60 年代中期，辖区群众开始学跳忠字舞、秧歌舞，革命样板戏也开始流行。东山村《红灯记》、河底江村《收租院》、庄坪村排练的《沙家浜》等革命样板戏，都互相慰问演出，颇受群众欢迎。1972 年，油洋乡文化站成立后，开始组织辖区文艺队参加全县文艺会演，后又组建油洋乡电影队，下村为村民巡回放映电影。辖区各村还组建篮球队，开展经常性体育活动。1978 年后十余年，油洋辖区因分乡并乡等工作，下海务工人员甚多，政府机关单位之间的体育活动正常开展，农村文艺活动开展的难度稍大。90 年代中期，油洋乡辖区文艺活动又开始繁荣，特别是 2004 年以后，油洋乡文化体育工作全面繁荣振兴。原 23 个村村村成立文艺队伍。油洋乡政府每年利用“七一”和“十一”进行 2 次大型比赛，各村还在“五一”、重阳节自行开展文化活动。

东山村、庄坪村、油洋村、小址坊村、大址坊村文艺队分别参加溆浦“创业者之歌”，“美丽溆浦”、“五老牵手同圆中国梦”、“庆祝党的十九大”等文艺比赛。河底江村、油洋村、庄坪村、大址坊村、东山村、来溪村等多次获得“放歌油洋”等文艺比赛前三名。油洋乡篮球队参加县篮球比赛获得第三名。乡文化站站长舒毅编写的《六个老人唱油洋》《喜庆锣鼓敲起来》等节目，受到县领导和文化宣传部门领导的好评。油洋文化站连续 5 年被县委宣传部表彰。文化站还积极撰写辖区名人故事，其中《金山麻子复仇记》《严正基提着脑袋审命案》等故事在《湖南文艺》等刊物发表；励志少年向立华故事在怀化《边城晚报》等媒体宣传后，引起社会关注，2009 年，向立华被评为“怀化励志少年”，并荣登 2009 年全国百佳好人榜。2015 年底，辖区各村，村村有图书室（藏书达 8 万册）、村村有篮球场、广播室，村村有文艺队和健身运动场，健身队伍 10 支，总人数达 680 人，国家投资 20 万元修建 300 平方米综合文化大楼。全乡文艺队伍 10 支，总人数 580 人。

医疗卫生

中华人民共和国成立前，行医治病为油

洋陈家湾老中医舒万生。1952年，公社在油洋4队白羊洞旁设立总医院，始称油洋中医联合诊所。1962年10月，更名为河底江公社联合诊所。1969年11月改称河底江公社卫生院，有工作人员7人。1985年分为油洋、庄坪2个卫生院。庄坪医院，有职工5人，医院建筑面积430平方米，历任院长舒和林、王春生。1991年，油洋医院在市场公路旁选址，集资新建一所办公楼，截至2015年，油洋卫生院有病床18张，固定资产达220.9万元。工作人员14人，乡村医生34人，2015年门诊病人8900人，住院病人827人。历任院长：舒万生、刘长华、严康生、舒和林、向长顺、舒发泽、朱泽亮、向阳、张加兴。

社会保障

民国时期，境内百姓没有任何社会保障。中华人民共和国成立初期，特困群众通过政府可以得到少许救济。50~60年代，生活困难群体可得到大队和生产队的特殊照顾，五保户由生产队养老。2006年开始实行最低生活保障制度，辖区458户可享受最低生活保障，共领取保障金42万元。2015年，共856人828户享受最低生活保障（其中兜底保障101户共162人），退伍军人，优抚资金37万元。2008年实施新农合，至2015年，新农合参合总户数为6156户，总人数达到21238人。辖区社会养老参合人数10635人，当年发放总金额为424.35万元。到2015年，全乡完成198户危房改造的脱贫解困工作。政府共投资2000万元，抓10大项目建设。其中，投资200万元新建油洋乡敬老院，让56位五保老人住有所居。

因修建高速公路，30户农户住房需要搬迁，投资100万元进行集中安置，搬迁群众住上了安心房。投资800万元新建3个采石场，解决了101名当地群众就业的问题。投资2000万元对新市场进行扩建，投资30万元对各村支部活动室进行改造，改善村级组织的办公环境，投资50万元，改造政府机关硬件设施建设。

人民生活

民国时期，人民生活贫困，农民多以红薯、蕨根、野菜为食。民国10年（1921年），辖区发生旱灾，境内百姓流离失所、死伤无数。民国15年（1926年）夏，油洋辖区上千群众手举“打倒土豪、打倒贪官污吏”的旗帜上街游行。1949年以后，农民当家做主，但粮食产量不高，少部分村民自己没有房屋，只能住生产队分配的原地主房子；60年代发生自然灾害，人均粮食只有150千克，温饱难以解决，多数农户住的还是土墙房、烂木屋，但老百姓修水利、修公路，积极参加各种文化活动。改革开放之后，农村实行家庭承包责任制，粮食产量倍增，当年解决温饱，农民生活水平迅速提高；粮食亩产均达250千克以上，杂交水稻大面积推广后，亩产均过400千克。农村家家户户喜气盈门、欢歌笑语。80年代中期，农村基本解决温饱问题，多数农民还开始下海进厂务工。90年代中期，农村大量修建红砖楼房，75%的农房面貌一新。多数农户家有彩电、电扇，少数还有摩托车、小汽车。2000—2015年，全乡80%的农户皆新建楼房。特别是2010年之后，农村住房掀起更新热潮，各种式样的楼房鳞次栉比，室内多装饰一新。到2015年，辖区特色农业初具规模，辣椒面积达5000亩。

东山村水稻制种面积继续扩大。国家给予

辖区种植大户共补贴28万元、农资补贴167万元，累计补贴236万元。农民种田积极性提高，家家户户有电视，辖区居民共有手机8842部，小车527辆，货车40辆，摩托车1112辆。辖区村村建有环保站，修建公共垃圾池40个。

特色地情

人文历史

重要事件

民国时期置北达乡。

民国24年（1935年）11月26日，红六军经新化、江东（现为三江）来到油洋，并在辖区油洋、庄坪、河底江屯兵修整，驻扎原庄坪祠堂。红二军小部分驻扎址坊村。聂先考、舒远虎等100多名青年参加红军，12月20日离开溆浦，继续长征。

1952年6月建立乡政权，农村党支部建立，旧保、甲建制随之消失。

1953年6月，油洋与江东划为九区，办公地驻江东。

1954年6月17日，油洋乡发生水灾，全县123个乡水灾严重。

1956年6月，七个乡合并为河底江公社。

1958年9月，河底江并入桥江公社。

1958年12月，辖区群众积极参加低庄至新化段铁路建设。

1960年，辖区连遭寒潮、风灾和水、旱灾、粮食紧张，给养不足，糕点、香烟、食糖、胶鞋、肥皂等凭票供应。

1961年5月，农村公共食堂停办。

1961年10月，又改为河底江公社。

1965年10月，辖区群众参加桥江飞机场建设。

1966年，辖区群众开始修建紫荆山水库。

1968年，桥江至油洋公路动工修建，路宽4.5米，1970年试车。1978年公共汽车开始运营。

1969年2月，城镇知识青年下放农村插队落户，油洋辖区的庄坪、河底江（太平）人数最多。

1970年8月，湘黔铁路再次动工，辖区群众参加湘黔铁路思蒙段建设。翌年9月竣工。

1973年12月，辖区成立电影队，使用8.75毫米放映机放映电影。

1975年7月，杉木塘水库开始动工修建。

1984年5月，经省人民政府同意，撤销河底江公社，建立庄坪、油洋2个乡政府。太平大队改为河底江村，青龙大队改为麻溪村，中村大队分为长冲、溪家湾和报木洞3个村。

1994年4月，白羊洞开始对外开放。

1995年，修通油洋至红花公路。

1995年11月8日，油洋乡与庄坪乡合并为油洋乡，辖23个村。

1999年，辖区成立广播电视站。

2003年，桥江至油洋公路水泥硬化竣工。

2010年，油洋乡敬老院竣工，56名五保老人住有所居。

2010年12月，油洋乡成立高速公路治安巡防队。油洋辖区高速公路全线施工。

2014年，油洋至余水村公路硬化竣工。

2015年，投资150万元的油洋村、庄坪村、余腊三处自来水工程竣工。

2015年，东山村水稻制种喜获丰收。亩产平均154千克。

2015年8月，油洋辣椒扩面增收。县委书记蒙汉视察油洋乡大址坊辣椒。

名优特产

茶油：辖区土质好，阳光充足，所产茶油维生素E极高，是防癌抗癌强身健体绝佳食品。全乡油茶13000亩，年均产茶籽110吨。

辣椒：油洋辣椒皮厚色美，可加工成白辣椒、酸辣椒、酱辣椒、红辣椒、油泼辣椒等10余种辣椒成品。白色干辣椒皮厚味美、久煮不碎。油洋调口胃辣椒厂投产后，彭国甫书记说它是“山果”，人人喜欢！

2015年辣椒面积1520亩，总产量6150吨，有辣椒合作社2个，从业人员180人，辣椒生产已经成为油洋的一种特色产业。

玳玳果：怀化市首家“玳玳果”合作社在油洋成立，市场前景好，成为油洋特色品牌。

向平竹鼠养殖在油洋乡挂牌成立，竹鼠养殖成为油洋乡的特色养殖品牌。

三棒鼓和祁剧、溆浦阳戏辖区还有少数演员传承表演。

风景名胜

白羊洞：洞长5000余米，洞内有大小岔洞32个，其中，洞中有洞、洞下有洞、洞穿洞、洞重洞、洞连洞，洞中有楼、楼中有楼，楼下又有倒洞，洞内钟乳浮悬，怪石林立，千姿百态。全洞共有大小景点86个，最高处有200米，最宽处有50米，共有12万平方米。据历史记载，白羊洞早在秦始皇时代就曾开发，游观者络绎不绝。明末农民将领牛万才造反，曾退往溆浦，扎营白羊洞。1992年10月，在县委县政府的大力支持下，白羊洞正式对外开放。

红军桥：河底江红军桥，建筑时间未详，红军曾从这里走过，数次洪灾未曾受损。成为紫荆山下又一道亮丽风景。

民俗风情

正月，辖区群众有提着糯米糍粑、糖果等相互走访的习俗。

清明时，上山在去世亲人坟前挂灯笼、烧纸钱，怀念故亲。

五月初五，家家户户用粽叶包糯米，做成糍粑，称为过端午，有纪念屈原之意。

中秋，辖区群众有携月饼走访亲戚之习俗。红白喜事日，亲戚朋友相互走动，餐桌上菜口丰盛，通常有9到12大碗菜。中华人民共和国成立后，餐桌上未用公筷，进入2000年后，辖区开始注重文明用餐，餐桌都有公用筷子。

（撰稿：舒毅）

《辞海》主编舒新城故里

水东镇

（由原水东、桐木溪、龙王江三个乡合并）

水江镇全景图

（雷文录 摄）

区域概况

位置面积

水东镇位于县城东南方10千米处，东与淘金坪乡交界，北邻四都河，与桥江镇相望，南与两丫坪镇、统溪河镇毗连，西与思蒙、卢峰镇为界。因位于溆水之东，而得名水东；又传说，该地原名干东，因溪口村一富户之女嫁此地，她不要嫁妆，只求一水，得父允许，即把溪口之水引向干东，故改名水东。镇政府驻绿化社区。电话区号0745，邮政编码419311，西北距怀化市区111千米，全镇总面积124.58平方千米。

原水东镇总面积43平方千米，辖9个村1个居委会，129个村民小组；原桐木溪乡总面积为45平方千米，辖10个行政村，109个村民小组；原龙王江乡总面积56平方千米，下辖10个行政村，115个村民小组。

建置沿革

明万历年间，实行都里制，全县设一坊七都，东属二都。清末民国初时该镇属第二区，后属祥和乡、瑞和乡。1950年3月，废除乡、保、甲制，成立第三区，区委副书记岳廷秀，副区长于学良、童明钺、王洪兴。1953年1月调整为第十区，历任区委书记岳廷秀、宋子楼、陈中岳，区长陈亿杜、李叙希。1956年6月撤区并乡，为水东乡、桐木溪乡、龙王江乡。1958年9月，水东乡、桐木溪乡、龙王江乡合并成立水东大公社，历任第一书记郑平、于永起，社长陈亿杜（兼）、戴先礼、王本祥。1961年10月，水东、龙王江、桐木溪分别为成立水东公社、龙王江公社、桐木溪公社。1984年5月成立乡镇人民政府，分别为水东乡、桐木溪乡、龙王江乡，1995年水东乡改称为镇。2015年12月乡镇区划调整，龙王江乡、桐木溪乡（6个村）并入水东镇，党委书记李翔，镇长张英早。

1956年以后，水东镇先后有彭友俊、陈亿杜、贺方斗；贺达祥、覃金生、杨连贤、刘克县、刘地求、张贻俊、张祖俊、王义泉、陈良求、夏健生、向家尚、揭仕群、向力军、舒易孝、向泽文、胡尚掌、向前、张伟、向长旬、舒方友、夏洪高任党委书记。贺达祥、彭友俊（副主任主持工作）、项长运、黄德易任公社管委会主任。王本祥、覃金生、杨连贤、刘克县、刘地求任革委会主任，肖坤高、梁长启、揭仕群、向力军、舒开盛、严洪帅、许坤泰、舒德武、刘陶文、谌贻德、张伟、张建平、舒均厚、龙利军、武帅任乡（镇）长。

桐木溪乡先后有宋克学、万吕和、覃名先、王本寿、黄祖高、武文其、谢历华（兼）、田治常、黄全仕、舒清泉、舒象东、范晓燕、周坤林、米久告、舒效朋、周勇、陈诗欢、刘陶文、戴宽国、舒铁、陈华、唐劲松、黄果、贺德海任书记。贺方望、宋克学、向厚求、王修庆任公社管委会主任。覃名先、王本寿、黄祖高、武文其、谢历华（兼）任革委会主任，邱松享、王厚生、朱达林、奉孝田、覃和中、潘维松、周坤林、向宗旺、舒效朋、周勇、陈诗欢、梁礼泽、谢波、阳喜云、舒旦华、张海泉任乡长。

龙王江乡先后有宋金泉、谭发刚、周本岳、戴先乾、戴英祥、吕延连、谢顺和（兼）、田百掌、舒易武、向铁生、罗威、梁秋、张卓生、夏冰、舒铁、张伟、张建平、舒畅、夏洪高、龙利军任书记。舒孝节、王本祥任公社管委会主任，戴英祥、吕延连、谢顺和（兼）、田百掌任革委会主任，黄友福、张祖云、黄德乔、周学礼、张志明、向德喜、揭开育、谌利斌、刘登渠、舒铁、吴传健、孙钦祥、荆继深、向梅、张英早任乡长。

行政区划

2015 年 12 月，龙王江乡、桐木溪乡（6 个村）并入水东镇，下辖 25 个村，1 个居委会，全镇总面积 124.58 平方千米。

人口民族

民国时期以前，水东、桐木溪、龙王江境内总人口约 2 万人，1962 年总人口为 25061 人，1986 年总人口 39616 人。辖内居住有苗族、回族、侗族、瑶族、土家族等少数民族。2010 年，原水东镇总人口 17185 人。2014 年，原水东镇总人口 21709 人，劳动力 12963 人；原桐木溪乡总人口 19278 人，劳动力 11384 人；原龙王江乡总人口 10179 人，劳动力 6428 人。2015 年 12 月乡镇合并，全镇总人口 10998 户 44177 人。

环境

全镇地势北低南高，二都河穿境而过。水东片区及桐木溪片区为河流冲积平原，地势平坦开阔，多为沙壤土质，土地肥沃，盛产粮食、棉花、油料等经济作物。龙王江片区属山多田少山区。全镇气候温和，属中亚热带季风湿润气候，常年主导风为西北风。气候特点四季分明，冬季昼短夜长，夏季夜短昼长，春秋两季气候温暖宜人，昼夜均衡，冬无严寒，夏少有酷暑，雨量充沛，无霜时期长，常年平均气温在 15.6℃ ~17.6℃之间，历年平均为 17℃，气温最高 39℃，最低为 –3℃，极端最高气温为 39.5℃，极端最低气温为 –9℃，全年 1 月最冷，2 月上旬开始升温，7 月下旬和 8 月上旬最热。常年均日照 1500 小时，最多年达 1650 小时，最少只有 1400 小时。年均总辐射为 96.8 千卡 / 平方厘米，常年平均降雨量为 1100~1600 毫米，极端年最大降水量 1786.9 毫米（1996 年 7 月洪灾），极端年最少降水量 889 毫米（1960 年干旱）。

资源

境内矿产资源主要有铅锌矿、煤矸石矿、锰矿，境内有辰州矿业、浩峰矿业两大矿产企业。2015 年底，全镇耕地 47355.5 亩，主要为河床冲击的水稻田，土地肥沃，适应水稻和多种农作物生长。境内林地 10 余万亩，林地土壤呈弱酸性，适应多种植物生长。水资源丰富，水位深埋 4~10 米，固体物含量少，不具腐蚀性，盐碱指标均在国家规定标准之内，为适宜的饮用水、工业用水和良好的农业用水。

灾害

境内主要灾害有旱涝、霜冻、冰雪等。中华人民共和国成立后，较大的洪灾分别发生在 1954 年、1969 年、1996 年、2006 年、

2014 年，沿河农田被淹，直接经济损失达 3000 万元以上。较大冰雪灾害发生在 1976 年、2008 年，特别是 2008 年 1—2 月，全镇断电、停水，交通封闭达 1 个多月。较大的旱灾发生在 1960 年、1972 年、2013 年，特别是 1960 年，粮食减产达 60%，经济损失严重，群众温饱难以解决。2015 年，境内未发生重大自然灾害。

经济发展

经济综述

中华人民共和国成立后，人民以种养业为主，五匠俱全，手工业比较发达。1958—1980 年，工业开始发展，镇内建有五化坝水电站和县氮肥厂，居民收入来自生产队的按劳分配，基本解决温饱问题。1981—2004 年，第二、三产业得到大力发展，居民收入逐渐增多，群众家中家电开始增多。2005—2015 年，第三产业得到快速发展，居民收入大幅增长，家电基本齐全，大多家庭修建了二层楼房。1985 年，全镇社会总产值 1868 万元。2005 年，全镇国民生产总值为 4652 万元，全镇存款总额 5315 万元，人均年收入为 2500 元。2015 年，全镇国民生产总值 3.1319 亿元，第一、二、三产业产值分别为 1.1819 亿元、0.45 亿元、1.5 亿元，三大产业结构分别占比为 37.7%、14.4%、47.9%，全镇存款总额 20225 万元，人均年收入为 4085 元。

农业

境内以种养业为主，种植以水稻、玉米、油菜、蔬菜、水果为主。养殖以猪、牛、羊、鱼、鸡、鸭、鹅为主。水东镇在历史上曾是粮食和棉花的主产地。1961 年水东公社各生产队平均收入，其中，农业 377.549 元，林业 56.809 元，牧业 7.95 元，副业 31.903 元，渔业 4.65 元，其他 7.104 元，人均收入 7.8 元，人均收入比 1960 年增加 0.9 元，增长 13%。1980 年粮食总产 16430 吨，比 20 世纪 50 年代初增长一倍多。2005 年产粮 31497 吨，比 1980 年增长近一倍。2015 年全镇耕地 47355.5 亩，人均 1.052 亩，其中，水田 38356.1 亩，旱地 8999.4 亩，2015 年生产粮食 26057.78 吨，亩长 403.8 千克，人均 590 千克，粮食自给自足，是全县粮食主产区之一，连续五年被评为县粮食生产先进单位。棉田种植面积 1499 亩。银湖村为县内棉产基地之一，1958 年产皮棉 1327 担，曾获国务院奖状。桐木溪油茶面积 11500 亩，年产茶油 3288 担，是县油茶基地之一。2015 年柑橘种植达 5000 亩，产量 1000 万千克，种植优质棉花 500 亩，西瓜 1000 亩，草莓 100 亩，黄花梨 1000 亩，种植年产值 6485 万元。

1980 年，境内生猪人均 0.9 头，至 2015 年，全镇共有养殖户 40 家，母猪存栏 3087 头，肥猪出栏 60840 头，生猪人均 2 头。养牛基地 1 个，养殖肉牛 400 头，加上农户散养，全年肉牛出栏 800 头。养鸡基地 25 个，养鸭基地 6 个，养殖蛋鸡 7000 羽，年出笼肉鸡 7 万羽，出栏肉鸭 2.8 万羽。养鱼基地 1

个，水面60亩，年产鱼4万多千克。养殖年产值达4634万元。全镇有农用小四轮、三轮车、大汽车、拖拉机1000余辆，机引犁18台，机引耙18台，联合收割机6台，电动喷药器5000多台。全镇已形成“一村一品”的小规模大产业发展格局。

林业

1949年前，境内荒山多，林木少。全镇有林地101736亩，森林覆盖率67.1%。2004年退耕还林3100亩，2009年加大农业产业化进程，大力调整产业结构，发展油茶低改、楠竹低改、工业原料林、油茶新造项目，林业生产有较大发展。2010年至2015年完成4000亩油茶低改、3000余亩油茶新造、5000余亩楠竹低改，21000亩工业原料林、19.5千米“三边”（城边、路边、水边）造林，不断壮大了镇工业原料林面积，实现经济效应和生态效益双丰收。2015年，林业总收入700余万元。

工业

民国时期，境内竹木加工产业比较兴旺，大部分人员来自邵阳宝庆。中华人民共和国成立后，集市上五匠俱全，手工业比较发达。1958年在溪口村西南处修建五化坝水电站，年蓄水发电量160万千瓦时，输送到县总变电站。1970年，开始在桐木溪湖田坪村筹建溆浦县氮肥厂，投产后，生产效益极好，最多时工人达400余人，年产值上百万元。1980年社队企业年总收入77万元。1982年前后，水东先后成立铁器社、木器社、缝纫社、榨油厂和公社拖拉机站。随着改革开放，1994年氨肥厂因效益不佳而倒闭。2003年桐木溪引入一家民营企业——金鑫铁合金贸易公司。龙王江境内因矿产资源丰富，有乡办锑矿、三氧化二铁加工厂马家洞锑矿等厂矿，开采较为混乱，经过整治矿山秩序，乡办锑矿几经易手，更名为浩峰矿业。2015年，浩峰矿业改造升级，产能进一步扩大，投资200万元建成的“明月洞”饮用水厂，经济效益逐年提升，全镇工业总产值达4500万元，增长4.6%。上缴国家税收365万元。

商贸

全镇境内共五个集市，分别为水东、桐木溪、龙王江、溪口、黑岩。龙王江、黑岩赶集日为农历四、九，桐木溪、溪口赶集日为农历五、十，水东赶集日为农历一、六。水东原沙坪上为集场，建于民国时期。

中华人民共和国成立后，修建供销社仓库和营业大厅，共有1000多平方米。1986年在水东镇中旁边修了新供销社。2014年，新建水东集贸市场，分类设立集市，占地面积1万多平方米，沿水东公路两旁私人住房兼做商铺，有各类门面200余个，集市摊位450个。桐木溪集市建于民国时期，位于桐木溪老渡口，水东大桥未建成前，一直是县城通往两丫坪的唯一通道，人流量大，商贸繁荣，固定商铺20余个，流动摊贩100余个。1989年，桐木溪集市建集贸市场，市场及沿街共有摊贩200余个，固定商铺46家。龙王江集市建于20世纪80年代，赶集日有摊贩50余个，固定商铺20家。黑岩集市建于80年代，赶集日有摊贩60余个，固定商铺15家。溪口集市建于80年代，赶集日共有摊贩100余个，固定商铺18家。2015年，全镇有个体工商户478户，其中家庭农场12户，专业合作社38户，各类企业22户，社会商品零售总额达1.5亿元。

财政金融

中华人民共和国成立后，原水东镇、桐木溪乡、龙王江乡都建有农村信用合作社，水东镇建有1个农业银行营业所、镇税务所，后镇税务所、农业银行营业所移往县城。1982年建邮政储蓄所1个。1995年，水东镇完成各项财政收入任务406万元，其中，农业税195万元。2003—2005年，调减、免征农业税，停征屠宰税，财政收入逐年减少。境内3家农村信用社，2005年贷款2276.9万元，存款5315万元；2015年贷款8336万元，存款20225万元。2015年底，水东镇财政基本实现收支平衡。实际完成财政收入1435.29万元，其中，财政补助收入完成1215.29万元，村级运转经费保障收入完成220万元。全年财政支出1435.29万元。

基础设施

交通

清代与民国时期，境内没有公路，只有溆浦至龙潭、溆浦至两丫坪的两条官道。水运兴盛，二都河里各种木船、木排来往频繁，是县城来往龙潭的重要交通工具。1958年溆浦至龙潭县道建成通车（后改为省道S224）。1965年桐木溪至两丫坪县道建成通车，经桐木溪老渡口前往两丫坪。1972年水东至淘金坪段县道建成通车。1984年10月20日，水东大桥工程指挥部成立，1985年水东公路大桥修建成功，溆浦至两丫坪的县道（后改为省道S245）改道，不再经过桐木溪渡口，改从水东大桥通过。2003年，修建龙王江公路大桥，桥长68米，宽6米，龙王江河东河西两岸实现联通。1986年开通水东至县城、桐木溪至县城两趟客运班车，2005年开通水东至原新坪乡的客运班车。2015年底，各行政村、自然村通村道路都已全部硬化，实现通畅。

邮电通信

中华人民共和国成立前，境内无任何邮电通信设施。1956年成立水东邮电支局，位于原桐木溪乡寅角田村区公所旁。所属各村都装手摇电话并递送《人民日报》、《湖南日报》及各种期刊和邮件。1995年，镇内开始安装程控电话，至1996年，镇内程控电话开通共1088部，移动BB机47部。2000年邮政所搬迁至水东镇集镇。2005年，全镇已开通移动、联通、电信三大通信网络，通信覆盖率达85%。已开通数字电视，实现城乡一体化。邮政业务总收入58万余元，邮件投递量3896件。2010年邮政业务总收入89万余元，邮件投递量4696件。2015年底，境内有邮政局1个，个体快递2家，邮政业务总收入158万余元，邮件投递量32896件。

供水供电

清代，境内农户点桐油灯照明，民国时

期与中华人民共和国成立后，大部分村民点煤油灯，少数点桐油灯。1958 年 6 月五化坝水电站开始动工建设，1962 年正式投产发电，溪口村及水东集镇陆续使用电力照明。1970 年，县氮肥厂建成后，由县城直接供电，建有变压器一台，桐木溪部分群众用上了电力照明。1972 年，龙王江水电站修建成功，集镇附近的村民用上了电灯。1985 年龙王江变电站建成，原龙王江乡供电基本实现全覆盖。20 世纪 80 年代中期，境内大部分村实现通电照明。1997 年，境内开始实施农网改造，分批次实施，2016 年全面完成。

境内地下水资源丰富，村民饮用水主要采取打井取水，少部分村民饮用水为溪水和河水。全县农村安全饮水工程启动后，全镇实施安全饮水项目 6 个，建有 4 家自来水厂，分别为 2009 年实施的龙王江村、江东湾村安全饮水工程，总投资 40 万元，惠及龙王江集镇及周边 1500 余人；2012 年建设完成的水东集镇自来水厂，总投资 380 万元，惠及绿化社区、溪口村，受益人口 1.1 万余人；2013 年建设完成的黑岩村自来水厂，总投资 120 万元，惠及黑岩村、联合村，受益人口 3800 余人；2014 年建设完成的桐木溪自来水厂，总投资 300 万元，惠及湖田坪村、桐木溪学校，受益人口 4000 余人；2015 年建设完成的银湖村自来水厂，总投资 360 万元，受益人口 3000 余人。

水利建设

境内属沅江水系，以溆水为骨干，汇入大小支流 9 条，流域面积 25 平方千米。1949 年前，境内无一座水库，极少山塘，有几处溪坝。20 世纪 50 年代，修建五化坝水库（小（1）型），60 年代修建小（2）型水库 4 座，70 年代修建小（2）型水库 6 座。境内水利设施较为完善，主要水利设施有“两坝一库”，分别为千工坝、万工坝及五化坝水库。

千工坝是溆浦县第一古代水利遗产，建于明成化三年（1467 年），至 2015 年已有 500 年的历史，是溆浦县乃至怀化市历史最悠久的拦河坝引水中型灌溉工程，被誉为溆浦的都江堰。千工坝，原名为“千公坝”，传说因参加此坝开工典礼有 1027 人，因古代对男人的尊称为“公”，故得此名。后因工程艰巨，修建时日长，用工多而逐渐改“公”为“工”，沿用至今。2007 年，千工坝改拦河坝水闸为钢筋水泥结构，表面硬化 300 余米。千工坝渠道全长 28 千米，贯穿两乡 23 个行政村，灌溉面积达 2.56 万亩之多。供 5 万多人的生产和生活用水。

万工坝与千工坝同时修建，因修建用工人数比千工坝更多，因而取名万工坝，灌溉统溪河镇白竹坡村、水东镇刘家渡村、高明溪村，灌溉面积 2500 余亩。五化坝水库兴建于 1958 年，为水东境内修建的第一座水库。集雨面积 113 平方千米，总库容 360 万立方米，大坝为心墙土坝，最大坝高 31 米。大坝两端均设开敞式侧槽溢洪道。灌区左右干渠两条共长 10 千米，灌溉 1.04 万亩农田。大坝离县城 8 千米，属一级水源保护地，是县城备用水源地。2015 年底，全镇拥有上型水库 11 座，骨干山塘 24 座，山坪塘 358 座，大型灌溉渠道 4 处，全长 28.8 千米，支渠道 146 条，电灌 23 座，水轮泵 18 座，溪坝 103 座，泉井 6 处，旱涝保收面积占水田总面积的 90%。

镇村建设

水东集镇场坪建于民国时期，位于二都

河边，流动摊贩50余个。中华人民共和国成立后，水东集镇为第十区区公所、水东乡乡公所、水东人民公社、水东乡政府、水东镇政府所在地，一直是当地政治、经济、文化的中心。机关驻地一直未变，占地5亩，始建时仅几栋木房。20世纪50年代，水东集镇修建区供销社，共有1000多平方米，位于水东人民公社旁100米处，水东老场坪处修建水东信用社，水东镇中学处修建水东完小。1972年，上绿化大队党支部书记谢德海任指挥长，组织社员新修水东河防洪大堤3千米，水东集贸市场安全更有保障。20世纪70年代中期，水东集镇修建镇税务所及农业银行营业所，位于区供销社旁。随着1985年水东公路大桥修建成功，溆浦至两丫坪的县道改道，不再经过桐木溪渡口，水东镇成为县城通往两丫坪、中都、沿溪等乡镇的必经之处，水东集镇日益繁华。1986年在水东镇中学旁修建新供销社。2000年邮政所搬迁至水东镇集镇。2012年，镇政府三层办公大楼建设完成，占地面积200余平方米，水东集镇自来水厂建设完成，集镇4500余人用上了自来水。2014年，新建水东集贸市场，分类设立集市，摊位450个，占地面积1万多平方米。2015年区划调整，镇政府机关进行改造，占地面积5亩，新建小套房2栋5层90套，操场硬化4000余平方米，新建运动场、停车场，房屋建筑面积5020平方米。2015年，城镇基础设施建设投入520万元。

绿化社区安置点　（雷文录摄）

社会事业

教育

清光绪八年（1882年），在水东鹿鸣山建鄜梁书院，清末改为学堂。20世纪50年代，成立了水东完小。1961年，创办桐木溪高小。1965年，创办水东公社农业中学、桐木溪公社农业中学、龙王江公社农业中学。1971年，水东完小改为水东区中（高中部）。1972年，水东公社中学搬往托坪垴。1978年，水东区中改为溆浦县第八中学。1984年，在杨里坡创办水东乡中心小学，在桐木溪猫公场创办桐木溪乡中心小学，在龙王江乡中学内创办龙王江乡中心小学。1988年，溆浦县第八中学撤销，水东中学搬入。1989年，溆浦县职业中等专业学校搬迁至水东托坪垴原水东中学校区。1991年，溆浦县职业中等专业学校迁至县城南郊原红远机械厂子弟学校（即职中现所在地）。1994年，龙王江乡中心小学新校区建成投入使用。1998年，水东乡中学改为水东镇中学。2008年，桐木溪乡中心小学与桐木溪乡中学合并，改名为桐木溪乡学校，为九年一贯制学校。2015年12月乡镇区划调整，龙王江乡、桐木溪乡（6个村）并入水东镇。桐木溪乡学校改名为水东镇桐木溪学校，龙王江乡中学和龙王江乡中心小学改名为水东镇龙王江中学和水东镇龙王江中心小学。水东镇中学曾获评怀化市“教育教学先进单位”，2015年，水东镇中心小学快乐先锋中队获湖南省“雷锋式中（小）队”称号，水东镇中学获评怀化市“课改样板校”。2015年底，镇内有幼儿园9所，中心小学2所，初中2所，九年一贯制学校1所。在园幼儿1475人，专任教师96人；小学在校学生2535人，专任教师211人，小学适龄儿童入学率100%；初中在校学生1120人，专任教师102人。初中适龄人口入学率、小升初升学率、九年义务教育覆盖率均达100%。

文化体育

民国时期，民间文化体育活动主要有唱山歌、下打三棋、舞龙灯。中华人民共和国成立后，各村成立业余剧团，有时晚上演出。各村队成立扫盲班，晚上教乡民识字、唱歌。1956年，在黔阳地区举办的群众文艺会演中，桐木溪选送“车马灯”节目获一等奖，此节目代代相传，流传至今。1966年兴起跳“忠”字舞、演“样板戏”等群众文体活动，每个大队都排练革命样板戏，大家相互交流演出。1978年，各村舞龙灯、打羽毛球。后广场舞盛行，每个村至少有一支广场舞队伍，多则30~50人。成为群众性文艺演出的重要节目。2015年，境内有镇文化站、广播电视站和农民健身运动场各1个，新修农村篮球场9个，村级文化活动中心8处，农家书屋26个。

医疗卫生

民国时期，境内无正规医疗机构。1952年，成立水东卫生所。1956年，舒生淼在龙王江龙王庙开办诊所。1958年，成立桐木溪卫生院，位于水东镇湖田坪村，舒生淼的诊所改名为龙王江卫生所。1959年下半年，成立水东公社卫生院。1960年，龙王江卫生所更名为龙王江人民公社卫生院。1962年，建立水东区卫生所。1981年，龙王江人民公社卫生院更名为龙王江卫生院。1984年水东乡和区卫生院合并设在水东集市场坪。2000年后组建水东镇中心卫生院。2008年龙王江乡卫生院整体搬迁至龙王江村6组，新建一栋三层门诊住院楼，占地面积2050平方米。2014年水东镇中心卫生院新建一座三屋楼房医疗住院部，占地面积3635平方米。2015年撤乡并镇后，龙王江乡卫生院改名为水东镇龙王江卫生院，桐木溪乡卫生院改名为水东镇桐木溪卫生院。2015年底，水东镇有中心医院3所，村级卫生所24个，床位180个，从医人员118人。

社会保障

民国时期，境内老百姓没有任何社会保障。中华人民共和国成立初期，境内特困户，通过区公所有少数得到县救济。1997年9月7日，县政府制定《溆浦县农村最低生活保障制度实施办法》，确定农村最低生活保障线的标准为年人均300元，开始实行“最低生活保障制度”。2012年，建水东镇敬老院，地处水东鱼池旁边，占地面积27亩左右。2015年底，全镇低保户912户1202人，每季度发放319230元。五保户181户192人，其中，敬老院集中供养28人，分散供养164人，每人每年发放2904元，新农合参合人数39729人，全镇参加养老保险人数7694人，全年发放养老金5078040元，完成危房改造402户，脱贫498户1479人。

镇政府俯瞰图　（雷文录 摄）

人民生活

民国时期，人民生活贫困，因主粮不足，农民多以红薯、蔬菜、蕨根、树皮等充饥。1949年中华人民共和国成立后，人民生活不断改善。中华人民共和国成立初期，粮食产量低，农民人均口粮不足200千克，农村住房大多数为茅草房。20世纪90年代，部分人富裕，开始兴建楼房，购置电扇、电视等家用电器，1991年人均纯收入450元。进入90年代中后期，大部分青壮劳力外出务工，生活条件进一步改善，摩托车、冰箱、洗衣机成为家庭普遍的配置。2005年人均纯收入2500元。2015年底，粮食亩产达400千克，农民外出劳务收入达8800万元，实现农村经济总收入2亿元，农民人均收入4085元，贫困人口率降至15.57%。

特色地情

人文历史

重要事件

民国24年（1935年）11月26日至12月4日，红二、六军团长征经过溆浦，先后经过水东镇原联合村、银湖村、黑岩村、湖塘村、溪口村、下绿化村、上绿化村、嵩口湾村和龙王江乡的高明溪村、增家寨村、江东湾村、邱家湾村、后溪垅村、白竹坪村。12月4日，红军在银湖、下绿化、上绿化等地发动群众，成立3个游击队，有370多人参加。

1956年撤区并乡，为水东乡、桐木溪乡、龙王江乡。

1958年人民公社化时，水东乡、桐木溪乡、龙王江乡合并成立水东人民公社；银湖大队棉花丰产，得到国务院奖状；6月开始新建五化坝，10月，修建五化坝时发生施工事故，炸死8人，伤12人。11月26日至12月10日，全县召开会议，选举水东乡银湖社代表王本祥（棉花户）出席全国农业社会主义建设先进单位代表会议，受到党和国家领导接见。

1961年，水东、龙王江、桐木溪从水东大公社析出，成立水东公社、龙王江公社、桐木溪公社。

1962年，五化坝水电站开始发电，全年发电160万千瓦时。

1970年9月5日，五化坝电站和火电厂合并。

1976年，修建溪口公路桥，当年竣工通车。

1982年7月，湖南省人民政府批准水东人民公社银湖大队为先进集体。

1984年5月底，撤销政社合一的人民公社，恢复水东乡、桐木溪乡、龙王江乡建制。

1986年5月，水东公路大桥建成通车。

1991年4月17日，怀化行署授予水东乡人民政府为1991年棉花高产竞赛先进单位。

1992年6月30日，怀化行署同意开放溆浦南岳殿。

1995年6月20日，水东撤乡建镇。

1995年11月8日，县委、县人民政府根据省民政厅的部署，作出撤区并乡的决定，撤销水东区公所，改为办事处。

舒新城铜像 （雷文录 摄）

2001年10月16日，县政府同意对南岳殿宗教活动场所依法予以登记。

2003年，修建龙王江公路大桥，桥长68米，宽6米，国家投资60余万元。

2006年7月，发生大洪灾，龙王江风雨桥被洪水冲走。

2008年1–2月，发生严重特大冰灾，全镇断电、停水，交通封闭达1个多月之久。

2013年7月15日，中国工程院院士、湖南省政协副主席、湖南杂交水稻研究中心主任袁隆平到水东镇黑岩村超级稻攻关基地察看禾苗生长情况，指导攻关工作。

2014年8月11日，杂交水稻之父、中国工程院院士袁隆平到水东镇黑岩村超级杂交稻亩产千千克攻关示范片现场考察。

2014年11月，舒新城故居修复工程正式破土动工；水东镇被环境保护部评为国家级生态乡镇。

2015年12月，乡镇区划调整，龙王江乡、桐木溪乡（6个村）并入水东镇。

名优特产

三得土鸡：溆浦土鸡羽毛为黄麻羽，喙、脸、爪子和肉皮的颜色和乌鸡一样，呈现乌黑色，一般体重1~1.5千克，味道鲜美，肉细嫩，宜滋补。水东镇三得土鸡饲养于标东垅山上，绿色放养，曾被中央电视台《每日农经》栏目组专题报道。

龙王江黄花梨：外皮薄，果肉甜，汁水多，营养丰富，是当地群众最喜爱的水果之一。张良湘种植的“湘哥梨”已经成为龙王江黄花梨的品牌代表。

龙王江腊肉：龙王江土猪腊肉，选用本地青饲料饲养的土猪肉，在腊月里将猪肉敷土椒盐，浸渍数日，后经柴火烟熏、熏干即成，干豆腐、血豆腐也是这样制成的，腊肉炒干豆腐或炒血豆腐味道极佳。

黑岩东魁杨梅：东魁杨梅因果特大而著称，果色紫红，肉柱较粗，其糖含量为10.5%，果汁含量为74%，而酸含量仅为1.35%，远远优于其他杨梅，素有“杨梅王”之称。黑岩东魁杨梅基地共有60亩，杨梅品质高，每年杨梅成熟时，供不应求。

风景名胜

水东镇境内旅游资源丰富，素有“两教一居一洞天”之美称，即“船山宗教文化”玉皇宫、“佛教文化”湘西小南岳、舒新城故居和明月洞风景区。依托“两教一居一洞天”，乡村旅游农家乐蓬勃发展，以休闲娱乐为特色的慧源山庄、以荷花为特色的芙蕖田园、以避暑休闲为特色的鹿鸣山庄。

溆浦玉皇宫：位于水东镇溪口村的船形山，其山诸峰耸立，地势雄峻。道观始建于明万历四十七年（1619年）。其前身为“迴龙殿”，“文化大革命”时期被拆毁，1993年重建，已建有五岳殿、黑神殿、慈航殿、送子殿、三星殿、财神殿、文昌殿、祖师殿、地母殿、药王殿、玉皇殿、三清殿等建筑设施，总占地面积13000余平方米。

湘西溆浦南岳殿：旧称南岳行宫，又称小南岳。坐落在水东境内的皇临山。据传，古时三皇五帝的东皇亲临此地，视察民情。湖广总督林则徐清道光十七年（1837年）途经高明溪，大赞小南岳风光优美，佛韵浓厚。民国24年（1935年）红六军团由高明溪上龙潭，经此翻山而过。“三湘英烈”翟根甲和中共地下党及革命组织在这里常年活动，溆浦革命从此萌芽。《辞海》主编舒新城出生于此，并在这里办学12年，在其名著《故乡》一书中，多次描绘小南岳的雄姿。每年农历四月的南岳法会，会集湘、云、桂、黔的20多万信众礼佛祈福。现已成为周边四省的佛教活动中心，是怀化市重点宗教活动场所和重要旅游景点。湘西溆浦南岳殿的主要建筑有半山亭、南岳殿、天王殿等，殿内供奉南岳、释迦牟尼、药师佛、阿弥陀佛、观音、十八罗汉、弥勒佛、四大天王、财神等菩萨。寺院面积达6100平方米，常住僧尼2人、居士5人。

舒新城故居：始建于清代，是一栋传统的农家四合院。2012年春节前夕，由于老木房电路老化引发火宅，舒新城故居正房及部分厢房被烧毁。2014年11月，舒新城故居修复工程正式破土动工。总投资304万元，占地面积4.6亩，主要为木结构形式，建设了舒新城铜像、正房、东西厢房、大门、围墙、回廊、池塘、场院绿化及内部展示等项目。舒新城故居，陈列室里陈列着蔡元培、田汉、徐悲鸿、朱自清、茅盾等130余位文化名人写给舒新城以及中华书局编辑所的信札。

明月洞：为溆浦县四大名洞之一，位于溆浦南4千米的水东镇黑岩村执刀山，相传为屈原作《山鬼》处。以神奇、险峻、清幽著称，名为洞，实为山壑。清代贡生戴潘作的《明月洞记》被收入《湖南省风物志》。峡谷内建有“灵泉寺”，寺大能容数百人，寺庙虽无片瓦，可大雨不入其内，晴天静坐寺内，只见寺前雨帘如珠，奇观也。其上还有鹭鸶湖、岩门湖、猪肚寨等景区，总面积约5平方千米。

慧源山庄：位于水东镇联合村十八组（坨坪垴），至县城、水东政府地、桥江镇集市处都是七千米。慧源山庄原是校址，由于公社中学、职中、乡中学校址的变迁，于1999年拍卖，山庄占地面积40~50亩，建筑面积

1500 平方米，2014 年投资 1500 万元，改造成溆浦第一家度假村，2015 年接待游客 2 万人，总收入 200 多万元，就业人员 40 余人，为湖南省五星级乡村旅游区。

芙蕖田园：位于水东镇刘家渡村，创建于 2015 年 9 月，以荷花观赏、莲子种植、荷花鱼喂养为主，有莲花种植面积 132 亩，在荷田上建有纵横交错钢筋水泥结构的路桥和八角凉亭，可供游客参观休憩，漫步在荷田里，让人沉醉其中。新建仿古式农家乐、垂钓池及特色餐厅，可品尝到荷莲特色美食。

鹿鸣山庄：位于水东镇溪口村，离县城仅 6 千米，面积 1.2 万平方米，园区主要由烧烤场和游泳池两个部分组成，可容纳游客 2000 余人，是水东镇村民乃至全县游客避暑休闲娱乐的好去处。

皇母寨：位于小南岳的后山，森林覆盖率达 90%，是境内最高峰，海拔 750 米，山峰此起彼伏。动植物种类繁多，是天然的森林公园、动植物园和中草药宝库及“天然氧吧”。

（撰稿：严　明）

高山号子曾唱响北京，
县属最大林场所在地

小横垅乡

罗子山

（雷文录 摄）

区域概况

位置面积

小横垅乡位于县城南部雪峰山余脉北麓处。北接统溪河镇，西邻辰溪、中方两县，交界于罗子山；东靠金子山与北斗溪镇接界，南接黄茅园镇。溆（浦）塘（湾）公路自北往南穿境而过。因白水旁山的溪水自西向东流经杨家冲、拱门桥，横垅而过，故名小横垅。乡政府驻罗丰村，是溆浦、中方、辰溪三县交界及周边乡镇集市。距溆浦县城38.3千米，电话区号0745，邮政编码419313。

建置沿革

民国时期，小横垅属二区永和乡。1949年后为第十二区的一部分。1956年改为小横垅乡。1958年称公社，1984年复又为乡。1995年撤销小横垅区，改设办事处，该乡归并于水东办事处。

1978年以后，先后有彭光湘、曾献菊、刘其迪、刘生再、张贻坤、谌逊友、张孟东、陈文清、谢顺清、梁礼泽、刘登渠、张在要、舒方友、向吉发、胡尚华、张晓阳任书记。有彭光湘、曾献菊、吴传禹任革委会主任，舒开盛、舒清作、张戈平、谢顺清、张克鹤、张伟、张在要、舒方友、田纪欢、向吉发、韩毅、陈刚、刘军涛任乡长。

行政区划

小横垅乡总面积128平方千米，从民国时期到2015年，镇域面积没有变化。有耕地16814亩，其中，水田12540亩，旱土2269亩，林地14.19万亩，辖16个村。2016年，将16个村合并为9个村，即金子村、治湾村、大同村、罗丰村（由罗丰、金蒲、东垅三村合并而成）、高台村（由高台、茶林二村合并而成）、雷坡村（由雷坡、泥塘1、2、3、5组合并而成）、罗子山村（由双林、白水、旁山三村合并而成）、杨柳村（由杨柳、团结二村合并而成）、月溪村（由月溪、泥塘4组合并而成）。

人口民族

辖16个村，有151个自然村8个片村，157个村民小组4206户，总人口16457人。辖内以汉族为主，有少量少数民族。

自然环境

境内以山地、丘陵为主，四面环山，其势雄伟，全境海拔409~1378米，属山区乡。年均气温在15℃左右，最低-3℃，最高37℃。常年降水量在1200~1600毫米左右，无霜期250天左右。

资源

境内林木、矿产资源丰富。树种以松、杉、

治湾村治湾广场

（雷文录 摄）

油茶为主，并有金丝楠木、红豆杉、柏乐树等珍稀树种。矿产资源主要有锰、硫铁、磷、麦石等矿石。另有金银花、楠竹、百合、太子参等多种资源。珍贵野生动物有锦鸡、猫头鹰、尖吻蝮、娃娃鱼等 20 余种。

灾害

主要灾害有旱涝、霜冻、冰雪等。旱涝几乎每年都有发生。最严重的一次洪灾是在 1990 年 6 月，全乡受灾面积广泛，冲毁房屋良田无数，损失严重。

经济发展

经济综述

中华人民共和国成立前，地主拥有绝大部分土地，农民无土地或少地。1950 年，土地改革，小横垅乡发展农业、手工业，居民自给自足。1958 年，成立小横垅公社，主要生产资料全部归公社、生产队所有，居民收入来自生产队的按劳分配，以第一产业为主，农村经济逐步恢复。1980 年，社队企业总收入 42 万余元。1983 年实行家庭联产承包责任制，以生产队为基础，土地所有权归集体，使用权归农户，包产到户，分户经营。以第一产业为主，第二、第三产业逐渐开始发展，农民逐步富余，家电仅少数富裕家庭拥有。1991 年人均纯收入 337 元。之后大力发展种植业，发展产业，在团结、杨柳、东垅等村发展“瑶乡”乌梅基地千余亩，在罗丰、大同、东垅等村发展橘园千余亩，年产橘90吨；在双林、旁山、白水等村发展金银花、白术等中药材600亩；在罗丰村发展三元杂交猪场2个，全乡年出栏生猪2万头以上。2005年人均纯收入2281元。2015年，全乡国民生产总值4103万元，三大产业结构比为35 ∶ 16 ∶ 49。

农业

境内以种植水稻为主，是溆浦县有名的杂交水稻种植试验区。1980年粮食总产448万千克，最高年产615万千克，比民国时期翻一番多。1980年粮食总产量7115吨。1980年产茶油1402担，是县油茶基地之一，茶叶年产284担。境内杨柳、治湾、罗丰等村发展“瑶乡”乌梅基地。罗丰等村发展黄金梨果园基地；罗子山村发展金银花、白术等中药材。罗丰村发展猪场2个，全乡年均出栏生猪1万头以上。

林业

境内森林资源丰富，树种以松、杉、油茶为主，并有金丝楠木、红豆杉、柏乐树等珍稀树种。有针叶林、阔叶林、竹林、阔叶混交、针阔混交等植被类型。人工林树种有杉木、柳杉、檫木、华山松、马尾松、油茶、楠竹等。天然树种主要有马尾松、楠竹、水青冈。灌木林树种主要有杜鹃、柃木、野玫瑰、淡竹、水竹、盐肤木、马桑、乌饭等。小横垅乡是木材重要产区，每年交售木材1500多立方米。

工业

中华人民共和国成立后，基础设施逐渐完善，铸造业、竹木加工发展很快。加大招商引资力度。2005年，安徽客商在罗丰村投资200万元，创办一家木材加工厂。2006年，江西客商在该村投资300万元，创办一家竹材加工厂。2012年，村民奉初行返乡创业，将其志雄日化有限公司落户罗丰村，总投资500多万元，提供300多个就业岗位。

商贸经济

中华人民共和国成立初期，小横垅乡赶集在高台村张家铺、罗丰村场坪队和罗丰村拱门队，老百姓或摆摊，或挑着担叫卖货品。1986年10月1日，小横垅乡新建农贸市场正式投入使用，该农贸市场建在罗丰村，占地面积2000平方米，小横垅乡及周边县城、村镇的人纷纷到此购买山货、药材等。截至2015年，小横垅乡商业街共有门面170多个，商业网点（含摊位）320多个，从业人员350多人。

财税金融

20世纪50年代初，境内建农村信用合作社1个。后增设邮政储蓄所1个，乡财政所1个。

基础设施

交通运输

清代与民国时期，境内没有公路，只有溆浦至龙潭的一条官道。1958 年，由溆浦至龙潭县道建成通车（后改为省道 S224），途经小横垅乡。2014 年 12 月 16 日，沪昆高铁溆浦南站开通运营。2015 年，小北公路作为 S338 线连接小横垅到高铁溆浦南站北斗溪重要的一环完成竣工验收。小横垅乡“十字交通四小环”的格局形成，即主干线 S224 线与小北小蒿公路十字相交，罗丰—周儿田—月溪、泥塘、雷坡—龙鼻桥环路通九溪江、统溪河，大同—双林—旁山—罗丰环路通蒿吉坪，高台—茶林—白水—罗丰环路，金子—团山—治湾环路。小横垅乡依托着“十字交通四小环”的格局，迎来快速发展时代。

邮电通信

中华人民共和国成立以前，境内无任何邮电通信设施。2015 年底，全乡已开通数字电视，电视覆盖率 100%，移动、联通、电信三大通信网格均已开通，移动电话覆盖 9 个村，电话覆盖 9 个村，实现城乡一体化。截至 2015 年底，境内有邮政局 1 个，快递收发点 7 个。

供水供电

民国时期，村民主要点煤油灯照明，饮用水主要是井水、溪水、河水。1980 年与 1990 年，小横垅乡建立 2 座水电站，分别建在罗丰村和大同村，境内大部分村民都用上电灯。2015 年，开始实施农网改造，老百姓用电比以前更安全。有充足的电力做保障，满足发展乡村旅游、种养殖业等增收产业的用电需求，有效实现服务乡村振兴战略的实施。

水利建设

中华人民共和国成立后，开发山区，兴修水利。全乡建有水电站 2 座，小（2）型水库 3 座，骨干山塘 3 口，85% 以上的农田灌溉自流化。1972 年 10 月，团结水库竣工。1973 年，红溪水库竣工。1976 年 12 月，柘木溪水库竣工，灌溉面积为 850 亩。三个水库的修建，共计保障下游约 2900 亩农田的灌溉用水和下游 7500 人的生产生活用水。1980 年，在罗丰村修建拱桥冲发电站一座，总装机容量 200 千瓦，是径流小水电站，最大拦溪水坝高 1.5 米，多年平均年发电量 80 万千瓦时。1990 年，在大同村修建拱桥冲二级发电站一座，总装机容量 95 千瓦，是径流小水电站，最大拦河水坝高 1.8 米，多年平均年发电量 40 万千瓦时。90 年代，山塘除险加固工程建设，消除安全隐患，增强有效灌溉，实现旱涝保收。

镇村建设

中华人民共和国成立初期，老百姓赶集

雷坡安置点 （雷文录 摄）

地点分散在高台村、罗丰村。20世纪70年代，小横垅乡人民公社由罗丰村五组搬迁至杨家宗祠所在处。2015年，面积由最初的400平方米扩建成3712平方米。改革开放后，商业摊点急剧增多，1986年在罗丰村老街建成小横垅乡农贸市场，小横垅乡及附近县乡的村民纷纷到此买卖货品。为改变乡村的落后面貌，全乡积极建设新农村，着力打造宜居休闲的新农村，对环境卫生、改水改厕、绿化亮化、农田基本建设、土地平整、立面改造、综合治理、思想文化、休闲广场、村容村貌等全方面进行重点建设。

社会事业

教育

1982年，小横垅乡中心小学创建，离县城40千米，校园占地面积20亩。乡中学、乡中心小学共有在校学生1187人，教职工76人，图书共31009册。其中，乡中学校舍面积共4100平方米，有200米环形跑道的运动场，学校有较为标准的教室9间，可容纳学生450人，有学生实验室3间，图书室1间，每间教室都装配现代化的触摸一体机设备，有计算机55台，学校教学设施设备总值达88万余元，还有可容纳450人就餐的食堂。乡中心小学校舍面积4763平方米，有200米环形跑道的运动场，学校有较为标准的教室35间，可容纳学生1200人，有学生实验室1间，图书室1间，每间教室都装配现代化的触摸一体机设备，有计算机52台，学校教学设施设备总值达75.2万元，还有可容纳800人就餐的食堂。2015年，辖区有初中和中心小学各1所，村小学9所，幼儿园2所。

文化体育

中华人民共和国成立后，人民生活水平提高，文体活动丰富多样。不仅有一年一度的山歌节，还有现代歌舞表演、广场舞及打篮球、羽毛球、乒乓球等文娱活动。2010年小横垅乡文化站大楼完工投入使用，建筑面积为480平方米左右，设有图书室、多功能活动厅、文化信息资源共享工程室（电子阅览室）、辅导培训室、宣传橱窗，阅览室藏书3000余册，免费向辖区居民开放。文化站在所属9个村设有相应的文化室，组建舞蹈、健身、太极拳、合唱队、腰鼓队等文体队伍，极大丰富居民群众业余文化生活。

社保优抚

1985年，建立小横垅乡敬老院。2006年入住老人17人，通过三次扩建，至2015年底，有总面积4000平方米，建筑面积1772平方米，住房38间、52张床位，配有标准厨房、餐厅、活动室、门卫室和办公用房1栋，入住老人46人（其中，全自理35人、半护理8人、全护理3人），有工作人员6人。敬老院有菜地6亩（其中，租地有4亩），猪舍1栋，年出栏生猪20头，鸡、鸭各50只。敬老院每年开展消防安全教育及各项文化娱乐活动，做到真正老有所养、老有所依、老有所乐、老有所安。2006年开始实行最低生活保障制度。

医疗卫生

1958年，小横垅乡修建乡卫生院。2013年，投资118万元改建翻新卫生院，改善小横垅乡医疗环境、医疗设施、住院条件。截至2015年，境内有乡卫生院1所，村卫生所10处。其中，卫生院有医疗床位28张，有14名医护人员，其中执业医师2人，注册护士4人。

人民生活

民国时期，人民生活困苦，因主粮不足，农民多以红薯、野菜、蕨根、葛根等充饥。生产队时期，粮食产量有所增加，生产队和农户家庭副业收入有所增长。1981年，实行家庭联产承包责任制，亩产粮食有所提高。上世纪80年代，随着改革开放的深入发展，杂交水稻的广泛推广，粮食产量大增，乡民外出打工，收入大幅度增长，人民生活得到极大提高。乡民新修楼房，小汽车进入农户家庭。21世纪以来，随着农业效益的逐步提高，农民的收入增加，家家户户置办各种家电。

特色地情

人文历史

重要事件

1995年撤销小横垅区，改设办事处，该乡归并于水东办事处。

1956年，改为小横垅乡。

1958年，改为小横垅公社。

1958年，溆浦至龙潭的公路通车，小横垅乡客运线开始运营。

1984年，复又为小横垅乡。

1986年10月1日，小横垅乡农贸市场正式投入使用。

1990年6月，暴发特大洪水，冲毁民居无数，直接影响灌区的农业生产，损失严重。

2015年，开始实施农网改造。

杨梅 （雷文录 摄）

名优特产

茶油：从成熟种子中提取的纯天然高级食用植物油，色泽金黄或浅黄，品质纯净，澄清透明，气味清香，味道纯正。

茶叶：小横垅乡茶叶种植面积达500余亩，在境内罗子山茶叶基地的茶叶品种为黄金叶，是安吉白茶的新种，因一年四季均为黄色，干茶亮黄，汤色明黄，味道鲜美而得名。

杨梅：小横垅乡杨梅因种植地形不同品种多样，全乡大约有400亩的杨梅林。每年6月初便是杨梅成熟的季节，在小横垅乡的集镇上到处都是杨梅的摊点，游客们可以在路边购买梅农刚刚采摘下来的新鲜杨梅。

黄金梨：小横垅乡罗丰村燕子坳处的山顶有百余亩的黄金梨果园，八九月时成熟，每年可收获4000~6000千克黄金梨。

刺葡萄：境内种植葡萄大约有700亩，以雷坡村葡萄基地为主。该基地种植的刺葡萄是野生葡萄的驯化品种。刺葡萄枝梢、藤蔓均长满刺，因此称之为“刺葡萄”。刺葡萄又名“高山葡萄”“长寿果”。果穗圆锥形，果粒中等、圆形，皮紫黑色，延后采摘果粒面带白霜、鲜嫩诱人。果肉品质上乘，汁浓味淳，甘甜鲜美。果肉含糖量在14%以上，高的可达18%。

猕猴桃：在小横垅乡境内，生长着野生猕猴桃。野生猕猴桃被誉为“水果之王”，富含丰富维生素C，以及其他营养成分，一般都生长在大山里，纯野生环境生长。

葛根：在治湾村的高山中，漫山遍野生长着葛根，其嫩芽可做菜，深埋地下的根茎饱含淀粉，可提取葛根粉。

金银花：在小横垅乡境内，山间生长着金银花。金银花自古被誉为清热解毒的良药，用于各种热性病，如身热、发疹、发斑、热毒疮痈、咽喉肿痛等症，均效果显著。

黑木耳：是一种营养丰富的食用菌。其性平味甘，具有滋补、润燥、养血益胃的作用。

民俗风情

山歌节：每逢农历六月十八，是当地一年一度传统的山歌节。山歌节当天，四方歌手会集，男女老少人人引吭高歌，有山歌联唱、山歌比赛、山歌剧表演等群众性的唱山歌活动。

歌谣文化：在小横垅乡，留存着历史悠久的山歌文化。这里有着古老的传统山歌习俗，家家户户，男女老少都会唱山歌，他们以歌传情，以歌会友。

高山号子：小横垅乡还保留有原生态劳动歌谣——高山号子，20 世纪 80 年代，小横垅高山号子曾唱响中央电视台，获得全国观众好评。

杨梅节：每逢六月，小横垅乡杨梅盛产时便是杨梅节，宣传瑶乡的杨梅文化，丰富农民群众的精神文化生活。

赶庙会：每年农历二月十八、六月十八、九月十八是罗丰寺的法定庙会日，周边十里八乡的善男信女和慕名而来的游客云集于此，烧纸进香，祭拜祈福，观景朝拜，对山歌，打号子，热闹非凡。

风景名胜

罗子山：罗子山位于溆浦县西南 50 千米，属雪峰山脉，主峰海拔 1304 米，集雄伟、险峻、烟云、飞瀑、巧石、清凉于一体。罗子山山山相连，山腰盘旋着九曲十八弯的险峻小路。极目远眺，碧绿清透的河水，仿若一根绿色的丝带缠绕在青山绿水之中。幽深的峡谷升腾着飘飘云雾，如一幅精致而婉约的山水画卷。

明朝中期，辰溪、溆浦、中方三县佛教信士，在罗子山峰顶建一佛庵，名罗子仙山，常有僧尼住庵，每逢法会，善男信女和香客聚集于此，进香祭拜。峰顶望去近处是浓荫蔽日、绿浪滔天的林海，远处梯田层层叠叠，

白水瀑布　（雷文录 摄）

云蒸霞蔚变幻无穷，宛如仙境。山下有一处人迹罕至的封闭峡谷，高崖峭壁，半遮天空，犹可见峡云日影。

罗子山有两大瀑布群，一个是白水瀑布群，另一个是鹰冲瀑布群。白水瀑布群在群山环抱中错落居栖，远离尘嚣。瀑布群落差达400米，形成了五潭六瀑的瀑布群落。瀑布集中在一处山脊中，两侧是深林，中间数条瀑布腾空而落，所到之处，或怪石嶙峋，或悬崖峭壁的奇景随处可见。每年都有无数游人前来自由行，体验生态旅游的乐趣。

镜子岩：罗丰村金蒲片芦冲湾山腰，有石高6尺，宽4尺，平滑如镜，能照人影，故名镜子岩。

（撰稿：陈　鑫）

著名穿岩山旅游风景区位于境内

统溪河镇

统溪河高山泳池

（雷文录 摄）

区域概况

位置面积

统溪河镇位于溆浦县城南部，距县城22千米。地处雪峰山北麓，沅江支流溆水二都河畔，东与龙王江乡交界，西与辰溪县苏木溪乡相邻，南与小横垅乡接壤，北连溆浦卢峰镇。溆水自东南向北流经境内16千米，因有牛溪、洞溪、诗溪江等溪流注入溆水河而得名统溪河。

建置沿革

民国时期属二区，设七、八、九三个保。1949年中华人民共和国成立初期属第十二区，所属三个保并为永和乡。1953年，乡改为统溪河农会，农会主席覃生尚，农会设向家院祠堂。1956年，改为统溪河乡，乡公所设统溪河村老场坪上边。1958年，属小横垅公社所辖乡。1961年设为统溪河人民公社，尹旭任公社党委书记，彭光湘任公社社长。1984年又恢复乡制为统溪河乡，乡政府搬迁到统溪河村坝塘中。2015年，乡、镇区划进行调整，原统溪河乡改为统溪河镇，同时将桐木溪乡白竹坡村划归到统溪河镇。

统溪河历届党委、政府主要领导人：1973年以后，有张志记、黄光学、梁湘中、刘其迪、谌逊友、张贻坤、张镒春、杨道俊、张波、罗志、韩学连、陈模生、覃健庆、粟荣春、陈喜庆、贺德禄任书记。有张志记、舒培友任革委会主任，雷光奇、唐德殿、黄德爱、邹希群、朱子荣、陈模生、覃健庆、张贻平、向卫华、易春霞、谭波任乡（镇）长。

区划面积

统溪河全镇溪河交叉、群山连绵起伏，属山多耕地少的山林地区，特别是水田少、旱地多，中华人民共和国成立初期耕地面积7203亩。1961年成立人民公社后，所属12个生产大队，耕地面积7515亩。“大跃进”时期开荒造田312亩，1974年县委常委于永起带工作队在统溪河公社蹲点期间，全镇动员新开垦农田625亩。到1978年，全镇13个村耕地面积增至8140亩。2015年，乡镇区划改革后，白竹坡村划归统溪河镇内，增加面积12平方千米，增加耕地面积1960亩，全镇2015年总面积为107平方千米，有耕地面积1.01万亩，其中农田面积6926亩，旱地面积3174亩。

人口和民族

统溪河镇原为统溪河乡，全乡13个村，村民小组106个，3621户，12280人，其中汉族6815人，瑶族2862人，土家族2073人，苗族530人。到2015年区划改革划镇后，全镇由14个村合并为8个村，村民小组136个，有4286户，共有人口15818人，其中，男性8423人，女性7395人。境内居住有汉族、瑶族、土家族、苗族，各民族之间团结友好。

自然环境

境内四周以群峰峻岭山地为主，中间河谷两岸略为盆地，整个地形东、西南略高，北边稍低，最高点为罗子山脉下观音山峰，海拔1100米。最低处为白竹坡村部前河岸边，海拔为806米。境内气候温和，属中亚热带季风温润气候，风向常年为南北风。气候特点四季分明，冬夏时间长，春秋短，冬无严寒，夏无酷暑，雨量充沛，热量丰富，无霜期长，常年气温在16℃~17℃左右，极端最高气温不超过40℃，最低气温不低于8℃，全年以1月最冷，2月中旬气温开始上升，7至8月上旬气温最高。8月下旬开始降温，常年日照数为1300小时，年均降水量为1200-1600毫米左右。境内林木茂盛，水源充沛，空气质量优，无大气污染，自然环境良好。

资源

矿产资源丰富。经省地质勘探队探测，全境内矿产有锰、铁、铜、铅、锌，非金属类有硫黄、砂石瓷泥。水资源丰富，溆河穿境而过，各溪纵横交叉，耕地用水充足。境内修建龙鼻桥、统溪河、诗溪江三座水力发电站，有效地利用水资源发电，供应城乡居民用电。

灾害

境内主要发生的灾情有水灾、冰冻灾害。境内最严重一次水灾是1954年农历五月十七日，因连日大暴雨，溆水二都河九溪江段范家祠堂后一座山崩塌，堵塞河道。凌晨被洪流冲开后，滔滔洪浪席卷而下，吞没镇内沿岸村民的房屋、良田，也冲垮统溪河市场，卷走大量财物，给沿河两岸村民造成重大损失。

1987年农历五月初的一天深夜，枫林村白毛岩（十三组）发生了山体滑坡塌方，村民5人遇难。

1965年2月，冰冻严重，气温降到-8℃，全镇果木树和农作物全部冻坏。

2008年1月，严寒冰冻时间长达一个月，致使全镇断电、停水，交通中断封闭，给村民生活造成极大困难。

经济发展

经济综述

境内土地肥沃，自然条件较好，物产丰富，交通便利，主要经济作物有水稻、油菜、杨梅、猕猴桃等，统溪河镇始终坚持发展才是硬道理，大胆改革创新，调整产业结构，积极突破发展瓶颈，稳步发展第一产业的同时又推进向第三产业转型，努力探索特色农业产业的发展思路和长效机制。

通过推广良种，提高全镇的良种种植栽培覆盖率，大力创建油菜示范片和超级稻高产示范片。持续推进农产品标准化生产，改变结构单一的农业模式，发展蒿菜糍粑、腊制品等特色农产品精深加工业，发展茶叶、油茶等多种高效农业，带领农民增收致富。2014年底，全镇经济总收入6336.52万元，人均经济纯收入4537.43元。

农业

境内村民勤于耕种和养殖，生活来源主要靠种植业和养殖业收入。种植的农作物有水稻、玉米、番薯、马铃薯、荞麦、油菜和各类蔬菜。养殖业有猪、牛、羊、狗、兔、鸡、鸭、鹅、鱼类。

中华人民共和国成立前，境内农民没有土地，多数穷苦农民吃不饱。中华人民共和国成立初到70年代，由于农村基础设施差，农业技术落后，再加上动乱，生产力得不到发展，粮食产量一直很低，每亩产量不足300千克，全社粮食总产量只有216万千克，人均每年口粮只有150千克，而且50%是杂粮搭配，村民粮食不足。改革开放后，农村实行田、土到户责任制，农民种粮积极性高涨，种植杂交水稻、玉米良种。1986年建立农业科学技术辅导站，配备2—3名专业技术员，每年举办1—2次农民技术培训班，乡专业技术员为农民提供技术辅导和信息24次，接受农民咨询服务260次。粮食产量达到532万千克。2015年，年均农业产值总收入1489万元，人均收入941元。同时，养殖业也蓬勃发展，全镇2015年村民养牛520头，存栏猪2320头，鸡10余万只，鸭、鹅1980只，规模养殖场不断增加，全镇有专业养猪场2个，养猪1240头，年收入248万元，专业养鸡场3个，养鸡32800只，年收入312万元，专业养羊场1个，养羊146头，年收入22万元，统溪河村民贺军在村橘园办养鸡场十多年，规模不断扩大，每年销售2万只肉鸡，年收入达20万元。2015年末，全镇生产总值9394万元，人均纯收入4620元。

林业

镇内大部分属山村，山林资源丰富。20世纪60年代毁林开荒，山林资源遭受严重破坏。1970年后，开始植树造林，保护森林资源，20世纪70年代，统溪河公社在野泥塘建立林场，植树造林面积550亩，配置培管人员12人，2015年底已成材，蓄积量5500立方米。林木蓄积量为18.9万立方米。

马尾松，常年青绿乔木，可用作枕木、建材、桥梁用材，树干可采松脂提取芳香油做工业用油。马尾松遍布全镇，面积达5810亩，林木蓄积量174万立方米。

楠竹，常年生长，材质坚韧有弹性，遍布全镇各地域，生长快，1~2年成材，是制作家具、农具和建筑用材，使用范围广，面积7120亩，蓄积量4.98万立方米。

经济林木有油桐、山苍子、茶叶等。果木林有板栗、柑橘、杨梅、梨子、桃子、柚子等。1974年县委工作队到统溪河蹲点期间，发动村民进行山地开发，种植柑橘树和茶叶树，全公社13个生产大队都建有柑橘专业场和茶叶专业场，每个场都有6~10名专业培管人员，当时公社在枫香坪建茶场，面积220亩，专业培管人员20人。到1980年后，专业柑橘场和茶叶场，每年产柑橘260吨，产值28万元，茶叶55吨，产值19.8万元。专业场队一直延续到20世纪90年代才承包到个体农户，专业场队的经济收入一直是集体经济的主要来源。

2013年实行封山育林、退耕还林政策。全镇退耕还林面积2700亩，补贴33.7万元。山林生态环境有很大改变，荒凉光秃的山坡变成林木茂密的青山。随着穿岩山森林公园的打造，景区栽种桂花树、红豆杉、杨柳等风景树。

3D 玻璃桥

（雷文录 摄）

商业服务

中华人民共和国成立初，境内只有小商小贩经营少量生活用品，1956 年实行农业合作化后，农村成立农业、商业合作社。商业合作社后改名为供销合作社，简称供销社，各村设有代购代销店。从 20 世纪 60 年代到 80 年代，供销社一直发挥农村商业物资供应和农副产品销售主渠道作用。

改革开放后，个体经济发展起来，由集体经济转为市场经济。1985 年镇内修建市场，占地面积 2600 平方米，有摊位 400 个，经营品种齐全，有服装、百货、南杂食品、肉食、蔬菜等各类农副产品。集市贸易繁荣，每月逢农历四、九日赶集，为镇民提供极大方便。

旅游业

全镇在群山环绕中，溪河纵横交织，林木茂盛、山清水秀。境内有不少非物质文化遗产、名胜古迹、人文景观、地方特产。丰富的旅游资源，为旅游业发展创造先决条件。

2014 年 8 月 7 日，溆浦县政府与湖南雪峰山生态文化旅游有限责任公司签订统溪河休闲小镇旅游项目开发协议，该项目总投资概算 3 亿元，注册资金 3000 万元，开发经营期限为 30 年。有雪峰山旅游公司穿岩山森林公园设在境内穿岩山村。

二都河岸有清代时期的古驿道、古凉亭，有红军二、六军团长征曾经走过的沿河小道；有温沟洞飞泻而下的瀑布奇观、王木庄古寺院紫云庵、雁鹅界古村庄；有千里坪俊秀山岭、蒲安冲风景区的潺潺溪流；还有田园风光与二都河水交相辉映，时珍园种植各种药材。每年境内景区观光旅游人数达 32 万人次，实现旅游业收入 3200 万元。

工业

中华人民共和国成立前，就有南来北往乘船而来的小商小贩和能工巧匠会集码头落脚，再到各个乡村做生意，境内五匠俱全。20 世纪 60 年代初，政府把境内各行业工匠组织起来，成立联合生产加工厂。加工厂从业人员有 60 多人，生产的主要产品有铁、木、竹、棕等生活用品和生产农具。缝纫行业有服装厂，厂里工人实行按件计酬（当时是计工分），延续到 20 世纪 60 年代末才撤销。20 世纪 70 年代手工业生产发展很快，境内有砖瓦厂 26 家，各行手工业者达 600 人。20 世纪 80 年代后，成立企业办，设有榨油厂、鞭炮厂和藤椅厂，有工人和管理人员 120 人，年总产值 726 万元。

到 2015 年，全镇有手工业者 100 多人，建筑行业泥、木工人 500 人，木材加工厂 4 家，服装加工厂 6 家，石材加工厂 2 家，食品加工厂 20 家，陶瓷厂 1 家，制酒业 10 家，预制厂 1 家，铁器加工厂 3 家，竹木加工厂 2 家。年总产值 5458 万元。

枫香瑶寨开业　　（雷文录 摄）

基础设施

交通运输

从清代到民国时期，境内没有公路，只有到溆城、九溪江、龙潭、北斗溪的沿河小道。物资进出靠木帆船只及竹、木排运输，交通很不便利。

1957 年，举全县之力，动工修建从溆浦到龙潭的公路（称溆龙公路），1958 年全程通车，贯穿全镇 20 多千米，为全镇人民提供交通方便。

20 世纪 70 年代，小横垅行政区管辖的小横垅、统溪河、九溪江、北斗溪 4 个乡（当时为公社），动工修建统溪河到九溪江的公路，沿河而上全是悬崖陡壁，后只修到牛溪一段公路，全程未修通而停工。到 2015 年重新开工才修通，全程 30 千米，途经统溪河、九溪江、北斗溪，连接龙潭、葛竹坪，使镇内形成两条交通走廊，一条往正南方向的溆龙公路，一条是从东南方向沿溆水而上的统北公路直达高铁溆浦南站。2014 年为进一步发展镇内交通事业，国家拨款扶助和村民自筹修建从统溪河连接辰溪县苏木溪乡的公路，称统苏公路，全程 20 千米，4.5 米宽，为水泥硬化路。2005 年修建溆浦至洞口的 S224 线，即邵怀高速公路连接线，是在原溆龙公路基础上改建和扩建的，全程 88 千米柏油路，成为镇内主要通道。在修建连接线同时，在境内溆水河上架起 2 座公路大桥，一座横跨统溪河、梁家潭溆河两岸，宽 7 米、长 200 米，另一座横跨竹坪村的马家溪、牛儿渡的溆河上，宽 7 米、长 300 米，改变原来用渡船摆渡过河的落后条件，两座大桥建成，大大方便两岸的村民出行和物资运输。同时二都河峡谷架起 4 座混凝土结构的公路桥和 5 道铁索桥。

供水

镇内于 2010 年由国家拨款修建统溪河自来水厂，引用团岩洞山溪泉水，供给镇区所在地村民和枫林村部分村民的生活用水，自来水池蓄水量 220 立方米，经过过滤水质达标，年供水量可满足境内各单位和村民用户达 400 户。全镇居民饮水卫生、安全，同时通过改厕所、改厨灶，生活用水也都用上了山泉自来水。

供电

自清朝到民国时期，境内居民都是用桐油、茶油点灯照明，一些贫穷人家用松脂油柴照明，20 世纪 50 年代村民还只能用煤油灯照明。随着社会发展，开始用电照明，20 世纪 60 年代，开始着手发展电力事业，人民公社社长彭光湘组织带领村民在境内溆水河渡船潭修坝建水电站。20 世纪 70 年代全镇用三年时间修建龙鼻桥水电站，发电量小，还不能解决全镇居民照明用电，20 世纪 80 年代，镇政府与县电力公司拉线联网，使大部分居民不仅正常用电照明，还能实现生活用电，家家户户有了电视、电冰箱，一部分还装上了空调。生活样样电器化，生活质量有很大改善。境内二都河上修建统溪河、诗溪江 2 座大型水力发电站，改变农村能源结构，以电代柴、代煤，促进生态环境治理和保护，形成以电保林、以林蓄水、以水发电的良性循环，实现经济效益和社会效益持续发展。

全镇还实现亮化工程，自统溪河村街道村民利用元宵舞龙灯筹资和镇内政府各部门学校单位捐资，安装村内道路和公路两旁路灯，枫林、竹坪村公路沿线和村庄道路旁也都安装路灯，全镇在各条行道上安装路灯共 500 余盏，给乡村小镇增添了光彩。

水利建设

中华人民共和国成立前水利设施落后，全境没有水库，只有极少小山塘和溪坝供水灌溉。中华人民共和国成立后兴修水利，发动境内群众大修山塘水坝。60 年代在原东风村老鼠冲和竹坪村菜都溪分别修筑了两口大山塘。70 年代初期，在穿岩山村雁鹅界修筑一口大山塘，水渠长 1500 米，可灌溉耕地面积 200 亩。同时在竹坪村赵家垅、友谊村蒲竹山分别修建两口大水塘。20 世纪 70 年代修建的大水塘，一直在灌溉使用。20 世纪 70 年代后期，统溪河人民公社联合思蒙公社，在统溪河公社原跃进大队小山垅联手修建一座小（2）型水库，修筑大堤全凭人工肩挑手提完成，修建过程十分艰难。水库建成后，总库容 139 万立方米，水渠长 9000 米，灌溉面积 2300 亩。全镇水利设施完善，旱能灌、涝能排，增强抵御自然灾害的能力，粮食连年丰收。

邮电通信

中华人民共和国成立前，境内没有任何邮电通信设施，通信都是跑腿报信。1995 年后，程控电话建成，镇内安装程控电话 10 部。到 2010 年全镇开通移动、联通、电信三大通信体系，通信覆盖率达 100%，也开通数字电视，实现城乡一体化。2015 年，全镇有个体快递公司 3 家，邮政服务点 1 处，通信服务网点 5 处，移动公司服务点 2 处，电信公司服务点 1 处，联通公司服务点 2 处，全镇有程控电话 1998 部，移动电话（手机）用户 10590 户，电脑 138 台，电话（手机）普及率达 80%。

社会事业

教育

中华人民共和国成立前，只有一所私塾学堂。1950 年 9 月创办第一所全日制小学（统溪河中心小学），校址设在枫林村向家院祠堂和祖师殿寺院内，设一年级到六年级 6 个班，在校学生达 200 人，教师 10 人，一直延续到 1968 年。

1958 年 9 月，人民公社时期，统溪河公社创办一所农业中学，实行半耕半读，校址设在枫林大队毛里庵，在读学生 30 人，教师

2人，1961年8月停办。1965年9月，统溪河公社又恢复重办农业中学，校址设原沙州大队枫香坪，仍实行半耕半读，有在校学生35人，教师3人，1968年8月停办。此后，随着教育事业发展，入学儿童增多，为方便就学，统溪河公社各村（大队）以生产大队为单位设全日制小学，学制改为小学五年制，全社13个大队均设有1所1—5年级全日制学校，一些大村还设分校，小学教育全面普及，全社有公办、民办教师80多名，在校学生1000余名，儿童入学率达95%以上。1968年10月，统溪河公社创办全日制中学，初中学制2年。1970年建好后开设5个班，有教师12人，在校学生150多人。1981年9月，统溪河公社恢复中心小学，校址设原东风村菜岸田（溆水河边），为新修建校舍，招收五、六年级学生，开办4个班，有教师10名。2001年9月，统溪河乡开办第一家民办幼儿园，即新苗幼儿园。2003年9月，统溪河中心小学开办中心幼儿园（公办）。2010年9月，停办的新苗幼儿园改为成长幼儿园继续开办，占地面积900多平方米。2010年9月，为普及九年制义务教育，统溪河中学和统溪河中心小学合并更名为统溪河学校，校址仍然在原统溪河中学。后对校园进行扩建，新修建教学大楼和宿舍，面貌焕然一新。整个学校占地面积28亩，建筑面积3800平方米，是溆浦县一所合格的A级九年制义务教育学校，有教职人员90人，在校学生1298人，开办从小学三年级到初中三年级19个班，普及中小学义务教育。

文化体育

境内居住着汉族、土族、苗族、瑶族等民族，是一个文化传承、体育活动爱好之乡，乡土文化底蕴深厚，人人能歌善舞。清代、民国时期，人们在田间地头劳动时，边劳动边唱山歌，挖茶山喊号子歌，在山头摘茶叶男女对唱情歌，纤夫拉纤和船工划船都唱号子歌。民间有舞狮、唱船灯、唱地方阳戏等传统文化，特别是枫林村的舞狮灯很精彩，舞狮表演人员先表演杂技，然后表演舞狮。中华人民共和国成立后，党和政府关心和支持弘扬传统文化，组织开展各项文体活动，到六七十年代，乡镇电影队每年到乡村下乡巡回放映80余次，各村（大队）都组建业余文艺宣传队，特别是沿溆龙公路线的沙州、枫林、丫吉坳、农丰、白竹坡等村的文艺宣传队，利用农闲空余时间，以现实生活为题材，自编自导排演节目，每年到各村庄巡回演出文艺节目百余场。文化生活更加充实，各村都有业余文艺队，每逢节日和集会都演出文艺节目，境内中老年人组织文艺健身队，于早晚空余时间跳广场舞。

中华人民共和国成立后，开展全民健身活动，各村民间传统健身活动有元宵节舞龙灯、舞狮灯，端午节划龙舟比赛。参加划龙舟比赛的主要有沙州、东风、竹坪沿河岸3个自然村的龙舟队，每逢端午节会集于统溪河渡船潭进行划龙舟友谊赛。镇内村民在业余时间打篮球、乒乓球、羽毛球、桌球，下象棋、打山棋，全民参加人数达300人。

卫生医疗和防疫

镇内中华人民共和国成立前无正规医院，只有数家中药铺和数名民间中草医。60年代后，在境内桃树湾建1个卫生所，有中西药品房1间，门诊室1间，医生4人。70年代，

统溪河安置点（雷文录 摄）

将原卫生所翻修扩建，由原土砖房改建为砖木结构的二层楼房，卫生所改名为乡卫生院，设中西药房1间，内、外科门诊室2间，医务人员增加到10人，二楼设住院病房5间。各村都设有医务室，有村赤脚医生1~2名，卫生院和村医疗室担负着全乡镇村民的医疗、卫生和防疫工作。2013年，卫生院在原基础上再一次翻修，为混凝土结构的二层楼房，占地面积1000平方米，建筑面积600平方米。全院有15名医务人员，初级医师5人，执业医师3人，助理医师3人，护士3人，药剂师1人。医疗科室有大内科、中医科、外科，有B超、X光机、心电图、全自动化分析仪、多功能牵引床等先进医疗设备，中医、中药为推广重点，有中医师2名。各村设立合作医疗卫生室，有1~4名村医担负着全村医疗、卫生防疫工作。

农村实行合作医疗后，2015年全镇参加医疗保险14117人，交纳医疗保险费127.1万元，境内村民住院治疗按比例大部分报销，减轻村民负担。

卫生防预部门经常宣传卫生常识和检查环境卫生，镇内环境卫生有了很大改观，各村建有垃圾池，各家垃圾由村里专人用车收集倒入郊外垃圾池，收集垃圾运输每年全镇投入经费10万元。各村在政府监管下，对河床、溪沟、村庄周围的污水废物进行经常排污清除，投入大量排污资金，境内每个街道小巷、村庄角落、河床溪沟都保持清洁卫生。

社会保障和福利事业

中华人民共和国成立前，境内百姓无任何社会保障。中华人民共和国成立后，境内的特困户能得到政府救济，人民公社化后，境内遭受灾害的困难户由政府拨发救济粮、救济款，属于五保户的由生产队集体供养，有基本生活保障。2006年以后，国家实行农村养老保险制度，对60岁以上的老年人每月发给养老保障补贴金，对经济上有困难的贫困家庭、低保户进行精准扶贫，由党和政府发放困难补助金，全镇有60岁以上人老人2820人，共发养老补助款2538000元。2012年，镇内修建一所敬老院，占地面积10.5亩，建筑面积1227平方米。敬老院建在镇内溆水河东岸，居住环境好，食宿设备齐全，全院共供养29位孤寡老人。

特色地情

人文历史

重要事件

民国24年（1935年）1月，红军二、六军团，长征途中在溆浦县城休整了一个月后，从县城出发，一路红军往高明溪开拔，另一路先遣侦察部队从刘家渡进入统溪河境内，然后往小洞、洞塆上沿二都河东岸小路而上，途径岛许、大河潭、牛溪村进入九溪江乡。

风景名胜

穿岩山国家级森林公园是溆浦的“绿色明珠”，森林公园地理坐标为北纬27° 40′ 56″ ~ 27° 54′ 37″，东经110° 15′ 52″ ~110° 55′ 10″，由穿岩山片区、威虎山片区和龙泉山三个片区构成，规划总面积9713.1公顷，其中穿岩山片区1945.0公顷，威虎山片区1929.2公顷，龙泉山片区5838.9公顷。片区之间森林风景资源互补性强、特色鲜明，是一处集生物多样性保护、科普宣教、生态旅游、度假休闲于一体的综合性森林公园。

公园内自然景观资源多样，有高耸入云的穿岩峰，天造地设的岩缝，有典型的喀斯特溶洞，还有6亿年前的第四纪冰渍岩等。二都河风景如画，紫荆水库碧波荡漾，土桥溪瀑布水花四溅，九龙潭涟漪舒卷，灵气活现。

公园内有屈原楚辞名篇《山鬼》的石像原型，有溆浦保存最完整的晚清江南木屋民居雁鹅界古村落，有南方山区梯垦体系的典型代表元宝梯田，有始建于战国时期的洞塆古驿道，有国家非物质文化遗产辰河目连戏，有湘西地区现存规模最大的“舍利塔群”，还有林业教育传承地中南林学院旧址等，生态文化氛围浓厚。

将军寨是溆浦县统溪河休闲小镇丫吉坳村的一个自然村落，是穿岩山森林公园的一个神秘景区，也是闯王李自成退隐雪峰山区的最后归宿地。

雁鹅界坐落溆浦县统溪河与龙王江两个乡镇的交界地，属统溪河休闲小镇大河村的一个自然村落，有民房52栋，耕地110亩，人口248人，村民均姓贺。相传古时候龙王江出了个凶残的龙王，被自己的阴箭射伤后落荒而逃，当逃到九雁山口时，突然飞出一群雁鹅围追堵截，赶得龙王狼狈逃窜，最后死在诗溪江，人们就将这里取名“雁鹅赶”。后辈则依据村后的“九雁山”而改名“雁鹅界”。

这里的雁鹅与别地不同，它们一年四季守在界上，住在九雁山里，不迁徙。

境内有中国工农红军二、六军团长征中走过的古驿道、清代古凉亭。王木桩古寺院紫云庵、统溪河村清风寺龙王殿、枫林村文昌阁寺院、枫林村向氏宗祠。

百年以上古树有邓家院大门前300年树龄古桂花树、岩排土地堂的老古枫树、蒿菜坪坳上古樟树、洞溪口上老枫树。

名优特产

境内有传统糯米蒿菜糍粑，用野蒿菜和糯米打成粉，揉成糍粑，用管竹叶包好蒸熟，香软可口，是远近闻名的绿色食品。

米糕又名米豆腐，用粘糙米浸水加槐树籽磨碾成浆，然后放入锅里拌熟，倒入簸箕，冷却后成鲜黄色米糕，是当地独具特色的美味食品。

葛面是从山上挖集的葛根，将葛根浸泡捶出葛汁浆，用布过滤后的葛浆晒干成粉，葛粉再用水拌稀成浆，放入漏勺拍打成线条状流入锅内烧开的水里煮熟，捞上来放入碗中加入佐料（豆浆、生姜、油炸辣椒、葱），味道鲜滑香辣，美味可口。

民俗风情

春节过后元宵期间，村民要闹元宵，民间组织舞龙灯、狮灯，唱船灯，家家户户都出来观灯。

为纪念屈原，传承历史文化，从农历五月初五到农历五月十五端午节期间，沿河的沙洲、东风、竹坪、马家溪等自然村庄，民间自行组织划龙舟表演，沿河两岸村民男女老少都聚集河岸上观看划龙舟。

（资料收集：舒清铁　撰稿：刘厚生、刘莉）

溆浦县城至新化县最近通道，
传说中的“龙二王”故里

淘金坪乡

淘金坪

（雷文录 摄）

区域概况

位置面积

位于县城东南的雪峰山腹地，距县城 25 千米。东与新化县奉家镇上团交界，南连龙王江、两丫坪、中都，西接水东镇，北邻桥江（原新田乡）。相传，过去此地是淘金者向往之地，故名淘金坪，后演变为陶金坪。2015 年，更名为淘金坪乡。电话区号 0745，邮政编码 419313。总面积 70.61 平方千米。

建置沿革

民国时期属二区瑞和乡。1949 年 10 月，中共溆浦县工委以保为单位成立农民协会。1950 年 3 月，废除乡、保、甲旧制，1949 年后为第 10 区的塘冲、令溪塘两个乡，1956 年 6 月撤区并为陶金坪乡，成立陶金坪乡人民委员会，历任乡长有贺方厚、舒孝节。1958 年并入水东大公社，1961 年复析出，设陶金坪公社，辖乡门、马鞍坪、黄马田、椒坪、密江、诏浩塆、准溪、火毛塘、小湖、令溪塘 10 个大队，历任主任有贺方厚、戴先林。1966 年 5 月后隶属水东区公所。1968 年 3 月经县驻军领导小组批准成立公社革委会，历任主任有严长清、张贻俊。1980 年 2 月恢复公社管委会，历任主任有贺方厚、李延超。1984 年 5 月农村体制改革复改为乡，历任乡长有郑所良、舒福卿、向宗旺、潘维松、肖时文、张志明、王洪晓、雷荣祥、舒晓荣、夏洪高、贺颖、梁金华、陈小勇。

行政区划

辖 10 个村委会：乡门、马鞍坪、黄马田、椒坪、密江、诏浩塆、准溪、火毛塘、小湖、令溪塘，有 161 个自然村 12 个片村，117 个村民小组，耕地 9705 亩，其中，水田 5535 亩，旱土 4170 亩，林地 9.135 万亩。

人口民族

2010 年，第六次全国人口普查显示，全乡 2645 户，9956 人。2015 年末为 2611 户，10366 人，绝大多数为汉族，有少数土家族、瑶族和回族散居。

环境与资源

境内 1000 米以上高峰 5 座，最高达 1303 米，均属雪峰山系。境内群山耸立，地势起伏，溪涧纵横。常年平均气温 15° 左右，年降水量 1200~1600 毫米，无霜期 9 个多月。森林植被良好，环境优美，含氧量高，素有“天然氧吧”之誉。遍布深山密林间的古老村落，不少仍保留了原样。溪口江从东部最高峰杉塆坳发源，贯穿全乡，一路会集各处溪流，注入二都河。有柳溪水库、黄马田水库、马鞍坪水电站库区生态景观，沿河自然生态风光带，鹅梨坪、草芝界野生樱花等高山风光带，以及各具特色的村庄田园景观。境内野生动植物资源极为丰富，分布有许多珍贵野生药材，以及穿山甲、娃娃鱼等国家级保护动物，重峦叠嶂，林茂水碧，民居错落有致，是休闲观光、寻幽览胜的好去处。矿藏有铅、锌、水晶石等，水能、风能资源也具有广阔开发前景。中国水电工程顾问集团已在火毛塘、椒坪开展风力发电测试、项目可研等工作。

灾害

由于地处山区，海拔较高，易受洪灾、旱灾、风灾、冰雹等自然灾害影响。

1979 年、1990 年发生特大洪灾。2012 年 5 月 9 日特大洪灾，2 小时累计降雨量达 138.9 毫米，乡门市场一带一片汪洋。

1976 年遭受特大冰灾，柑橘树全部冻死。2008 年 1 月下旬遭受特大冰灾，极限低温 -12℃，且维持一个多星期，进乡公路停止通行。

经济发展

经济综述

地处海拔较高的山区，经济结构长期单一，以传统农业为主。中华人民共和国成立之初，生产力极为低下，全部是手工劳动，长期难以解决温饱问题，工业、运输业和商贸服务几乎为零。经过几十年的建设与发展，乡村面貌发生巨变，人民生活水平逐步提高，农林牧副渔业得到长足发展。改革开放以后特别是进入 21 世纪以来，科技和财力投入加大，基础设施建设和社会事业发展步伐加快，经济发展加速，传统农业转型升级，向产业化基地化发展，丰富的自然资源得到开发利用，乡村工业、商贸服务、运输、建筑等行业从无到有逐步发展壮大。农村劳动力进城务工经商，拓宽了就业渠道和收入来源，一些在外创业成功人士回乡办厂，推动当地经济发展。2015 年人均可支配收入 3200 元，向全面建成小康社会稳步迈进。

农业

以传统种植业为主，养殖业为辅。耕地 9705 亩，其中，水田 5535 亩，人均耕地 0.96 亩，人均水田只有 0.55 亩，东部村山高林密，冷浸田多，而西部村天水田多，历来靠天吃饭，水稻亩产 150~250 千克，红薯、玉米、大小麦等五谷杂粮当主食。中华人民共和国成立以来，大搞农田水利，灌溉条件有所改善，特别是推广杂交水稻以来，水稻单产大幅上升，基本解决了吃饭问题。每年粮食总产量稳定在 3000 吨以上，基本可以自给。农业机械化水平逐步提升，2015 年底有各类农用机械 1200 余台。养殖业从家庭养殖逐步走向产业化，2015 年底有生猪养殖大户 28 户，母猪存栏 1210 头，肥猪出栏 11800 头；养牛合作社 3 个，存栏 520 头，家禽养殖大户（合作社）12 个，年出笼肉禽 2 万羽。还有山羊、兔、鹅、鸭以及野鸡等特色养殖。水产养殖从无到有，有养殖场 4 个，年产鱼 1 万多千克。水果以杨梅、黄桃、板栗为主。水果年产量 1 万多千克，产值超过 10 万元。还有菜籽油、茶叶、魔芋、香西瓜、猕猴桃等农产品。2015 年农业总产值 1800 万元，占全乡国内生产总值的 32.2%。

林业

宜林面积广，主要以松树、杉树等用材林为主，有部分油茶等经济林。“大跃进”期间森林遭到毁坏，后又组织造林和封山育林，1966 年建公社林场，面积 1360 亩，各大队也先后建立林场。改革开放以后，实行林地承包责任制、林权发证，推行退耕还林，极大地促进了林业发展，全乡有林地面积 9.135 万亩，森林覆盖率达 85%，封山育林 8.2 万亩，建立用材林基地 1.8 万亩，完成油茶低改和新造 6000 亩。

工业（乡镇企业）

中华人民共和国成立前，境内只有少量小手工业。后逐步发展起一些小微型大队企业、公社企业，从事饮食、农机具维修、农林产品销售和加工、采矿等业务。改革开放以前，社、队企业管理同农业一样吃“大锅饭”，改革开放后设企业办主管。1990 年，有乡办企业 1 家，个体工商户 32 家，从业人员 120 人，乡办企业总产值 500 多万元。2015 年末，有企业 4 家，从业人员 240 人，乡办企业总产值 1400 万元。

商贸服务

中华人民共和国成立之初商贸几乎为空白。1958 年以后，公社建供销社，大队设代销点，公社一级还建起了粮站、食品站、生资公司、饮食店等，对生产生活物资实行计划供应。改革开放以后，商贸服务业迅速发展，1990 年有个体工商户 32 家，从业人员 120 人。淘金坪集市建于 1981 年，逢农历三、八赶场，1999 年对市场进行地面硬化和配套设施完善，现已成为溆浦、新化相邻地区一个较有名气的市场，有摊铺 30 个，周边门面 200 多个，每场有 5000 多人赶集。2015 年全乡商业网点 21 个，从业人员 800 多人，社会商品零售总额 4200 多万元。

财政金融

改革开放前，境内仅有农村合作信用社 1 所。改革开放后有农村合作信用社在各村设代办点，乡财政所 1 家。1990 年完成各项财政收入 38 万元，其中，农业税 26 万元。2015 年末，境内金融机构各类存款余额 2400 万元，各项贷款 1600 万元，实现税收 150 万元。

基础设施

交通运输

中华人民共和国成立前未通公路。境内有一条溆浦通往新化的古道，起于县城，经水东溪口上诏诰垴村、黄马田、令溪塘、火马塘，到新化县上团，全程 30 多千米。1972 年，全公社劳力奋战一冬，修通水陶公路 10 千米，2006 年又拓宽、硬化。农村运输也逐步发展起来，从农用拖拉机、小三轮、四轮车到家用小汽车，从肩挑背驮到车辆运输，农村交通的落后状况已完全改观。到 2015 年，各行政村公路全部硬化，里程达50多千米，连接两丫坪、龙王江、新田的公路，均已修通。全乡每百户有面包车、摩托车65辆，小轿车6辆，其他运输车辆20辆。

邮电通信

中华人民共和国成立前无任何邮电通信设施。1959年设邮电所，随后各大队安装电话。公社邮电所兼管电报、报刊订阅和投递业务。进入21世纪以来，邮电通信业务快速发展。20世纪末程控电话普及到村，后又迅速被手机取代。2015年末，有邮电所1家，移动基站11座，快递代办点2处。手机通信和互联网已覆盖全乡。

供水供电

中华人民共和国成立前基本用桐油照明，饮用井水。后逐渐改用煤油灯。1990年前后，各村先后完成用电线路架设，但线路标准不一，线损大，电费负担重。2015年全面完成农网改造，生产生活用电得到保障，实现城乡同价。投资400多万元，完成了120多处饮水工程，全乡90%以上的人口用上了自来水或山泉水。

水利建设

柳溪水库为小（1）型，1973年建成，库容量144万立方米，灌田1740亩。还有黄马田、马鞍坪小（2）型水库2座以及4处骨干山塘，数十口山塘和数十千米引水灌溉渠道，全乡旱涝保收面积达到4200多亩。辖区内水能资源具有较大开发价值，总投资600余万元装机1000千瓦的马鞍坪水电站，年产值超100万元。

双江潭　　（雷文录 摄）

村镇建设

村镇建设起步较晚。改革开放前，乡政府所在地乡门也不过几百人常住，且基础设施落后，生活用电、用水无保障。1990年以后，逐步完成道路、市场地面硬化，通村公路连成网络，建成自来水管网，完成农网改造，基本形成了设施比较完善的村镇格局，附近村民迁入市场周边建房，商贸服务等第三产业随之迅速发展。到2015年，乡门中心点常住户600多户2200多人，流动人口200人左右，乡政府所在地成为名副其实的文化经济中心。全乡按照新农村建设的总体要求，进行了统一的村镇规划，加强基础设施建设，引导村民按照规划建房，形成村级行政经济中心，全乡村镇面貌逐步改观。

社会事业

文化体育

中华人民共和国成立前，民间文化体育活动主要有唱山歌、打锣鼓唱劳动号子歌、打老牌、下象棋和打山棋、舞龙、舞狮、唱船灯、唱花鼓耍刀、唱傩戏、唱哀歌等。1963年建公社文化站，“文化大革命”中一度被撤销，1974年恢复。2013年投资21万元建成乡文化楼，建筑面积300平方米。有棋牌室、学习室各2间，图书室1个，多功能厅1间，配备电脑和部分乐器。2015年，有村级文化活动中心4处，农家书屋10个，藏书21000册。乐队1支，广场舞队2支。1970年设立乡广播站。1972年成立电影放映队，下到各村放电影。1992年3月设立有线电视转播站，2001年撤销。有省级非物质文化遗产保护项目（傩戏）淘金坪乡张氏傩坛，现传承人为黄马田村张克贵。不可移动文物一处，即双江潭石拱桥。

傩戏面具

教育科技

中华人民共和国成立前教育、科技状况几乎空白，仅有个别家庭送孩子去水东或两丫坪就读。生产凭经验，靠天吃饭，传下大量农事谚语，如“懵懵懂懂，谷雨下种”“立春三日晴，担秧插茅坪”等。逢天旱、虫灾，人们念经求雨、灭虫。1957年9月创办陶金坪乡中心小学，各村建小学。1965年9月至1969年8月创办陶金坪乡农业中学，1969年9月改名为陶金坪乡中学。1996年9月经县人民政府登记批准，乡中学与中心小学合并为淘金坪乡学校，为九年一贯制寄宿制学校，下设8个村级教学点。2015年末，有教职工57人，其中，专任教师44人，特岗教师12人，工友1人，学生1139人，29个班级。有幼儿园1所，入园儿童近400人。1956年设乡农业技术服务站，1961年撤销并入区站，1973年复设公社农业技术推广站。2015年末有农技站1个，乡科协1个，并有一批带领群众致富的乡村农技示范户。

优抚社保

民国时期，境内老百姓没有任何社会保障。中华人民共和国成立初，境内特困户得以享受各级政府的救济。生产队时期，在歉收年享受统购统销粮救助，五保户由生产队养老，每人每年6斤油、6斤肉、180千克粮。2006年开始实行最低生活保障制度，乡内25户66人生活受保障，领取保障金1456元。2008年开始创办新农合，全乡参合7852人，报销医疗费36.408万元。2013年乡内建敬老院1所，供养老人40人。2012年开始实行农民养老保险，全乡有1756人领取养老金96580元。

医疗卫生

民国时期，有草医在境内行医，具体无法考究。1958年成立马鞍坪村卫生所，工作人员2人。1960年以马鞍坪村卫生所为基础成立公社卫生院，1964年又成立了乡门村、令溪塘村、椒坪村卫生室。1970年正式筹建淘金坪乡卫生院，有医护人员13人，时境内共有医疗机构5个，医护人员近20人。20世纪末设立诏诰堖村、火茅塘村、黄马田村、小湖村、准溪村、密江村卫生室，至2015年末，境内有乡级医疗卫生机构1个，门诊部与村卫生室15个，共有床位11张，固定资产总值324万元。专业卫生人员11人，其中，主治医师2人，执业医师1人，执业助理医师1人，注册护士2人，执业药师1人。

特色地情

人文历史

重要事件

民国2年(1913年)，钟质文创办桂甲公司，在马安坪村船冲开采锌矿。民国3年(1914年)，县政府批准开采。

民国24年（1935年）11月，红六军团一部经新田进入淘金坪乡原马坊村，在村中古井边小憩，然后经双江潭下溪口与大部队会合，完成迂回穿插、迷惑敌人的任务。

名优特产

辣椒：全乡各村均可种，因日照时间长、土质好、所产鲜、干辣椒均辣味重品质优。

魔芋：主要产于椒坪、火毛塘、小湖等村，块根制成魔芋干出售，用传统技艺制成的魔芋豆腐远近有名。

茶油：原为淘金坪一项重要林产品，高山茶油黄亮透明，油香醇厚，是优质食用油。

杨梅：传统有红色、白色2种，味甜中

带酸，现多为靖州、浙江等地引进的良种。

粟米：一种重要杂粮，撒播即可，分粘糯两种，糯粟尤佳，现已极少。

民俗风情

生产生活方面：具有比较典型的二都河特点，但更具山区特色。淘金坪地处山区，历史上依靠田土的微薄出产维持生计，生产生活环境艰苦，长期以来崇尚俭朴，勤于耕种，对于农作物培管技术极为讲究，重视精耕细作。老年人极为勤快，也有少数人从事木匠、桶匠、瓦匠等小手工业，挣外快贴补家用。重宗族观念，尊敬老人、长辈，酒席必尊请辈分高年纪大的老人上座，然后众人才可入席。信奉道、佛者以老年人为多，农历四月二十八前往高明溪小南岳朝拜者众多。各村均有修复或新建的庙堂、道观。

年节风俗：相当重视过年、端午（大端午农历五月十五）、中秋三大节，必置办丰盛，碗碟满桌。过年要打年糍粑、杀年猪炕腊肉，年糍粑有白米、薯米、苞谷米、蒿菜、绿豆豇豆等很多种，最具山区特色，直到改革开放后一段时间，家庭是否富裕就看打多少过年糍粑、杀多重的过年猪。端午要做尖尖糍粑、肉糍粑（枕头粽），中秋赏月吃月饼。这两大节里，已订婚的新女婿可以上门、断节（意为结婚前最后一次拜节，结婚后拜节就是常来常往了）。

婚俗：旧时婚俗重媒妁之言，后自由恋爱者居多，但结婚时也要请媒人履行程序。为男方帮忙送彩礼的挑夫，俗称“黑耳朵”。女方送新娘子出嫁的亲戚，称“送客”，也称“娘屋人”。新娘子进屋前，需由一位夫妻双全、子孙满堂的妇女，俗称“高亲娘”，主持接亲仪式。

其他如春社，做社糍粑、煮社饭等。春社前几日，对新亡故的长辈，要请道士挂社（亡故需满一百日后方可）。正月初一“拜新灵”，即给新亡故的亲人“拜年”。农历七月十三日接祖先，曰“接亡”，十四夜送祖先。这类旧俗至今犹存。

风景名胜

国宝桥：石拱，亭五间，位于乡门，后毁弃。

双江潭石拱桥：石拱，亭五间，建于清代，位于双江潭。现为一般不可移动文物。

九灵寺：位于原密江村，建于清朝，一度毁坏，1993 年复修，占地面积 493.6 平方米，建筑面积 380 平方米。

云峰寺（又名杉垴坳庵堂）：椒坪杉垴坳顶峰上的古庵。杉垴坳一侧突出七个长条形山岭，远望如挂七匹纱，故名纱垴坳，后演化为今名。溪口江发源于此，从东南向西北迂回淘金坪，流入五化坝，至溪口汇入二都河。

（撰稿：张克鹤）

县内第一个农村党支部、
第一个中华苏维埃红色政权所在地

两丫坪镇

两丫坪镇全貌

（雷文录 摄）

区域概况

位置面积

位于雪峰山中西部，县境东南部，坐落于二都河上游。镇址驻荷花社区，距县城32千米、沪昆高铁溆浦南站23千米，东接中都乡，南靠沿溪乡、北斗溪镇，西临水东镇，北界淘金坪乡。中都河、沿溪河呈“丫”字在此汇合，故名。

建置沿革

清康熙三十五年（1696年）为二区（含现在的水东），乾隆年间称两丫乡。民国2年（1913年）全县各区置镇，两丫坪属二区高明溪镇管辖。民国21年（1932年）区下设若干段或团，两丫坪属第16团。民国29年（1940年）7月1日，全县设17个乡和1个镇，原二区分为永和乡、瑞和乡（含现在的中都、沿溪、淘金坪、两丫坪）及祥和乡。1949年9月20日，溆浦县解放，第二区工作机关驻小横垅，由南下干部岳廷秀任工作组组长，两丫坪仍称瑞和乡。1950年3月，废除乡、保、甲旧制，建立第二区人民政府，区公所驻两丫坪，辖23个农民协会，首任区委书记兼区长为李明。1953年1月，成立第十一区，区公所设两丫坪，下辖14个乡。1956年6月撤区并乡，将14个小乡合并为3个乡人民委员会，建立两丫坪乡人民委员会。

1958年9月，两丫坪乡并入两丫坪大公社，辖17个大队。1961年体制调整，成立两丫坪区公所，区公所驻两丫坪周家院子，将大公社调整为两丫坪、中都、沿溪3个小公社管理委员会。1968年9月，成立两丫坪区革命领导小组和两丫坪公社革命委员会，取代原区公所和公社管理委员会的职能。1980年2月，恢复区公所和公社管理委员会。1984年撤销政社合一的人民公社，恢复乡的建制。1995年6月20日，撤乡建镇，即为现在的两丫坪镇。同年11月8日，撤销两丫坪区公所设立办事处。2009年11月18日，撤销两丫坪办事处。历任两丫坪区委书记有李明（首任区委书记）、隋德昌、贺方壮、肖良佳、马明友、舒易发（党的核心领导小组组长）、罗教旺（书记）、肖良贤、李远书、廖建国、刘礼让、张孝仁、黄和平、田治党（办事处委员会书记）、武宗希、邓刚、毛绍阳、张波、刘向阳；历任区长有李明（书记兼区长）、扶学锐、肖良贤（兼社长）、舒培求、贺方贡、李叙希、熊先求（革命领导小组组长）、舒易发、罗教旺、肖良贤、张远铁（区长）、黄泽兴（后设办事处）。历任两丫坪镇（公社、乡）党委书记有刘仕盈、肖良贤、文昌荣（公社党委书记）、向明忠、冯国刚、黄长进、武垂玉、李小健、李荣光、王身稳（乡党委书记）、舒双泉、黄友进（镇党委书记）、毛绍阳、田仕军、刘向阳、张强、吴传健、熊水平、梁宏斌、贺达昊；历任镇（乡）长有舒培求、任家财（社主任）、向明忠、冯国刚、黄长进、贺方柏、覃显易、张志明（乡长）、覃铁石、刘洪刚、郑所良、何维新、向中宇（首任镇长）、谌毅、田仕军、张娟、刘向阳、张强、吴传健、向伟、朱良辉、向卫华、舒小涛。

区域面积

区域呈椭圆形，南北长 15 千米，东西宽 8 千米，面积 83 平方千米，辖 14 个村委会，2 个社区，143 个村（居）民小组，3840 户，人口 1.558 万人；有汉族、苗族、瑶族、土家族等多个民族，耕地面积 11880 亩，其中，水田 7380 亩，旱土 4500 亩，林地面积 10 万亩，森林覆盖率 80%。

自然环境：

境内为四山夹壑，南处环云峰—龙王江—桐木溪山系中部，中为太阳山—椒溪—两丫坪山系尾部、沙垴坳—王排—顿脚水山系山中，北边位于紫金山—淘金坪椒坪—麻池坳—嵩口湾山系中南部，海拔在 237~1057 米之间。属亚热带湿润季风气候，四季分明，常年气温 15℃左右，年降水 1200~1600 毫米。林业、矿产和旅游资源丰富，矿产有煤、锰、石英石等。有未开发的自然溶洞 3 个，小（2）型水库 5 个，古典民俗村落 12 个，古祠 4 个，明清时期古建筑 18 栋，生态风景区 21 处，名胜古迹 36 处。

灾害

境内自然灾害主要为洪灾、旱灾、冰雪，中华人民共和国成立后最严重的洪灾发生于 1954 年 6 月，两丫坪大桥、银行、供销社、商店尽被冲毁，摧毁桥梁 37 座，房屋 97 栋，死亡 8 人。1972 年 5 月 14 日至 8 月 14 日，大旱 90 天，地里庄稼减产。中华人民共和国成立后最严重的冰雪灾害是 2008 年 1 月、2 月，全镇断电断水，交通封闭半个月。

经济发展

综述

境内田少山多，以种养结合、自给自足的小农经济为主，种植水稻、玉米、红薯，盛产油茶，养殖牛、生猪、土鸡土鸭，是县东南部农副产品集散地。1982 年，采矿成为农民的重要收入。1991 年人均纯收入 349 元。2005 年采矿业封停，劳务输出为新的收入来源。2015 年人均纯收入 3270 元。

农业

中华人民共和国成立前的田土、山林集中在少数地主、富农种，中华人民共和国成立后实行“耕者有其田”的土地政策。1980 年，粮食总产量 821 万千克，比民国时期增长一倍。油茶是特产之一，面积 6000 亩，每年交售国家茶油 5000 千克。1981 年 10 月 23 日，生产队实行包干到户的家庭联产承包责任制，人均收入 349 元，退耕还林 1700 亩。2005 年全部免征农业税，并按每亩田土补贴种子、农药等资金 20 元。全镇形成了养殖、林业、中药材、水果四大支柱产业，有以荷花、顿脚水为主的生猪养殖基地，黄金坪为主的2000亩生姜基地，以提高、洞庭为主的5000亩高产油茶基地等，全镇产粮5286吨，人均纯收入2551元。2010年建成油菜生产基地3200亩，超级杂交稻基地3000亩，优质玉米高产栽培技术基地5000亩，人均纯收入达到3205元。2015年有种植、养殖基地11个，农民专业合作社16个，种养专业大户12户，农作物总播种面积10752亩，粮食总产量5700吨，农村经济总收入8200万元，人均纯收入3270元。

林业：

两丫坪属“七山一水两分田”格局，林业资源十分丰富，共有林地9.5万亩。1949年前，山林基本归少数富裕户所有。1949年后，山林被平均分配到人。1960年，两丫坪设区林业站，到1978年撤销。1979年成立乡林业站加强林业管理。2015年有生态公益林5865亩，活立木蓄积量20万立方米，森林覆盖率76%。

工业

清光绪二十九年（1903年），县人首办公司采矿，获利较丰。1953年设立乡企业办，负责管理水电站、榨油厂及乡属林场、茶场。1958年9月开展“大炼钢铁”运动，砍掉古树炼铁。1982年，年轻人外出务工。1986年开设冶炼厂。2005年冶炼厂停业，乡企业办撤销。2007年引入年产值5000万元的泰丰矿业有限责任公司。2015年全镇有12家电力、矿产和加工等企业，工业总产值2.2亿元，就地转移农村剩余劳动力700人，新增工资收入1030万元。

商贸

中华人民共和国成立前，在镇址上街和下街设有临街市场，街两边设有店铺。其时交通不便，大宗货物均从水路以货船运送，上行船只全靠拉纤作为动力。1952年10月，两丫坪供销社、两丫坪粮站成立。1953年11月，全区对粮食实行统购统销。1966年设村经销店。1985年1月1日，取消生猪派购。2002年供销社撤销，村民自主经销小商店。2010年投入5万元完成集镇综合整治工作，将影响市容市貌和交通秩序的肉食行划行归市，集市惠及周边5个乡镇群众。2015年末，集市共有门面360个，商业网点及摊位1100个，个体工商业者1340人，社会商品零售总额达1.23亿元，比2010年增长78%。

劳务

1982年后，劳务输出成为村民的重要收入。1985年外出务工人员3210人，占总人口的23%，实现经济收入9630万元。1996年在外务工人员4780人，占总人口的31%，实现经济收入1.8亿元。2015年在外务工5086人，占总人口的32.64%，实现经济收入2.54亿元。随着村级公路的开通，交通日益便利，外出打工群体有逐渐回流迹象。

财政金融

1952年9月，人民银行两丫坪营业所成立。1954年成立信用合作社，发放农业贷款5.7万元。1980年7月18日设立公社经营管理站，当年发放信用贷款37万元。1984年10月，两丫坪区财政站成立，乡设立财政所，是年发放贷款76万元。1986年5月17日，两丫坪区保险代办站成立，当年财产保险参保1280人，信用社发放农业和商用贷款153万元。1996年，发放贷款275万元。2015年，发放“三农”贷款和商用贷款836万元。

秀美两丫坪 （雷文录 摄）

基础设施

交通

民国前县城到两丫坪只有一条茶马古道，经桐木溪、龙王江、顿脚水、亮坳、磉基冲、大坡头到两丫坪。后此道从顿脚水改修，经黄金坪、岩鹰屙蛋对门半山上、射尿到两丫坪。1964 年 10 月修建高（高明溪）两（两丫坪）公路，长 12.32 千米，经两年修建通达顿脚水。1968 年 10 月，开始修筑顿脚水到两丫坪公路，因多为悬崖，历经两年凿修，于 1970 年溆两公路全线贯通，并修建两（两丫坪）中（中都）公路，1972 年竣工。1975 年 2 月，修建两丫坪到过江坡公路，两年竣工。1977 年修通两丫坪—江溪垅—提高—当家简易公路，两丫坪—咀坡村级公路，并修建 36 千米长的两丫坪到芦江电站公路，贯通九溪江、北斗溪两个公社，投入劳力 6500 人，一年后完成。2007 年投入 40 万元建成两丫坪镇中心客运站。2010 年投入 40 余万元完成镇区街道、停车场道路硬化。2015 年，投入 7637.58 万元硬化至各村村部公路 12 条，总长 75 千米，修通了各村村部至村民小组简易公路，全镇公路总里程达146千米。

邮电通信

两丫坪邮电支局成立于1956年12月，局长王贵祥。1989年9月有职工5人，1998年9月29日，邮政、邮电分管挂牌，邮电支局自然撤销。有邮政支局，在编3人；电信支局，在编2人。

供电供水

中华人民共和国成立前，无电力设施，生活照明都是照桐油灯、煤油灯和松明子。1966年各村自建小水电站10个，解决村民打米和家庭照明。1989年，两丫坪岩鹰电站建成投产，装机3台，发电量680千瓦时。全镇境内全部解决家庭用电。2005年，30%的村进行农网改造，2015年，有70%的村进行农网改造，实行了用电统一国家标准、统一价格。

中华人民共和国成立前人畜饮用井水。1980年，村民自行安装水管接引自来水。1996年5月，镇址内投资70万元，修建自来水厂1个，蓄水量800立方米，管道总长6000米。2005年，启动改水、改厕、改灶工程，集镇居民及附近村民都用上了自来水。2015年，全镇有自来水池23个，铺设管道总长8.78万米，每户都用上了以山泉水为水源的自来水，解决了农村饮水问题。

水利建设

境内属于沅江水系，大小支流10条，流域面积63平方千米；中华人民共和国成立前无水库，只有小型山塘和小溪坝。1970~1976年，修建了亮坳、冬瓜田、九彩虎、三叶界等小（2）型水库和涡溪江水利渠道。2010年用水泥加固维修涡溪江水利渠道7.5千米，完成水库冬修，进行除险加固。2015年有小

两丫坪风光　（雷文录 摄）

（2）型水库4座，骨干山塘4座、大小河流支流9条，流域面积超过10平方千米。水库实行专人责任制管理，根据水库大小每年付给管理者500元至800元不等的管理费，平时小方面的维修由管理者负责，大的灾情或隐患则及时上报，由村、镇维修。

村镇

镇政府规划区内辖2个村，总人口2800人，总面积4平方千米，1995年6月撤乡建镇，形成2个居委会，总人口3800人，建筑用地总面积53200平方米，人均40平方米，住居面积144800平方米，人均38平方米。1987年6月，区公所、乡政府征地5亩，移民7户，建成了一个3000平方米的农贸市场。2013年10月，投资4000万元，修建了沿河防洪大堤1.5千米，硬化街道1500米。2015年总投资120万元，硬化各村到组公路8条，总长60千米，修建各村村部16栋，村村有了独立的办公场所。

社会事业

文化

中华人民共和国成立前人民的文化生活有唱山歌、唱挖山歌、打老牌、下象棋、舞龙、舞狮、唱傩戏、唱船灯、唱花鼓、唱丧歌等。民间艺术爱好者自制二胡、笛子、唢呐，演奏民间小调。“文化大革命”时期，有“语录学习班”、唱样板戏、“语录歌”。1970年设乡广播站，广播员为邹田珍、王实英。1974年设公社文化站，站长为黄福莲。1974年开展全乡文艺会演。1977年成立了电影放映队，轮回下村放映电影。1982年设区文化中心站，文化专干为翟少华。1984年广播员为谌金仙。1986年3月王旭任乡文化站站长，于1987年3月创立两丫坪岩鹰文学社，有社员32人，编发油印刊物《岩鹰文艺》2期。1993年成立溆浦人民广播电台驻两丫坪记者联络站，站长王旭，有兼职通讯员8人，全乡在地（市）以上报刊发稿26篇。1994年3月，乡广播站设立有线电视转播站。1999年，文化站站长王身友和中学老师翟光烂等人恢复《岩鹰文艺》，出刊17期。2009年3月胡厅任文化专干，2013年投资40万元建镇文化中心，建筑面积300平方米，棋牌室3间，演练厅1间，图书室1个。2015年有文化楼1座，村图书室16个，添置图书15000册。

教育

中华人民共和国成立前无公立学校，均为私塾，教育普及率低。1958年秋筹建中学，同年9月招收第一届学生50人，校址在荷花村羊角坳，有教师9名。1960年全区在中都五里江设两丫坪农中，有学生28人，教师为王福山和翟德都，实行半工半读，次年撤销。1966年9月至1968年8月，两丫坪中学停止招生两年，1970年上期开办两丫坪区中学（即高中），初中从区中学分开，成立两丫坪公社中学。1974年设黑冲“五七”学校，设高中部和初中部，1979年撤销并入区高中，设黑冲联校（小学）。

1982年7月，两丫坪区教育办公室成立。1983年秋，公社中学改为乡中学。1985年1月区中学撤销。1987年4月乡政府筹资150万元，在小坡头征地40亩修建中学。1991年7月两丫坪乡中学迁至乡小坡头，1995年9月改名为两丫坪镇中学。2015年，中学有学生330人，7个班，教职工31人，校地面积30000平方米。有小学16所，新修小学校舍6所。

社保优抚

中华人民共和国成立前，百姓没有任何社会保障。中华人民共和国成立初，境内特困户通过区公所得到县政府救济。生产队时期，五保户由生产队养老。1992年4月，年满100周岁以上老人由县财政发给每人每月15元生活保健补贴。同年5月成立乡残疾人联合会。2008年实行最低生活保障制度，2010年3月建镇敬老院，10月正式投入使用，有工作人员6人，建筑面积1339平方米，五保户按分散供养和集中供养方式保障正常生活，分散供养由国家统一按月发放供养金，集中供养为愿意入住敬老院的五保户统一纳入到乡镇敬老院安排生活。2011年实行农民养老制度，全镇6898人参保，2480人领取养老金。2015年参加新农合人数13072人，参加社会保险7869人，享受低保人数537户，610人。分散五保户按2640元每人每年标准供给，集中五保老人按440元每人每月标准供养。

医疗卫生

中华人民共和国成立前只有3家私人药铺，中华人民共和国成立后设区卫生院和乡卫生院。区卫生院。1952年2月，创建十一区卫生所，设荷花村内，系全民所有制卫生单位，有职工3人，所长田世铁，隶属县卫生局和两丫坪区公所双重领导。1969年11月更名为两丫坪区医院。1978年3月改称两丫坪中心医院。1984年5月，恢复为区卫生院，1999年12月撤销。乡卫生院。1952年7月，公私合营为十一区中医联合诊所，设大坡头村内，系集体事业单位，隶属县卫生局和乡（镇）双重领导，有职工9人。各村建有卫生室，设赤脚医生1名。1969年11月改称公社卫生院，后与区卫生院有过“三合三分”。1982年改称乡医院。2002年改称为两丫坪中心卫生院。2015年末，有医疗机构1个，病床52张，每万人拥有病床30张，固定资产总值500万元，专业卫生人员45人，其中，执业医师8人，执业助理医师5人，注册护士15人。另有村级合作医疗诊所16所，医生32人。

特色地情

人文历史

重要事件

清道光十七年（1837年），湖广总督林则徐赴湘西一带视察行伍民情，经两丫坪时宿于灵鹫庵。

民国27年（1938年），土匪徐某林纵火焚烧两丫坪和九溪江场坪，损失惨重。

民国24年（1935年）12月11日，红六军团奉命从桥江出发，经水东、高明溪、两丫坪、九溪江去龙潭，后赴隆回。经过两丫坪时与尾随而来的国军先头部队在岩鹰屙蛋北面的牛形山上战斗，山上葬有牺牲的红军战士，有坟墓5处48座，埋葬100人以上。

民国34年（1945年）6月中旬，国民党100军在冷水溪兵分两路到隆回、新化阻击日军，一路经龙王江、两丫坪上老鹰坡。6月15日早上，该军29师杨荫部乘18军新生力量到两丫坪，歼灭一部分敌人，缴获山炮8门，俘敌300名；另一路从冷水溪过两丫坪镇的提高、当家、王排村、中都乡长坪村去新化阻断日军退路，曾在提高村埋葬死难士兵。

1949年6月至8月李浑、王楚伟、王悠然率领的安新邵溆游击队在镇提高村飞行坳上练兵3个月，于8月28日赴新化奉家镇与陈策、谌鸿章、姜定耀率领的游击队会合并成立湖南人民解放总队湘西纵队。

1949年9月20日，湖南人民解放总队湘西纵队从老鹰坡到咀坡，经平安、凉水井、王排、黄金坪到县城接管军务。同日溆浦解放。

1951年12月，凉水井贺英成因凿石开渠有功，被评为省级劳动模范，并被中南军政委员会水利部一等奖。

1956年1月，两丫坪农技站成立。2月，农业财会辅导组成立，组长米智华。

1958年9月，开展“大炼钢铁”运动，历时4个月。9月，以生产队为单位开办食堂，全部食堂化。

1960年2月，两丫坪林业站成立，站长吴传侃。

1971年11月21日，两丫坪区工商所成立。

1976年7月，中共溆浦县三届八次全会全体委员21人，参观两丫坪改山造林现场。是年，两丫坪被评为溆浦县开山造田十大样板之一。年底抽调民工参加修建深子湖水库。

1996年5月17日，撤销大坡头村村委会，设大坡头居委会，撤销荷花村村委会，设荷花居委会。

2007年4月，米智华联络两丫坪仁人志士编纂的地方志《风光秀丽两丫坪》出版发行，全书100万字，图片500幅。

名优特产

天子堂杨梅：有红、白两种，个大味美，远近闻名。

黄金坪黄土姜：土质独特，生姜质量上乘，口味纯正。

咀坡煤矿：为白煤，固碳含量90%以上，挥发分产率低，密度与硬度大，不结焦，燃烧时火焰短而少烟。

平安村黑山羊：野外放养，品种纯正，营养价值高。

顿脚水村亮坳浆糍粑：原生态食品，以嫩玉米为原料磨成浆，用芭蕉叶包裹蒸熟即成，家家户户皆能制作。

提高村鸭梨：单个重200~250克，农历六月上市，果肉细嫩，汁多味甜。

提高村戴氏碗儿糕：以大米为原料，磨成粉，发酵蒸熟，口感鲜嫩爽口。

洞庭村油茶：传统种植，出油率高，味道芳香浓郁。

当家村的黄牛：野外放养，品种纯正，肉质优良。

凉水井陈氏月饼：以精面粉、豆粉、花生等为原料制作，有菜碗大小，味道甜美，是中秋佳节必备礼品。

黄金村锣儿湾云雾茶：此地位于溪边山

中，四季多雾，茶叶嫩中带黄，茶味清香，产茶历史悠久。

王排山野生猕猴桃：圆形或椭圆形，乒乓球大小，外表有绒毛，果肉浅黄色，甜中微酸。

民俗风情

两丫坪镇政府所在地位于岩鹰屙蛋风景区内，两丫河穿境而过，有4座石拱桥横卧其上。有水库水面12亩，沿岸有怪石悬崖和100亩公益生态林。镇址内杨柳垂岸，吊脚楼相连，被誉为雪峰山“风情小镇”。两丫坪人过大端午，吃“尖尖粽”“枕头粽”。建房要请地理先生看地。娶媳妇要请先生“回神”。立夏要吃鸡蛋。过年要舞龙灯。境内非物质文化遗产已普查508项，其中，县级保护项目为提高村的龙灯、凉水井村的山歌和根雕艺术，市级为顿脚水“三棒鼓”、荷花的王氏土布织染，省级为荷花的傩戏。

风景名胜

境内有岩鹰屙蛋、岩观音、风雨桥等八景之说。岩鹰屙蛋位于镇址西边3里路处，石峰高十丈，崖顶为岩鹰下蛋孵仔之地，故名。距此两里路远的岩观音，为一形似观音头像的巨石悬置于崖壁上，俯视河边的麒麟山、象山、狮山和猴子石。古风雨桥位于镇址所在地，连接南北两岸，为石木结构，高两丈，上盖青瓦，桥宽5米，边上有桥栏，两边置放两排案板供摆摊。1975年拆掉此桥改修成公路石拱桥。仙人桥修建于明代，位于岩观

岩鹰屙蛋　（雷文录 摄）

音斜对面，桥高20米，跨度15米，为混凝土石拱桥。1977年在仙人桥上面另建一座水泥石拱桥。云锦桥，坐落于沿溪河与两丫河交汇处的犁头咀，修建于清代，1954年被洪水摧毁。灵鹫庵位于集镇南面山上，清乾隆年间溆浦典吏贾倬秀曾宿此庵，并题诗《雨后宿灵鹫庵》。嘉庆年间县令陶金谐曾几次宿于灵鹫庵，并在此写下很多诗词。此外还有黄野界庵堂、凉水井古井以及天子堂、凉水井古民俗村和王排生态风景区等。

红军牛形山战斗遗址：民国24年（1935年）11月，红六军团经过岩鹰屙蛋时，利用此地险峻的地势设“口袋阵”，与尾追之敌展开战斗。此地葬有牺牲的红军战士，有坟墓群5处48座，埋葬100人以上。

提高村安、新、邵、溆游击兵练兵地：1949年6月至8月，由安化县党组织派遣李浑到溆浦，与王楚伟、王悠然、武德章在提高村洞行坳上成立了“安、新、邵、溆”游击队，并在此练兵，直到8月28日，游击队赴新化奉家镇与陈策、谌鸿章、姜定耀率领的游击队会编为“湖南人民解放湘西纵队”。

天子堂古民俗村：位于岩鹰屙蛋山顶的一个村民小组。房屋大都建于明清时期，此地以出产个大味甜的杨梅闻名。

（编纂小组：贺达昊、舒小涛、张珍良、贺达忠、舒翔、胡斤、刘彬　撰稿：王旭）

溆浦高铁南站所在地
溆浦县南部窗口镇

北斗溪镇

（由原北斗溪乡、九溪江乡合并）

北斗溪新镇中心镇区图

（雷文录 摄）

区域概况

位置面积

北斗溪镇位于溆浦县南部，雪峰山中心区域，此地有市集临溪边，集日能售百斗大米，故百斗溪，后雅称北斗溪。东与隆回县虎形山交界，西与小横垅乡接壤，南邻龙潭、葛竹坪镇，北与两丫坪、统溪河毗邻，北距溆浦县城48千米，西距怀化61千米，东距省城长沙271千米。

建置沿革

民国时期置永和乡，中华人民共和国成立时，境内有五个保。1950年3月废保甲制，划乡建政，境内设九溪江、猫儿坪、罗家溪、岩坪、坪溪、岩儿塘六个小乡。1956年6月撤区并乡，分别成立北斗溪乡人民委员会，辖8个大队，公社机关设北斗溪，乡长侯细清；九溪江乡人民委员会，乡长龙开国。辖10大队，公社机关设李家湾，1958年并入小横垅公社。1961年10月，又从小横垅公社析出，分别成立北斗溪公社管委会，社主任龙开国，九溪江公社管委会，社主任张明安。1968年3月成立北斗溪人民公社革命委员会，主任段泽庆，九溪江公社革命委员会，主任向洪来。1980年2月恢复人民公社管委会，北斗溪公社管委会，主任沈隆立，九溪江公社管委会，主任黄光学。1984年5月农村体制改革，公社改称为乡，北斗溪乡党委书记吴传禹、乡长段先盈，九溪江乡党委书记周秉育、乡长黎笃华。1987年12月撤小横垅区，北斗溪、九溪江两乡属两丫坪区公所。2015年12月，北斗溪、九溪江两乡合并为北斗溪镇，机关迁至茅坡村茅坡垅坳上，党委书记梁金华、镇长舒均军。镇政府占地面积7467平方米，建筑面积3339平方米。

1978年以来，北斗溪乡先后有向东、陈代贤、吴传禹、王身稳、曾凡书、马明庚、彭代英、粟毅刚、段吉熙、左勇、梁宏斌、朱良辉任党委书记。沈隆立、段先盈、李辉球、马明庚、彭代英、毛邵阳、邓太欢、周向德、张勇、李翔、易长生、舒均军任乡长。九溪江乡先后有周秉育、贺勇、肖晓月、李定芳、夏冰、彭静芝、张娟、周逢、何国发、梁金华任党委书记。黎笃华、张克同、刘洪刚、向宪友、向中宇、彭静芝、张国跃、陈汉舟、贺颖、梁晋芳、陈小勇、舒小涛任乡长。

区域面积

1953年划乡建政时，6个小乡总区域面积为203.9平方千米。1954年把岩儿塘划归隆回县，小坪溪划归小横垅，金塘划归龙潭。1956年撤区并乡时，北斗溪为72平方千米、九溪江为104.6平方千米，耕地总面积为473.5公顷，20世纪60年代，开荒造田193.1公顷。到2015年末，辖区内耕地666.6公顷，其中，水田365.2公顷，林地13667公顷，森林覆盖率为80.1%。2015年

坪溪村

（雷文录 摄）

已划调林果、沙坪、松林、黄龙（黄田、龙形合并）,油垅、坪溪、茅坡（茅坡、桐林合并）、华荣村（华容、锦林合并）、光明（光明和搭溪合并）、宝山（宝山、长岭合并）、来凤（来峰和凤形合并）、红花（乌楼冲和金星合并）、前进（前进和岔木岭合并）、回春共 14 个村，区域面积不变。

人口民族

中华人民共和国成立时，境内永和乡二区（9、10、11、12、13、14 保），总人口 7000 人，1984 年境内总人口 15970 人，主要是汉族、瑶族、土家族。2015 年 4580 户 18170 人，农业人口 17811 人，非农人口 359 人，年度出生 141 人，自然增长率 7‰。

环境

境内为典型山地地貌特征，城墙岩和金子山东西对立，形成南、北河场峡谷，南高北低，最高峰 1314 米，最低 265 米，气候温和，雨量充沛，四季分明，属亚热带季风气候，全年无霜期 248 天。历年平均气温 14℃，全年平均气温 15.6℃，极端高温 39.9℃，极端低温 -5℃，年平均日照为 1380 小时，年平均降雨量为 1328 毫米，最大为 2520 毫升，最小为 750 毫升。

资源

境内水能资源丰富，二都河长 24.4 千米，溪流 14 条，河场落差大。境内矿石藏有石英石、铁矿、墨石、青石等。森林资源丰富，有林地面积 20.5 万亩。

灾害

主要灾害有洪灾、旱灾、地质灾害和冰冻，几乎每年都有不同程度的发生，中华人民共和国成立以来，最大的冰冻发生在2008年，历时1个月，最大洪灾是1954年和1979年，最大的地质灾害是2004年。

经济发展

经济概况

自古以来，北斗溪属于交通不便和经济不发达地区，溆水二都河流是唯一的货物流通渠道。农业有水稻、玉米、小麦、油菜、油茶、茶叶、棉花等作物。工业主要以手工业为主，有木、蔑、铁、瓦匠等。主要经济来源依赖木材、桐油、蔗糖出售，属典型的自然经济。中华人民共和国成立后，从1974年开始原北斗溪、九溪江两个乡分别成立了手工商贸服务站，集中境内所有的手工技术人员，进行生活用具、农机具制造，竹木产品加工销售；成立了水、陆运输队等。乡域经济有所发展，乡办企业产值达34.5万元。

个体工商业也开始起步，1980年改革开放以后，经济形式多样化，开始大规模人工造林和柑橘种植。20世纪80—90年代，柑橘为镇主要经济收入，年产量达210吨，产值2200万元，产品出口俄罗斯。2000年开始，小水电产业快速兴起，十年内辖区新建15座水电站，总装机容量3.88万千瓦，总产值为1247.9万元。同时养鸡、养猪等规模养殖大力发展，中药材开始大面积种植。2014年12月，沪昆高速铁路客运专线开通，溆浦南站落户北斗溪镇，加快了经济发展进程，2015年底，北斗溪镇国民经济总产值达8668万元。

农业

有史以来，境内以种植养殖为主，种植以水稻、玉米、油菜、蔬菜、荞麦为主；养殖以猪、牛、狗、鸡、鸭为主，1949年境内有耕地8200亩，人均1.1亩，以旱粮为主，且不能自给；全镇有耕地15807.6亩，人均0.88亩，其中，水田11954.4亩，旱地3853.2亩。2011年生产粮食6266吨，人均产粮355千克，其中水稻3799.8吨，玉米2218.8吨，粮食自给有余。2015年来规模养殖13家，其中，养鸡6户，出笼104916羽；养猪4户，出栏肥猪15061头；养牛1户204头；竹鼠养殖1户，2210只；养羊1户800只。

境内各类运输车辆333台，机耕犁58台，收割机1台，电动喷药器1500部。全镇年产粮6666吨，柑橘40吨，杨梅8吨。中药材种植面积1340亩，产值210万元。2015年农业总产值7126万元，占镇内生产总值的51.3%。

林业

中华人民共和国成立前，境内多为生态林、灌木林，1984年人工营造速生丰产林，2000年用材林23000亩。2004年退耕还林面积4350亩，2009年营造工业原料林和“三边”造林2100亩，到2015年底，全镇用材林面积为33000万亩。

坪溪村生态农业观光园　（雷文录 摄）

工业

历史上境内工业薄弱，以少量铁、瓦、木、篾、桶等工匠为主。1949年前有油坊、碾米坊9家。1974年北斗溪、九溪江分别成立手工业商贸服务站，有农机、陆运、水运队，从业人员176人，乡办企业产值34.5万元。2015年境内有兴明生物科技有限公司、砖瓦厂2家、采沙船2只、石材加工厂1家、碎石场1家、水电站16座总装机3.88万千瓦，工业从业人员263人，总产值1247.9万元。

商贸服务

1949年前境内九溪江小河街设墟场，其余村落团寨以屠夫为中心，设小商点。共有6个小街商点，1958年人民公社建立北斗溪和九溪江2个供销合作社后，开设食品站、饮食店，开始商贸服务。1991年北斗溪新建农贸市场，2002年扩建，室内面积600平方米，露天1000平方米，摊位220个，门面58个。2004年九溪江农贸市场从河街迁到供销社旁，占地4800余平方米，门面120个，摊位340个，个体工商从业者234人。2015年社会商品零售总额达811万元，其中，集市成交额4550万元，比2011年增长25%。

财政金融

1978年前，境内有2个农村信用社；1984年成立乡财政所2个，完成财税任务11万元，其中，农业5.5万元。1992年完成各项财税任务22万元，其中，农业12万元。2015年财政总收入2680万元，境内金融机构各类存款余额1.59亿元，比上年增长12.2%。各类贷款3500万元，比上年增长9.8%。

基础设施

公路

1976年以前，境内没有公路，只有一条龙潭至溆浦县城途经境内26千米的茶马古道，物资主要靠二渡河货船、竹排、木排等运输，20世纪60年代开始靠纤夫拉木船往返溆浦县城。1976年两丫坪至芹江电站公路通车穿越境内。1990年开通县城至境内客运班车。1991年10月松林大桥通车。2006年实现村村通公路。2014年12月沪昆高速客运专线通车，高铁溆浦南站设镇油垅村。2014年九溪江至统溪河硬化公路通车，2015年省道S338小横垅至北斗溪公路通车。2015年实现通畅工程，覆盖全镇14个村，通村公路全部硬化，总里程146千米，覆盖境内112个自然村，人民出行快捷便利。高速铁路到怀化18分钟，到长沙80分钟，汽车到县城60分钟。

桥梁

境内有15座横跨二都河桥梁。林果大桥2001年9月建成，沙坪平板桥2003年12月建成，松林大桥1992年1月建成，坪溪大桥2014年5月建成，茅坡大桥1997年元月建成，九溪江大桥2004年建成，猫儿江大桥2004年建成。新口湾铁索桥2000年9月建成，岩落壳铁索桥2000年4月建成，枞林洞铁索桥2001年9月建成，油垅铁索桥2010年10月建成，华容铁索桥1999年12月建成，张家湾铁索桥2000年5月建成，丁家坊铁索桥2000年4月建成，倒洞湾铁索桥2000年5月建成。

邮电通信

中华人民共和国成立前，境内没有邮电通信设施，1956年设立北斗溪乡和九溪江乡邮电所，安装电话总机，安装手摇电话26部，邮递员靠步行投递报刊及其他邮件。2001年开通程控电话，北斗溪安装120部，九溪江安装140部。2002年起，先后开通了移动、电信、联通三大通信网络，网络覆盖率95%，实现城乡一体化。2015年境内有邮政所2处，个体快递代办处、服务网点2处，各报刊发行12000多份，接送邮件10万件，电话交换机总容量2.4万门，固定电话用户1230户，移动用户6476户，电脑1610台，互联网用户649户，全年电信业收入218万元。

供水供电

境内历史上用桐油和松枝、油柴照明，1965年小部分村民用煤油灯。饮用水主要是山泉水、溪水和河水，1970年北斗溪乡和九溪江乡政府机关以微型水能发电机发电，供夜间照明。1979年北斗溪喇叭滩电站建成发电，装机250千瓦，供北斗溪境内8个村、九溪江乡沿河5个村生活照明。1986年红花电站建成，装机320千瓦，实现辖区内除原龙形村外全覆盖，1993年县爱卫办实施农村

溆浦高铁南站　（雷文录 摄）

自来水、农村饮水工程，到2015年底境内14个村，113个自然村全部用上自来水。

水利建设

境内属溆水二都河流域，有溪流14条，流域面积34.8平方千米，1949年前境内没有水库和山塘，只有少数溪坝，1967年起先后修筑红花水库和架枧坳骨干山塘，小（1）型、小（2）型水利工程21座，到2015年，境内32条110千米小渠，324处水坝及各类水利设施，全部得以防渗加固除险处理，实现旱涝保收。

镇村建设

民国初期，境内九溪江在沿河临江半边街300米设立市场。北斗溪只有一家米店和肉铺。20世纪50年代初撤区划乡，分别在北斗溪、九溪江设供销社。1976年，北斗溪、九溪江扩建供销社、卫生院、食品站、信用社、粮站等相应服务机构。乡政府所在地，逐步形成集市。1976年九溪江扩建政府办公大楼，占地面积2亩，1984年北斗溪修建政府办公楼1栋，占地总面积2.5亩，1983年九溪江礼堂建成，建筑面积450平方米。2012年，北斗溪综合大楼建成，建筑面积420平方米。2015年底两乡合并建镇，政府驻地迁至茅坡村茅坡垅坳上，新建办公楼3栋，占地面积7467平方米，建筑面积3339平方米。境内14个村建有标准村级服务平台，中心六村全面实施风貌改造和“三化一改”工程，全力打造“溆浦南部窗口镇、花瑶文化特色镇、神秘古村生态镇、高铁经济明星镇”。

社会事业

教育

20世纪40年代，境内有油鱼井阳氏私塾、光明村罗氏私塾以及茅坡村朝阳庵梁氏私塾。1950年开办白岩垅和谌家祠堂两所小学，设1—6年级，学生300人。1958年，各村开办小学，学生450人。1967年开办初中，小学由中学代管，北斗溪公社中学设唱歌垴，校长徐英俊；九溪江中学设墙垴口，校长肖顺达。1989年北斗溪、九溪江开设1—6年级完全小学（村办1—3年级），北斗溪校长丁开华，九溪江校长段吉焕。2006年北斗溪中学与中心小学合并为北斗溪学校，校长丁开华，2015年境内有教师104人，学生1370人，幼儿园2所，幼儿386人，专业教师18人，全镇小学儿童入学率、小升初升学率、初中适龄学生入学率、九年义务教育覆盖率均为100%。

文化体育

境内民间文化体育活动主要有高山号子、唱山歌、唱花灯、舞龙灯、狮子灯、船灯、踩高跷、下象棋、打三棋、六子棋、五子棋、裤裆棋、牛角棋等。20世纪60年代流行唱样板戏、跳“忠字舞”、看电影。改革开放以来，文化体育活动丰富广泛，主要有篮球、乒乓球、拔河、现代舞、广场舞等。2015年全镇有电视接受站4个，文化活动中心1个，村级文化中心14个。广场舞队11支，篮球场12个，文化综合楼2座，农家书屋14个，共藏书50

李家院子（雷文录 摄）

万册，传统舞龙队 8 个，舞狮队 3 个，古村落保护单位 8 个。

医疗卫生

历史上，境内多为民间中草药郎中医病，有 3 家药铺。1954 年北斗溪、九溪江均成立联合诊所，北斗溪诊所设枞林洞；九溪江诊所设九溪江桥头。1958 年两乡成立人民公社卫生院，北斗溪卫生院院长田彩连。九溪江院长张克前。1971 年北斗溪卫生院迁野猪江，1982 年迁至政府机关所在地，院长宋先同，医生 6 人。1994 年九溪江卫生院迁场坪，院长段吉生，医生 7 人，2007 年迁墙垴口，院长梁实生。2015 年全镇有卫生院 2 家，村卫生室 14 家，床位 24 张，专业医护人员 17 人。2008 年实施新农合政策，全镇参保 3509 户，11529 人，报销医疗费 148900 元，2015 年全镇参保 4535 户，人数 15623 人，报销医疗费 156760 元。

社会保障

中华人民共和国成立以前，境内老百姓没有任何社会保障，1949 年后，在灾荒年份，社员人均享受 75 千克左右的返销粮，五保老人由生产队负责养老。2006 年开始，实行最低生活供养制度，境内有 356 户 862 人享受低保保障，领取最低保障金 68960 元。2015 年 1072 户 3217 人，领取保障金 162190 元。2012 年实行养老保险，全镇 2410 人，领取养老保险金 12.05 元，2015 年 3080 人，领取养老保险 277.2 万元。2014 年境内建敬老院一所，集中供养 28 位老人，分散供养老人 107 人，每人每年 2400 元补助金按月发放。2015 年全镇完成危房改造 140 户，156 户 617 人顺利脱贫。

人民生活

民国时期，人民生活贫困，农民多以红薯、玉米、荞麦、蔬菜和蕨根为食充饥。民国 10 年（1921 年）大旱，境内逃荒上百人。中华人民共和国成立初，粮食产量低，农民平均口粮 180 千克左右，住房为杉木皮和茅草房，少数瓦房。1975 年开始引进杂交稻南优 6 号种子，粮食产量达 200 千克 / 亩，1981 年实行家庭联产承包责任制，农民生活根本转变，基本解决温饱；20 世纪 90 年代开始，通过外出务工和发展家庭经济，农民逐渐富裕，2005 年人均收入 2580 元。2015 年全镇社会总产值 1.25 亿元,农民人均收入 3690 元。每百户农户有面包车、小汽车 10 辆，摩托车 85 辆，彩电 120 台，洗衣机 103 台，95% 的村民过上小康生活。

特色地情

人文历史

重要事件

民国 24 年(1935 年)12 月,红六军团肖克、王震主力团途经境内，南上龙潭。

民国 27 年（1938 年）土匪徐某林，纵火焚烧九溪江集市，造成重大损失。

民国 32 年（1943）年，县长郑达率保安警察大队剿匪，在坪溪村火炉冲击毙土匪头子徐某林。

1952年6月，建立乡政权，旧保甲制度废除。

1954年6月17日，暴发百年未遇洪水，九溪江集市住房、商店被冲，境内桥梁、渡船、数百亩水田被毁。

1954年，九溪江铁厂建成投产，建高炉4座，职工22人，1959年发展到120人。

1967年九溪江红花水库（小工型）动工，1976年，由原小横垅区抽调全区4个乡的主要劳动力进行集中扩建，于1977年冬完工，库容量为40万立方米，可灌溉农田1200亩。

1971年5月29日，恢复中共北斗溪委员会。同年8月29日，恢复中共九溪江委员会。

1977年10月，两丫坪至芹江公路动工，全程36千米。

1979年，北斗溪喇叭滩水电站建成投产，装机250千瓦。

1983年6月12日，九溪江公社电影院失火，烧毁电影院、农机站、邮电所、兽医站、7户住房和1个代销店。

1986年，北斗溪乡获评全国计划生育工作先进单位。

1989年，欧阳悦被评为全国优秀教师、湖南省教育系统劳动模范。

1992年1月20日，北斗溪大桥建成，集市开市。

2001年，王贵山（九溪江前进人）被评为湖南省交通系统劳动模范。

2004年7月，九溪江光明大桥、猫儿坪大桥和九溪江至统溪河公路通车。

2014年4月，湖南省教育厅扶贫工作队进驻坪溪村。

2014年12月16日，沪昆高速铁路客运专线正式通车，溆浦高铁南站正式运营。

2014年12月，九溪江乡成功创建湖南省安全生产示范乡镇。

2015年3月，浙江宁波周秀芳老师、孙绍富院长到九溪江支教。

2015年12月，原北斗溪乡、九溪江乡合并为北斗溪镇。

2015年12月，省道S338小北公路全线通车。

名优特产

富硒毛尖茶：宝山村高山云雾绿茶专业合作社，有茶园2000亩，年生产富晒绿茶7吨、红茶3吨。

乌梅：全镇杨梅510亩，主要产区坪溪100亩，光明50亩，华容50亩，年产量80000千克。

瑶寨腊肉：全镇年熏制11万千克，有腊猪脚、猪头、猪肠、猪血豆腐、血糍粑等。

土鸡：由当地土鸡繁殖，年饲养6万只。

百合、金银花：百合成为全镇一大特产，金银花种植面积1200亩，百合种植200亩，年生产金银花20吨，百合50吨。

民俗风情

春节：从腊月初八开始，每户都会拿着自制的长杆扫帚进行大扫除。俗称“打扬尘”。腊月二十左右，家家户户开始宰年猪、打糍粑、蒸年糟（甜酒）、炒米泡（薏米）、宰年鸡。宰年猪时，要把已清理好的整头猪摆放在堂屋正中，祭祀祖先，还要宴请家族长辈，邻居好友。称“尝鲜汤肉”。腊月二十三晚上，要在灶门口边焚香烧纸，过年那天一大早，主妇们忙着做年饭，当家男人把煮熟的猪头、鸡、鱼，还有酒水、香茶用竹篮提着去堂屋祭拜祖先，再去土地堂、庙堂、祭拜土地神、庙神。祈祷来年风调雨顺，国泰民安。过了中午开始吃“团年饭”。境内欧阳姓氏人家在腊月二十九日凌晨开始团年。三十晚上，通宵达旦，放烟花鞭炮，给未成年的儿孙发压岁钱。从正月初一到正月十五日，给长辈拜年，走亲访友，开展舞龙灯、狮子灯等一系列活动。

婚俗：自古注重媒妁之言，不管是自由恋爱还是经人介绍，都得媒人沟通协商男女双方在结婚中的诸多事宜，从见面、合八字、看人家、订婚、报日、拜堂，媒人都参与其中，尽力协调满足双方意愿。事成之后给媒婆赠送一些礼金、礼物，一场好事方算圆满结束。

新造房屋：修建时，要择地、择日、择方位再破土动工，上梁时，由两位木匠师傅抬起梁木从木梯子往上爬，说祝福的吉利话，全是七字押韵的句子，上好梁木后，抛投糍粑、糖果，十分喜庆。

丧葬习俗：家有丧事，老人去世，要请人择地、择日埋葬，同时要进行道场活动，请画匠为亡者扎制灵屋。

高山号子：每逢重大集体农事活动，如开荒、修剪、挖土、垦林，请来号子歌手演唱，歌手为两人，敲锣打鼓，一唱一和，高山号子属男高音，声音可远传数里，高亢激昂，濒临失传。

宴会习俗：每逢婚嫁、造屋乔迁、丧葬等重大事情都有乡亲乡邻、亲朋好友赴宴，宴席菜谱为九碗菜，七荤二素。随着生活水平提高，已是十二碗菜，十荤二素，为了不造成浪费和注重饮食卫生，已逐步形成用公筷的习惯。宴会根据不同的事情有不同的习俗。凡喜事摆席，只能在屋内开席，丧葬之事才可以放在屋外开席。新婚宴请，礼仪特别多，新娘子未进屋的前一天，晚宴是特别招待外婆家亲人。在堂屋摆四席，分上、下席，每一个席面要分上、下主位左、右陪位。按外婆家亲人辈分大小依次入席，一定不能错辈和错位。新娘进屋拜堂的那一天，是特别招待女方送来的亲人，仪式和座位同招待外婆家一样。过去交通不便，女方送来客人要留住两天两晚，席分洗尘、落程和起程。现在一般吃一餐晚宴就回去了。

风景名胜

女儿洞康养谷：位于沙坪村，总面积4800亩，2013年起投入资金2100万元，已

女儿洞风光　　（雷文录 摄）

七星瑶寨　　（雷文录 摄）

开发龙鳞石、旗山岭、水牯龙、屙屎岩、将军山、观音山、女儿洞等十处景点。

仙坡寺：坐落在镇东边雪峰山脉北支，始建于明代，两厅两殿，建筑面积600平方米，景区总面积16000亩。东有虎形山，北有凤形山，南有龙形山、三角九堖、七盘八仙等景区。

红毛将军府：位于光明村李家湾，明末清初古建筑群，距今三百多年，占地6000平方米，据初步考证为李自成部将牛万才大本营，闯王李自成隐住地。

善司殿庵堂：坐落于九溪江黄家乌老坳，金獭捕鲤峰巅上，始建于清末民国初，毁于“文化大革命”时期，1985年复修。

二都督府：位于九溪江红花村，矿蓝溪宋家坪，晚清时期置二都督府。

飞水洞瀑布：位于茅坡村西边群山中，瀑布落差79米，形成飞水成雾的景观和冬暖夏凉的气候。

狮子洞：位于松林二都河段江边的狮子山中，属石灰岩溶洞。洞长3千米，分上、下两层，最大洞厅高、宽10多米。洞内溪水流淌，遍布石花、石乳和石柱。

丁家坊古村落群：位于九溪江光明村，清雍正年间，丁姓人办榨油坊得名，雍正年间，张氏兄弟迁于此，嘉庆时期，张德隆考取太学，家业兴旺，修建了规模较大的四合院、楼阁，并筑建围墙，形成了一片古村落群。

（撰稿：梁和义）

溆水源头保护区，
传统石雕之乡

中都乡

中都乡全景

（雷文录 摄）

区域概况

位置面积

位于溆浦县东南方的太阳山下，海拔272米~1596米之间。东边与新化、隆回毗邻，南临沿溪乡，西连两丫坪镇，北接淘金坪乡。离县城45千米、沪昆高铁溆浦南站36千米。有汉族、苗族、瑶族、土家族等民族，下辖11个村委会，2975户，10012人。

建置沿革

中都乡四面环山，其形如洞，称为“中洞”，后演变成中都。清康熙三十五年（1696年）中都为二区（含现在的两丫坪、水东）。乾隆年间属两丫乡。民国2年（1913年）中都属二区高明溪镇管辖。民国21年（1932年）区下设若干段或团，二区辖16团，中都属第16团。民国29（1940年）7月，全县设17个乡和1个镇，原二区分为3乡，即永和乡、瑞和乡（含现在的中都、沿溪、两丫坪、淘金坪）及祥和乡。1949年9月20日，全县解放，中都仍属瑞和乡。1950年3月，废除乡、保、甲旧制，6月建立第二区人民政府，中都属第二区管辖。1956年6月撤区并乡为中都乡。1958年9月，中都乡并入两丫坪大公社。1961年10月体制调整，中都乡从大公社分出，成立中都公社管委会。1968年9月23日，成立中都公社革命领导小组，继而取代了原公社管理委员会的职能。1984年由社改乡，为中都乡。历任中都乡（公社）党委书记的有梁长金、文昌荣、田祯才、张良汉、贺方望、奉菊生（革命委员会核心小组组长）、黄泽兴、胡名华、周钟明、贺勇、罗铁桥、张在田、黄德乔、夏冰、贺俊华、扶运长、陈汉舟、向秋凤、李翔、武帅；历任中都乡（公社）乡长的有陈三文、梁长金、刘应军、贺方望、奉菊生、黄泽兴、梁长金、贺勇、周钟明、沈隆立、罗铁桥、王修早、张克同、夏冰、谌利斌、贺方同、魏子明、宋一平、向秋凤、李佑省、张月兴、周红波、宋明宏。

区域面积

中都乡南北11千米，东西10千米，2015年全乡总面积124.46平方千米，有11个村，2975户，10012人。县属国营中都林场位于中都乡东北部的太阳山上，与新化、隆回接壤，经营面积5.85万亩。

自然资源

乡境内属亚热带湿润季风气候，四季分明，常年平均气温在14℃左右，常年降水量1200~1600毫米。气候适宜，雨量充沛。矿产和水能资源丰富，主要矿产有硅石、水晶石等。浙南郦都电站、中林二级电站、岩屋口电站、中联电站、吊岩洞电站、泗坪电站、坪塘电站相继投产，总装机5000千瓦，上缴国家税收140万元。境内有古典民俗村落8个，保存完好的古寺3个、古祠2个，古亭5座，明清时期古房屋12栋，生态风景区16处，名胜古迹

22处，未开发的自然溶洞2个。国营中都林场有人工造林面积3.8万亩，生态公益林面积3.6万亩，活立木蓄积量12万立方米，森林覆盖率95%。

灾害

主要为洪灾、火灾和冰雪，中华人民共和国成立后最严重的洪灾是1954年6月，山洪暴发，冲毁桥梁18座，房屋33栋，水渠16条，死亡7人，19人受伤。1973年3月26日，中都印坪发生森林大火，沿太阳山蔓延到2个公社和15个大队45千米，烧毁幼林5万多亩，成林1千亩，损失12万元。2006年6月，椒溪水灾，造成5人死亡，损坏房屋23栋，损失120万元。2008年1月，印坪发生火灾，烧毁78户房屋。同年1—2月，遭受严重冰雪，全乡断电断水，交通封闭半个月。2011年，泗坪发生火灾，烧毁房屋12栋。

经济发展

经济综述

境内属于“七山一水两分田”格局，田少山多，农民种养结合、自给自足；种植水稻，玉米、红薯、天麻，盛产茶油、菜籽油，养殖牛、生猪、野猪、土鸡土鸭、高山清水鱼，是县东南部原生态牲禽、鱼类、蔬菜基地。境内矿产资源丰富，2005年采矿业封停，劳务输出成了农民收入新的增长点。2015年经济总收入8200万元。

农业

有耕地面积8059.65亩，水田5291亩，林地12.3万亩（含中都林场）。中华人民共和国成立后的1952年，中都乡农民韩承全种植水稻1.03亩，收干谷564千克，出席省劳模大会。1960年，连遭水灾和旱灾，全社连年减产。1978年，粮食产量376万千克，比1950年翻了一番。1981年10月分田到户。1983年高坪村种植天麻1285千克，收入7540元，种植魔芋收入7500元，种植土豆收入6000元，人均收入180元。1991年全乡人均纯收入315元。2005全部免征农业税，并按每亩田土补贴种子、农药等资金20元。全乡形成了种植、养殖、林业、中药材、水果五大支柱产业，当年粮食产量5379吨，人均纯收入2505元。工业总产值6000万元，上缴税收130万元。2008年，桂花村种植金银花130亩，新增收入50万元。2015年全乡成立种植、养殖专业合作社8个，种养专业大户13户，500头以上规模养殖场3个。放养二代野猪、生态黑猪、高山黄牛以及高寒冷水鱼，养殖业收入144万元，粮食产量5782吨，人均纯收入3899元。

工业

中华人民共和国成立后于1953年设立乡企业办，负责管理水电站、榨油厂，乡办林场、茶场。1996年矿山实行股份合作经营，总人数200人。1997年因选矿技术不过关，开采歇业。1999年，中联电站、岩屋口电站

太阳山上养黄牛　（雷文录 摄）

完成发电3000万千瓦时，创收330万元，上缴利税59万元，投资收益率26%。2006年，将矿区采矿权转让给福建南靖宇鑫矿业公司，注册为溆浦县宇鑫矿业公司。中都加油站建成使用，年收入300万元，上缴利税15万元。2010年成立青山锰业公司、璞珺石材和华庆冶炼厂，年产值1700万元。2015年全乡有9家电力、矿产和加工等企业，工业总产值1.52亿元。就地转移农村剩余劳动力420人，群众新增工资收入87万元。

商贸服务

原有马路市场，供农民交换物资。1952年10月，中都设立粮站，1953年11月对粮食实行统购统销。1961年5月设中都供销社和茅坡头供销点。1966年设立村经销店。1985年1月取消生猪派购。1996年建有农贸市场1个，设摊位120个，年交易额1000万元。2002年供销社撤销，村民自主经销商店。2015年在各村设立了电商服务点，通过电子网络进行商品交易。共有集市门面230个，商业网点及摊位790个，个体工商业者1180人，社会商品零售总额达8947万元。

劳务经济

1982年前以集体经济为主，农民皆从事农业生产。1982年开始劳务输出，1985年外出打工人员2570人，占总人口的25.7%，经济收入7200万元。1996年打工人员3108人，占总人口的31%，经济收入1.15亿元。2015年在外务工3270人，占总人口的32.64%，实现经济收入1.82亿元。

财政金融

1954年1月，成立中都信用社，1984年设立乡财政所。1999年10月，中都信用社并入两丫坪信用社改为分社。2001年，中都设立保险代办站，当年财产保险参保560人，信用社发放农业和商用贷款942万元，存款2108万元，1996年发放贷款530万元，存款1346万元。2015年，发放农业贷款和商用贷款2763万元，存款5643万元。

基础设施

交通运输

中华人民共和国成立前中都乡没公路和水路，只有通往各地的石板路。中华人民共和国成立后的1970年，开始修建两丫坪至中都公路，1972年建成。1985—1987年修建7千米长的中都至印坪公路；2000—2003年修建8.6千米长的印坪至五里江国有林场公路。2001年12月,高坪村至新化奉家镇公路动工，总长4.4千米。2004年完成“砂改油”工程，拉通了印坪至隆回金石桥、高坪至新化上团跨县公路，并修通至各村公路。2007年投入30万元建成了中心客运站，2015年投入2000万元完成村级公路硬化，修通了村民小组简易公路，公路总里程123千米。

邮电通信

1956年12月，设立中都邮电所，有职工2人，手摇电话2部。1998年9月，区邮政、邮电分管挂牌。2002年建成程控电话。2006年移动电话全覆盖，另设快递公司3家。2012年，联通、电信公司信号全覆盖。

供电供水

中华人民共和国成立前无电力设施，人们生活照明都是照煤油灯、罐头灯。1966年自建村级小水电站5个，解决打米厂用电。1992年5个村拉通了高压电。1993年6月，中联水电站建成投产，是县第一家以股份制形式开发的水电站，有集体股东2个，个人股东53个，总股金55.63万元，装机容量2×200千瓦，发电量25万千瓦时。1995年8月建成投产的岩屋口电站装机容量为2×400千瓦，年发电量440万千瓦时，总投资171万元。2005年40%的村进行农网改造，2013年，坪塘电站建成投产，装机容量2×100千瓦。2015年，全乡全部完成农网改造，实行了用电统一国家标准、统一价格。

中华人民共和国成立前农村用井水。1980年开始，村民自行安装水管接引自来水。1998年5月投资53万元，修建自来水池2个，蓄水量800立方米，管道总长4000米。2005年，启动改水、改厕、改灶工程，集镇居民及附近村民都用上了自来水。2011年成立泗坪山泉水厂，山泉水销往县内。2015年，有自来水池19个，铺设管道总长6.28万米，每家每户都用上了本地自来水，解决了农村饮水问题。

水利建设

境内为溆水源头，属沅江水系，支流12条，流域面积52平方千米；中华人民共和国成立前只有小型山塘和小溪坝。中华人民共和国成立初期修建了羊里洞至太子冲水渠1000米，灌溉农田370亩，椒溪到茅坡头水渠1200米，灌溉农田780亩。1969年修建中联村7千米长的丰收渠，灌溉农田1300亩。1973年修建了5000米长的沙溪跃进渠，灌溉农田450亩。长丰村修建3000米长的“跃进渠”、4000米长的“更生渠”，灌溉田地400亩。1975—1985年，长丰村修建了小山塘15口，灌溉农田500亩。2013年由袁甫健等人出资700万元改造长丰村“更生渠”，修建坪塘电站，发挥灌溉、发电两用功能，以电养水。2014年，由县水利局投资修建了高坪村渠坝11处，长200米，灌溉水田200亩。

村镇建设

乡政府所在地有3个村，是政治、经济、文化中心，村民沿着交通便利的道路建房。1982年投资70万元修建中联村通往泗坪村的桥梁。

2003年修建农贸市场。2005年投资3万元拓宽中心地带公路，并进行硬化。2009年，全乡修建公路37条，52千米长，硬化公路16条，修建大小桥梁53座。2015年，为搞好辖区环境卫生，修建垃圾亭47座，发放垃圾桶670个，配备小型垃圾车1台，由专人每天拖运垃圾。

社会事业

文化体育

中华人民共和国成立前民众文化生活为唱山歌、打老牌、下象棋、舞龙、舞狮、唱花鼓等。中华人民共和国成立后成立有文艺宣传队。文化大革命时期，流行唱样板戏，唱语录歌。1970年设乡广播站，1973年设公社文化站。1977年成立电影放映队。1994年广播站撤销，由中联村盲人王光明设立公益广播室。2015年，在中都村内建成了灯光球场和文化活动场，全乡有舞蹈队6支，文艺宣传队1支，各村设图书室11个，添置图书12000册。

教育

中华人民共和国成立前无公立学校，均为私塾。中华人民共和国成立后于1960年在贺氏祠堂设中心小学。同年在五里江设两丫坪农中，有学生28人，教师为王福山和翟德都，实行半工半读，次年撤销。1970年中心小学更名中都公社中学，校址迁至泗坪村。1974年在印坪贤朝坳设半工半读高中班，1977年迁往大山界；1984年5月中都公社中学更名为中都中学。2015年有初级中学一所，小学9所，新修小学校舍5所。

社保优抚

中华人民共和国成立初，对特别困难的群众由政府出资和民间集资保障其生活，对孤寡老人和五保户由民间集资集粮供养。1992年，对年满100周岁以上老人由财政局发给每人每月15元生活保健补贴。2008年开始实行最低生活保障制度，1998年，五保老人由政府民政专项资金供养。2010年，特困人员享受社会低保。2011年，实行农民养老制度，全乡6830人参保，382人领取养老金。

2015 年参加新农合人数 8963 人，参加社会保险 7120 人，享受低保 239 人。

医疗卫生

中华人民共和国成立前只有 2 家私人药铺。1952 年 7 月，乡政府所在地设中医联合诊所中都分所，有职工 2 人。各村建有卫生室，设赤脚医生 1 名。1959 年 1 月至 1962 年 9 月改称两丫坪公社卫生院分院。1962 年 10 月更名为中都公社联合诊所，实行自负盈亏。1969 年 11 月，更名中都公社卫生院，1984 年 5 月，更名中都乡卫生院。1998 年 3 月，乡卫生院由集体所有制改为全民所有制，隶属县卫生局和乡政府双重管辖。2015 年末有医疗机构 1 个，卫生室 11 个，病床 50 张，每万人拥有病床 50 张，固定资产总值 300 万元，专业卫生人员 30 人，其中，执业医师 6 人，执业助理医师 3 人，注册护士 8 人。

特色地情

人文历史

重要事件

民国 15 年（1926 年）冬，地下党员翟根甲在中都发展了茅坡头的陈耀南、中联村的严伯春为党员。民国 16 年(1927 年)5 月 24 日，溆浦县城发生“敬日惨案”，翟根甲、贺虞卿、谭坤祥和中都乡的陈耀南、严伯春等 100 多名游击队员上山打游击，与国民党部队战斗三个多月，最后因势单力薄，队伍被打散，翟被俘。

1958 年 2 月，中都林场成立，场长梁忠侯。

1959 年 10 月 18 日，中都林场收归国有；12 月，调集民工修建湘黔铁路。

1961 年 4 月 1 日，停办农村公共食堂。6 月，参加修建湘黔铁路的民工停工回家。

1982 年，一工厂的手扶拖拉机在大山界公路翻车，造成 5 死 7 伤。

1985 年 11 月 16 日上午 9 点，泗坪村民贺显东雇请驾驶员贺炳林驾驶拖拉机，车上共 17 人，在离开中都 1.3 千米的下坡处，因车速过快，拖拉机直冲往左侧 29 米深的岩石大山沟，造成死亡 6 人，重伤 8 人，轻伤 3 人。

名优特产

印坪高山黄牛：放养于太阳山，品种纯，肉质好。

高山蜂蜜：因独特的高海拔地理条件，境内多林地，花粉纯，酿出的蜂蜜浓度在 42℃以上。

野生天麻：生长于太阳山丛林中，为治疗头晕之特效药。

高坪马铃薯：个大，口感甜而粉，为同类之上品。

长丰村鱼嫩子：生长于源头水中，入口香嫩。

沙溪甜茶：为多柯穗茶，生长于石山之中，含丰富的矿物质。

椒溪野生石蛙：生态养殖，肉质细嫩，清香舒心。

桂花、椒溪良种杨梅：成片栽植，形成

高山蜂蜜 （雷文录 摄）

产业。个大多汁，颜色鲜红，口感微酸带甜，系开胃良品。

太阳山野生猕猴桃：圆形或椭圆形，乒乓球大小，外表有绒毛，果肉浅黄色，甜中微酸。

民俗风情

中都高坪村为少数民族民俗村，居住着瑶族、苗族人。高坪、上畲的苗族人多为覃姓，他们沿袭农历腊月二十八日祭年习俗。中都是石雕之乡，石雕作品广泛用于祠、凉亭、桥梁、庙宇、墓碑等，石雕艺术已列入县级非物质文化遗产保护。中都人做红白喜事都要请先生“择日子”，娶亲嫁女要“回神”，建房要“安神”，出殡用“夹杠”，每家每户都要“安家仙”（安神龛），纪念祖先。

风景名胜

上畲向警予办学遗址：民国5年（1916年）夏，向警予赴上畲劝学，并在当地私塾先生覃声上的协助下，借用覃声求家木屋开设文化短班，传授女同胞文化知识，宣传革命思想。

翟根甲墓地：民国30年（1941年）8月，翟根甲被国民党反动派追踪杀害于中都乡水打田（今群山村），后葬于此地。

上畲红军桥：民国24年（1935年）12月13日，由贺龙、任弼时、关向应率领的红二军团4、5、6师和新兵团自新化上团转入中都乡庄坪、上畲，并在此桥露宿，次日过烂泥湾上老鹰坡，然后去隆回。

太阳山：位于中都与新化、隆回交界之地，为雪峰山七十二高峰之一、溆浦县第二高峰，海拔1594米。距主峰150米处有太阳庵，始建于清雍正六年（1728年）。国营中都林场在此山中，有各种自然景点18处。

灵山寺：位于大明山顶，始建于明朝永乐年间，因大明山形如轿顶，又称“轿顶寺”。

人形岩：位于中联村五组路边，高26米，宽8米，酷似人形，脚下有一天然石碑，碑上有形似草篆的文字，乡人称为“自生碑”。

麟凤阁：为一凉亭，位于中都去上畲路中，由朱家祖先朱爵万于清道光十六年（1836年）斥资修建，道光十八年（1938年）竣工。

幽幽谷：原名“吊岩洞”，为一险峻的大峡谷，位于原桂花村水口山，峡谷内有深水潭17个，河流湍急，四周皆为悬崖。

石门洞：位于长丰村境内，有两座石山下开上合交颈而立，自然形成一个高约6米、宽约5米的三角形洞门。洞内有一长2千米，宽1千米的盆地，住有一个村民小组；另有一溪流，有大小瀑布7个。石门洞因形似陶渊明笔下的“桃花源”而闻名。

九锅塆自然迷宫：位于长丰村岩屋冲组内，有几十个大小、高矮、形状基本一致的山峰，外人一旦进入其中很难走出，故被称为雪峰山自然迷宫。

中联村人形岩　（雷文录 摄）

长坪村石门洞　（雷文录 摄）

高坪民俗村：全村瑶族、苗族、土家族占总人口的67%，被省、市确定为少数民族村。

蛟溪贺氏宗祠：为清代贵箴太公后裔所建，现仍保存完好，大门牌楼上有精美的花纹雕刻和人物塑像。

境内还有怀抱坳、群山村龙耳山、泗坪三孔石拱桥等风景名胜27处。

（资料搜集：武帅、宋明宏、丁秋霖、奉鸣举等　撰稿：王九日、罗锦清）

溆、邵古道贯穿全境，
境内有花瑶祖籍地和著名的满天星风景区

沿溪乡

沿溪之晨

（雷文录 摄）

区域概况

位置面积

沿溪乡位于溆浦县东南、太阳山西南坡，北毗中都乡，西北邻两丫坪镇，东南连隆回县，西南接北斗溪镇。因先民沿溪河上溯此地定居繁衍，故名。乡人民政府驻旺坪村，距县城48千米。

建置沿革

民国时属二区瑞和乡，中华人民共和国成立初为十一区所辖，1956年成立沿溪乡，1958年隶属两丫坪人民公社。1961年设沿溪人民公社。1984年分设沿溪、金垅两乡，1995年复合并为沿溪乡至今。历任书记有陈明信、王修庆、王厚生、梁长金、王身宏、李晓、张良欢、张远铁、刘礼让、贺勇、周钟明、肖永佐（原金垅乡）、聂青山（原金垅乡）、梁秋（原金垅乡）、陈林海、徐礼元（原金垅乡）、胡尚掌、肖立平、阳锡令、杨吉和、郑晓鸿、贺达昊、邱远改。历任乡长有向致森、吕代元、梁长金、王身宏、李晓、张良欢、张远铁、肖永佐、王修早、贺方水（原金垅乡）、李传良、王矩立、卜陆山（原金垅乡）、揭开育（原金垅乡）、刘贵庭（原金垅乡）、徐礼元、肖立平、刘俊生、阳锡令、宋一平、魏子明、樊津阳、梁宏斌、贺达昊、杨昌喜。

区划面积

明清保甲制延至民国末年。1951年起先后设立金鸡垅乡、沿溪乡、朱家园乡、杨柳江乡。1958年，境内辖6个生产大队。1961年调小体制规模，沿溪人民公社辖青坡、旺坪、旺溪、白玉、油浪溪、烂泥湾、杨柳江、荆竹山、黄土坎、雷打洞、金鸡垅、吉祥、瓦庄、三渡水、朱家园、过江坡16个大队。1984年改制为16个行政村。

人口民族

据族谱资料，明清以前，有贺、张、陈、王、刘、李等汉人家族迁入境内，繁衍生息。1985年1074户，5005人；金垅乡1344户、6114人。2015年末，总人口12660人，其中男性6841人，占54.04%，女性5819人，占45.96%。境内少数民族有土家族、瑶族、侗族、苗族、壮族、傣族、白族、满族，其中，土家族1169人，占9.23%；瑶族551人，占4.35%；其他81人，占0.64%。

自然环境

境内以山地为主，老鹰坡、凤凰坡、定功山（斗笠坡）、荆竹山、太阳山连绵起伏，海拔412~1596米，最高点荆竹山村黄瓜寺山（又名“环云峰”）1596米，最低点青坡村陈家湾412米。溪河密布，龙王江左源、猫儿江上游两大垅水纵贯全境。气候温和，属于亚热带季风湿润气候，四季分明，冬短夏长，年平均气温14℃，年降水1200~1600毫米。土壤以板页岩红壤、砂岩红壤为主。

自然资源

境内矿产资源主要为煤、铁、铜、硅、锌矿等，含煤面积8平方千米以上。旺坪、青坡、朱家园、瓦庄等村富含硅矿。动植物种类繁多。植被多见果木、油茶、桐木、杉木、松木、杂木、灌木、楠竹、杂竹等。现存珍稀动物有娃娃鱼、水獭、黄麂、猫头鹰、石蛙、林蛙、锦鸡、蛇尾雀等。

自然灾害

主要灾害有旱涝、霜冻、地质灾害等。民国10年（1921年）大旱，境内饿死上百人。1954年5月，发生百年一遇洪灾，雷打洞村9人死亡。2006年6月25日，特大洪灾，损毁公路40千米、桥梁1座，冲走冲毁房屋120余栋，通信、电力全部中断，直接经济损失5000万元。2008年初，持续冰冻60天，停水断电，公路交通中断30天。

经济发展

综述

沿溪乡位于溆、邵交界的雪峰山区，历代以自产自销、自给自足的小农经济为主，是县最大的杂粮产销区。改革开放后，在政府的引导下，经济迅速发展。开展山果、茶叶、中药材等特色种植。2015年总产值达1.72亿元。

朱家园　　（雷文录 摄）

农业

境域农业以传统种植业、畜牧业为主，渔业未形成产业。种植以水稻、玉米、红薯、马铃薯、蔬菜为主，养殖以猪、牛、羊、狗及鸡、鸭、鹅为主，溪河低海拔谷地有少量甘蔗、棉花种植。中华人民共和国成立以前，粮食不能自给。中华人民共和国成立初期至20世纪60年代中期，水稻种植以胜利粘为主，亩产250千克；60年代中期以后水稻新品种珍珠矮、农垦58、杂交水稻普遍推广，稻谷亩产最高达到600千克。2000年后黄土坎、荆竹山等村大力发展金银花、白术等中药材种植。旺坪村的杨梅，瓦庄村、朱家园村的猕猴桃已形成了产业化规模开发。瓦庄村王依清成立溆浦县君健中药材专业合作社，先后开垦荒山种植黄檗3000亩，玉竹1800亩，甜茶600亩。2015年，全乡年产粮食18394吨，种植业增加值7418万元。农村经济体制改革后，商品化、规模化养殖得到发展，春之源生猪养殖农民专业合作社每年可出栏生猪1400头。2015年全乡出栏生猪6000头，出栏家禽6.4万羽，畜牧业增加值3030万元。农业生产总值7880万元，人均纯收入3650元。

林业

1958年以前，境内林木茂密，居民对“桐、茶、松、杉”等用材林和经济林已形成自觉保护的习惯，自然植被良好。1958年土高炉炼铁以木炭为燃料，对森林破坏严重。人民公社化时期，为增加粮食产量，各村都有毁林开荒种植旱粮的现象。20世纪60年代中期至80年代初期，在黄土坎村满天星建公社林场，造林2000亩；在旺坪村黄家塆上建公社茶叶场，面积300亩；各大队均建有大队林场或园艺场，面积200亩、100亩不等。2002年实行退耕还林，造林6000亩。2015年划定6000亩山林为生态公益林。2015年，全乡林地14.9万亩，活立木蓄积25.5万立方米，森林覆盖率60.2%，林业增加值1.53亿元。

工业

中华人民共和国成立前，境内五匠（木匠、铁匠、篾匠、石匠、桶匠）俱全，各村设有水力油坊、碾坊。烂泥湾老庄开有造纸作坊，以楠竹为原料生产时仄纸，销往隆回六都寨和滩头等地。清道光年间，青坡张姓族人以

瑶乡梯田

蓝靛叶为原料，以石灰为催化剂熬制染料蓝靛，凿蓝靛池 26 口，建石灰窑 6 座，产品畅销宝庆、常德、辰州三府。1958 年起开始以当地铁矿石、废铁为原料土法炼铁，在旺坪村龙眼潭建炼铁炉 11 座，成品俗称“毛铁砣子”，可打制锄头、镰刀等农具。20 世纪 80 年代初在过江坡峡江开采煤炭，后因矿源枯竭停办。青坡石英石矿、朱家园碳质页岩矿也曾零星开采。20 世纪 60 年代后期起开始发展小水电，先后建有洞坪电站、金鸡垅电站、水口山电站、荆竹山电站、峡江电站、兴华电站、烂泥湾电站、荆竹山二期电站、旺庄电站等。君健中药材专业合作社办有中药材加工厂。

商贸服务

1949 年前境内无墟场，有少量商贩肩挑马驮过境来往于溆浦、隆回之间，官道上设有老鹰坡、黄土坎、槐子冲 3 处伙铺。50 年代县供销部门先后设立金鸡垅供销社、槐子冲供销社、沿溪供销社。20 世纪 60 年代县粮食局在槐子冲设粮站。1974 年、1975 年槐子冲举办 2 次物资交流会。1980 年旺坪村开设场坪，由于人少不景气，遂罢市。2015 年在旺坪村建农贸市场，逢农历五、十赶场。

（雷文录 摄）

劳务经济

民国以前手工业主和店主招学徒、徒弟跟师傅学手艺，有3年学徒期，没有薪酬，只供膳宿。境内多“脚夫”，挑运日用百货、南杂五金进山和农副土特产品出山称“担脚”。人民公社化时期，允许少量壮年劳动力外出务工，俗称“找副业”。随着1984年社、队改乡、村新体制运行后，农村剩余劳动力大量转移，出现外出打工潮。至2015年，全乡有2700名农村劳力外出或进城务工，占农村总劳动力人数的58.6%，务工收入1.35亿元。

财政金融

改革开放前，在槐子冲和旺坪分别设有农村信用合作社，后槐子冲信用社搬迁至三渡水。1991年设基金会，后撤销。沿溪、金垅合并以后三渡水信用社随即撤销，沿溪信用社保留至今。2015年境内金融机构各类存款余额1926万元。

基础设施

交通

明清邵溆官道从老鹰坡善因亭前5里溆浦隆回交界处入境，三角塘亭子后5里入两丫坪咀坡村界出境，在境内凡50里，为主干道，有多条支线进入各村，1974年两丫坪至槐子冲公路通车后废弃。1980年两丫坪至沿溪公路通车，1994年两丫坪至金垅公路通车，1990年开通沿溪至溆浦客班车，1998年开通金垅至溆浦客班车，2012年三渡水至旺坪公路通车，2015年底村村通水泥硬化公路。

邮电通信

民国时不通邮路。60年代开通至各村邮路和手摇电话。2005年开通程控电话，2015年实现移动、联通、电信三大通信体系覆盖。2015年末境内有邮政支局1家，每年发行杂志、报纸累计900份，发送与接收邮件7000件。

供水供电

清代，以桐油、篾篙、松明子照明，民国至20世纪70年代，部分村民以煤油灯替代。饮水以井水、山泉水为主，部分饮用溪河水。2015年，农村安全饮水工程改造完成后，所有居民饮用清洁的山泉自来水。70年代旺坪村、金鸡垅村和三渡水村分别建小型水电站发电供本村村民照明。1992年乡内通高压电，2015年完成农电网升级改造，全乡供电覆盖率100%。

水利建设

1949年前，境内无水库和山塘，水稻田通过修筑简易渠坝引溪河水自流灌溉。1958年修筑了泥塘和麻鸡坳山塘，从三岔江至瓦庄筑9千米长流坝，灌溉千亩水稻田。1975年，从各大队平调劳力，自筹资金，修筑老鹰坡小（2）型水库，翌年底建成投入使用，设计灌溉稻田面积 1000 亩。

镇村建设

1950 年成立乡农会，驻地烂泥湾，后迁沿溪，再迁槐子冲，因槐子冲水源不足，不久又迁回沿溪。沿溪、金垅分乡后，金垅乡政府驻地槐子冲，1989 年迁至三渡水，修建政府办公楼 1 栋，占地 4 亩，建筑 600 平方米。1995 年两乡合并后，乡政府驻旺坪村老庄湾，办公用房为两层楼的木质房屋。2012 年开始修建沿溪乡政府办公业务用房，拆除原旧木房，现在的办公楼布局为 U 字形大院，两层楼砖房，占地 5 亩，2014 年竣工。2015 年建沿溪乡农贸市场，投资 220 万元，占地 10 亩，共有摊位 64 个。境内民居以杉木板房为主，全木结构，一般为“三柱四棋”“四缝三间”，人字顶，中间一间叫“中堂”，左右两间为住房，两边配有偏厦，形制有吊脚楼式、干栏式、窨子屋式，阖族逐水而居，傍山而建，形成村落。近年砖混结构 2~3 层独立小楼房成为时尚，外墙贴瓷砖，多沿乡道、村道建筑，美观实用。

社会事业

教育

清雍正七年（1729 年），县于三渡水创办瑶学一所，乾隆八年（1743 年）移建于烂泥湾。中华人民共和国成立前，旺坪、烂泥湾、朱家园、金鸡垅建有私塾。1950 年旺坪创办初级小学和幼儿园，1958 年创办沿溪公社联校，后称沿溪公社完全小学，位于旺坪村陈家垴。朱家园、金鸡垅、烂泥湾也相继创办初小。1958 年，在烂泥湾创办农业中学。1967 年在旺坪村枪家坪创办农中班，后移至三渡水王里岗关公亭子，1969 年撤销。1966 年，境内有小学 16 所。1969 年，在烂泥湾、金鸡垅小学办有初中班，1970 年移至沿溪公社完小。学制改革后，小学实行五年一贯制，小学下放到各大队，完小改称沿溪公社中学，1975~1981 年，附设高中班。1974 年 9 月在荆竹山创办石坑瑶族小学。1983 年、1984 年先后在旺坪、朱家园创办沿溪乡中心小学、金垅乡中心小学。1984 年 5 月，沿溪公社中学更名为沿溪乡中学，于 1985 年在三渡水创办金垅乡中学。2004 年 8 月，沿溪乡中心小学与沿溪乡中学合并，称沿溪学校，金垅中心小学与金垅中学合并，称金垅学校。2015 年末，境内有中学 2 所，在校学生 1360 人，教师 79 人，小学适龄儿童入学率 100%，小学升初中升学率 100%，九年义务教育覆盖率 100%。1992 年金垅中学中专上线率居全县第三，沿溪乡中学毕业会考平均成绩居全县第一。

文化体育

民国时期，境内盛行唱山歌、唱挖山歌、下打三棋、六子棋、裤裆棋、打花鼓、打渔鼓、唱花灯、舞狮子、舞龙灯等文体活动。1965 年始有县电影公司组织流动放映队入境巡回放映电影。1967 年成立公社广播站。2015 年，各村有广场舞队，有县级文物保护单位1个，电视综合覆盖率100%。

医疗卫生

民国时期，民间普遍采用草药治病。1952年7月，十一区联合诊所分所在金垅建成，医护人员2人，1953年9月迁至沿溪，1962年改称沿溪公社联合诊所，1969年11月更名为沿溪公社卫生院。1966年，各生产大队配备赤脚医生，后改称乡村医生。2008年开始实行新农合政策，到2015年全乡参合11084人，参合总费99.76万元。2015年，境内有医疗机构2个，医护人员11人，固定资产10.5万元，建筑面积604平方米；村医疗点15个，乡村医生20人。

社会保障

清代及民国时期，鳏寡孤独由宗族祠堂给予救助。中华人民共和国成立初，特困户通过公社得到县政府的救济。生产队时期，社员在歉收年每人平均享受人民政府75千克的返销粮救助，五保户由生产队养老。2006年开始实行最低生活保障制度，2015年，345户740人享受最低生活保障，领取保障金180万元。2011年在烂泥湾建敬老院1所，投资120万元，占地面积4亩，建筑面积600平方米，有床位50张，第一任院长刘贵庭。

人民生活

民国时期，农民多以玉米、红薯、马铃薯与主粮混食，以补主粮不足，荒年以挖蕨根、采野菜、刨树皮等充饥。民国10年（1921年）大旱，境内饿死上百人。中华人民共和国成立初期，农民人均口粮仍不足200千克，农村住房大多为茅草房，少数为瓦房。生产队时期，普遍推广种植新品种，粮食产量有所增加。1981年实行家庭联产承包责任制，粮食大幅增产，基本解决温饱问题。20世纪90年代以来，部分家庭逐渐富裕，开始新建楼房，购置家用电器等。2015年全乡农民人均纯收入3680元。每百户农民有汽车、摩托车60辆，彩电90台、洗衣机50台。

特色地情

人文历史

重要事件

清顺治五年（1648年）春，明末农民起义军李自成余部牛万才部陷溆浦县城。顺治七年（1650年）八月，清線国安在新化横阳山袭牛万才部，牛万才败死，其部将贺元魁率余众退据沿溪对马江。顺治九年（1652年）正月，贺元魁遭清张国柱部进袭，全军覆灭。

清道光十七年（1837年）八月，湖广总督林则徐视察湘西防务民情，走邵溆官道过境，其日记记载的芦茅坪、黄土坎、小散水、大散水、黄陵冈、怀子冲、三角塘均为境内村寨名。

民国24年（1935年）12月，红二、六军团长征，红二军团4、5、6师，从溆浦县城经桥江、址坊，新化下团、上团，中都庄坪、上畲，沿溪白玉、烂泥湾、黄土坎，翻越老鹰坡向湘中进发。关向应日记记载的烂泥湾、金鸡垅、芦木坪、老营坡均为境内村寨、山地名。

1958年，“大炼钢铁”，建炼铁炉11座，现尚存1座。

1967年，槐子冲建粮站。

1975年，修筑老鹰坡水库，1976年竣工。

1978年9月，朱家园大队刘松英出席全国第四次妇代会。

1976年，两沿公路破土动工，1980年通车，2008年公路硬化。

1984年，撤销人民公社，恢复乡建制。分为沿溪、金垅两个乡。

1991年8月，修建咀金公路。

1995年，沿溪、金垅复合并为沿溪乡。

1997年，旺坪至烂泥湾公路动工修建，2000年8月竣工通车。

2010年，开工修建沪昆高铁，途经金鸡垅村、瓦庄村、朱家园村。

2012年修建沿溪至三渡水过境公路，12月建成通车。

2015年10月，旺坪村建农贸市场。

名优特产

金银花：各村均有种植，犹以海拔800米以上沙黄壤山地产量高、品质佳。黄土坎和荆竹山种植面积达1000亩，年收入1600万元。

杨梅：野生的较多，近年普遍开始人工栽种。野生杨梅酸度较高，口感较差，唯旺坪村栗子坪、旗形地品味佳，曾有溆浦县第一梅的美誉，已形成产业化种植，共有果园500亩，年产杨梅2.5万千克。

满天星老鹰坡　（雷文录 摄）

瑶茶：发源地和主产地。溆浦县君健中药材专业合作社采用甜茶盘树的嫩叶研制而成，植物黄酮素高达9%~14%。瑶茶原名“多穗柯甜茶”，被誉为“树上的虫草”，已申报国家地理标志。

风景名胜

孟公神像：位于杨柳江村大路旁的岩石上。造像为立体浮雕，整体高1.36米，人体高1.03米，身穿盔甲，竖眉鼓眼，手举大斧，威风凛凛。通体饰有红、蓝、黑等多种色彩。胸前凿有一洞，长8厘米，宽8.5厘米，深13厘米，洞内置有茶叶、米谷之类的五谷 。其下刻有阴阳太极图，落款为清·道光七年（1827年）季秋月修。当地人称“孟公老爷”像。

老鹰坡：又名老营坡，位于境内溆浦县与隆回县交界处。邵溆古道越岭而过。昔人曾建炮台、边卡哨房于此。《溆浦县志》云：“老营坡卡房，坡顶炮台一座，下数里至山腰黄泥坎有卡房一所，咸丰五年辰州太守刘位坦，邑陆传应设。”古道上相隔5里许曾建有两座亭子，曰德懿亭、善因亭，德懿亭已圮，留有地基；善因亭外墙尚完好，唯内饰被毁。从隆回烂草田至坡脚约五里，至绝顶十里，石磴千级，行者顶踵相接，历史名人林则徐、舒新城、贺龙曾过境此坡并留有文字记载。古道外有一方圆两千米左右的丘陵形高山台地，有大小山包百余座，形态相似，好似天上星斗坠落此间，故名满天星。现已建成乡村旅游景区。

土高炉：位于旺坪村龙眼潭，原有11座，现仅存1座，属高型炉，方形锥体，高8米、底边边长4.5米，炉体以黄土夯成，已崩塌三分之一。1958年9月起，当地人以品位较低的铁矿石或废铁为原料，以木炭为燃料，开展土法炼铁，历时5个月，后因产品品位低，燃料耗费大，经济效益差而停办。

桂花亭：建于2012年，位于金鸡垅大冲口。亭旁有桂花树，寿300岁以上，民国10年（1921年）大旱，两年不发一叶，1967—1969年，3年无叶，蜘网萦身，枯而不死。近年则越发茂盛，形如伞盖，中秋时节，金桂盛开，花香四溢，千米之外亦闻之。当地人以其神、奇、灵、秀，建亭以志之、护之。

民俗风情

花瑶风俗：瑶族分支，因其女性着有独特挑花图案的艳丽服饰，俗称花瑶，分布于溆浦与隆回两县交界之地，境内青坡杨家屋场、杨柳江盐井、荆竹山石坑、黄土坎芦茅坪、三渡水老屋场、朱家园板子冲等6个自然村有刘、奉、沈、杨、卜、蒲6个姓氏的花瑶居住。花瑶无本民族文字，有简单的日常用语，现代名词以汉语读音直译。结婚彩礼由女方确定，有“闹洞房”“打泥巴仗”“顿屁股”的习俗；丧事简单，一般不做佛事道场，

花瑶同胞　（雷文录 摄）

老鹰坡善因亭遗址 （雷文录 摄）

现存唯一一座炼铁炉 （雷文录 摄）

择日土葬。

讨念拜、讨僚皈：瑶族三大传统节日，通称“赶苗”。“讨念拜”是每年的第一次“赶苗”，于农历五月十五至十七日由奉姓瑶王主持，作为受辱雪耻纪念日。“讨”意为“走”，“念”意为“月”，“拜”意为“半”，即月半所过的节日。首次“讨僚皈”由刘姓瑶王主持，于农历七月初二至初四举行。“皈”意为“菩萨”，“讨僚皈”，即逃脱凶恶的菩萨。每年七月初二前禁食黄瓜、白瓜，并在此时举行纪念性集会。第二次“讨僚皈”于农历七月初八至初十举行。意在缅怀不畏强暴，英勇迎战而牺牲的瑶民勇士，遂年年举行集会纪念。

挑花技艺：花瑶女性通常在筒裙、腿绑、裤脚、腰带、衣袖、马褂、头巾、背带、围裙等上面挑花。花纹图样为花草树木、飞禽走兽、人物生活、古老传说等。挑花不用模具，无须设计、描图和放样，根据粗纱土布的大小来固定图案的位置，然后运用各色纱线、丝线、毛线挑刺出“双龙抢宝”“双狮滚球”“双鹅报喜”“百鸟朝阳”“鲤鱼跳龙门”等各种图案。

（邱远政、杨昌喜、向贵阳、舒友培、张祖安、贺建华、贺良泉、戴心南搜集并撰稿）

溆、邵最大边贸古镇，
“雪峰山会战”主战场

龙 潭 镇

（由原龙潭镇、温水乡、大华乡、横板桥乡合并）

龙潭镇全景

（雷文录 摄）

区域概况

位置面积

龙潭，因“潭中有龙”而得名，属于雪峰山腹地，是溆浦县南部经济文化重镇。龙潭河，又叫溆水一都河，为溆水之源。自黄茅园镇发源经龙潭镇进入葛竹坪镇。龙潭镇距溆浦县城 70 千米、距怀化市区约 90 千米、距高铁溆浦南站约 30 千米，与县北斗溪镇、葛竹坪镇、黄茅园镇、龙庄湾乡山水相连。与隆回县、洞口县、洪江市交界，是洞口、隆回、中方、洪江、溆浦五县市边贸集散地与贸易中心。镇治所在地设云盘村羊角坪下的坪霞塘。平均海拔 896.1 米，最高处为兰岗山，海拔 1502.1 米。四季分明，气候宜人，山川秀美，土壤肥沃，属“七山一水两分田，半分道路加庄园”。辖区内电力充足，网络发达。

建置沿革

龙潭，唐虞为要服，属荆州。夏商周因之，春秋战国属楚，秦属黔中郡。汉高祖五年（公元前 202 年）属义陵县。东汉建武六年（30 年），义陵并入辰阳县，龙潭属于辰阳。三国蜀汉章武二年（222 年），蜀汉丞相诸葛亮派马良到龙潭，建诸葛城。隋朝，龙潭属辰溪县（溆浦归属辰溪）。唐朝，龙潭属溆浦县。北宋神宗元丰二年（1079 年）置龙潭堡，这是龙潭历史上第一次有了行政设置，也是千年龙潭的历史渊源。元末，农民起义军首领陈友谅驻龙潭红岩岭。明永乐二年（1404 年），江西十八门军屯田龙潭。弘治二年（1489 年），建龙潭巡检司，置弓兵 36 人。万历年间实行都里制，在龙潭置第一都，辖 3 里（100 户为 1 里），这就是溆水一都河与龙潭 3 里的来历。清康熙三十五年（1696 年），龙潭置溆浦第一区，仍辖 3 里。雍正七年（1729 年）增设龙潭外委署，设把总 1 名、兵 19 名。乾隆年间置乡设都，龙潭为第一都岩板乡。民国元年（1912 年），龙潭镇称龙潭市，属第一区。民国 2 年（1913 年），办理自治，大龙潭为第一区，置龙潭镇。同年，龙潭镇置县佐。民国 24 年（1935 年），实行保甲制，大龙潭仍为溆浦第一区。同年，红军长征经过龙潭 50 多个村庄。民国 25 年（1936 年），设龙潭、芙蓉、金鄘 3 乡，辖 40 保（芙蓉乡辖原温水与横板桥，金鄘乡辖合田与黄茅园，其余均属龙潭乡）。民国 27 年（1938 年）6 月，成立中共龙潭区委。1949 年 9 月 22 日，雪峰部队起义，龙潭和平解放。

1949 年 11 月，溆浦县政府设工作组驻龙潭。1950 年 1 月，谌鸿章调任溆浦县县长。3 月，建立农民协会。同年 6 月 17 日，成立第一区人民政府，辖 40 个农民协会，设立区委，赵瑞成为书记，张广旺为区长。1954 年，办初级农业合作社，1956 年转为高级农业合作社。1956 年 7 月，设龙潭办事处，主任朱楚文，辖龙潭、合田、黄茅园、横板桥、温水、大华、葛竹坪七个乡和龙潭镇。1958 年乡镇改为人民公社，10 月政社合一。1968 年 9 月

23日，经地革委批准，成立龙潭区革命领导小组，取代龙潭区公所职能，各公社成立革命委员会。1979年2月，恢复龙潭区公所和公社管委会。1984年，经省政府批准，龙潭公社与龙潭镇合并为龙潭镇。1995年10月，撤区并乡建镇，撤销龙潭区委、区公所，设立龙潭办事处。

1978年以后，龙潭镇先后有吴盛镛、胡德元、张元顺、向东、谭显聪、严茂生、侯方荣、韩鹏、谌金中、韩学连、梁晓波、蔡霏、刘兴、韩承满、张克喜任党委书记。先后有吴盛镛、张元顺任革委会主任，唐世望、向力军、张镒春、张在煜、侯自鸿、韩秋生、姜定高、梁晓波、刘辉、刘兴、李桂生、姜立刚、李修艳任镇长。

1978年以后，横板桥乡先后有吴传兴、肖洪逢、谌洪友、曾祥光、张业学、张镒春、张一庆、吴世浩、韩承满、吴传铁、王辉、杨显贵、张克喜、张晓雄任党委书记。先后有吴传兴、肖洪逢、吴世来任革委会主任，张望清、唐长洲、韩静钦、向吉发、韩学连、韩江承、夏良、王辉、杨显贵、刘兴、张勇、张晓雄、刘军涛任乡长。

1978年以后，温水乡先后有谌中华、刘光章、吴世浩、饶先满、范司明、粟光华、王光中、吴厚良、黄涌、罗志华、姜立刚任党委书记。先后有张贻乾、谌中华、舒盛岚任革委会主任，吴盛才、张一民、饶先满、张显清、贺斌、王光中、梁晓文、李桂生、石志华、李小华任乡长。

1978年以后，大华乡先后有张道银、舒清刚、张志祥、粟多兴、蒋中贤、莫义栋、谌连中、夏跃秋、唐政良、李兴光、罗书生、谌金中、张戈平、粟荣春、刘辉任党委书记。先后有舒清刚、陈代贤、张望清任革委会主任，杨顺龙、吴忠明、梁元坤、谌友堂、韩承满、唐小荣、粟荣春、张祖场、李修艳、刘杰卫任乡长。

2015年12月25日，乡镇区划调整改革完成，龙潭镇、温水乡、大华乡、横板桥乡合并设立龙潭镇，姜立刚任党委书记，尹恩建任镇长。

区划面积

2015年12月25日，乡镇合并之初，辖55个行政村、4个社区，总面积247.21平方千米，总人口75558人。

人口民族

龙潭镇是溆浦县人口第二大镇（卢峰镇第一）。总人口约8万人，加之常年流动人口约2万人，共计约10万人。汉族人口占90%以上，还有土家族、瑶族、苗族、侗族等少数民族。农业人口约占总人口的95%，非农业人口约占5%。男性约占52%，女性约占48%，性别比基本平衡，人口出生率在12‰~14‰之间。中华人民共和国成立时，龙潭镇（含原龙潭镇、大华乡、温水乡、横板桥乡）人口为3万余人。中华人民共和国成立以来，人口增加约5万人，人均预期寿命由1950年的不足60岁上升到2015年的78岁，比全国人口平均预期寿命多2~3岁。

环境

气候温和，阳光充足。四季分明，雨量充沛。山地为主，间以盆地。平均海拔896.1米，年平均气温在14℃左右，年平均日照为1500多小时，年平均降雨量为1200~1600毫米之间，无霜期240天左右。

资源

土地肥沃，酸碱度适中，近6万亩良田适合水稻、油菜等作物生长。森林覆盖率达70%以上，以松、杉、油茶、楠竹与金秋梨等经济林木为主，盛产金银花、白术、白芍等多种中药材，地上露出许多花岗石群，地下蕴藏煤矸石、石灰岩、磷等多种矿产，是全国林业保护先进单位与小水电基地，是袁隆平超级稻实验基地，是全国闻名的中药材基地。木鳌水电站是全县第一个小水电站，兰岗山林场是龙潭第一个万亩国有林场，并已建有风力发电，温水有万亩竹林，米粮谷有原始次森林带。

灾害

龙潭有史记载的自然灾害百余次，主要是山洪、山体滑坡、霜冻、干旱与虫灾。明正德十四年（1519年），蝗灾。明崇祯十四年（1641年）6月14日，大水，死亡多人。清同治三年（1864年），大水，淹没民房百家，田千顷，死百余人。民国元年（1912年）8月7日，大水，砂石壅灭良田3000余亩，庐舍荡然，溺死者众。1979年6月27日，大洪水，正街洪水2米余深，死亡5人。1995年6月30日，暴发特大山洪灾害，死亡68人（大龙潭），为全县中华人民共和国成立以来死亡人口最多的一次自然灾害。至2015年底，全镇共有市级地质灾害隐患点2处，分别是原横板桥乡乌峰村3、4组和原大华乡梁家洞村3、4组；县级地质灾害隐患点17处，涉及原龙潭镇车岭村、贵坪村、梓金村、肇山村、马庙村、金洲村、原横板桥乡中华村、原温水乡景山村、新金村、原大华乡红岩村、红丰村、梁家洞村、竹元村。

经济发展

综述

历史上，龙潭人民以精耕细作自立于世，以种养为主，加工为辅。种植以水稻、玉米、红薯、马铃薯、油菜、高粱、小麦、蔬菜为多。十八门军屯田龙潭奠定基业。养殖以猪、牛、羊、鸡、鸭、鹅、鱼为多。1949年以前，全镇耕地人均约为1亩。历史上，虽然粮食产量不高，但龙潭人自力更生。

农业

全镇耕地面积为61885.65亩，其中，水田47263.4亩，杂交水稻大面积推广后，粮食自给有余。2015年，全镇生产粮食2800万千克，人均近450千克，生猪出栏4.6万头。2015年末，全镇每百户拥有农用小四轮、三轮车、大卡车、拖拉机20多辆，有机引犁80台，联合收割机5台，基本实现以机器代替牛力。2010年以后，开始涌现出有规模的农业专业合作社、农庄、养殖场、茶场、果场，农业生产结构得到优化。2015年农业总产值1.36亿元，占国内生产总值的25.6%。

林业

1949年以前，龙潭山清水秀，森林覆盖

进村大门 （雷文录 摄）

率超过80%。“大跃进”“大炼钢铁”与“文化大革命”时期，林业破坏严重，森林覆盖率锐减，造成水土流失与山体滑坡。20世纪80年代初，龙潭大力发展小水电，以电代柴、以气代柴，退耕还林，消灭宜林荒山，1991年原龙潭区被林业部授予全国造林绿化先进单位称号。兰岗山林场建于1958年，一直是林业战线的先进集体，有林地3万亩。龙潭林业站始建于1956年，森林派出所建于1987年，对林业保护起到了应有的作用。至2015年，全镇有林地169599亩，其中，油茶、楠竹、水果等经济林40465.5亩，森林覆盖率63.6%。

工业

中华人民共和国成立前，龙潭镇境内手工业相对发达，传统工艺闻名。中华人民共和国成立后，因地制宜发展工业。1972年，办起了金屏磷肥厂。1970—1972年，办起了全县第一个生产灯泡的灯泡厂。1952年1月，在龙泉村办起全县第一个造纸厂。1968年，办起全县第一个酒厂，供应全县。1956年，在谌氏以颉公祠办起全县第一个火力发电厂。1965年全国合作化运动，实行手工业联营，办起织布厂、木器社、建筑社、绣花厂、斗笠社、铁器社等，其中，建筑社是全县第一个。全县第一座水电站木鳌电站于1964年10月开工，1966年1月1日建成发电。1993年，兴办全市第一个工业硅厂，1994年2月建成投产。1994年，开办石材加工，共办石材企业2家。到2015年末，全镇民营企业达到60家，注册资本达到1.2亿元，民营经济实现营业收入6000万元，上缴税金300万元。

商贸服务

龙潭商贸服务历史悠久，兴旺繁华。明永乐元年（1403年），龙潭开始形成墟场（市场）。清顺治十五年（1658年），龙潭市场由湘汇坪（今湘胜街）迁至柳坪。至民国时期，龙潭主街（今正街、团结街、河街）均称为市场交易场地。逐渐形成每逢农历三、八日赶集习俗。1966年6月，龙潭市场管委会成立。1971年11月，更名为龙潭工商行政管理所。300多年前，龙潭就已成为洞口、隆回、黔阳、洪江、溆浦五县边贸交易集散地（中心）。2015年末，全镇拥有企业80余家，商业店铺792家，社会商品零售总额超过3亿元。

财政金融

龙潭在北宋设堡以后便有了钱庄。中华人民共和国成立之初，就设立了人民银行龙潭营业所和农业银行龙潭营业所。先后设立了4个农村信用合作社。改革开放后，设立建设银行营业所与邮政储蓄所。设立营业机构的有农业银行龙潭分行、邮政储蓄银行龙潭分行及龙潭、横板桥两家信用社。1984年，成立龙潭财政所，1995年完成各项财政收入任务465万元，其中，农业税223万元。2003年至2005年，调减、免征农业税，停征屠宰税。到2015年底，全镇国内生产总值达到5.3亿元，比2010年累计增长45.67%，农民人均纯收入平均达到3085.7元，比2010年累计增长36.27%，劳务创收达3.2亿元，比2010年累计增长15.8%，政府财政总收入达到1975.21万元，同比2010年增长了142.2%。2015年末，金融机构各类存款余额达10. 1亿元，比上年增长12%，各项贷款1.7亿元，比上年增长11%。

基础设施

交通运输

古时的龙潭只有几条古驿道与外界相连，相对闭塞，岩板古村、乌峰古村、圭洞古村、黄江古村、红岩、红岭等地还有古道遗址。清代至民国时期，没有公路，通往溆浦县城是用锄头挖出的官道。1956年修通龙（潭）塘（湾）公路，1959年溆（浦）龙（潭）公路通车，以后延伸到葛竹坪、大华、温水等乡及隆回县境内。1971年，全县投工耗资最多的村级公路13.3千米七金公路（龙泉至金牛、金塘）拉通。1995年，黄（茅园）龙（潭）公路扩建，1996年铺油。改革开放后，龙潭交通状况大为改善。2007年，全县农村公路交通现场会在原横板桥乡召开。1998年，龙潭至龙庄湾公路扩建，1999年铺油。2009年，邵怀高速溆浦连接线拉通。2004年，龙潭至葛竹坪水泥公路拉通。新路河公路大桥通车后，自此龙潭通往怀化可走邵怀高速和S332两条主路。2015年，龙潭镇环城公路开始修建。

邮电通信

古时龙潭的通信是走脚报信、骑马报信、

驿站传信。民国18年（1929年），开办龙潭至溆浦邮路。民国24年（1935年），开办龙潭至洞口邮路。民国27年(1938年),创办《龙潭壁报》,由民国政府批准民国36年(1947年)改为《龙潭报》。民国31年（1942年），设立龙潭电报局。同年架设龙潭至安江电话线，开始出现手摇电话。1972年，龙潭区公所购置黑白电视机一台，为龙潭最先拥有电视机的用户。1990年,龙潭程控电话开通。1994年，龙潭开通无线寻呼机。1998年，移动电话基站开通，至2004年，开通移动、联通、电信三大通信体系，通信覆盖率达100%，城乡通信一体化。1993年,龙潭镇、温水乡、大华乡、横板桥乡先后开通有线电视，2015年，有线电视并网。截至2015年末,境内有邮政局1个，个体快递5家，邮政业务量28万余元，发送与接送邮件超过20万件。电信企业3家，服务网点27处，固定电话用户158户，移动电话用户7.3万户，电脑2357台，互联网用户3340户，全年电信业务收入3290万元。物流企业3家，年物流发送量为17500吨。

供水供电

古代至民国，饮用水主要是井水、溪水与河水，龙潭古井很多，以龙井与龙泉闻名。龙泉既是一个村名，又是古井名，还修有龙泉亭，古井水至少还供应着上万人的饮用，水质很好。龙潭镇自来水公司1988年成立后，城镇居民及附近农民都用上了自来水，年供水量达到32.85万立方米。境内开始桐油点灯，到了民国，开始煤油点灯。煤油初称洋油，是从外国进口而来，要凭票供应。1964年10月—1966年1月,木鳌水电站建成发电，从此以后，境内建起了多处水电站（现有23座），至1978年，大部分居民用上电灯照明。20世纪80年代中期，龙潭成了全国小水电基地，为溆浦成为全国电气化县做出了突出贡献。1989年，龙潭小水电公司成立，电力管理实现标准化、规范化，2009年开始并入国家大电网，至2013年完成。2010年开始实施农电网改造，至2015年末，全镇除永胜村外，全部完成农电网改造工程，生产生活用电得到有效保障。

水利建设

龙潭属沅江水系，溆水为沅江重要支流之一,龙潭河又名溆水一都河。龙潭溪流纵横，9条主溪汇入龙潭。1949年前，境内无一座水库，极少山塘。1949年后，开始兴修水利，改革开放后，水利建设加强。龙潭是全国小水电基地，1966年建成木鳌水电站，1989年10月，龙潭成立小水电公司，并获评全省先进单位。至2015年末，镇内有小（1）型与小（2）型水库3座（报木水库、红岩水库、曾家湾水库），大小渠道数万条，旱涝保收面积占水田面积的85%以上。

镇村建设

早在三国时期，龙潭就建有诸葛城，又称刘备城，占地30亩，藏书万册，远近闻名。明清两朝改成寺庙，遗址在龙潭粮站处。北宋龙潭设堡，明永乐元年（1403年）龙潭设巡检司。明清两朝，龙潭形成了古街古巷古院落，如今镇治所在地的团结街、河街、湘胜街等皆为当时逐步演变而成。至今，龙潭还保留着明清两朝的古院落20多个。乌峰村、阳雀坡村、岩板村是国家级、省级命名的历史古村和文化名村。古宗祠、古宅院、古书院、

航拍镇政府办公楼

古桥、古寺、古树随处可见。

中华人民共和国成立前的龙潭，建宅无村镇规划。中华人民共和国成立后，开始有土地规划与村镇规划。除镇治所在地外，大华、横板桥、温水因2015年前是乡治所在地，也有集贸市场与公共机构及公益设施（学校、医院、文化场地等）。1967年5月1日开工建设钢筋水泥拱桥，定名为东风桥，1968年8月建成通车，镇治所在地面积扩大。1987年，移民街的建成，又一次扩大城区面积。改革开放后，龙潭先后两次做了村镇规划。2015年以后，龙潭街道下水道改造、炒砂路面铺设，龙潭河道治理、河坝防洪堤建成，龙潭汽车新站建成，占地80亩的龙潭综合市场开工，占地300亩的龙潭抗日陵园工程启动，龙潭城区面积扩大一倍以上，龙潭城镇核心区占地面积超过800亩。溆浦三中的美化绿化与扩容，龙潭镇中学与中心小学及春华幼儿园的扩建与新建，龙潭镇医院的扩建与仁康医院的新建，龙潭的镇容镇貌焕然一新。

社会事业

教育

龙潭历来重视教育。民国初年，湖南省登记书院，全省120多所，龙潭就有正趋书院和崇实书院两所。龙潭镇营盘中学的前身与溆浦三中的前身就是正趋书院，营盘山被称为书山，从营盘山走出的大学校长及大学教授数以百计。崇实书院保存完好，是省级文物保护单位，这所书院是向警予劝学讲学之所，这两所书院均为清咸丰年间所建。

《龙潭》与《文化龙潭》记载，清末至民国初年，就有私立龙潭高等小学堂和9所私立小学堂。自清宣统二年（1910年）至民国19年（1930年），仅谌氏家族从开办私塾务本堂开始，先后建立了11所私塾。整个龙潭的私塾就有50多所，龙潭镇有23所，各大姓氏家族以办学为荣。

中华人民共和国成立后，龙潭镇教育事业得到充分发展，从扫除文盲到普及九年制义务教育，龙潭镇有5所幼儿园、2所中心小学、2所初级中学、2所九年一贯制学校、19所教学点。入学（园）率、巩固率、普及率、升学率、师资水平等都排在全县前列。教学设施与条件大为改善，现代教学手段开始普遍实施，教学育人出现新气象。

溆浦三中坐落在龙潭镇，是怀化市示范性普通高级中学、怀化学院实习基地、省级花园式单位。1956年9月，龙潭高小在原龙潭天主堂创建附设初中班，1957年9月，命名为溆浦县第三中学，校长为罗华，1970年2月更名为龙潭区属中学，1972年2月恢复原名，1976年又更名为溆浦县“五七”大学龙潭示范分校，1977年恢复原称，现任校党支部书记、校长为刘乙治。恢复高考以来，溆浦三中多次在全县夺得文科第一。从溆浦三中走出的大学教授、学者多达百余人。

尊师重教在龙潭蔚然成风。各村、各族务理事会几乎都设有尊师育才基金，鼓励读书成才。龙潭兴才教育基金，由社会各界人士自愿捐助百余万元，2008年成立来，表彰奖励师生、家长400余人。溆浦三中兴龙班，由1989级韩顺兴等共同捐资百万元，为优秀寒门子弟成才提供了经济保障。关心下一代工作成效显著，镇关工委分获省、市、县“五好关工委”称号。

文化体育

龙潭是文化龙潭。从时间上，龙潭有上千年的文化积淀，是千年古镇。从内容上与形式上说，有农耕文化、宗祠文化、红色文化、抗战文化、饮食文化、龙灯文化、戏曲文化、祭祀文化、书香文化、群众文化。

农耕文化：一是“英雄屯田”，明永乐二年（1404年）江西十八门军来到龙潭屯田，十八门军为“担不尽的龙潭”做出了重要贡献。现龙潭人多数为十八门军的后裔；二是“神农下田”，是指袁隆平在龙潭开展三系杂交水稻制种与超级稻试验，龙潭是袁隆平团队最早的制种基地，超级稻多次世界高产纪录就是在原横板桥乡诞生。溆浦县委、县政府在此立巨石功德碑。

红色文化是指红军长征过龙潭。民国24年（1935年），红二、六军团在贺龙、肖克、王震、任弼时等率领下经过龙潭的50多个村庄，在龙潭发生枇杷坳、燕子坳两次战斗，发展了300多名红军。长征精神在龙潭高扬。现龙潭还有红军溪、红军桥、红军祠、红军墓、红军烈士陵园、红军树、红军井等。

抗战文化是指龙潭是抗日战争决胜地，龙潭是抗日战争正面战场22次大会战之最后一战，即雪峰山会战的主战场，英雄山争夺战是最后一战胜利的主要标志。弓形山“抗日阵亡将士陵园”是国务院公布的国家级抗战纪念设施遗址和爱国主义教育基地。有五座古宗祠与抗日战争有关，龙潭有六支地方武装参加抗战，龙潭人民为抗日战争最后胜利做出重大牺牲与贡献。

饮食文化是指龙潭为美食之乡。腊八菜、茶菜、糍粑、葛面等，其传统加工技术是非物质文化遗产，龙潭人讲究舌尖上的美食还有许多礼仪与程序，并与许多历史典故、文化传统相关。

书香文化是指龙潭为雪峰山区域的书画之乡。龙潭人的书法、著作、绘画、摄影等远近闻名。据统计，龙潭籍的省以上书法家、画家、作家、美术家、摄影家协会会员百余人，多人多次在全国获得大奖，龙潭人的著作总数超过一千本。2004年《龙潭》出版，2015年《文化龙潭》出版，120万字，1000张图片，国家图书馆收藏并颁发荣誉证书，开创中国乡镇文化研究之先河。

龙潭群众文化更是丰富多彩。抗日战争时期，就有《龙潭壁报》、龙潭民众文化馆。龙潭文化馆是文化部授牌的三级文化馆。龙潭有文化龙潭研究会，定期出版《雪峰龙潭》

崇实书院　（雷文录 摄）

刊物；有龙灯协会、雪峰文化研究会民俗分会、龙潭文联、文艺志愿者协会、百家姓氏宗祠联谊会等等，每个街道、每个村庄、每所学校都有舞队与球队。所有的行政村皆有群众文化广场或文化活动中心。体育作为文化的重要组成部分，群众体育与校园体育基本普及，但除了学校有体育操场外，尚无大型体育中心。龙潭籍运动员在各类体育比赛中也有好的表现。1966 年，龙泉村谌群秀参加全国少年运动会获得 400 米第十，全省中学生运动会 800 米第二的好成绩；1991 年，怀化地区中长跑运动会在溆浦三中举办。至 2015 年，篮球、乒乓球、广场舞等文体活动氛围日益浓厚，逐步掀起全民健身运动热潮。

医疗卫生

龙潭韩氏家族与彭氏家族为中医世家。黄江彭氏家族以医为业至少已传五代人，从医者多达十余人。彭述宪为享受国务院特殊津贴专家，湖南省卫生厅授予“湖南名中医”称号，出版中医专著 9 部，发表专业论文 130 余篇。圭洞韩氏家族行医至少三百年，中医传承人不下 20 人，韩刚承一家就有 3 名中医。中华人民共和国成立前，龙潭有十多家民间诊所。中华人民共和国成立后，医疗卫生事业不断发展。龙潭镇过去所属的龙潭镇、龙潭公社、大华乡、温水乡、横板桥乡，乡乡都有卫生院，村村都有卫生所。龙潭镇中心卫生院是由原龙潭区医院和龙潭镇一、二卫生院合并而成，固定资产达 2000 多万元，已跻身全国先进基层卫生院行列。院长王鑫为“全国乡村卫生院优秀院长”，张寿华为“全国基层优秀名中医”。2007 年，民营资本投资建成溆浦仁康医院，是龙潭集医疗、急救、康复于一体的综合性一级甲等医院，占地面积 3000 平方米，固定资产 1200 万元。医院有职工 80 余人，其中高级职称 3 人，中级职称 10 余人。开设 12 个临床医技科室，开放床位 120 张。拥有美国 GE 螺旋 CT、迈瑞 BS-200 全自动生化分析仪、德国 Wisup 腹腔镜、桐芦尖端鼻窦镜、妇科 Leep 刀、呼吸机、彩超、B 超等大型医疗设备 20 余台。龙庚甲牙科诊所闻名怀化。各行政村都配齐了全科医生。至 2015 年末，境内有各级医疗卫生机构 5 个，门诊部与卫生室 50 个；有床位 261 张，每万人拥有病床 34 张；固定资产总值 3623 万元。专业卫生人员 180 名，其中，执业医师 57 人，执业助理医师 28 人，注册护士 93 人。

社会保障

在民国以前，龙潭百姓没有任何社会保障，凭的是养儿防老、家族救济。中华人民共和国成立初，特困户可得到县政府适当救助。生产队时期，五保户由生产队养老。公社社员因天灾人祸可享受政府每人年平均 75 千克左右返销粮救助。2006 年开始实行最低生活保障制度，镇内 1796 户 2056 人受保障，领取保障金 12.4 万元。2015 年 4354 户 5936 人受保障，领取保障金 574 万元。2008 年开始实行新农合，全镇参加新农合 59540 人，报销医疗费 631.4 万元。2015 年全镇参加新农合 59722 人，报销医疗费 1563 万元。2008 年龙潭镇敬老院建成，集中供养五保老人 51 名；1998 年原大华乡敬老院建成，集中供养五保老人 37 名；2014 年原横板桥乡敬老院建成，集中供养五保老人 42 名。2011 年，城乡居民社会养老保险开始实施，全镇 37703 人参保，有 4820 名 60 岁以上老人领取养老金 377.8 万元，2015 年有 10537 人享受养老保险，领取养老金 885 万元。2015 年底全镇五保户 354 人，每人每年 2640 元的补助金已全部按月发放到位。2013—2015 年，全镇顺利完成 373 户危房改造。2014 年，全面脱贫攻坚推开，到 2015 年底实现 653 户 2186 人脱贫。

人民生活

中华人民共和国成立以前，龙潭是“担不尽的龙潭”，是说龙潭的地主多。大多数人靠租种地主的田地维持生计。中华人民共和国成立初期，温饱问题并未解决。生产队时期，经济状况有所改善，但人均口粮依然在 200 千克左右，人民公社时期，农业效益低下，生活水平不高，温饱依然不能解决。实行家庭联产承包责任制后，尤其是袁隆平的杂交水稻大面积种植，一举解决温饱问题。开始出现万元户、富裕户。21 世纪后，农民的收入逐渐增加，外出打工者增多，农村面貌有较大改变。摩托车、面包车、小轿车逐步增多。几乎家家都用上了彩电、冰箱。至 2015 年，95% 以上的群众过上了小康生活。从 21 世纪开始，龙潭的小洋楼开始成批出现，开始涌现出资产过千万元甚至上亿元的企业家。人民总体生活水平大为提高，消费结构大为转变。

特色地情

美食

龙潭是地地道道美食之乡。不但有糍粑、甜酒、米糖、板鸭、豆腐、腊肉、葛面、酸菜“龙潭八宝”，而且还有猕猴桃、金秋梨、灰贾李、红甜柿等“龙潭四绝”。多数美味佳肴的传统加工技艺为非物质文化遗产保护项目。龙潭的年味，杀猪、打粑、磨豆腐登上央视，龙潭的腊八节闻名三湘。随着全域旅游业的兴起，龙潭美食成了四面八方游人的核心吸引物。

名优特产

龙潭土猪：龙潭土猪是黔邵花猪的一种。过去喂养土猪，只喂猪草与红薯、萝卜、糠汰之类。饲养时间一般为半年以上甚至一年。猪肉鲜嫩可口，营养丰富。二十世纪五六十年代，龙潭土猪与宁乡猪齐名。

龙潭茶油：茶油是油茶树所结油茶籽压榨出的食用油，是高档植物油，既是食材又是药材，对人体有多种有益功效。过去龙潭盛产茶油，曾入《溆浦县志》。全镇油茶林曾超过 3 万亩，年产茶油最高时超过 300 吨。因其他经济林占用山地，油茶林不足 1 万亩。

龙潭中药材：龙潭是有名的药材之乡与中药材集散之地。盛产金银花，龙潭金银花产量占全国的三分之一以上。龙潭过去还盛产白术、白芍等十余种中药材。

龙潭花岗石：龙潭花岗石以其范围广、质量好、储量多全国闻名。

民俗风情

龙潭是礼仪之乡。雪峰文化研究会民俗分会落户龙潭镇。龙潭民俗可分为民俗节日、

蚕灯 （雷文录 摄）

饮食文化、地方戏曲、民间灯艺、宗教信仰、婚丧嫁娶、祭祀文化 7 大类 100 多项。孙克与姜庆华编著《龙潭民间传统演艺》，姜庆华著《新编龙潭花灯戏》，王身友编辑《龙潭灯艺荟萃》，沈彬修写《龙潭好话》，韩赛君出版《井台录》，谌百瑞留下《龙潭山水歌》，加之《龙潭》与《文化龙潭》两部方志类图书的民俗章节，共同组成了龙潭民俗大全。

龙潭是中国著名的灯艺之乡。龙灯文化在龙潭已有上千年的历史。在北宋年间龙潭设堡时就有舞灯的民俗。明清时期开始盛行，民国时达到高潮。龙潭人视自己为龙的传人，视龙灯为光明、团结、拼搏、奉献、英雄的象征。龙灯文化流淌在龙潭人的血液里。为庆祝龙潭和平解放，中华人民共和国诞生，龙潭历史上第一次出现千人舞灯万人观灯。为纪念抗战胜利 70 周年，纪念最后一战龙潭战役胜利 70 周年，龙潭历史上第一次出现了 5000 人舞灯 50000 人观灯的壮阔场面。龙潭民俗会成立后，成立了由 30 支龙灯队参加的雪峰山龙灯协会（合作社）。每年元宵节定期主办龙潭龙灯大会。龙潭人舞龙灯，灯类之多，技艺之高，时间之长，群众基础之深，全国罕有。龙潭龙灯有 18 个种类，且多为族灯，皆为非遗项目。小黄张氏蚕灯是省级非遗项目，登上央视《激情广场》，岩板吴氏的雪火龙灯、狮子灯，梓坪李家龙凤灯，向家冲的鹅颈灯，谌家的河灯、故事灯，阳雀坡的草把龙灯等都各怀绝技，令人叹为观止。龙潭民俗习惯一般正月（春节）初三出灯，十五（元宵节）熄灯，整整 12 天，全国仅有。每逢重大喜庆或纪念日，龙潭人也时兴舞龙灯，而且场面浩大，井然有序。有许多能工巧匠编织灯笼，千姿百态，这种民间艺人称为花儿匠。

龙潭镇 8 万人，能舞灯者超过 1 万人。

龙潭花灯戏是龙潭成为“湖南民间文化艺术之乡”的主打品牌之一。花灯戏传入龙潭虽只有 200 余年，却很受欢迎，普及之快难以想象，仅龙潭镇会唱花灯戏的至少有 5000 余人。龙潭人将辰河高腔、阳戏、龙潭山歌、讲好话、渔鼓等艺术门类融入花灯戏，更接地气。至今保留 70 余个老曲调，30 多个传统剧目，100 多位花灯戏传承人。2012 年来，龙潭花灯戏剧团大胆创新，新编了 9 个新剧目，编写了花灯戏乡土教材，培训了 300 多名花灯戏少儿传承人，有 50 多名已登台演出。

婚俗：青年男女从恋爱到结婚有十几道礼数。主要是提亲（媒人介绍）、相亲、看人家、定庚、讨“八字”、送彩礼、提亲、打结婚证、婚宴、闹洞房，及哭嫁、坐花轿等。随着时代的变化，礼数有所减少，但结婚成本越来越高。“扁担亲”“亲上加亲”越来越少。

节俗：清明祭祖扫墓，龙潭有挂私清、挂小众清、挂族清的习俗，春社后就开始，挂清时间有十多天。端午节，龙潭人不过初五过十五，据说龙潭人知道屈原死讯晚了 10 天时间，纪念屈原，吃粽子粑。龙潭人农历七月半，要给死去的亲人及列祖列宗烧纸点香，时间长，程序多，还很讲究。

丧葬俗：人死后为逝者入殓、定墓地、做道场、打灯、开祭、开路、送葬出殡、下葬。随着丧葬改革，环节有所减少。龙潭的丧葬俗根据逝者的不同与逝者直系亲属的不同而有所差别。

宴俗：龙潭的宴俗门类繁多。三朝酒、满月酒、周岁酒、寿宴（寿宴又分多种）、婚宴、进新屋宴等，而且各种宴会排座次、上菜、上茶、饮酒等都有很多礼数讲究。

古迹名胜

古村群落：千年古龙潭实际上是由 30 多个古村群落组成。著名的古村有抗日文化古村阳雀坡，它是中国历史文化古村落和湖南省历史文化名村，是雪峰山旅游公司打造的国家级旅游景区；岩板古村，它是湖南省历史文化名村，省级文物保护单位崇实书院、溆浦最早的风雨桥——穆公桥、岩板古院墙与古驿道是其四大看点；乌峰古村，是中国历史文化古村落，乌峰泼雨是龙潭老八景之一；龙泉古村，有远近闻名的龙井、龙泉亭；梓坪古村，有保存完好的古牌坊与古民宅；岭脚古村、云盘古村、金牛古村、向家冲古村等。

古宗祠群：在大龙潭有 60 座明清时代的古宗祠，其中，龙潭镇古宗祠 20 余座。著名的有谌氏宗祠（又称武进士祠）、向氏宗祠（又称红军祠与元帅祠）、韩氏宗祠（又称千龙祠）、刘氏宗祠（又称大风祠）、李氏宗祠（又称员外祠、状元祠）、王氏宗祠（又称及第祠和花灯祠）、张氏宗祠（又称抗战祠和百忍堂）、吴氏宗祠（又称总督祠或将军祠）。

抗日战战遗址群：龙潭是抗日战争正面战场 22 次大会战之最后一战雪峰山会战的主

抗战亭　（雷文录 摄）

龙潭抗日阵亡将士陵园之浩气门 （雷文录 摄）

战场，英雄山争夺战是最后一战的胜利标志。有英雄山、大黄沙、小黄沙、红岩岭、车岩岭、高扎坡、黄连江等10余处抗日战争遗址，有少山村弓形山国家级抗日战争纪念设施——抗日阵亡将士陵园，有5座抗日战争祠堂与抗日战争前线医院，还有美国飞虎队员降落龙潭的简易机场。

龙潭抗日阵亡将士陵园：是抗战胜利后由乡民募义、国民政府拨款、作战部队施工修建的代表着抗日战争取得全面胜利的标志性战地纪念设施。“文化大革命”时期，陵园的大部分建筑被毁。到1991年，溆浦县首届中学生“学革命先辈、爱祖国文物”夏令营活动，到龙潭悼念抗日阵亡将士，向社会发起复修陵园的倡议。后经社会支持，陵园复修一期工程于1992年4月17日奠基动工，次年4月竣工。陵园于1989年8月被公布为溆浦县第一批县级文物保护单位；1999年3月被公布为怀化市第一批市级文物保护单位；2002年5月被公布为湖南省省级文物保护单位；2010年被批准为湖南省第三批省级爱国主义教育基地；2015年8月23日，被国务院公布为第二批国家级抗战纪念设施、遗址；2015年12月，被公布为湖南省全民国防教育基地。

自然景观群：有龙潭母亲河两岸十里画廊，有神奇的原始次森林米粮谷，有湖南落差最高的木鳌瀑布，有当代神农袁隆平超级稻试验田田园风光，有湖南省花园式单位羊角坪上的溆浦三中，有美丽乡村示范样板贵和村。

（撰稿：姜庆华、孙克、舒生、王拯）

杂交水稻首选制种基地，
抗日野战医院旧址所在地

黄茅园镇

（由原黄茅园乡、合田乡合并）

合田

（雷文录 摄）

区域概况

位置面积

黄茅园镇位于溆浦县南部，东本县横板桥乡、龙潭镇接壤，南连洪江市洗马乡、西邻洪江市湾溪乡、中方县活水乡，北与县小横垅乡交界。北距溆浦县城63千米，西距怀化市区72千米。辖区南北最大距离26千米，东西最大距离9千米。镇政府驻金福街月形，海拔525米。

建置沿革

黄茅园一直以来隶属龙潭管辖，民国18年（1929年）黄茅园隶属第七区管辖，民国24年(1935年),全省实行保甲制,县以下设区、镇（乡）保、甲，龙潭区设龙潭、芙蓉、金鄘三乡。黄茅园为金鄘乡，1949年9月19日溆浦解放，9月22日龙潭解放，仍沿用保甲制，黄茅园仍为金鄘乡。1950年3月龙潭为第一区，设区人民政府辖40个农民协会。1953年6月将第一区改为第十三、十四区，将农民协会改为乡镇人民政府，黄茅园属十三区，共管辖20个乡，将黄茅园、合田一带划分为11个乡，1954年增设油麻乡。1956年5月划分为黄茅园乡、合田乡。1958年10月将合田、黄茅园两个乡并为黄茅园公社,公社驻地茅家湾，辖12个大队,1961年10月,设立龙潭区公所，将黄茅园公社划分为合田（1981年驻地由油榨盆搬迁至虎形垴）、黄茅园两个公社。1984年5月将公社改为乡镇。1995年10月，撤销龙潭区公所，合田乡与黄茅园乡合并为黄茅园镇，辖28个村。

中华人民共和国成立后，历届党委书记、乡（镇）长。

黄茅园历届党委书记依次为：崔毅、粟永茂、徐才龙、王在耀、胡重山、贺方壮、吴世球、舒易发、冯国光、魏象斌、曾凡林、张英梧、张道银、韩发钦、陈志来、李荣光、吴世浩、夏跃秋、熊昌欢、颜克政、韩秋生、粟毅刚、王光中、蔡菲、王辉、谌德明、阳中宇、刘辉。历届乡（镇）长依次为：高应章、吴世求、吴中元、唐显煌、黄少康、唐大江、吴传进、粟多来、魏象斌、曾凡林、张道银、杨顺龙、吴忠明、蒋炳生、张在煜、王在嵩、向祚义、韩承满、张显清、王笑春、蔡菲、张显安、张祖场、刘辉、阳中宇、石志华、李小华。

合田历届党委书记依次为：姜吉胡、吴中元、易才、李拂尘、张贻顺、吴盛墉、冯国刚、黄政文、梁湘中、向东、莫义栋、王立中、莫义栋、候方荣、熊昌欢。历届乡长依次为：费永照、李道生、李家作、张贻顺、吴盛墉、冯国刚、黄政文、唐刚生、王立中、谌铁均、戴小华、张在煜。

人口民族

1949年，黄茅园总人口1.1万余人，2897户。1997年，全镇人口35362人，其中，

黄茅园古村落（图一、图二、图三）

（雷文录 摄）

男 18007 人，女 17355 人。2000 年第五次全国人口普查统计，黄茅园镇总人口 35570 人，其中男 18377 人，女 17193 人，分别占总人口 51.7%、48.3%。2015 年末，全镇总人口 39934 人，10352 户，其中，男 20468 人，女 19466 人，人口出生率 11.39‰。

环境

境内海拔 505~1451 米，最低点湾潭耗子形 505 米，最高点油麻王帝岩 1451 米。地貌南北长，东西窄，中间低，两边高。鸟瞰全貌，貌似船形，兼有山地、丘陵、平原等多种地貌特征，平原以溪谷冲积平原、丘陵以低丘为主，山地以 600~900 米中低山为主，山地面积 7024 公顷，丘陵 2228 公顷、平原 1986 公顷，其他 462 公顷，分别占区域面积的 60%、19%、17%、4%。属亚热带季风湿润气候，四季分明、雨量充沛、无霜期 240 天左右，年均气温 14℃ ~15℃；最高气温 37.1℃，最低气温 -7℃。年平均降水量 1200~1600 毫米。年最大降水量 1855 毫米（1997 年），年最小降水量 1256 毫米（1985 年），1995 年 6 月总雨量 502 毫米，最大日雨量 5 月 29 日为 218 毫米（根据水文部门土地界、乌峰、大同、中段平均雨量统计值）。中华人民共和国成立前，区域无水文机构和水位资料记载，1960 年，建立龙潭径流站，在黄茅园七里湾和楼屋建立了两个测流点，开展水位流量、含沙量等水文观测工作，1997 年撤站。

资源

黄茅园镇总土地面积 117 平方千米，折合 17.55 万亩，其中，林地 10.536 万亩，非林地 6.321 万亩，耕地 4.15 万亩，水田 3.8 万亩，土壤酸碱度呈微酸性，pH 值在 5~7 之间，土壤疏松，以黄壤、红黄壤、沙壤土、黄壤和麻沙泥为主。境内矿产资源主要有煤、高岭土、花岗岩、石灰石、水晶、锰、铁，高岭土分布青界、杨梅冲，青界的高火瓷泥矿（方言岩粑）是世界罕见，中国唯一的瓷泥珍贵资源，耐火度 1700℃至 2000℃，位居全国第一，是制造高档家用瓷器和电子原件的最佳材料。石灰石分布于分水、岩垴一带，花岗岩分布区域 20 个村。据 1994 年二类森林资源调查，黄茅园镇林地面积 6724 公顷，占区域总面积 57.47%，其中，乔木林地 6158 公顷，灌木林地 452 公顷，人工林地面积 2658 公顷，天然林面积 4020 公顷，用材林面积 4273 公顷，经济林面积 1803 公顷，竹林 82 公顷，活立木蓄积量 14.82 万立方米，森林覆盖率 58.85%，林木绿化率 68.61%，优势树种，杉木林分面积 2182 公顷，蓄积量 83272 立方米，马尾松林分面积 2072 公顷，蓄积量 63804 立方米。主要油料、果木经济林、油茶林面积 1614 公顷，梨橘水果 60 公顷，茶叶 110 公顷。

经济发展

经济综述

全镇以平地和丘陵为主，适合种植粮食作物，历代以种植水稻等农作物为主，素有“米粮川”之称。

中华人民共和国成立后，在党和政府的领导下，农业与经济得到快速发展。1975 年试种杂交水稻取得成功，为后来的经济发展奠定了良好基础，制种面积逐年增加，亩产 15~250 千克。2014 年，制种达到 6500 亩，制种收入达 1400 余万元。在发展杂交制种的同时，大力开展养殖业和中药材种植，稻田经济增速较快，成了县内比较富裕的乡镇之一。2015 年，全镇社会商品零售总额达 3.2 亿元，储蓄余额达 2.6 亿元。

农业

20 世纪 80 年代前，境内农作物以水稻为主，红薯、马铃薯、大豆为次，经济作物则以油菜、蔬菜为大宗。1970 年县在合田公社成立高桥农科所，在高桥滑沙垅（又名梨头咀）试种水稻制种20亩，1975年原黄茅园公社书记魏象斌引进杂交水稻。1976年制种试点扩大到金中8个大队，总面积400多亩，总产1万多千克。1977年，县种子公司到黄茅园制种，不再种双季稻，当年制种7000亩。1982年以后，制种面积逐年增加，亩产150–250千克。2015年，制种6500亩，制种收入1400余万元，水稻种植面积2.71万亩，总产1.3340万吨。1992年开始，大力发展以金银花、太子参、白术、尾参、黄姜、西瓜、蔬菜、油菜、梨等经济作物和水果药材林。1967年西坪创办千亩茶场，湾潭创办红星茶场，当时西坪茶场年均产茶叶3万千克左右，收益最好年达20万元。境内养殖业以饲养生猪和饲养鸡、鸭家禽为普遍，饲养牛、羊相对较少。人民公社化时期，曾大力推广集体养猪养牛，限制私人养猪，集体养牛为耕田，生猪发展缓慢。中共十一届三中全会后，实行家庭联产承包责任制，鼓励家庭养殖，加快养殖业发展，并推广配合饲养和科学养殖，防疫措施不断加强，1998年，生猪出栏达到高峰期，年出栏生猪13410头。2000年之后，淘汰传统猪种，积极引进三元杂交猪种，加之国家取消征收屠宰税、增值税，出现了许多专业养殖户。2010年养猪专业户3户，年出栏生猪5916头。2015年末，全镇养殖专业户16家，其中，养猪专业户12家，养鸡专业户2家，全镇出栏生猪8850头，存栏牛4200头，出栏羊400头，出栏家禽11.5万只。全镇产值3.2亿元，人均纯收入3216元。

林业

黄茅园镇用材林主要为马尾松、杉木、楠竹及少量天然阔叶林，经济林主要为梨、猕猴桃、油茶。民国及以前境内林业基本属于自然林业。1957年以前，森林面积13万亩，森林覆盖率61.2%。合田龙脉树绵延3千米，成为亮点。50年代末至70年代末盲目毁林，严重破坏山林结构，黄茅园森林面积锐减到7万亩。森林蓄积量锐减到3.5万立方米，森林覆盖率由64.2%减至34.39%。1985年至1988年营造速生丰产林4500亩。1995年以后建成了以梨为主的水果基地3100亩。2002年黄茅园开始实施退耕还林，当年退耕还林1705亩。2015年末，累计退耕还林3500亩，

树凉村白丝糯生产基地　（雷文录 摄）

杂交水稻制种基地　（雷文录 摄）

全镇落实封山育林6万余亩，省级生态公益林22150亩。

工业

1974年5月，黔阳地区冶金机械局投资10万元，开采矿业。1976年上半年停采。1972年合田公社建煤炭厂，1994年停办。从20世纪90年代开始，通过招商洽谈签订一批外来投资项目，先后有16家工业企业落户黄茅园镇。2015年末，黄茅园有水泥预制品厂2家，加油站3家，木材加工厂1家，砖厂4家，搅拌场1家，电子产品及玩具厂各1家，石材开采及加工企业6家。全镇有各类企业及个体工商户87家,其中,外来投资企业8家，从业人员712人。

商贸服务

境内有金中、景江、洪庙3个墟场，是全市市场个数最多的乡镇，分别以农历二月初七、四月初九、五月初十赶墟，市场总面积约11000平方米。50年代末开设金中、景江、白岩、洪庙4个市场，金中农贸市场起于民国初期。1992年搬迁至胡家园，2011年将进村公路南面市场新扩建至6000平方米。2015年末，镇内有商业门面526个，从业人员1071人。市场固定摊位712个。2002年3月，供销社体制改革，拍卖所辖金中、杨家山、洪庙、景江的房屋所有权和使用权。2009年设置黄金街、正街（现改为金福街）、杨家山街。2013年增设宏兴街,2015年末有商业街4条，社会商品零售总额达3.2亿元。

财政金融

1953年4月，区域内有黄茅园信用社、合田信用社。80年代初，增设金中、景江2个信用点。1990年，设黄茅园财政所、合田财政所。90年代末，增加黄茅园邮政储蓄所，1995年，成立黄茅园、合田2个农村合作基金会。1999年清理整顿农村合作基金会，黄茅园信用社接管基金会应收未收贷款380余万元。2003调减免征农业税，停征屠宰税，财政收入逐年减少，主要靠上级转移支付拨入。2015年末，信用社存现24312万元，比上年21041万元增长15.5%，各项贷款8991万元，比上年7473万元增长20.3%，邮政储蓄余额达1.2亿元。

基础设施

交通

明清时期，黄茅园虽已开发，然客货运输全凭驿道和官道与外对接。“肩挑背负，翻山越岭”成为当时唯一运输方式。民国时期没有公路，建有民桥8座，20世纪新建木板桥10座。70年代后，修建小型公路桥2座，中型公路桥6座。1955年11月15日开始修建第一条简易公路龙塘公路，牛溪坳至龙潭全长16千米，黄茅园段6.2千米。1969年修通黄茅园至落马垅公路4千米，后来将牛溪坳至落马龙10.2千米划为国道G320。2000年G320线全线改道雪峰山，故此路段降格为省道。2001年3月，龙潭办事处以民工建勤方式，将此路由原来6.5米拓宽至9米，2002年完成砂改油配套工程。1959年，修建了黄茅园至分水界16千米公路。1976年黄鹤线高桥至黄鹤界专用公路建成。1979年黄茅园至凤元公路修建成功。1995年，龙潭区以民工建勤的方式，将S312线（原省1808线）的黄茅园至龙潭圭洞段11.44千米，由原来的4.5米拓宽至12米，1996年完成砂改油配套工程，等级由等外级上升为二级。2009年9月23日，国道G320溆浦连接线竣工通车，改名为省道S224，对部分线路进行改道。2015年末，黄茅园镇累计修建村组公路16条，总里程79.57千米，累计修建公路桥37座，水泥路硬化里程72.547千米。全镇有货运车辆368台，农用车32台，三轮车56台，拖拉机20台，小车412台，摩托车5000余辆。

邮政电信

黄茅园邮电支局于1956年12月成立，1969年分设邮政和电信两块业务，1973年邮政电信合并。1998年10月，邮电分设邮政、电信、移动三块业务。至1992年，黄茅园有28部手摇式电话。1998年分营，已有程控电话1156部。2011年达到4118部，2015年末仅有程控电话34部，移动用户使用率达98%。邮政在经营传统业务的基础上，开辟了商品邮购、物流传送等新型业务。还开办了邮政储蓄、电子汇兑等业务。

供水供电

中共十一届三中全会以前，村民饮用水主要以地下水井为主，全镇共有大小水井151口。主要靠肩挑手提，著名的合田鸳鸯井、金中乾隆井均可满足2000余人生活用水。90年代，村民生活用水主要是打井取用地下水和埋管饮用山泉水，1992年，建立私营自来水厂，2015年末，修建生活蓄水池10座，总蓄水量2400立方米。75%农户和居民、机关单位都用上了自来水。1966年1月，随着木鳖电站的建成，黄茅园于1970年用上电。1980年建成装机175千瓦、年发电量67万千瓦时的合田洞江电站。1985年并入区网，2005年建成120千瓦的金鄜电站。2009年5月，湾潭电站建成发电，装机容量130千瓦（1985年并入区网）。2012年建成装机容量720千瓦油麻电站，2010—2013年，镇内全部实行了农网改造，2015年建成黄茅园35千伏变电站。

水利建设

黄茅园为溆水发源区，据民国《溆浦县志》称龙潭河（溆水上游）上源二：一出分水坳东峰（金子山上朔二十余华里）；一出鄜梁山。1993年《溆浦县志》记载，溆水源流从金子山以上水源尽头处的架枧田顺流而下，经分水界的古源冲、七里湾、横坡、洪庙、高桥至杨家山两水汇合处，水流全长14.5千米；又由鄜梁山以上水源尽头处的川塘坳，顺流而下，经黄泥田、油麻洞、大坳、小坳、溪树湾、景江桥至杨家山，水流全长13.25千米。两溪水流大小不相上下，宽16-100米，两水在杨家山汇合后，流向黄茅园大埠、湾潭，经横板桥乡，从龙潭折向北流，流入二都河，境内有大小支流13条。中华人民共和国成立前，只有七里湾、大埠江堤身单薄的防洪工程。土地改革后，村民整修山塘、水圳、堰坝，不断改善农田灌溉条件。农业合作化时期，新修了三角坳、塘丫口小（2）型水库和刘子溪、大塘、高塘等骨干山塘，修建了小（2）型河坝三座。1957年在茅湾村雷打坡建县内第一个电灌站，安装1台20千瓦电机，扬程23米，灌田260米。1985年全镇兴建大埠、祖下坪电灌工程三处，灌田1157亩。镇内溪河，常有洪水发生，1979年、1995年两次洪灾尤为严重。60年代，县人民政府拨款对七里湾、大埠江等旧堤进行加固加高，基本达到五年一遇洪水标准。中共十一届三中全会以后，不断加强水利基础设施建设，水圳渠道等引水设施基本满足农田灌溉。从90年代开始，根据镜内溪河纵横，且落差大的特点，以拦溪筑坝和修建引水工程为主。2015年末，全镇新建了茅湾至西坪5000米、高桥楼屋至潭潭湾1610米、金中600米高标准水渠。新修金中洞头、文昌桥、合田等拦河坝21座，机耕道7800米。

社会事业

教育科技

明清时期，清光绪三十一年（1905年），“废科举，兴学堂”以前，黄茅园小学教育形式是私塾和书院，如高桥刘姓家塾鹤鸣书屋。清末宣统元年（1909年）在金中羊角坪族办唐氏私立小学堂。宣统三年（1911年）在合田屯竹湾创建姜氏私立小学堂。民国28年（1939年）下期共建有初级小学21所，职员42人，教员24人，学生659人。民国29年（1940年）推行“一乡一中心学校，一保一学校”的国民教育计划，创办金鄘乡中心学校（现改名黄茅园镇中学）。1951年创办黄茅园中心民校，1970年2月创办黄茅园公社中学、合田公社中学。1983年3月创办黄茅园中心小学，1984年9月创办合田乡中心小学（2007年由黄茅庵搬迁至逍遥坡）下设村小学和教学点。2003年下学期共有教职工253名，高级职称教师1名，中级职称99名、初级职称教师143人。在校初中生1730名，在校小学生1769名。2004年下设村小学12个，教学点8个，2012年开始实行营养餐。2015年末黄茅园镇中学教职员工38名，高级职称8名，中级职称20名，9个班，学生501名，学校校园面积24541平方米。2015年4月，新建教师公租房4层28套1164平方米。黄茅园镇中心小学有19个教学班，在校学生1139人，118名幼儿入园就读。有教职工67名，高级职称1人，中级职称39人。有村小7所，13个教学班，学生187人。学校总占地21425.8平方米。合田学校有教师员工49人，高级职称4人，18个教学班，在校学生1000余人，校园占地面积32478平方米。

文化体育

中华人民共和国成立前，境内的民间文化体育活动主要有唱山歌、唱劳动号子、棋类、荡秋千、踢毽子、跳绳、掰手腕等。中华人民共和国成立后，增加球类，田径、拔河、爬山、文艺表演等项目。20世纪50年

金中安置点 （雷文录 摄）

代，省立 22 放映队到龙潭黄茅园巡回放映黑白有声电影，很多人为看一场电影要跑几十里路。1976 年成立社办电影队，农民看电影可以不用出村。80 年代实现了 35 毫米氙灯化，16 毫米放映单位铟灯化。进入 90 年代，随着电视发展和普及，电影日渐衰微。“文化大革命”期间，又兴起了“演样板戏”等群体活动。中共十一届三中全会后，现代歌舞演唱及打篮球、羽毛球、台球、乒乓球、拔河、象棋、舞灯等文体活动，开展比较普通。90 年代初，建起私人舞厅 2 家，舞厅活动掀起热潮。进入 21 世纪，生活不断改善，舞蹈队、腰鼓队、健身队到处可见。舞蹈种类以广场舞为主，大部分女性加入舞蹈行列。姓氏的族务理事会还开展唱谱戏等活动，每年春节以姓氏或区域为团队，为增加节日气氛，古往今来舞灯等活动经久不衰。黄茅园灯的种类主要有龙灯、故事灯、狮子灯、蚌壳灯、喔喝灯、高粑灯，形态各异，各有千秋。2015 年末，境内有文化站 1 个，村（居）级文化活动中心 28 处，农家书屋 31 个，藏书 2 万余册，舞蹈培训点 1 个，跆拳道培训点 1 个，巩固农村文化演唱队 8 支，广场舞队 14 支，新修农村篮球场 4 个，农民健身场 8 个。音乐、美术、书法、摄影及文学业余创作队伍 66 人。省市文物保护单位各 1 个，县文物保护单位 3 个。

医疗卫生

1949 年以前，黄茅园无医疗机构，民间治病主要靠民间中草药医生。1952 年 1 月建十三区卫生所（后改为黄茅园卫生所）。1958 年设立黄茅园公社卫生院，下设合田分院。1961 年设黄茅园公社和合田公社两个卫生院，1962 年更名为公社联合诊所，1969 年又改为公社卫生院。1976 年合田公社卫生院由县提供设备、自办制药厂、制作注射用水、50% 葡萄糖、鱼腥草、小檗碱等。1984 年停办，改为乡卫生院，为方便群众就诊，在金中、杨家山两处设立就诊点。1995年，改为黄茅园镇卫生院，下设合田分院。2004年底黄茅园镇卫生院有职工13人，其中，主治医生3人，有村卫生室26个。2015年新修住院楼一栋，面积1499平方米。2015年底有职工42人，专业技术人员34人，初级职称27人，中级职称4人，技工3人，职业医生13人，注册护士13人，设备齐全。

社会保障

民国时期，境内老百姓没有任何保障。1956年起，农村实行五保政策，对五保对象从公益金中开支供养。80年代初，五保供养标准为每人每年口粮300千克，食用油3千克，棉衣服1套（2年）单衣服1套、鞋2双，负担治病、置棺安葬，让学龄儿童期孤儿及时入学就读。对特困户以返销粮给予救助。2009年9月，建成黄茅园镇敬老院，供养五保老人38人。2006年开始实行最低生活保障制度，2015年75户1553人享受最低生活保障，领取保障金187104元。2008年开始创办新农合，全镇参合25290人。2015年全镇参合30921人，2012年实行养老保险制度，全镇有5570人领取养老金362.9万元。2015年有6465人享受养老保险，领取养老金624.19万元。2015年全镇有五保户108户112人，享受每人每年2400元补助。2015年末优抚对象302人，优抚金30.74万元。2014年国家实施精准扶贫，贫困户1225户4173人。

特色地情

人文历史

重要事件

清同治七年（1868年），唐思齐（黄茅园镇金中村人）107岁，五世同堂，同治皇帝敕建黄茅园金中羊角坪百岁牌坊，御笔题词“升平人瑞”，是湖南省保存同治皇帝颂扬“长寿之乡”的唯一手迹。

民国24年（1935年）实行保甲制，县以下设区、乡（镇）保甲，原第七区仍为第七区。是年12月12—13日，中国工农红军途径龙潭，在黄茅园祖师殿、文昌阁两处庵堂以及茅家湾和井头两处祠堂夜宿，经过黄茅园九个村。

民国34年（1945年）4月17日，日军入侵龙潭，部分伤员转到湾潭王氏宗祠医治。

1949年4月，隐蔽在新晃县的中共党员谌鸿章回龙潭，争取雪峰部队起义，5—7月发展党员15名，成立龙潭、岭脚、黄茅园3个支部。

1950年1月1日，谌鸿章调任第一任溆浦县政府县长。3月建立各保农民协会，4月4日，湾潭（当时系芙蓉乡第二保）第一任农会主席王在星被害于洗马洪家村。6月17日成立第一区（龙潭）人民政府，黄茅园设10个农民协会。

1952年，经芷江专员公署批准，将怀化县第七区所辖白岩桥李家院子、谭家院子等共7个行政小组划归溆浦县黄茅园管辖。

金中荷园 （雷文录 摄）

1956年7月撤区并乡，设立黄茅园乡、合田乡，是年11月16日，溆城至黄茅园公路动工，杨家山桥开始修建。

1958年3月10日，溆黄公路建成通车。9月，开展“大炼钢铁”运动，景江、横坡、刘子田建起了铁厂，每个铁厂都有十几座烧柴土炉，历时4月有余。9月，以生产队开办食堂，全部食堂化。10月设立黄茅园公社，共12个大队，91个生产队。是年修建塘丫口和三角坳小（2）型水库，洪江瓷厂在黄茅园青界开采耐火瓷泥矿（方言岩粑）。是年，黄茅园公社在茅湾大队和祖下坪唐氏宗祠开办瓷厂，1961年停办，同年县人民委员会在西坪兴办地方国营溆浦县磷肥厂，有职工124人，1963年停办。

1970年，县奖励黄茅园由天津拖拉机厂制造的铁牛–55汽油机拖拉机1台。

1978年，县政府在黄茅园、合田两个公社建立万亩油菜生产基地示范片。是年黄茅园、合田两个公社杂交水稻制种1万亩，亩产200千克，居黔阳地区第一位。当年，县政府奖励合田公社湘江牌汽车1辆。

1986年1月，黄茅园金中鞭炮引线失火，死亡20余人，伤多人。

1995年6月30日，省道1808线黄（茅园）龙（潭）公路扩建工程动工。6月29日晚8时至凌晨7时，发生特大洪灾，山下村5人死亡，白岩村3人死亡。10月，合田乡和黄茅园乡合并成立黄茅园镇。

1996年3—9月，黄龙公路铺油，这是龙潭第一条柏油路。

2001年2月，省道1840线（2002年改

称省道 S224）黄茅园段扩建工程动工。是年黄茅园合田村建成龙潭第一条村级柏油公路。湾潭、万寿两村建成龙潭第一条水泥公路。

2003 年 4 月 21 日，黄茅园投入防治“非典”工作，无一例确诊为“非典”病人。是年黄金街（原名胡家园）开始修建房屋。万寿风雨桥列为市级文物保护单位。

2010 年 5 月 18 日，抗日野战医院被授予“湖南省民办博物馆”称号，全省仅 15 家。是年 12 月，黄茅园流动邮局谌晓飞被评为湖南省劳动模范。

2011 年 1 月 24 日，抗日野战医院被列为省级文物保护单位。

2012 年，袁隆平 107 亩超级杂交水稻示范项目落户金中。8 月金中村被评为“全省民主法制示范村”。农历九月十四日，炎帝铜像落户合田姜氏宗祠内，同日姜氏宗祠列为炎帝文化研究中心。

喔喝灯　（雷文录 摄）

2013 年 12 月，金中村被评为省级卫生示范村。

2014 年，开始精准扶贫，树凉、岩垴、方家垅、油麻四村被列为省级扶贫村。是年，《湖南日报》以《大同金中村 溆浦新桃源》为题，报道了黄茅园镇金中村环卫工作经验。

2015 年 4 月，中国人民银行长沙中心支行，开始帮扶黄茅园镇树凉村。同年 12 月 29 日，树凉村成立湖南省第一个金融扶贫站。是年，黄金街街道全面硬化。是年 9 月 10 日，在溆浦三中举行姜庆华（黄茅园王家山人）报告会。同年姜庆华长篇纪实《中国梦的坚定实践者袁隆平》由红旗出版社出版。

名优特产

白丝糯糍粑：黄茅园具有独特种植白丝糯地理优势和种植经验，加工出的糍粑香甜可口，其产品畅销全国各地，颇受青睐。拥有糍粑加工企业合作社 5 个，年种植面积 5000 亩。

水稻杂交制种：黄茅园镇杂交水稻制种有得天独厚的自然条件，是世界杂交水稻之父袁隆平院士制种首选基地之一，已有 45 年历史。有制种村 21 个，年制种面积 6000 余亩，年产种子 140 多万千克，种农制种经验丰富，种子纯，享誉省内外。

金秋梨：梨是黄茅园镇主要水果之一，凤黄梨原产黄茅园，分布各村，从 1992 年开始，推广新品种金秋梨，亩产 3000 千克，特别是合田塘家冲一带，户年均收入达 2 万元，最多达 8 万元，2015 年底，全镇发展金秋梨 3100 亩左右，增收 2000 余万元。

民俗风情

喔喝灯：喔喝灯是黄茅园一带久负盛名的民间彩灯，只有唐姓人独舞。喔喝灯独具特色，这种彩灯只有头和身子，没有尾巴。喔喝灯舞技独特，舞彩灯的喔喝飞奔，水陆无阻。

唐姓婚俗：唐姓人嫁女从后门出闺，系唐姓祖传习俗。相传元末时，唐姓远祖岳翁李仁伯，系朝廷命官，在全州任总兵一职，因一生刚直，而被奸臣所害。被害后其首级被一群乌鸦抬着，投入其女衣怀，其女为报答养育之恩，将父首包藏，放在随嫁衣箱里。于归唐门时，仁伯公随女入唐姓神龛，唐姓人家家供奉。在出嫁闺女时，因怕仁伯公跟随去外姓，则从后门出闺。同时唐姓人每隔一年要举行庆伯公活动，后此风俗一直沿袭。

风景名胜

抗日野战医院：抗日战争龙潭战役陆军第八方面军野战医院旧址，位于黄茅园镇万寿村王氏宗祠内。民国 34 年（1945 年）春，雪峰战区，龙潭战役鏖战在即。国军第四方面军，74 军 51 师，率部奋战英雄山。大批伤员，从前线用担架抬着，经龙潭、岩板、岩湾过象形桥后，在野战医院及茅坪院子（万寿桥附近）、水口庵、祖师殿进行治疗。停歇救治后，再转移至洞口石下江陆军总医院。数十名抢救无效的抗日志士，就地掩埋于宗祠右侧山坡上。2010 年 5 月 18 日，湖南省将其列为第一批民办博物馆，全省仅 15 家。2011 年 1 月 24 日列为湖南省省级文物保护单位。

万寿桥：万寿桥原名画桥，位于黄茅园镇湾潭、万寿两村之间，始建于明崇祯九年（1636 年）。1991 年被列为县级保护单位，2003 年被列为怀化市级文物保护单位，是溆浦县保存最完好的一座风雨桥。

抗日野战医院旧址（湾潭王氏宗祠）

（雷文录 摄）

金中百岁坊：位于黄茅园镇金中村羊角坪老集市入口处，由邑人舒永献等为寿星唐思齐（107岁，五世同堂）而请旨旌建。始建于清同治七年（1868年），同治皇帝御笔手书“升平人瑞”，系县文物保护单位。

族姓宗祠：黄茅园分姓而建有祠堂22座，现保存完好的16座。各姓宗祠数量、规模大小、装潢简繁各异。以唐姓数量最多，共8座，肃穆雄伟，房屋古朴典雅，其中省文物保护单位1个，县文物保护单位2个。

金中文化古村：金中村古风朴朴，有古院、古民居、古牌坊、古祠、古街，还有乾隆井与乾隆亭，浑然一体，是“全国传统村落”“湖南省历史文化名村”、全市经济百强村、全省民主法治示范村、全省环卫示范村。

金中千亩荷园：农民企业家唐顺成为了回报家乡而打造，集旅游、度假、扶贫为一体，建有多处观景台、观景栈道、赛马场、射击场、游乐场，赏荷花、钓荷花鱼，美不胜收。

中国炎帝文化村合田村：有炎帝祠和炎帝传人书屋，有龙脉树、鸳鸯古井，有自然风光带，有乾隆访姜家及沅之源碑记，是怀化市文明村。

（撰稿：吴铁传）

农耕文化活化石山背梯田所
在地，被誉为“小水电之镇”

葛竹坪镇

葛竹坪镇山背梯田

（雷文录 摄）

区域概况

位置面积

葛竹坪镇位于溆浦县南部，距县城 67.8 千米。东临隆回县，南接龙庄湾，西靠龙潭镇，北于北斗溪镇交界。此地古时葛根遍地、翠竹参天，故名葛竹坪。东南北三面高山环绕，西部地势较低，境内溪河纵横，溆水由南向北纵贯全镇，从芦江出境，流入北斗溪。

建置沿革

民国时期属一区龙潭乡。1949 年后属第十四区。1956 年为葛竹坪乡。1958 年属龙潭公社。1961 年析出为葛竹坪公社。1984 年复又为乡。2001 年为镇。至今镇名未变。 1978 年后，向宗林、吴文升、陈代贤、向宗尚、刘光章、吴世全、唐逢显、韩学连、张仲民、周逢、舒铁、唐小荣、唐永良、罗志华任党委书记。向宗林、吴文升、唐世望任革委会主任，饶先满、吴世全、易元理、谌元章、欧阳长江、谌金中、周逢、吴厚良、单海文、唐永良、姜立刚、尹恩建、刘杰卫任乡（镇）长。

区划面积

葛竹坪镇镇域面积 106 平方千米，从民国时期到 2015 年止，镇域面积没有变化。有耕地面积 17436 亩，其中，水田 15128 亩。

人口民族

中华人民共和国成立时，境内总人口 2.3 万余人。2011 年末，镇区总人口 2.4 万余人。多数为汉族，杂居有瑶族、侗族、回族、土家族等少数民族近 1 万人。

环境

境内以山地、丘陵为主，全镇四面环山，其势雄伟，林地面积 8.3 万亩，森林覆盖率为 59.3%，属山区乡。海拔 289~1479 米，常年均气温 13℃左右，最高气温为 40.2℃，最低气温为 -5.1℃，全年以 1 月最冷，2 月中下旬开始升温，8—9 月最热，10 月上旬开始降温。年平均降水量在 1200~1600 毫米。

资源

镇内有大小水电站 28 座，总装机容量 6.3 万千瓦，素有“水电之镇”美称。地下矿藏众多，有丰富的花岗石、瓷泥、煤炭、硅砂等矿藏。药材有金银花、白术、苡谷、尾参、杜仲、百合、太子参等多个品种，种植面积大，仅金银花面积就达 1.8 万亩，年产 500 吨左右。

灾害

主要灾害有旱涝、霜冻、冰雪、山体滑坡、雷暴等。雷暴灾害集中在葛竹坪镇山背村，全村共 1900 多人。此山村一度成为全国最罕见、最严重的雷击村。据统计，1979 年以来，该村被雷电击死 12 人，击伤 168 人，家畜、家禽死伤无数，雷电还经常击毁家用电器、房屋、树木等。2012年，时任国务院副总理李克强做出专门批示，要求将山背村的雷灾防治作为一项民生工程，确保山背村的雷击风险低于国际标准容许值。国家发改委对《山背村雷电灾害防御建设项目总体设计方案》进行审批立项，并与省发改委领导及省、市防雷专家赴山背村现场考察，要求省、市防雷中心在原有基础上据实提出系统性的防雷工程实施方案。2014年9月，山背村雷电防御项目正式招标启动。至2015年3月全面完工。此后，防雷设施有效保护了山背村人民群众生命财产安全。

经济发展

经济综述

该镇依据山东地优势，在发展农业生产的同时，多种经营，广泛开展小水电建设和养殖业、中药材种植。2005年建成了以金银花为主的中药材基地2万亩，中药材收入达2000万元。后来通过走“公司+基地+农户”的模式，大力发展养殖业、林业、中药材种植以及特色水果种植，2015年，全镇地区生产总值达到2.9亿元，财税收入达857万元，位居全县第二。

农业

境内百姓种植农产品主要有稻谷、红薯玉米等。1980年总产774.5万千克，亩产达409千克，社队企业总收入53万元。1991年人均纯收入306元。至2005年，农业总产值达9260万元，粮食总产量7588吨。年内生猪出栏14257头，家禽出笼20万羽。当年，退耕还林6280亩。发展工业原料林74亩。建成了以金银花为主的中药材基地2万亩。茶园基地1300亩，其中中药材收入达2000万元，年产茶叶150吨。2015年通过走“公司（专业合作社）+基地+农户”的模式，已拥有湖南天实农业开发有限公司及鑫业养殖、岚水江六宝山猕猴桃专业合作社等成员50户以上，农业专业合作经济组织10家。连片种植面积在200亩以上的大户达18户，年营业收入50万元以上大户达到25户。

林业

民国时期，境内荒山多，林木少，全镇有林地面积8.3万亩，境内森林资源丰富，树种以松、杉、竹子、油茶为主。在“文化大革命”时期，森林破坏大，2001年退耕还林1180.2亩；2002年退耕还林1951.7亩；2003年退更还林783.9亩，至2015年，共退耕还林5800亩。全镇森林覆盖率为59.3%，是理想的休闲、旅游、避暑胜地。

工业

中华人民共和国成立前，境内手工业比较发达。中华人民共和国成立后铸造、食品加工、竹木加工发展更快，但多以个体户为主。至2006年引进大型企业。2010年引进兴盛石材、宏磊石材厂；2015年，全镇规模以上企业完成工业总产值8040万元，年缴税20万元以上企业达13个，企业纳税857万元，位居全县原43个乡镇中第二。

商贸

改革开放初期，商贸服务主要集中在赶集日，以个体摊、流动担为主。2002年在旗形村建集贸市场1个，共有商业网点100余个，村镇群众纷纷到此购买山货等各类物资。2011年镇内有商业网点150余个，从业人员300余人。至2015年，镇内有商业网点200余个，小街道均分布在旗形村，为城东开发区惠民小区前后街、旗形村沙洲组街区、廻陇组街区、旗形组街区和老街区，现有街道呈两横两纵网络，街道总长1500余米。

财政金融

1999年，各项财政收入150余万元，2003—2005年，调减、免征农业税，财政收入逐年减少。2014年，财税收入836万元。2015年，全镇国民生产总值提高到2.9亿元，平均年增长率达25%；全社会固定资产投资累计达3.78亿元；财税收入由836万元增加到857万元，位居全县第二；人均可支配收入由4261元增加到6106元，平均年增长率达9.2 %；人均纯收入由2181元提高到4559元，平均年增长率达8%以上；农村信用社存款额由5400万元增加到1.7亿元，增长了214.8%。

基础设施

交通运输

民国时期，境内没有公路，改革开放后至21世纪初，才逐步修建通往溆浦的公路，至2015年，完成了全镇原24个村（居）通畅工程，修通山背、双江、金石、楠木冲等村的4条断头路，硬化14.56千米山背旅游公路并配套建设防护设施，硬化金石村级主干道8.7千米，完成双江村、里木墩村、楠木冲村等村组公路硬化12千米，新建旗形二桥。对全长12.8千米的葛天公路进行维修加固。

邮电通信

中华人民共和国成立前，境内无任何邮电通信设施。至2005年，全镇已开通移动、联通、电信三大通信系统，通信覆盖率100%，实现村村通电话，开通移动基站4个，联通基站1个，有电信、联通、移动服务网点各1处。至90年代，镇内有邮政网点1个，地址在旗形村的沙洲组街区。2013年末已有1家快递入驻，地址在旗形村的廻陇组街区。2015年又有3家快递等入驻。

供水供电

民国时期，境内大部分农户使用油灯照明，至70年代，境内居民大多数使用上了电灯，至80年代，境内所有村（居）都使用上了电灯。在镇区自来水厂建成以前，境内群众都使用井水和山泉水，至2015年镇区投入60多万元，完成镇自来水厂的增容提质改造，另完成横路、楠木冲、山背等村共3000人的农村安全饮水工程，架设自来水管道100千米；全镇原23个村均已实施农网改造。投资

葛竹坪镇 （雷文录 摄）

2400万元的全智能110千伏变电站于2015年建成使用，对改善辖区内电网结构，提供高效发电质量将发挥重要作用。

水利建设

1949年以前，境内无一座水库，至70年代修筑了山背水库、楠木冲水库。境内有大小水电站28座，总装机容量6.3万千瓦；装机容量在4000千瓦以上的水电站有刘家坪、渔米滩、芦江、步鳌、金桥、阳桥、金水、岩龙、新桥一、二级电站等，素有水电之镇之称。

镇村建设

民国时期，有住房70余栋，成自然集镇。2012年以来，鹿山、旗形村、山背、里木墩等村的村级活动中心进行改造升级；双江村完成村级文化综合服务平台建设；2015年小城镇建设日渐成熟，新增城镇面积21500平方米，新增城镇住房面积35960平方米，极大地改善了全镇人民的工作生活环境，提升全镇的城镇化水平。2015年9月完成农贸市场改造，配套有客运站、邮政大楼、酒店、住房的惠民新村已完成建设并投入使用。

社会事业

教育科技

葛竹坪镇中心小学始建于1984年，当时办学条件十分简陋，教学设施匮乏。2015年学校建筑面积4414平方米，占地20040平方米。学校有18个教学班，学生1027人，教职工55人。其中，专任教师54人，学历全部达标，其中大专学历19人，本科学历29人，中青年骨干教师22人，高级职称5人，中级职称21人。学校拥有现代化的图书室、阅览室、仪器室、实验室、学生电脑室、语音室、音乐室、美术室、劳技室。图书室藏书26260册，运动场3950平方米，建有2个标准的篮球场、1个羽毛球场。曾连续三年获全县同类学校前五名，龙潭辖区第一名。学校先后荣获“市合格化学校”“市级绿色学校”等称号。教研教改有新突破，“苏教版小学数学样本研究”的课题在国家立项，并结题；《信息化条件下促进学生自主学习的创新教学模式研究》成为省专项试点项目。教师教研、教改论文国家级8篇，省级12篇，市级50余篇，县级达100篇以上。

葛竹坪镇中学前身为创办于民国2年（1913年）的侯氏一校。1950年4月更名为葛竹坪乡完全小学，1968年上半年开始招收初中生，1970年上半年，改名为葛竹坪公社中学。1984年5月更名为葛竹坪乡中学，2001年10月因葛竹坪乡建镇而定为现名。葛竹坪镇中学是一所农村初级中学，学校发展经历一百多个春秋。创办时的侯氏一校，只有教员2人，2个教学班级，学生62人；1975年学校开始增办高中，2个高中班招收学生78人；1978年已发展到高中4个班，在校高中生192人；1980年停办高中；2003年，在校学生进入最高峰，有18个初中班，教职工61人，在校学生1328人。校园占地面积5848平方米，建筑面积4682平方米，藏书18521册，共有12个教学班级，教师37人，学生647人。

村小及幼儿园有复兴小学、鹿山小学等14所小学和2家幼儿园，旗形村中心幼儿园（原旗形小学）、小红帽幼儿园，在校人数为3000人左右。

文化体育

中华人民共和国成立前，境内的民间文化体育活动主要有唱山歌、唱劳动号子歌等。中华人民共和国成立后，平时上山、下地唱山歌，挖茶山、挑送茶叶的茶山号子和挑、抬重物的劳动号子等民歌大发展。改革开放后，现代歌舞演唱及打篮球、羽毛球等文体活动方兴未艾，传统文体活动又迅速恢复，特别是山歌和号子。2015年末，境内有镇文化站、广播电视站和文体活动中心各1处，老年活动协会1个、各村文体活动协会2个，有村级文化活动中心13处，农家书屋8个，藏书10余万册，广场舞队5支，丰富群众娱乐生活。有序推进乡镇文化站和村文化

葛竹坪镇山背村龙坳上安置点 （雷文录 摄）

阵地工程建设。积极组织开展“老年文化”“庆三八妇女节”“庆六一儿童节”“庆元旦”“葛竹坪之春迎新晚会”等文化活动，进一步丰富了群众业余文化生活。

医疗卫生

葛竹坪镇卫生院成立于1956年，是一所集医疗、预防保健、公共卫生服务于一体的一级甲等防治型医院。医院内设内、外、妇、儿、中医理疗等临床科室以及化验、B超、心电图、X光等辅助检查科室。医院有医务人员30余人，其中，主治医师4人、医师5人、专业人员20余人，能开展下腹部手术等。对一些农村常见病、多发病、慢性病和一些危急重心脑血管疾病的诊断和治疗具有丰富的临床经验及较高的医疗水平，在同级的乡镇卫生院中处于领先地位。该院开设床位40余张，除拥有一批先进的医疗设备外，还拥有标准化手术室及产房、宾馆式住院病房。医疗环境、医疗设施、住院条件、技术水平等都得到了明显改善和提升，为建设葛竹坪镇辖区及周边医疗中心奠定了坚实基础。

社会保障

民国时期，境内百姓没有任何社会保障。中华人民共和国成立初，境内特困户通过区公所得到县政府的救济。2015年建立最低生活保障制度，镇内2118户2993人生活受保障，领取保障金2581680元。2008年开始创办新农合，全镇参合17429人，报销医疗费817253元，2015年全镇参合22847人，报销医疗费5426193元。2015年全镇共有五保老人54人，因镇内无敬老院，全部为分散供养。2012年开始实行农民养老保险，当年领取养老金195340.52元。2015年有4235人享受养老保险，领取养老金260829.32元。2015年底，全镇五保户54户54人，每人每年2400元的补助金全部按月发放到位，同时全镇已顺利完成危房改造156户，387户1444人稳定脱贫。

人民生活

民国时期，人民生活困苦。中华人民共和国成立初期，粮食产量低，农民人均口粮仍不足200千克，农村住房大多为低矮的土砖或土木结构房。人民公社时期，农业效益低下。1981年实行家庭联产承包责任制，当年粮食亩产达到445千克，基本解决温饱问题。21世纪后，随着农业效益的逐步提高，特别是金银花、猕猴桃等经济作物的推广种植，农民的收入逐年增加。2007年，全镇地区生产总值实现8744万元，实现农村经济总收入6572万元，农民人均纯收入1852元。2015年全镇社会总产值3.75亿元，固定资产投资1.488亿元，农民人均纯收入4338元，增长8.9%。94%的农户入住新楼房，每百户农户有面包车、农用车、摩托车79辆，小轿车9辆，户均有彩电1台，洗衣机1台，太阳能或电热水器0.9台。

特色地情

人文历史

重要事件

民国时期，葛竹坪属一区龙潭乡。

2012年，时任国务院副总理李克强做出专门批示，建设山背防雷工程。

2015年，开始实施农网改造。

2015年3月，山背防雷工程全面完工。

名优特产

葛竹坪镇土地宽阔，多为山地，物产丰富。盛产水稻、茶叶、猕猴桃、杨梅、金银花、油板栗、尖板栗、龙潭李、腰带柿等水果。还有竹笋、蕨类、大型食用菌类等。特产有糍粑、猪血豆腐、糯米猪血肠、金银花、茶油、板鸭、风创肉、枕头粽、神仙豆腐等特产。

神仙豆腐：在葛竹坪镇鹿山村岩落壳，有一则关于“神仙豆腐”的传说故事，古代有一年闹天灾，颗粒无收。一个经常行善事的人经神仙点化，带领乡亲们上山收罗树叶，然后将树叶捣碎做成“豆腐”吃，乡人靠着这

农家客栈　（雷文录 摄）

山村人家　（雷文录 摄）

种"豆腐"度过了灾荒。由于这种"豆腐"是神仙点化制作的，因此乡亲们称之为"神仙豆腐",把做"神仙豆腐"的树叶叫作"神仙叶"。

民俗风情

花瑶文化：花瑶是瑶族的一个分支，因花瑶服饰独特、色彩艳丽，特别是花瑶女性挑花技艺精湛，故称花瑶。最具特色的是花瑶婚礼，打泥巴订婚、顿屁股和炒茅壳粟等婚礼习俗，新奇、圣洁依旧保持最原始生态的民族婚礼习俗。

花瑶挑花古朴、独特、精致、艳丽，极富文化内涵，2008年6月被国务院公布为第一批国家非物质文化遗产。山背村奉寨妹留下《老虎图》《哪吒闹海》《双龙抢宝》《双凤朝阳》《凤凰齐飞》等100余件挑花作品。

风景名胜

佛缘寺：佛缘寺位于葛竹坪镇旗形村罗家山。始建于明永乐八年（1410年），1954年被洪水冲毁。1998年9月由信士胡忠实集资移址罗家山顶修建，占地4亩，建筑面积1350平方米。建筑结构古朴，富有民族风格，是溆浦县佛教名寺之一。大雄宝殿内塑有一尊巨大的释迦牟尼佛像。四周松樟参天，苍翠挺拔。

廻龙桥：廻龙桥位于葛竹坪镇旗形村。系具湘西特色的石墩木廊风雨桥。廻龙桥实由廻龙、观音两桥相连而成，廻龙桥居西，观音桥居东，二桥中以木亭相连接，平面呈"八"字形，横卧于二都河（一名龙潭河）支流进马江（俗称步鳌水）和大沙江（俗称岚水江）交汇处，连通回龙居委会、旗形村和福坪村，外形秀丽壮观。始建年代不详。民国4年(1915年)圮于水。民国9年(1919年)复修。1961年、1992年维修。麻石砌筑的桥中堡立于两水汇合的三角洲上，上建木亭，三重檐，六角攒尖顶。内供奉土地神。廻龙桥为西东走向，跨进马江，桥中设杨泗将军神龛；观音桥为南北偏东走向，跨大沙江，桥中供奉观音大士。两桥各长22.5米，一墩二台二孔，梭形石墩，墩上三层（观音桥为两层）等分枕木悬臂梁支托桥面固端木梁。廊屋9间，四坡顶，覆小青瓦。桥西、北两端各建庑殿顶牌楼，脊施双龙戏珠彩绘泥塑，檐下施如意斗拱。

古村鹿洞：在山背花瑶梯田脚下的鹿洞村。既有千年的传说也有保存完好的古民居。风光秀丽，民风纯朴，祖先是花瑶，有大小鹿洞传奇故事、狐狸坡古村传说及岩落壳、月亮岩的故事。

山背花瑶梯田：山背花瑶梯田的板块雄伟壮观，纵横7.5千米，上下1500级，面积达1.5万亩。山有多高，水就有多高，梯田就有多高，连片纵横近8千米，为国内罕见。据考，它是中国目前最大板块的梯田。山背花瑶梯田开垦于北宋年间，发展于南宋、元、明时期，距今已有一千多年历史。主景区集中在山背周边地区，当地的花瑶是梯田的主要开拓者。山背村，有3个独立山包，酷似酒杯杯口，所以叫"三杯"梯田，后来因为地处虎形山的背面，慢慢演化成谐音"山背"梯田。梯田分布广，落差大，从海拔500多米一直铺展到1300多米。"春看银波似明镜，夏时翠玉绿茵茵，秋现金塔黄澄澄，冬雪遍地莹晶晶"。这是当地流传的一首民谣，形容山背梯田四季的景致。

（撰稿：张　池）

国家级生态乡镇，县内著名
金银花、猕猴桃培植基地

龙庄湾乡

美丽的刘家坪村

（雷文录 摄）

区域概况

位置面积

龙庄湾乡别名龙藏湾，传说因水湾藏龙而得名，位于湖南省怀化市溆浦县南部，是溆浦县的南大门，东与隆回县麻塘山乡相连，北与隆回县小沙江镇接壤，西与县葛竹坪镇交界，南与县龙潭镇（原大华乡）毗邻，属高寒山区，东部的凉风界（海拔1614米）为溆浦县最高峰，最低海拔928米。乡人民政府驻龙庄湾村青胜组，海拔1240米。乡政府距县城约100千米，电话区号0745，邮政编码419315。

建置沿革

民国37年（1948年）属龙潭乡公所第十一保（龙庄湾、进马江、柳沙坪），保长吴人禄，十二保（白银塘、鸡鸣、留家坪），保长谌贻佐。中华人民共和国成立后，仍然沿用保、甲区划至1950年，1950年3月溆浦县人民政府成立，龙潭为第一区，十一保为龙潭区金龙坪农会（农会主席陈世梅），十二保为龙潭区鸡鸣农会（农会主席石湘安）。1953年6月，龙潭区改为十三、十四区，金龙坪农会设置为金龙乡（乡长谌志恒）、鸡鸣农会设置为鸡鸣乡（乡长陈明达），归属十四区管辖。1956年撤区并乡，设龙潭办事处，金龙乡、鸡鸣乡并入大华乡。农业合作化时期，乡以下设高级农业合作社（简称高级社）。原金龙乡、鸡鸣乡属大华乡所辖的两个高级社，1958年10月政社合一，大华乡并入龙潭人民公社。金龙、鸡鸣属龙潭公社所管辖的2个大队。1961年10月调整人民公社体制，大华公社从龙潭公社分出，金龙、鸡鸣2个老大队归属大华公社，金龙老大队分为龙庄湾、进马江、柳沙坪大队，鸡鸣老大队分为白银塘、鸡鸣、留家坪大队，大队以下设生产队。1984年5月人民公社改制为乡(镇)人民政府，大华公社分为大华、龙庄湾2个乡。1984年5月18日龙庄湾乡人民政府正式挂牌成立，辖龙庄湾、白银塘、鸡鸣、刘家坪、柳沙坪、进马江六个村，1987年刘家坪水库蓄水发电，刘家坪村分为高牛场、石家湾、打葛冲3个村，隆回县龙坪村小冲、化字炉、水粟坪组经怀化、邵阳两市批准同意划归龙庄湾乡管辖设为小冲村，龙庄湾乡从6个村增设到9个村。2015年乡镇区划调整时，龙庄湾乡仍保留建制乡。

1984年建乡以来，先后有陈治来、王在昌、侯方荣、唐政良、蒋中贤、谌业章、韩秋生、吴世谋、唐小荣、梁晓文、张祖场、李修艳任职书记。先后有王在昌、谌剑社（代乡长）、侯方荣、张戈平、易元理、陈贵生、王小平、唐小荣、沈修华、谌建文、阳中宇、尹恩良、姜特生、谌浩业任乡长。

区域面积

1984年龙庄湾建乡时，全乡区域总面积

集镇全貌　（雷文录 摄）

46.4 平方千米。山多田少，水田面积 4490 亩、旱土面积 760 亩、山地面积 6 万余亩。1984 年开始修建刘家坪水库，据实际丈量，水库征用：水田 1933.4 亩、旱土 591.9 亩、山地 1112.8 亩。1987 年原隆回县龙坪乡小冲、化字炉、水栗坪 3 个村民小组划归龙庄湾乡。龙庄湾乡辖 9 个村 93 个村民小组，区域面积 47.5 平方千米，陆地面积 44.1 平方千米，水域面积 3.4 平方千米。2015 年末，实际耕地面积 8295 亩，其中水田 2063 亩、旱土 6232 亩，林地面积 39876 亩。森林覆盖率达 56%。辖区总面积自 1987 年后不变。

人口民族

中华人民共和国成立时，境内（原十一、十二保）总人口不超过 4000 人。境内以汉族、土家族、侗族为主。1984 年建乡时辖区共 1709 户，总人口 7093 人。2010 年全国第六次人口普查统计数据显示，全乡共有 2384 户，总人口为 8137 人。2010 年出生人口 166 人（其中，男性 96 人、女性 70 人）等少数民族。2015 年末，全乡总人口共 2535 户，10030 人。

自然环境

境内以高山、丘陵为主，间以平地。属于高海拔丘陵地区，地势为东高西低、南北相当。东部龙庄湾村凉风界顶峰，海拔 1614 米，西部刘家坪村中牛场组最低，海拔 928.2 米。境内主要山峰有东部凉风界，西部青山界、猴子山，南部四宝山，北部谭阴山、野猪岭。

龙庄湾乡属中亚热带季风湿润气候，降水丰沛，常年主导风向为南、北风；气候独特，冬春寒冷、夏秋凉爽，霜冻期早，昼夜温差大，年平均气温 11.5℃ ~12.5℃，最高气温 33℃，最低气温 -6℃，极端最低气温为 15.5℃（1976 年 1 月）。全年 1 月气温最低，2 月下旬开始升温，个别年份出现“倒春寒”时“清明”不断霜雪。7 月上旬至 8 月上旬最热，10 月下旬出现霜冻，11 月下旬出现降雪，12 月下旬进入冰冻期。年平均日照数为 1200 小时，最多达到 1390 小时；年平均降雨量为 1300~1500 毫米，极端最大年降水量 1810 毫米，极端年最少降水量 905 毫米。由凉风界、长湖坑等山泉水汇集成小溪，形成龙庄湾小河，汇入溆水，为二都河水源发源地之一。

自然资源

境内土地资源丰富，有近 9000 亩耕地和近 40000 亩林地，是花岗岩发育而成的沙性土壤结构，略呈酸性，硒含量较高，土壤肥沃，适宜多种植物生长。地下水资源丰富，盐碱指标均在国家规定标准之内，优质的山泉水为饮用水、农田灌溉用水。中药材资源丰富，2014 年据湖南省中药材资源普查，全乡有 130 多种药材品种，其中金银花人工种植面积达 1.8 万亩，以“一枝花”（金银花）而闻名全国。猕猴桃资源得到有效开发和利用，为名优水果“翠玉”猕猴桃品种发源地。

境内进马江村江田组与隆回县交界处有一温泉，常年地表泉水温 25.2℃，温泉日出水量 3000 立方米。

自然灾害

主要灾害有洪灾、霜冻、冰雪等。霜冻、冰雪每年都有发生，中华人民共和国成立以来最严重的霜冻、冰雪灾害分别是：1976 年 1 月特大冰冻灾害，最低气温达 -15℃，冬季作物遭受毁灭性灾害；1999 年 9 月，水稻抽穗扬花时节，受过早的霜冻和寒露风影响，大面积水稻失收，当年县政府下文免除龙庄湾乡定购粮上缴任务；2007 年 12 月至 2008 年 2 月，冰冻灾害时间长达 2 个月之久，高压电杆几乎全部倒杆，一度出现断水、断电、断交通现象。中华人民共和国成立以来出现 3 次特大洪灾：1953 年 6 月特大洪灾，大面积农田被毁；1969 年 6 月 28 日特大洪灾，造成 2 人死亡，农田、水利设施全毁。黔阳行署派出 50 多名干部深入龙庄湾、柳沙坪、刘家坪等大队抗洪救灾，历时 40 多天。县政府组织干部职工、中学教师等深入灾区救灾；1995 年 6 月 30 日特大洪灾，山体滑坡造成 9 人死亡，房屋受损 721 间，造成直接经济损失 520.6 万元。

经济发展

经济综述

龙庄湾乡农业发展基础薄弱，因地处高寒山区，水稻产量低。水资源丰富，抗旱能力强。以种植金银花、白术、玉竹等中药材和猕猴桃水果作为主要经济来源。杉木林、油茶为主要林产品。工业发展缓慢，收入占比少。商贸服务业比较活跃，有较规范的农村集贸市场，常年工商从业人员达 200 余人，中药材经营户在省内外各大中药材市场开设有销售窗口。

农业

历史上境内农民以种养业为主。种植以水稻、玉米、马铃薯、蔬菜为主，养殖以猪、牛、羊、狗、鱼及鸡、鸭为主。至20世纪70年代，一直沿袭着粮作为主、养殖为辅的传统农业，因受高寒山区气候影响，主要粮食作物水稻产量低，粮食不能自给。水稻品种主要是传统抗寒的高山红米麻谷、须糯（胡子糯谷），70年代末引进“台北八号”粳稻品种获得高产，80年代中期推广杂交水稻失败，90年代开始以当地培育的“农丰”系列品种为当家品种。70年代中期，旱地作物马铃薯种植面积和产量达到高峰，每年从邵阳、邵东、隆回等县、市用马铃薯种换回稻谷达100吨以上。粮食基本自足。80年代初，中药材产业发展开始起步，主要种植金银花、白术、牛夕、玉竹、太子参和木本药材杜仲、黄檗、厚朴等品种。90年代，金银花成为辖区支柱产业，种植面积达1.2万亩，产量达100万千克以上，单项产值达到1000万元。2000年开始发展猕猴桃产业，至2005年“翠玉”“楚红”猕猴桃种植规模达到5000余亩，至此，金银花、猕猴桃形成规模，龙庄湾乡成为小“花果之乡”。2015年农业总产值3153.7万元，占全乡生产总值的71.9%。

林业

1949年前，境内除凉风界为放牛山以外，其他地方林木茂密，古木参天。以松、杉为主，间以薪炭杂木、楠竹、油茶、灌木林。“大跃进”时期，全民“大炼钢铁”，对森林破坏很大，森林面积锐减，大部分古木被砍伐。1961年，积极响应“绿化祖国”号召，掀起植树造林高潮，发动群众先后在凉风界、四宝山（原名四方山）、李木冲、南瓜氹、长湖坑等处植树造林5000多亩，后续建起四宝山、李木冲、潘家垅、报木山等公社或大队集体林场进行管护，基本消灭了荒山。2003年退耕还林3200亩，至2015年累计退耕还林面积达6203亩。2015年新造油茶林4000余亩。全乡有林地面积近4万亩。实现了经济效益和生态效益相协调的发展格局。

工业

中华人民共和国成立前，境内五匠俱全，手工业比较发达。中华人民共和国成立后加工业发展较快，50年代有水轮石槽碾米房4个，木榨油坊4座。1968年龙庄湾大队办起酿酒厂，以红薯、苦栗子为原材料酿酒。1966年柳沙坪大队修建了小微型水力发电站。1969年龙庄湾大队建起水轮机械碾米机和水力发电站。1974年兴办锯木加工厂2家。1984年成立乡企业办。至2015年底，全乡有水力发电站1个，有金银花加工企业2家。农民专业合作社、个体户金银花药材加工作坊41个，蒸汽杀青机26台，大热风炉恒温烘干机设备达到48套。2015年工业从业人员230人，工业生产总值485.5万元，占全乡生产总值11%。

商贸服务

境内有一条新化通往龙潭的古商道，龙庄湾埠上（现青龙组）和青山界有多家客栈商铺。1954年龙庄湾村有国营供销点，供销点货物采购由当地搬运队用板车从龙潭拖运或肩挑。1959年建成国营粮食保管仓库，1972年新建龙庄湾粮站，1980年新建龙庄湾供销社。1982开设墟场，1985年新建乡农贸市场，1987年建成龙庄湾中药材地产药材市场，并形成龙庄湾120米主街道。1996年新建政府路街道200米，2015年修建桥南街道

300米，同年农贸市场改建翻新。2015年末，全乡有集贸市场1个，超市2家，商业街道3条，共有门面120多个，个体工商从业人员200多人。2015年社会商品零售总额达8000万元。

财政金融

1979年，大华农村信用合作社在龙庄湾乡设立分社，1985年新建龙庄湾农村信用合作社，并建立柳沙坪信用社站，后相继建立鸡鸣、白银塘、石家湾信用站。1995年成立农村合作基金会，1999年“农经会”清理整顿后关闭，资产移交信用社。2015年龙庄湾信用社新建综合营业服务大楼。2015年末，境内信用社存款余额8600万元，各项贷款余额1200万元。1984年建乡后设立乡财政所，1997年新建乡财政所办公楼。1995年龙庄湾乡完成各项财政收入26.8万元。2003—2005年免征农业税、停征屠宰税。2015年财政总收入907.2万元，比上年增长10.5%；人均财政收入905元，比上年增长10.2%。

基础设施

交通运输

清代与民国时期，境内没有公路，仅有一条从响水洞而下入进马江至龙藏湾过青山界去龙潭的石板古道，还有刘家坪、柳沙坪、白银塘进龙庄湾的3条羊肠小道。20世纪60年代初，修筑大华至龙庄湾公路，由于山高坡陡，工程浩大，1965年才通车。后相继修筑龙庄湾至进马江公路，打通通往小沙江的瓶颈（后来为省道1808线）。70年代初，又修筑龙庄湾至刘家坪、龙庄湾至柳沙坪两条村级公路和龙庄湾至四宝山林区公路。改革开放以后至21世纪初，修筑龙庄湾至麻塘山公路、白银塘至龙庄湾公路。1986年（刘家坪水库蓄水以后，库区老公路被淹）水淹区各村修筑了环绕水库的移民公路网，对接刘家坪与里木屯公路、小冲与龙坪公路、白银塘至杳竹山公路，1995年全乡实现了村村通公路。省道S332线（原为S1808、S312线）进新段（进马江至新建）砂改油公路建成后，开通龙潭至龙庄湾、小沙江客运班车，金石桥至怀化长途客运班车途经龙庄湾、进马江村。2015年，全乡9个行政村和93个自然村（组）通公路，新老公路（除个别地段）全部硬化，辖区村级公路总长达56千米。

邮电通信

中华人民共和国成立以前，境内无任何邮电通信设施。60年代，各行政村（大队）办公室装有1台摇把式电话。1984年建乡以后，通信信息设施建设发展较快，1996年开通程控电话，程控电话座机200余部，移动BB机100多部，1999年开通移动电话，大部分家庭拥有1台以上移动手机。至2015年，全乡开通移动、联通、电信三大通信体系，通信覆盖率达100%。邮政一直为邮政代办点，2015年有个体快递2家，当年报纸、杂志发行量220份，发送和接递邮件560件，邮政业务总量6.5万元。电信企业服务网点3处，电话交换机总量1000门，固定电话用户700户，电话覆盖率90%。移动电话5000部，电脑880台，互联网用户380户。全年电信业务收入250万元。

供水供电

清末至民国时期，境内农户靠点干竹片照明，中华人民共和国成立后至60年代，开始有部分农户点煤油灯照明。60年代末，龙庄湾村、柳沙坪村各修建小型水电站1座，部分农户用上电灯。刘家坪水电站投产以后，基本解决村民用电问题，经过国家农网改造后，境内所有村民和住户都用上了电灯，也解决生产加工用电。龙潭供电所还配备台区服务管理员2人。自古以来，境内农村饮用水以自流山泉水为主，改革开放以后，也有部分村民从高处埋管引山泉水入户。至2015年，龙庄湾村、柳沙坪村、高牛场村、小冲村实施农村安全饮水工程解决部分村民生产生活用水，带动“改水、改厕”工程的进行，为建设美丽乡村创造更好的条件。

水利建设

境内属二都河水系，以龙庄湾小河为骨干。境内主要溪流共9条：凉风界、进马江溪河汇集流入刘家坪水库；李木冲、牛角岩、水口山溪流分别流入原大华乡境内；白银塘清水塘溪流进入杳竹山流入葛竹坪镇境内；太冲、鸡公塘、小冲溪流流入刘家坪水库。较大的水利工程建设是2013—2015年龙庄湾村300米防洪堤建设。每年的水利冬修，主要是整修灌溉渠道，农田灌溉以地表山泉水自流灌溉为主。全乡500米以上灌溉水渠、水圳22条，所有水田实现灌溉自流化。

乡村建设

清末至民国初，自然村落少，稀散人家多。中华人民共和国成立后至20世纪80年代，各村有村部、群众会场，建有小学、村级合作医疗室。龙庄湾村内有乡管供销社、粮站、信用社、卫生院、中心小学。1984年新成立龙庄湾乡人民政府，新建乡人民政府大院，占地5.9亩，建有办公楼兼住宿楼、会议室、县设刘电移民办，县农业局在乡政府院内建有农技推广站。1985年，由龙潭工商所筹划，当地村干部蒋兴南带领群众建成龙庄湾农贸市场，固定摊位300个。至2015年省道改建后，乡集市贸易迅猛发展，大街小巷重新硬化，结束了以路为市的局面，街道以龙庄湾老拱桥为基点延伸扩展，现已是高楼林立，商铺成街。以金银花为主，猕猴桃为辅的药果市场形成采购、加工、销售一条龙服务，在亳州、桂林、玉林等地建立药果销售窗口达30多个。新建龙庄湾学校，建筑占地14000平方米。新建龙庄湾卫生院1180平方米，新建村级卫生室9个。新建龙庄湾信用社900平方米。青山界抗日将士陵园修复工程初显规模。9个行政村办公用房等建筑工程达1860平方米。进马江村以1995年6月30日洪灾灾民安置为起点，建成以生产、加工、销售为一体的示范村一条街。

2001年龙庄湾乡党委被评为“全国基层先进党组织”，乡内被授予国家级荣誉称号2人，被省授予荣誉称号4人，被市授予荣誉称号6人。县乡内开展“五好家庭”“文明村”“争先创优”“平安户”创建活动，取得优良成绩，2015年，县级优秀共产党员2人、先进个人1人；乡级优秀支部2个、优秀共产党员35人、平安村2个、平安户26户、五好家庭11个、“孝德之星”12人、优秀教师6人、优秀学生18人。

社会事业

教育

民国20年（1931年），在金鳌寺开办协和团国民小学，校长王勋华。民国初年，白银塘的谌氏家族开办了楠竹湾谌氏族校。谌氏族校也招收其他姓氏的子弟入学求学。1951年，向延寿创办了龙庄湾初级小学。1952年，金龙小乡接办了向延寿的初级小学，仍为龙庄湾初级小学，辖区内的柳沙坪接办了协和团国民小学为柳沙坪初级小学，辖区内的鸡鸣小乡开办了鸡鸣和易家湾2所初级小学。1963年，创办了白银塘、进马江、高牛场3所初级小学。同年，还创办了里木冲和岩园2所耕读小学。1958年，在龙庄湾开办了农业中学，学校最初校舍是租用叫作“新屋”的民房，由吴湘归组织教学。1963年农业中学迁到叫作“太屋”的岩园，由张富堂、吴德传等执教。农业中学后又迁到凉风界，1970年迁至龙庄湾的向氏祠堂，1973年升格为高级中学，1981年并入大华中学。1984年龙庄湾建乡时，有刘家坪、高牛场、鸡鸣、白银塘、柳沙坪、进马江、龙庄湾等7所小学。龙庄湾小学自1978年附设初中班，建乡时升格为中心小学并设正式的初中班。1987年，龙庄湾中学、中心小学在龙宝山建成新校舍，中学与中心小学各自行政。1996年秋，中学与中心小学合并为龙庄湾学校，乡下的小学除龙庄湾外，都并至龙庄湾学校就读。2013年末，乡内又恢复了高牛场、鸡鸣2个教学点并附设幼儿教育。2015年末，龙庄湾学校自一年级至九年级共有学生998名，教师43名，附设幼儿教育，在读幼儿40名，幼师2名。乡内有地方幼儿园1所，在读幼儿210名，幼师6名。适龄儿童入学率达100%，乡内普及了九年义务教育。龙庄湾乡学校自教育部门设“综合评估”制度以来，曾三次获得溆浦县二等奖。2015年被怀化市授予“绿色学校”称号。

文化体育

中华人民共和国成立前和成立初期，龙庄湾的民间文化体育活动主要有唱刨畲歌。春夏季节，种苞谷或锄皮树（雪花皮）草时有些人家请人敲鼓鸣锣，敲打锣鼓者边敲边唱一些歌文，鼓动劳动者的干劲。有时，劳作者也边劳作边随着鼓点唱些民歌。插田时，有些人家“唱栽田歌”。逢集会或赶场，在会场或场坪中分两队人群唱龙庄湾地方特有的“对子歌”，内容大多以男女情爱及风土人情为主。新春时节按自然村落或家族形式举办“滚龙灯”“舞蚕灯”“雄狮望鹿台”“蚌精戏渔夫”等民间文艺活动，配以当地传统的“龙灯钹子”，格外热闹。1953年，柳沙坪阳洪迪、阳洪芳等阳氏兄弟及一些社会人士，延师传教一台“祈剧”班子，传唱过几十出历史剧目。剧团延续了30多年。1955年冬，金陵坪的武文汉、陈玉碧等民间艺人在当地教习了一台民间“花灯”班子，鸡鸣的龙开生、谌幼鸣等人也组织排练了“花灯”班子。花灯在乡内传唱到二十世纪八九十年代。1975年龙庄湾大队办起了有线广播站，早晚播放，大部分农户安装了小广播喇叭。70年代初组建了电影流动放映队。90年代初乡内建有有线电视转播站，覆盖龙庄湾、柳沙坪、鸡鸣、白银塘4村。1990年至1998年，乡政府连续组织以村为单位的4届篮球比赛。2000年后，各村群众自发组织了广场舞活动队，全乡达12支。跳舞队逢庙会或者喜庆日子参加表演。各村落、人员集中的地方开展羽毛球、篮球、下象棋、打桥牌等活动。2015年末，乡内有文化站1个，新建240平方米乡文化大楼，内设图书室、电子阅览室，还配套投影、音响设备。乡内有文化活动广场3处。各村都设有图书室或者农家书屋，全乡藏书达2万余册。

医疗卫生

民国初年，进马江村的王宝臣开设了一家中药铺，自己坐台与人号脉开处方，颇有名声。民国20年（1931年），柳沙坪村的阳泰佐开设中药铺为民众治病，药铺一直延续至中华人民共和国成立。民国末年，进马江村有草医陆大良、陆大秀兄弟。龙庄湾村有草医章长银。1953年，龙庄湾、柳沙坪、留家坪大队先后成立卫生所。医生有阳泰佐、邹田龙、向延寿、王在都等人。60年代初龙庄湾埠上兴办公办医疗所，先后有彭述善、韩梅玉、易祖良等职业医生。70年代各大队都配有赤脚医生。1984年龙庄湾设乡的同时，也成立龙庄湾乡卫生院，院址在龙庄湾老街上，第一任院长向阳。2008年新建乡医院。2015年末，乡内有村级卫生室9个，相关从业人员11人。卫生院有医务人员13名，其中，医生6名，院内床位12张，医疗器械16种，固定资产179万余元。乡内村民的一般病症可在乡卫生院治疗处理。

社会保障

民国时期，境内老百姓没有任何社会保障。中华人民共和国成立初，境内特困户通过区公所得到县政府的救济。生产队时期，境内公社社员在歉收年份每人平均享受人民政府50千克左右的返销粮救助，五保户由生产队养老。2006年开始实行最低生活保障制度，乡内42户95人享受最低生活保障，领取保障金7.6万元。因水库移民困难群体较多，2015年有1310户，1920人享受最低生活受保障，领取保障金225万元。2008年开始实行新农合，全乡参合6100人，报销医疗费17.3万元，2015年全乡参合6342人，农村合作医疗缴费76.1万元，报销医疗费110万元。2015年有1212人享受养老保险，领取约养老金126万元。2015年底，全乡五保户46户46人，每人每年2800元的补助金已全部按月发放到位，同时全乡已顺利完成33户的危房改造和123户422人的脱贫解困工作。

人民生活

民国年间，人民生活极为贫困，绝大多数民众无田无地，靠打短工、烧柴炭、挖蕨根度日。中华人民共和国成立初期，地方财力底子薄，土地肥力不够，粮食产量很低，人们仍解决不了温饱。到1970年前后，有时还要国家“返销”才能解决饥荒，村民绝大多数仍住着“木皮”盖的房子，极少住泥瓦房。

到20世纪80年代后，国家实施“农村土地承包责任制”的经营模式，加上当地兴起的中药材人工栽培，经济发展，人民基本解决温饱问题，并逐渐积累资产。到21世纪初，村民基本上住上砖木混凝土结构的楼房，乡内还出现了20余套别墅式的小洋房。到2015年末，电视机实现全覆盖，95%以上的人家拥有洗衣机、电冰箱等家用电器。到2015年末，农村经济总收入4386.2万元，农民人均纯收入4135元，比上年增长11%。全乡每百人拥有面包车、小轿车2辆，95%以上的家庭有摩托车。30%的村民达到小康水平。

特色地情

人文历史

重要事件

民国24年（1935年）红军长征经过龙庄湾。民国24年（1935年）12月19日，红六军团一部由圭洞去大华过青山界进入隆回；民国24年（1935年）12月21日红六军团一部从圭洞、大华去隆回；民国24年（1935年）12月22日红六军团后卫部队最后分两路离开龙潭，一部经温水去隆回，另一部经圭洞、大华过青山界进入隆回。

民国34年（1945年）“湘西会战”龙潭战役主战场中日军队决战青山界：民国34年（1945年）4月17日，中国军队修建的青山界南北碉堡及战壕被日军占领，中国军队第一百军十九师五十五团、五十六团及地方武装从4月18—29日在青山界一线（包括野猪坑、尖垴岭、万木冲、瑶人冲、麦子畲、车岩岭、牛角岩、新屋冲、磨刀石等地）对日军实施包围，与日军109联队激战12天，日军惨败。同年6月，五十一师打扫战场，寻回在青山界及周边战场牺牲的抗日英雄遗体1162人，集葬于青山界隘口，12月建成陆军第一百军抗日阵亡烈士公墓陵园。

1965年10月，龙潭至龙庄湾进马江公路建成通车。

1974年11月，刘家坪大队改河造田，爆破山体时，发生特大安全事故，造成13人死亡。

1984年12月，刘家坪水库破土动工，1987年12月，刘家坪水库蓄水发电。水库征用土地3654.1亩，土地征收费为水田每亩1721元。采取就地升高、插队落户、自谋职业、移民斢换、企业招工等多种办法安置移民，对就地安置的无地和少地移民以指标粮解决口粮问题。

1982年10月，龙庄湾初开圩场，1985年10月建成农贸市场。

1984年5月18日，龙庄湾乡正式挂牌成立。临时办公地点设龙庄湾村青龙组向中友、康光余家。同年新修乡政府办公楼。

1992年4月25日，龙庄湾村委会与龙庄湾乡中心小学签订无偿奉献龙宝山旱地10亩的用土协议，用于修建乡中心小学校舍。

1992年7月，筹建四宝山药果开发基地，后成为怀化市农业产业开发示范基地。

2004年10月，龙庄湾乡学校建成寄宿制学校。

2001年7月，中央组织部授予龙庄湾乡党委“全国先进基层党组织”称号，同时湖南省委、怀化市委分别授予龙庄湾乡党委“先进基层党组织”称号。

2014年10月，环境保护部授予“国家级生态乡镇”称号。

2015年10月，龙庄湾乡成功举办“溆浦县首届猕猴桃采摘文化艺术节”。

风景名胜

刘家坪水库风光：刘家坪水库是溆浦县水电龙头企业——刘家坪电站的人工蓄水库，占地面积4800多亩，蓄水最高水位1180米。水库把数十个大小不一、高低不同的山头，分成数十个小岛，旖旎的风光、优美的环境，堪称“天然氧吧”，是旅游、避暑的最佳去处。刘家坪获评省级水利风景区。

凉风界自然景观：凉风界坐落在龙庄湾乡东面，山势雄浑，南北走向，主峰海拔1614米，为怀化海拔最高山峰，环境幽静，空气新鲜，景色宜人，朝观日出，暮看红霞。山谷有一段长长的沼泽地，连绵十多里，茅草浓密，苔藓丛生，别有一番情趣。山下的“吴家坡”经凉风界数百年溪水冲刷形成一道道高低错落的瀑布，适合游人攀爬。凉风界是登山旅游绝好去处。

青山界抗日阵亡将士陵园：青山界是“湘西会战”龙潭战役的主战场，抗日战争胜利后，民国34年（1945年）6月陆军第一百军修建的抗日阵亡将士陵园。主要建筑设施有“陆军第一百军抗日阵亡将士公墓”、千秋亭、纪念塔、胜利门及地方百姓修建的“忠诚庙”等。抗日战争文物毁于“大跃进”年代。1995年3月，龙庄湾乡政府及社会人士捐资修复了抗日阵亡将士公墓。青山界抗日阵亡将士陵园及抗战遗址已列入省级文物保护规划，恢复修建初具规模。

佛教文化金鳌寺：金鳌寺坐落在刘家坪水库水头入口，依山傍水，四面环山。金鳌

凉风界 （雷文录 摄）

寺始建于明，扩建于清。

金鳌寺既是宗教圣地，也是红色教育基地。民国21年（1932年）革命烈士王勋华，受上海党组织派遣回乡，曾在金鳌寺创办协和团初级小学任校长，利用办学做掩护，开展党的地下工作。湘西会战时，金鳌寺是龙潭战役青山界主战场陆军第一百军十九师前沿指挥所。中华人民共和国成立初期又是金龙乡驻地。

金鳌寺毁于1952年，2003年经社会人士倡导组织，报经溆浦县民委审批，利用民间资金于2003年7月破土动工，在原址重修金鳌寺，怀化市宗教事务局批准该寺为“怀化市宗教活动场所”。

名优特产

金银花：金银花是辖区主导产业之一，种植面积1.8万余亩，成为南方金银花主要产区。品种有常规大叶金银花和“湘蕾”新品种，集药用价值和观赏价值于一身。金银花是当地农民致富的重要来源。

翠玉猕猴桃：由全国劳模、本土农民专家章诗成在凉风界大山采集上百个野生猕猴桃品种经多年培育而成，起初冠名“良美一号”，甜度极高，香味最浓，果肉翠绿细腻，极耐贮藏。2001年经湖南省农科院园艺研究所更名为“翠玉”，2002年获湖南省农博会金奖，深受消费者喜爱。2002年9月10日在武汉召开的国际猕猴桃研讨会上，被到会专家、教授评为世界级猕猴桃优质品种及推广品种。

柴火腊肉：“立冬”以后，利用本地特殊气候条件，选新鲜猪肉，采用传统加工方法，柴火炊事自然熏制而成。本地加工的腊肉，蒸煮炒均可。熟后的腊肉极具特色，肥肉晶莹剔透，油而不腻；瘦肉栗红，浓香四溢。腊胖腿、腊财头（猪头）、腊五花肉、腊猪脚是当地腊肉的精品。

苦丁茶：学名杜梨，系野生，遍布辖区山岭，其芽、叶、枝、杆、根均可烧茶。春芽或花苞晒干、炒干泡茶，微绿，似青茶，清香可口；盛夏取老叶晒干烧茶，其色微黄，味微苦，回味甘甜；秋冬取枝、杆切块煮茶，茶水微红透亮，味道甘甜爽口。盛夏常饮，可消暑止渴开胃。

金银花基地　（雷文录 摄）

民俗风情

婚俗：旧时男女婚配一般要经过媒人说媒，女方到男方家“看人家”，女方松口，放“八字”、定亲、送彩礼、定日子、接亲等礼节。大户人家接亲时，新郎骑马，新娘坐花轿。婚宴比较讲究，先天晚上“陪舅父”，外公、舅父敬为上座。当天“陪亲家”，女方送客，人人敬为上座。后自由恋爱多，一般也不再合“八字”。骑马、坐花轿也改成了小车接亲。

女方父母为女儿置办嫁妆一般都要“贴钱嫁女”，家具用具备齐。旧时床上用品讲究“八铺八盖”“四铺四盖”，现有为女儿置办房产、小车作为陪嫁的。

丧葬习俗：当地丧事称为“白事”，主要经过七道礼仪。送终，亡者临终时儿女侍立床前“送终”；堂奠，中堂门外搭设灵堂，祭奠亡者。家祭一般备猪羊祭，其他亲眷备“三牲祭”，礼生喊礼，三献祭奠；道场，请道士诵经礼忏；送葬，请人选地，棺材土葬；制服，头年除夕之夜，儿女须烧香跪拜，曰之“守孝”，以三牲祭祀，辞旧迎新，门前贴白纸春联，禁忌贴红纸春联；墓碑，墓碑安置书写有固定程式，正中竖字有“黄道”“黑道”之分，字数有严格局限，两边边沿分别写亡者生歿时间，低格中书生丁名字，右下方注明立碑时间；社祭，头年尽人子孝道，惊蛰以后至社日，选吉日，备三牲祭品或猪羊祭奠，备“社花”挂清，其余亲属同赴祭奠，通称“挂社青”。社日以后至清明节还要扫坟挂白，称“挂清明青”。

走社、煮社饭：走社（读zǎi shǎ）、煮社饭，立春以后第五个“戊日”为社日。乡下有“三戊惊蛰五戊社”之说，据说这天是土地神的生日，过社这天，人们相邀外出野炊，菜肴特别丰盛。先敬土地神，祈求风调雨顺、五谷丰登，然后才开始吃“社饭”。这天也有走亲戚的习俗，俗称“走社”。

大端午：当地有过“大端午”的传统习俗，把五月初五称“小端午”，五月十五称为“大端午”“五月半”。小端午挂艾草、菖蒲草，借以驱赶蚊虫，延伸为驱邪祈福；大端午像过春节一样隆重，包粽子盛行，女儿出嫁头一年月半与新郎双双回娘家“拜节”，礼品以粽粑为主，膀腿、仔鸭不可缺少。如果当天新婚夫妇有特殊情况不能“拜节”，改时间“补礼”也可以。这也是“有心拜端午，六月不为迟”俗语的由来。

（整理、编撰：李光荣、蒋萍、蒋中贤、王小平）

人　物　简　介
人　物　名　录

人　物

溆浦县卢峰镇人物简介

覃希淳（1426—1505），字素文，明宣德元年（1426 年）生于卢峰镇茅坪村。在龙潭河的射龙湾处修筑了一座工程浩大的千工坝，迄今已有五百多年，现仍在发挥作用。

为修千工坝，覃希淳邀请 12 位乡邻，反复勘察、商议，并只身跋涉千里赴北京活动，获朝廷上谕。成化三年（1467 年）破土动工，至成化二十一年（1485 年）大坝以及渠道全面竣工，历时 18 载。水渠从莲塘坪至茅坪村，大小渠道总长 30 余华里，灌溉耕地面积 3700 余亩。为全县乃至全省、全国水利史上一大奇迹。

覃希淳毕生致力于水利建设，造福后代。他在 80 岁高龄时，扶杖漫游坝侧，掬水畅饮，竟一笑而逝。乡人念其功德，在茅坪坳上建祠塑像以祀之，后毁。

向五九（1902—1927），原名湘泉，清光绪二十八年（1902 年）3 月生于卢峰镇一个小手工业者家庭，民国 11 年（1922 年）春加入中国共产党。参加了湖南、湖北、江西等地中国共产党初期的组织建设和宣传工作。先后参加过粤汉铁路长武段工人罢工，水口山煤矿、长沙泥木工人大罢工等活动。民国 14 年（1925 年）初，在马田坪大坡塘小学秘密组建了中共溆浦县第一个党小组。先后担任中共溆浦县支部宣传委员，中共溆浦县委宣传部部长。民国 16 年（1927 年）5 月 24 日，在溆浦“敬日事变”中，惨遭国民党当局杀害于县城考棚街，年仅 25 岁。

向警予（1895—1928），女，原名俊贤，乳名九九，清光绪二十一年（1895 年）9 月 4 日诞生于卢峰镇解放街。祖籍为观音阁镇温湖村。民国元年（1912 年）秋考入湖南省立第一女子师范，民国 3 年（1914 年）转学周南女子中学。民国 5 年（1916 年）夏，回溆浦续办溆浦女校。民国 8 年（1919 年）秋，应蔡畅之约，到长沙筹备赴法勤工俭学，同时加入了新民学会。12 月远渡重洋，抵达法国。留法期间，与蔡和森结为革命伴侣，被留法同学称赞为“向蔡同盟”。民国 9 年（1920 年）5 月，向警予撰写了《女子解放与改造的商榷》一文寄回国内，在李大钊创办的《少年中国》杂志上发表。民国 11 年（1922 年）初，在上海加入中国共产党。7 月，出席在上海举行的中国共产党第二次全国代表大会，当选中央委员，担任中央妇女部第一任部长。8 月参加上海泰来丝厂女工的罢工斗争。民国 13 年（1924 年）6 月，直接领导上海丝厂 1.5 万多名女工举行了罢工斗争。9 月领导了南洋烟厂 7000 多名工人的大罢工。在民国 12 年（1923 年）6 月和民国 14 年（1925 年）1 月党的第三、四次全国代表大会上连续当选中央委员，续任中央妇女部部长。向警予在《向导》《妇女周报》《妇女月报》《妇女杂志》《妇女年鉴》《前锋》《觉悟》等报刊杂志上发表了诸多文章。民国 17 年（1928 年）3 月 20 日拂晓，向警予因叛徒出卖被捕。5 月 1 日，被害于于汉口余记里，时年 33 岁。

邓树元（1906—1928），卢峰镇车头村人。先后在辰州八中和常德求学。民国 15 年（1926 年）考入黄埔军校第四期，后编入该校青年军任大队长，参加东征，屡建战功。民国 16 年（1927 年）4 月 15 日，广州发生反革命政变，黄埔军校和省港罢工委员会的武装被解除，他和大批共产党人被捕。不久，经党组织营救出狱，参加了广州起义。尔后转战海陆丰，任红二师政治部主任，与徐向前等协同配合，并肩作战。民国 17 年（1928 年）英勇牺牲。

邓乾元（1904—1934），又名兴坤，卢峰镇车头村人，出生于光绪三十年（1904 年）5 月。民国 14 年（1925 年）加入中国共产党，就读于湖南省高等工业学校，被选为湖南省学生联合会负责人之一。民国 16 年（1927 年）4 月，任中共汉寿县委书记。长沙“马日事变”后，调湖南省委组织部，负责全省地下党、团组织的秘密联络工作。民国 16 年（1927 年）8 月，任中共醴陵县委书记。民国 17 年（1928 年）春，跟随毛泽东赴井冈山，先后任中共红四军前敌委员会秘书长、湘赣边区特委书记、红军新编第一师前委书记、红十六军政治委员兼军委书记、红七军团政治部主任。民国 23 年（1934 年）9 月去世，时年 30 岁。

陈遐龄（1873—1950），字立鹤，号云皋，卢峰镇地坪村人，出生于清同治十二年（1873 年）。光绪二十年（1894 年）中甲午武举，后东渡日本，毕业于日本陆军士官军校。光绪三十三年（1907 年），陈遐龄任标统入四川驻防雅州。民国 6 年（1917 年）10 月，任护理川边镇守使。民国 7 年（1918 年）2 月，陈遐龄被任命为川边镇守使。8 月进驻甘孜。后被授予康威将军的军衔。陈驻守川边 8 年，先后处决了贪污公款的丹巴县县长以及花天酒地、仗势杀人的亲外甥等人。

民国 26 年（1937 年）回老家溆浦，以他的“康威将军”的声望，先后任湖南省参议员，县军事参议会名誉会长，县自卫总队副总队长。茅坪、万水两地曾械斗不已，他极力调停，多次制止流血事件的发生。带头捐资倡修西湖口浮桥，解决溆水两岸交通困难。竭力为内迁到溆浦的国立师范学院、北平民国大学等学校解决校食困难，使之尽快复课。出面营救过中共党员翟根甲。民国 34 年（1945 年），应湖南省主席王东原的邀请出席沅陵专区行政会议，极力要求执政当局减轻民众负担。1984 年 4 月，被确认为“爱国人士”。

向达（1900—1966），字觉明，清光绪二十六年（1900 年）出生于卢峰镇麻阳水村向家仁，著名历史学家。民国 6 年（1917 年）毕业于长沙明德中学，民国 7 年（1918 年）进南京高等师范学校，先攻化学，后改学文史。民国 15 年至民国 19 年（1926—1930 年），先后写出《龟滋苏祇婆琵琶七调考原》《三保太监下西洋的几种资料》《星槎胜览》《瀛涯胜览》《西洋番国志》《中外交通小史》《中西交通史》。民国 22 年（1933 年），在北京大学任教时，发表了《唐代长安与西域文明》一文，论证唐代的音乐、舞蹈、绘画以及唐人的文化生活与西域民族的亲密交往关系，震惊史坛，时人把他与冯承钧、张星烺三人称为“北大三杰”。民国 31 年（1942 年），向达参加中央研究院组织的西北史地考察团，任考古组组长。赴河西、入敦煌，考察莫高窟。撰写了《论敦煌千佛洞的管理研究及其他连带的几个问题》文章，为保护、拯救敦煌文化作出了重大贡献。抗战胜利后，国民党发动内战。向达毅然投入革命洪流，反对内战。民国 36 年（1947 年）与其他 12 位教授发起了《保障人权宣言》。中华人民共和国成立后，任北京大学历史系教授、中国科学院哲学社会科学部委员、全国政协第二、三、四届委员。

荆嗣佑（1889—1969），号植新，清光绪十五年（1889 年）出生于卢峰镇马田坪村。同盟会会员，系宋教仁领导的小组成员。宣统二年（1910 年）于京师农商部高等实业学校毕业，为清政府“举人”。后东渡日本，入明治大学深造。荆博学多才，精通英、日两种文字，著有《春》《说古》《现代日本论》《辛亥革命见闻》等作品。

荆在辛亥革命时期追随孙中山从事革命运动和反袁世凯斗争。辛亥革命后，在湖南教育司结识何叔衡，交往甚笃。留日期间，与李大钊、林伯渠、易梅僧等交往甚密。民国 11 年（1922 年），当选省议员，荆以议会权势和个人声望掩护过共产党人夏曦、王基永等在长沙开展革命工作。曾与郭亮合作救过一些共产党人和进步人士。“四一二”反革命政变后，脱离政界，先后执教北京大学、交通大学。抗日战争胜利后，返回长沙，受聘于文艺中学、克强学院。中华人民共和国成立后，担任马田坪小学校长，后调沅陵行署工作，1951 年调任湖南文史馆馆员。1969 年病故。

王楚伟（1906—1984），又名仁之，卢峰镇漫水村人。民国 16 年（1927 年）秋加入中国共产党，任中共溆浦临时县委书记。发动群众开展农民暴动，失败后逃往南京、上海等地，从事秘密革命斗争。民国 22 年（1933 年），任中共南京市委书记时被捕。民国 25 年（1936）年辗转回溆浦组织抗日义勇常备队，积极参加地下党领导的抗日救亡活动，中华人民共和国成立前夕参与筹建革命武装“安新邵溆”边区游击队和湖南人民解放总队湘西纵队，任纵队机要主任。中华人民共和国成立后，历任沅陵县供销社主任、黔阳地区供销社副科长等职，1984 年 1 月在溆浦病故。

武堉干（1898—1990），卢峰镇麻阳水村人。著名国际贸易学家、经济学家、教育家。民国 6 年（1917 年）入国立武昌商业专门学校，经钱智修教授的悉心培养，对经济学产生浓厚兴趣。曾在《东方杂志》发表了《国际版权同盟与中国》一文。民国 13 年（1924 年）在《东方杂志》任编辑，编刊之余，埋头专著，先后发表 200 多篇有关国际贸易和国际问题的文章，出版《中国国际贸易史》。民国 17 年（1928 年）任中央大学商学院（后改为上海商学院）副教授，后兼任国际贸易系主任、教务主任。民国 22 年（1933 年）后，历任南京中央大学商学院经济系教授、代院长，中华书局总公司经理、上海信昌洋行杂货部经理、湖南省立商专教授兼工商管理系主任、复旦大学经济研究所导师、湖南大学工商管理系主任、商学院院长。中华人民共和国成立后，历任复旦大学教授、上海财经学院教授兼国际贸易系主任、北京对外贸易学院（今对外经济贸易大学）教授。1952 年 8 月，由周谷城等介绍，加入中国农工民主党。1981 年 1 月，以 83 岁高龄加入中国共产党。著作有《鸦片战争史》《中国国际贸易概论》《中国国际贸易史》《中国海运与造船历史》《中国古代对外交通贸易》和译著《人口问题》等。被誉为“国际贸易权威”“中国对外贸易史的著名专家”，受到国内外专家学者的尊重。1990 年 2 月 25 日在北京逝世。

曾育生（1913 年 3 月—1991 年 10 月），卢峰镇人。民国 19 年（1930 年）参加中国工农红军，1931 年加入中国共产党，参加了红军长征。抗日战争时期，任八路军医院院长，八路军一二 0 师卫生部部长，八路军留守兵团卫生部副部长。解放战争时期，任陕甘宁晋绥联防军卫生部部长。中华人民共和国成立后，任西北军政委员会卫生部副部长，西北军区卫生部部长，中国人民解放军第四军医大学校校长兼党委书记、云南省卫生厅厅长，云南省政协副主席。1955 年被授予少将军衔。1991 年逝世。

黄友成（1948 年 12 月—2000 年 12 月），男，汉族，观音阁镇双江口人，1969 年 3 月参加工作，1970 年 10 月加入中国共产党。历任团县委书记、乡镇书记、县委宣传部部长、政法委书记、县委副书记、县长及怀化市劳动局党组书记、局长，2001 年 12 月病故。

颜昌远(1939 年 12 月—2013 年 6 月),男，卢峰镇双江口村人，大学本科学历，9 月参加工作，1973 年 10 月加入中国共产党，1980 年 10 月至 1983 年 4 月任北京市水利局副局长，1983 年 4 月至 2001 年 1 月任北京市水利局党组书记、局长。2001 年 1 月至 2003 年 4 月任北京市政协常委。

张宣三（1913 年—2013 年 8 月），卢峰镇人。民国 27 年(1938)年春加入中国共产党。1953 年调中央国家计划委员会国民经济综合局工作。1978 年 4 月调中国社会科学院工业经济研究所工作，被评为中国社会科学院研究员。1982 年任中国社会科学院经济研究所副所长，同时担任南开大学经济研究所教授。1986 年离休，离休后从事马克思列宁主义研究，2010 年出版《重新认识马克思主义》一书。

李培友（1934—2014），男，卢峰镇雷峰山村人。1950 年参军入伍，1953 年加入中国共产党。1957 年调县委办公室、农村办公室，先后任副主任、县委常委。1979 年任中共溆浦县委副书记。1980 年任溆浦县人民政府县长。1983 年任中共靖县县委书记，1988 年任地委农村工作部部长。退休后，有《怀化市水电志》《农村工作手记》等著作出版。2014 年 3 月因病逝世。

溆浦县卢峰镇人物名录

王跃文，男，1962 年出生于卢峰镇漫水村，大学毕业后先后在溆浦县政府办、怀化市政府办、湖南省政府办公厅工作，2018 年 1 月至今，任湖南省作家协会主席，中国作家协会主席团委员。著有长篇小说《国画》《梅茨故事》《朝夕之间》《苍黄》《亡魂鸟》《爱历元年》《大清相国》，小说集《漫水》《无雪之冬》,随笔集《幽默的代价》等。中篇小说《漫水》获第六届鲁迅文学奖。

伍旭东，男，1962 年 11 月出生于卢峰镇桥头水村。1991 年毕业于解放军南京政治学院军事新闻学系，研究生学历。历任第二炮兵政治部宣传部干事、副处长、处长，兼中央人民广播电台驻二炮记者站站长。2003 年 5 月任第二炮兵党委机关报《火箭兵报》副社长，首都青年编辑记者协会常务理事，大校军衔。著有新闻作品集《穿越死亡线》，新闻业务研究文集《扮靓新闻的眼睛》，散文杂文集《天堂里的眼睛》。2002 年组织撰写长篇通讯《锻造共和国和平盾牌》，在《人民日报》等 100 多家报纸头版头条发表。

刘生礼，男，1963 年出生于卢峰镇，大学学历。2002 年 9 月任溆浦县委常委、卢峰镇党委书记。2006 年 6 月任县委常委、县委办主任。2011 年 6 月任县委委员、县人大常委会党组副书记，2012 年 11 月任溆浦县人大常委会主任、党组书记。

向英温，男，民国31年（1942年）11月出生于卢峰镇桐木坨村，大学学历，高级工程师。1966年毕业于武汉钢铁学院化工系，历任常州水城钢铁公司焦化厂生产技术科副科长、副厂长、厂长，水钢集团公司副总工程师兼总调度长、技术处长，钢城实业公司经理等职。《炼焦炉的特殊操作》一书由北京冶金工业出版社出版发行。从1992年10月起享受国务院政府特殊津贴。

陈亿戊，男，民国27年（1938年）8月出生于卢峰镇马田坪村，国家一级注册建筑师，正师职高级工程师，享受政府特殊津贴。从武汉水利电力大学毕业后进武汉军区工程兵司令部工作，先后任技术员、工程师、正团职工程师、总工程师。1985年10月调广州军区第二工程科研设计所任副师职总工程师、高级工程师（技术4级）。获国家科学大会奖1项，国家科技进步三等奖1项，军队科技进步奖2次、军队科技成果奖2次，立三等功1次。获“广州军区优秀中青年科技干部”“广州军区先进科技干部”称号。

刘承锋，男，1963年出生于卢峰镇胜利街，研究生学历。1978年10月至1981年7月在黔阳师范专科学校读书，1981年参加工作。1994年9月至2001年8月，任怀化市文教办副主任、主任。2001年8月至2007年10月，任怀化市人民政府办公室副主任、副秘书长。2007年10月至2008年11月任湖南怀化经济开发区工委书记。2008年11月至2009年2月，任怀化市乡镇企业局党组书记、局长。2009年2月任怀化市机构编制委员会办公室主任。

杜铿之，又名杜元秀，1920年12月生，卢峰镇人。民国26年（1937年）参加革命工作，民国28年（1939年）5月加入中国共产党，同年7月赴延安，进入延安抗日军政大学学习。随后参加抗日战争、解放战争。1949年南下参加广西剿匪，1952年调任某军作战处处长，后随军赴朝鲜，参抗美援朝战争，任志愿军司令部办公室副主任，1958年回国。先后任南京艺术学院党委书记、南京体育学院党委副书记、革命会主任、南京邮电学院副院长兼党委副书记。1979年曾当选江苏省第四届政协委员，1982年离休。

张家城，男，民国16年（1927年）生于卢峰镇，气象研究员、教授、全国劳模。曾任中国气象科学院第一副院长，兼任中国气象学会气候委员会主任委员、世界气象组织气候委员会委员、英国剑桥国证传记中心与美国传记研究所荣誉顾问等。毕业于清华大学，苏联彼得格勒水分气象学院研究生毕业，获副博士学位。主持全国气候变化，中国与区域气候、季风等重大型课题研究。国内外发表论文500多篇，著作30多部。其中，主持完成的《中国五百年旱涝分布图集》是世界年代最长的历史气象图集。

赵署生，男，民国27年（1938年）生于卢峰镇人民村，大学文化，高级工程师，享受国务院特殊津贴。1998年退休前系国家铁道部中国铁路工程发包公司经理。1963年毕业于长沙铁道学院，分配到四川成都铁道部第二勘测设计院工作。曾任中国华西工程设计总公司董事长兼总经理，兼任四川省交通运输协会副会长、勘测设计协会副会长、铁道工程学会副主任、铁路线路委员会主任委员、中国国际工程咨询公司常务理事等。先后参加全国20多条铁路的勘测设计、建设管理和组织指挥工作。1994年被授予“全国优秀设计院院长”称号。

贺达泉，男，民国31年（1942年）4月出生于卢峰镇马田坪村，曾任怀化市政协副主席，湖南省第七届政协委员。先后在通道侗族自治县、西藏自治区当雄县、会同县、芷江侗族自治县任职。在西藏工作期间，全面推行“包畜到户联产承包责任制”，得到西藏自治区党委的充分肯定，其经验被自治区党委以正式文件下发到全区各牧区推广。在芷江担任县委书记7年间，多项工作突出，被省委、省政府授予计划生育和党管武装“先进个人”光荣称号。

贺青华，男，1963年出生，卢峰镇人，医学学士、法学硕士、研究员。1985年7月至1987年4月，在卫生部卫生监督司、防疫司工作。2004年3月至2006年5月，在卫生部执法监督司公共卫生监督处工作，任副处长、处长。2007年9月至2010年5月，在卫生部疾病防疫控制局工作，曾任爱卫办二处处长。2010年6月任卫生部副司级巡视员，援藏挂职西藏自治区卫生厅副厅长。曾获湖南省新长征突击手、卫生部优秀共产党员，卫生部等四部局抗震救灾先进个人等荣誉称号。

荆华，女，民国37年（1948年）出生于卢峰镇仲夏村，1970年4月参加工作。1997年6月任溆浦县委常委、县人大常委会副主任，县纪律检查委员会书记，怀化市第一届党代表。2002年4月任县委副书记、县纪律检查委员会书记，10月任溆浦县政协党组书记。2003年1月任溆浦县第六届政协主席，怀化市第二届政协委员。2007年出席全国政协召开的地方政协工作经验座谈会，在会上介绍了“把握四个关键环节，做好民主评议工作”的经验。

姚树桥，男，1959年5月出生于溆浦县卢峰镇，大学文化，医学博士。1976年下放到水东公社知青农场。1978年考入湖南医科大学（现中南大学），1991年获医学博士学位。现任中南大学湘雅临床学院教授、博士生导师。主修临床心理学和精神病学。

溆浦县大江口镇人物简介

郑国鸿，（1777—1841），字雪堂，岩坪村（现更名为顿旗村）人。历任冀州协都司、湖北提标中军参将及平乐、竹山、湖州、宝庆各协副将。清道光二十年（1840年），鸦片战争爆发，授处州镇总兵，调防镇海。清道光二十一年（1841年）正月，与总兵王锡朋、葛云飞分守定海竹山门、土城晓峰岭等要隘。8月13日起，击退英军多次进攻，16日，英军猛攻城西、城南各关隘，激战数日，枪弹皆热不可用，短兵相搏，给敌以重创。英军兵舰增到40多艘。后英军从间道偷袭晓峰岭，要隘尽失，定海陷落。总兵葛云飞、王锡朋等殉国。郑国鸿冲入敌阵，挥刀连斩数名英军，身受重伤，与全体守军将士壮烈殉国。著有《葩经招旨》《昌学崇源》等。

溆浦县大江口镇人物名录

阳安江，男，汉族，中共党员，博士，民国34年（1945年）出生，高桥村人。历任北京燕山石油化工公司高级工程师、副书记、书记，北京市经济委员会主任，北京市副市长，市委常委、市总工会主席，市委副主记、市纪委书记等职。中国人民政治协商会议北京市委员会党组书记、主席，中纪委委员。2011 年任全国政协提案委副主任。

张治武，男，汉族，中共党员，1971 年 8 月出生，大江口镇枫香村人，大校军衔。

张治安，男，汉族，中共党员，1975 年 3 月出生，大江口镇枫香村人，上校军衔。

熊成卓，男，民国 31 年（1942 年）7 月出生，清江屯村人，全国劳动模范。1972 年参加工作。1976 年 6 月出席全国财贸“双学”会议，被授予“全国劳动模范”称号，1982 年 7 月被授予“湖南省劳动模范”称号。

熊水平，男，汉族，1973 年 8 月出生，大学学历，中共党员。1995 年参加工作，历任思蒙镇、两丫坪镇、江口镇党委书记，县计生局局长，2016 年 8 月任溆浦县委常委、统战部长。

何宗旺，男，汉族，中共党员，博士，生于 1965 年 9 月，清江屯人。1994 年 6 月进入解放军政治学院（1999 年并入国防科技大学）任教，其间，先后荣立三等功两次，荣立省政府一等功一次。2005 年调入湖南省发展改革委员会，任调研员、副处长。

舒泽之，男，汉族，1954 年出生，大江口镇人，中共党员。1973 年 4 月下放农村，1977 年 9 月于怀化师专中文系毕业并留校任教。1991 年调入地委工作。任地委办副主任，市委副秘书长。

杨帆，男，汉族，民国 33 年（1944 年）9 月出生于江口镇白岩头村，1967 年 7 月毕业于湖南师大中文系，先后在辰溪一中、辰溪县委宣传部、辰溪县农村工作办、辰溪人大常委办公室、辰溪县政府工作，历任常务副县长兼政法委书记、县长、县委副书记。1989 年 12 月任溆浦县人民政府县长。1992 年 7 月任中国银行怀化分行行长党组书记。1996 年 11 月任怀化市煤炭局局长、党组书记。1998 年 4 月至 2001 年 8 月任怀化市总工会主席、党组书记、中共怀化市委候补委员。2001 年 8 月至 2003 年 10 月怀化市委督办专员。

溆浦县思蒙镇人物简介

戴先岳，男，汉族，清光绪二十六年（1900 年）出生，思蒙镇九家溪村人。民国 16 年（1927 年）3 月，戴先岳受中共湖南区委派遣，以省委特派员身份参加救助农民暴动领袖而遇难，时年 27 岁。其事迹载入《浏阳人民革命斗争史》。

舒均电，汉族，1952 年 5 月出生，管竹垅村人，曾任成都火车站党委书记，1993 年 5 月因公殉职。

溆浦县思蒙镇人物名录

李培甲，男，民国 22 年（1933 年）出生，九家溪村人，教授。1960 年 1 月—1994 年 5 月任二炮工程学院火力教研室主任，荣获全军三等功两次。

向满红，男，民国 30 年（1941 年）10 月出生，思蒙湾村人，湖南省第八届、第九届人大代表，1987 年任湘潭雨湖区人大常委会主任。

舒易和，男，汉族，民国 35 年（1946 年）

3月出生，新庄垅村人。曾任湖南医药工业研究所所长。

雷鸣，男，汉族，1952年出生，黄家庄村人。北京航空航天大学毕业，1970年入伍。2012年任广东省边防总局技术通信站站长。

熊春菊，女，汉族，1953年出生，思蒙湾村1组人，高级工程师。曾任怀化市委常委、宣传部部长。

荆纪国，男，汉族，1962年出生，硕士研究生。仁里冲村人。曾任二炮后勤物资油料处处长，湖南省公安厅维权办副主任。1999年9月被授予上校军衔。

金中基，男，汉族，1962年出生，思蒙湾村人，先后任《湖南日报》编委，政法部主任，经济部主任。曾五次获中国新闻奖。

林文，男，汉族，1971年2月出生，军田湾村人，法学硕士。云南八谦律师集团主任。其专著《消费维权操作与诉讼指引》获中国十佳知识产权著作奖。

舒勇，男，汉族，1974年出生，军田湾村人。2007年评为中国十大创意领袖。获意大利佛罗伦萨国际艺术终身成就奖。2017年“一带一路”国际合作高峰论坛标志性雕塑《丝路金桥》创作者。

石修武，男，瑶族，1976年11月出生，花园村人。注册会计师，任怀化市商务和粮食局党组成员，副局长。

溆浦县观音阁镇人物简介

邓启愚（1550—1618），字良知，号少谷，男，潭头坡人。明万历八年（1580年）进士。初授浙江处州推官。后调桂林、汉中任职，再调户部主事，转工部郎中，出知南阳府。后升任南阳道副史，再升布政司左参议。最后任云南布政史。

向俊华（生卒年不详），男，中共党员，又名向明如，浆池湾村人。民国27年（1938年）9月奔赴延安。曾任某县武装部干部、贵州省地质大队队长、贵州省地质局副局长、党委副书记等职。

向明华（1918—1992），男，中共党员，又名先银、玉章，浆池湾村人。民国27年（1938年）9月奔赴延安，曾任中央直属机关党委书记处书记、西北电讯工程学院党委副书记等职。被授予“人民功臣”奖章。

溆浦县观音阁镇人物名录

张一沛，男，汉族，民国21年（1932年）8月出生，中共党员，葛家冲村人，系中国女排原领队，国家体委训练局党委书记，正厅级干部。

李启桂，男，汉族，民国30年（1941年）出生，雷鸣溪村人。中共党员，正处级干部。曾任凤滩、东江电站党委书记、怀化地区（市）环保局局长、党组书记等职。

丁公喜，又名丁波，男，汉族，民国31年（1942年）9月出生，丁家冲村人，军旅作家，中国科普作家协会会员，《人民工兵》杂志社总编辑，正师级干部。

向望荣（1944.11—），男，土家族，中共党员，铁溪垅村人，曾任溆浦县人大常委会党组书记、主任及怀化市人大常委会副主任等职。

吕延龙（1951.2—），男，汉族，中共党员，大学文化。坪里村人。曾任武警某总队副参谋长、参谋长、副总队长，副军级干部、大校军衔。

向英蒲（1937.9—），男，字子奇，号游生，汉族，大学文化，空军大校军衔，曾任空军某团政委、某师政治部主任。后任《雁塔诗词》副主编。

王行水（1963.4—），男，汉族，中共党员，研究生文化，铁路湾村人。曾任麻阳县委副书记、县委书记、新晃县委书记、怀化市副市长、怀化市委常委、市委秘书长，湖南省作家协会会员。

向厚友，男，土家族，1963年8月出生，中共党员，大学学历。覃村人。曾任解放军某营营长、某旅副参谋长，2015年任桂林市民政局党组成员兼副局长。

张晓波（1968.7—），男，汉族，中共党员，山脚下村人。曾任溆浦县统计局局长、经贸局局长、县人民政府副县长、县委常委、常务副县长，2016年8月，任怀化市工商局副局长。

向木见（1947.7—）男，汉族，中共党员，高中文化，民国36年（1947年）7月出生于观音阁镇莲花台（原湖清）村。曾任溆浦县人民武装部干部，后调任怀化地区机关事务委员会主任、怀化市人民防空办公室主任兼怀化市建设委员会副主任。

溆浦县舒溶溪乡人物简介

张世碧（1910—1976）男，汉族，中共党员，火炉溪村人。民国24年（1935年）11月27日红二军团路经火炉溪时，随军参加长征。长征途中参加多次战役，多次立功受奖。中华人民共和国成立后又参加抗美援朝战争，回国后先后担任某步兵学院院长和某军分区副司令员，正师级军衔，1970年离休。

贺振六（1903—1987），又名贺时友，男，汉族，曹家溪村人，大学学历，民国16年（1927年）秋加入中国共产党，历任中共溆浦临时县委委员及农运部长，县委军事委员会委员，参与组织领导舒溶溪农民武装暴动。民国26年（1937年）参加浙西游击队，重新入党，参加抗日战争和解放战争。中华人民共和国成立后，曾任山东周村煤矿党委书记、经理，离休后，享受正师级待遇。

溆浦县舒溶溪乡人物名录

夏洪鼎，男，民国32年（1943年）7月出生，匡家坨村人。1960年入伍，1965年加入中国共产党，1981年7月任某县人民武装部部长。1984年7月转业到湘维尼纶厂任运输科科长（正处级），2003年退休。

顿家建，男，1944年9月出生，水洋坪村人，大学文化。1967年参加工作，1973年加入中国共产党，1985年6月至2004年11月先后担任中共怀化地区纪委专职委员（副处级），中共溆浦县纪委书记，中共辰溪县委副书记，怀化市农业机械化学校党委书记（正处级），2005年2月在怀化市职业技术学院退休。

夏应铁，男，1955年生，大学文化。1976年入伍，在黑龙江省牡丹江某部服役，1986年调溆浦县人武部工作，1995年起任麻阳县人武部干部，2000年转业任怀化市粮食局副局长（正处级），2015年退休。

溆浦县均坪镇人物简介

顿钦庭（1902—1928），向家塘村人，民国16年（1927年）冬加入中国共产党，任中共均坪林家园支部书记。民国17年（1928年）5月18日，率领农民武装参加舒溶溪农民武装暴动，牺牲于溆浦县城西郊，葬于均坪先锋村桐木坳。

曹振华（1901—1932），均坪向家塘村人，民国16年（1927年）加入中国共产党，当选中共溆浦县委临时委员。民国17年（1928年）5月19日晚，率6个村的农民武装300多人紧急驰援舒溶溪农民武装，在坐岩垴与国民党军队展开激战，因伤亡惨重撤出阵地。在溆浦、沅陵、辰溪三县交界的九角尖山一带坚持游击战，任军事委员会副主任。民国21年（1932年）春，在贵州黎平被捕，同年9月在溆浦就义，时年31岁。

溆浦县低庄镇人物简介

武绍程（1876—1947），男，汉族，低庄镇低庄村人，字明道，号淡溪。清光绪二十八年（1902年）考入北京京师大学堂（北京大学前身），民国4年（1915年）8月至民国5年（1916年）年2月担任湖南省一师校长。20世纪30年代担任县教育局局长，对溆浦教育作出了重大贡献。

武德章（1909—1975），男，汉族，又名文桃，低庄镇荆湖村人。民国12年（1923年）参加新民学会，加入中国社会主义青年团。民国15年（1926年）5月加入中国共产党。“马日事变”后，参加长沙、益阳、湘阴暴动，失败后潜入溆浦，任中共溆浦组织、军事部长，发动组织舒溶溪农民暴动。民国19年（1930年）8月，在北京求学期间，受组织指派，到国民党第十三军石友三部策反。失败后，参加上海南京的抗日救亡宣传，参加蔡廷锴第十九路军的抗日战斗。其间，曾被捕入狱后被释放。1949年，与武思光一道扩大地方武装，迎接解放大军，解放溆浦，时任安化、新化、邵阳、溆浦边区游击队政委，湘西纵队政治部主任。中华人民共和国成立后，任溆浦县人民政府代理秘书长、民政科长等职，1975年因病逝世。

梁春阳（1914—2011），男，汉族，低庄镇阳兴村人，毕业于长沙楚怡高级工业学校。民国26年（1937年）9月参加抗日活动，从事党的地下工作，同年加入中国共产党。中华人民共和国成立后，曾任湖南省委常委、组织部部长、湖南省经济委员会副主任，享受副省级待遇，于2011年2月27日逝世。

张贻国（1938—2016），男，汉族，中共党员，低庄镇月塘村人。1956年8月参加工作，历任岩家垅公社党委书记、溆浦县委副书记、沅陵县委书记、中共怀化地委组织部常务副部长、怀化地区人大工委常务副主任。2016年因病逝世。

溆浦县低庄镇人物名录

张良能，男，汉族，低庄镇岩头村人，民国23年（1934年）生，1951年就读于湖南省立九中（即溆浦一中），在学校参加志愿军，担任部队文书。1954年起在某军先后任排长、连长、团长等职。1962年参加援越抗美，而后调某部二炮任师长。2012年离休，时年78岁。

江发富，男，汉族，出生于民国31年（1942年）9月29日，低庄镇低庄村人。1962年加入中国共产党，中国人民解放军总参三部二局科研装备处处长，大校军衔。为部队装备建设多次立功。

舒恒生，男，汉族，1954年10月生，低庄镇东门头社区人，大专学历，中共党员，曾任溆浦人民政府副县长、县委组织部部长、溆浦县委副书记、溆浦县第十五届人大常委会主任、党组书记。

张少伟，男，1974年10月出生，低庄镇低庄村人，大学本科学历，先后在重庆市秀山县乡镇、县委组织部、重庆市委组织部、两新工委、重庆市总工会任职。

刘春让，男，汉族，溆浦县低庄镇人，中共党员，研究生学历。1980年11月参加工作，先后在县工商局、县委组织部、水隘乡、双井镇、花桥办事处工作，先后任水隘乡党委书记、双井镇党委书记、花桥办事处党委书记、中共溆浦县委常委、县总工会主席、溆浦县人民政府副县长，2016年11月任溆浦县人大常委会党组副书记、副主任。

舒泽池，男，溆浦县低庄镇人，中共党员，大学文化，曾任溆浦县人民检察院检察长、县长助理，后任县政府党组成员、副县级干部。

武小宏，男，汉族，1971年8月出生，研究生，1991年7月参加工作，1992年10月加入中国共产党。1989年9月至1991年7月在湖南司法学校法律专业学习，毕业后在溆浦县司法局工作。1995年8月至1997年12月在中共中央党校函授学校党政管理专业学习。1996年2月调溆浦县双井镇工作，历任镇党委委员、副书记、镇长、书记等职。2002年9月当选为中共溆浦县委委员、常委，任县委办公室主任。2004年8月当选为中共溆浦县委委员、县人民政府副县长。2005年9月至2008年7月在湖南省委党校学习经济学。2007年10月调怀化市农业综合开发办工作，任党组成员、副主任。2012年10月任怀化市政协经济科技联谊委员会副主任，2012年12月任主任。

武剑先，男，汉族，1936年7月出生于低庄镇老屋园村。中共党员，大学文化，教授级高级工程师，毕业于华中工科技大学发配电专业。参加工作后历任柘溪水电站技术员、生产技术科副科长、电站副站长、站长兼党委书记。享受国务院政府特殊津贴。曾参与组织实施多项科研课题，荣获国家及省多项科研进步奖，先后获全国、省“优秀企业家”，全国、省劳模等称号，并获全国“五一劳动奖状”。

刘仁明，男，汉族，民国17年（1938年）10月生于低庄镇牌子田村。大学文化，高级工程师。1962年7月毕业于长沙铁道学院，先后在西南局经济委员会、西南三张建设物资总指挥部，四川省三线建设领导小组，四川省委工交组和省计划经济委员会任综合组、交通处、交通邮电处工作。1988年6月受省政府委派负责组建四川省投资公司并任副总经理，后扩大为省投资集团公司任常务副总经理。主持研究《四川省综合交通发展战略研究》获省科技成果二等奖。在发起和组织攀枝花钢铁厂缓解运输压力保证正常生产工作中发挥显著作用。获国务院颁发的专家证书，享受国务院政府特殊津贴。

溆浦县深子湖镇人物简介

向志俊（1903—1990），深子湖镇向家垴村人，民国时期创办辰河戏，唱遍溆浦、辰溪、沅陵、洪江。

溆浦县深子湖镇人物名录

张笔生，生于民国26年（1937年），深子湖镇刘家坪村人，1956年参军，1965年6月至1967年2月参加抗美援越。曾任长沙工程兵学院院长。

刘生再，1958年3月生，深子湖镇卫星村人，曾任溆浦县县长、沅陵县委书记、怀化市人事局局长、怀化市政府副巡视员。

舒泽喜，男，生于1950年9月，溆浦县深子湖镇桥头垅村人，中共党员，1969年入伍，先后任班长、排长、教导队长，1986年转业任沅陵县武装部干部，1990年任溆浦县武装部干部，1996年3月任溆浦县人民政府副县长。

舒禹生，男，溆浦县深子湖镇人，中共党员，大学文化，1980年9月入黔阳地区商业学校物价专业学习，1982年7月毕业分配在溆浦县粮食局工作，2000年1月任溆浦县粮食局党委书记、局长。2003年1月任溆浦县人大常委会副主任。2016年11月任溆浦县政协党组副书记、副主席。

张荣生，男，汉族，1952年出生，中共党员，大专文化。1971年10月至1995年12月在溆浦县公安局工作，曾任副股长、股长、副局长、党委副书记、政治委员，1994年12月至1995年12月任局长、党委书记，1996年1月任县委政法委副书记，同年4月起任县委常委、县政法委书记。1986和1990年被怀化地区公安处荣记三等功各1次，1990年和1993年被怀化地区公安处嘉奖各1次，1989和1997年分别被怀化地区、怀化市评为“先进个人”。2002年8月调怀化市人民政府任办公室副主任，兼市信访局局长，2004年5月任怀化市人民政府副秘书长，政府办党组成员兼信访局局长。

张远铁，男，汉族，1952年出生，低庄人，中共党员，毕业于湘潭大学哲学系。1971年10月参加工作，历任乡镇党委书记，区委书记，溆浦县人民政府副县长，县委常委、县人民政府常务副县长。1996年5月调任芷江侗族自治县任县委副书记。2000年11月任怀化市农业综合开发办公室怀化市农业综合开发办党组副书记、主任。先后获得国家、省级、市级先进工作者、先进个人、立大功等奖项。

溆浦县双井镇人物简介

刘吉三（道光年间至光绪年间），男，花桥社区人，任云南总兵提都。

舒梦龄，男（1745年1月—1855年2月），清道光元年（1821年）中举，清道光二年（1822年）科举进士后进翰林院，调任安徽黄县任知县。舒梦龄勤政爱民，以卓越功绩保升知府（正三品）。曾调任安庆府、凤阳府任职，又任安徽宁池太广兵备道。咸丰二年（1852年）授登莱青兵备道，署按察使（正三品），并署盐运使。

刘子桃（1837年6月—1895年3月），男，双井镇塘湾村人，曾任湖北省宜昌总兵。

刘嗣熙（1873年11月—？），男，双井镇塘湾村人（刘子桃之子），江苏报国从军烈士，葬岳麓山爱晚亭后。

舒焘，男，舒梦龄之子，清代户部郎中，诗人，与严咸、向师棣并称"溆浦三贤"，有《绿绮轩文钞》等书出版。

李汉章（1914—1950），男，汉族，双井镇长潭村人，民国21年（1932年）毕业于长沙师范学院，回乡后任花桥乡乡长、辰州府参事，俗称"双枪手伢儿乡长"。民国24年（1935年）2月秘密加入中国共产党。

高玉林（1918年5月—1993年9月），男，汉族，小学文化，中共党员，双井镇洞底湾村人，民国24年（1935年）10月跟随贺龙部队参加红军，经历了二万五千里长征。参加了抗日战争和解放战争，两次身负重伤，并被提升为营长。1949年随刘邓大军南下，解放大西南。1953年转业，在四川省岷山县任粮食局局长。1958年离休回乡，享受副师级待遇，1993年9月因病去世。

项长寿（1922年7月—1998年2月），男，汉族，中共党员，双井镇灯塔村人。从1953年开始担任基层干部，村支部书记，30余年在粮油棉种植方面，先后进行180多项科研活动，其中82项获得推广。1954年种植的水稻试验田亩产突破千斤大关，棉花皮棉亩产128斤，曾被评为湖南省特等劳动模范。1965年，项长寿在长沙参加全省劳模大会，《湖南日报》头版刊登。20世纪70年代末种植"稻稻油""稻稻麦"三熟制，粮食亩产1502.5千克，实现了"年迈六十、粮过三千"的誓言。

周旦生（1899年12月—1998年7月），男，汉族，初中文化，双井镇灯塔村人。1949年3月跟随武思光组建"湘西人民革命军"（溆沅辰人民解放总队前身）。曾在新化、安化、溆浦等地剿匪，打击国民党残余势力。

高士清（1898年12月—2006年9月），女，双井镇洞底湾村人，民国6年（1917年）考入湖南第一女子师范学校，后毕业于天津津沽大学史地系，曾任警予学校第三任校长。

向春文（1943年2月—2015年9月），男，汉族，中共党员，双井镇长潭村人，1959年在长沙市湘江宾馆工作。1971年3月在湖南省对外办事处任副主任，1976年任湖南芙蓉宾馆总经理，1977年任湖南省对外办公室主任。2015年9月病逝于长沙。

溆浦县双井镇人物名录

李波，男，汉族，大学文化，1973年出生于双井镇洞底村，1992年进入西北政法学院经济法专业学习，1994年毕业。先后在县法院、县招商局、县对外贸易经济合作局、县商务局、县政府办任职，2012年11月任县政协副主席，2016年8月起任中共溆浦县委常委、县委办主任。

戴生龙，男，汉族，出生于民国24年（1935年）12月，中共党员，双井镇花桥社区人，1994年9月任中央保密局办公室主任，1995年9月任国家保密局局长。

刘东生，男，汉族，中共党员，民国37年（1948年）11月出生于双井镇岩园村，大校军衔。1968年入伍，历任战士、文书、营部书记，武警湖南总队宣传处副处长、处长。1989年调武警总部政治部任干事、秘书，武警广西总队副政委，武警总部政治部政策研究室主任。中国关心下一代工作委员会副秘书长。在各类报刊和军内刊物发表文章1000多篇。

李永忠，男，汉族，出生于民国17年（1928年）11月，中共党员，双井镇长潭村人。1952年应征入伍，在部队任连长、营长。1963年任会同县武装部干部，县委常委。1985年3月任怀化市广播电视局局长。

刘让德，男，1953年8月出生，汉族，中共党员，双井镇塘湾村人，怀化市人大常委会原副主任。

孙顺生，男，1953年3月出生，汉族，中共党员，双井镇兰花村人，怀化市中级人民法院原副院长。

杜再文，男，1952年7月出生，汉族，中共党员，双井镇水集村人，中共溆浦县委副书记、纪委书记、县政协主席。

向长刚，男1954年4月出生，土家族，中共党员，双井镇塘下垅村人，中共溆浦县委原副书记。

马绍华，男，1951年5月出生，汉族，中共党员，双井镇官庄村人，曾任中共溆浦原县委常委、人武部政委、溆浦县人大常委会副主任。

刘仕卫，男，1966年7月出生，汉族，中共党员。双井镇彩花村人，中国南海舰队装备处长。

李永冬，男，1965年11月，汉族，中共党员，双井镇伍家湾村人，湖南省驻深圳办事处副主任。

李培旦，（清光绪二十六年），1900年11月出生，男，汉族，中专文化，双井镇和平村人。1949年6月跟随武思光组建溆沅辰人民解放总队并任三团团长。参加马鞍市突围战、娥子垴遭遇战，解放溆浦县城等多场战斗。1949年11月，任中国人民解放军某营长，为迎接湘西解放做出了重大贡献。

舒均生出生于民国16年（1927年）12月，男，汉族，中共党员，梅花村人，民国37年（1948年）11月入伍，1949年6月随军进入新疆，1966年3月任副团级干部。扎根团场，为兵团屯垦戍边奉献了青春和岁月，1985年3月离休。

李华章，男，汉族，出生于民国25年（1936年）3月，双井镇长潭村人，曾任湖北省宜昌市文联主席，1990年加入中国作家协会，主要作品是散文和散文集10余本，并有三卷《李华章文集》出版。

溆浦县祖师殿镇人物简介

杨杰卿（1902年—1957年2月），化名杨白泉。王钊溪村人，民国11年（1922年），考入湖南省第二师范学校。民国14年（1925年）10月加入中国共产主义青年团，同年12月转为共产党员，担任该校党支部书记。民国15年（1926年），省二师学生成立“救国义勇队”，杨任主席。在3月12—14日常德举办纪念孙中山逝世周年大会期间，他组织学生上街演讲游行，揭露反动当局的罪行。反动军警将他和李光文等人逮捕入狱，直到北伐军入湘后才被释放。8月，北伐军在长沙成立左翼宣传队，他应考入伍，结业后分配在贺龙部工作。11月随宣传队入澧县，任县总工会党支部书记，后任中共澧县部委书记。民国16年（1927年），常德“敬日事变”后，潜入农村，开展党的地下工作，秘密成立澧县革命军事委员会。同年11月，任中共澧县县委书记。民国17年（1928年）1月至民国30年（1941年）6月，相继在常德、溆浦、贵阳、铜仁等地从事党的地下工作，先后6次被国民党反动派逮捕入狱，监禁3年之久，敌人对他施以酷刑，但他严守党的机密，表现了一个共产党员崇高的革命品德。

中华人民共和国成立后，他在溆浦县等地历任粮食局副局长、县政协副主任委员等职。1957年2月9日，逝世，享年55岁。

龚亮（龚德佑）（1912—1998），男，中共党员，荷叶居委会人，民国27年（1938年）在溆浦加入中共地下党组织，后党组织派往衡阳从事党的地下工作。1949年返溆浦，被委派策反武思光部队投诚起义，并在武思光部队任政治部主任。中华人民共和国成立后在溆浦一中从事教育事业至1980年离休，1998年病故。

溆浦县祖师殿镇人物名录

黄巡吾，男，生于民国17年（1928年）中共党员，星光居委会人，在四川加入地下党组织，中华人民共和国成立后，任四川省纺织工业厅副厅长，1988年退休。

李政林，男，中共党员，大学文化，坪头村人，任怀化市安全监管局副局长。原为怀化市武警支队政委。

向延桐（1929—），男，中共党员，退休干部。柳林村人，1965—1992年，历任溆浦县委副书记、永顺县委书记、怀化市农村工作部长之职。

侯明（1966—），男，中共党员，大专文化，坪头村人。原任沈阳军区某军分区参谋长。

何惟森（1962—），男，中共党员，灶溪村人，现任湖南省旅游局副局长，原任第二炮兵驻安徽某部旅长。

舒畅（1977.11—），男，中共党员，柳溪村人，2016年11月任溆浦县政府副县长。

张在平，男，汉族，大学文化，1965年3月生于溆浦县祖师殿镇柳林村，1988年大学毕业，先后在花桥办事处、县委组织部、县人武部、县人民政府工作，曾任县政府副调研员等职。

溆浦县桥江镇人物简介

严如熤（1759—1826），字炳文，号乐园，清代地理学家，清乾隆三十四年（1769年）8月24日出生于桥江镇章池村。14岁就读于岳麓书院，学业成绩居全院之首，25岁主掌沅州明山书院，因其才华过人，名噪湘西，后受朝经重用，几经提升，官至陕西提刑按察使，终年67岁，名列《清史稿·循吏传》，著有《洋务辑要》《苗防备览》《三省边防备览》《汉中府志》《乐园文钞诗钞》等。

严正基（1785—1863），原名芝，字仲甫，号仙舟子。清乾隆五十年（1785年），出生于桥江章池村，为严如熤长子。自道光六年（1826年）起，为人廉政勤谨，颇有政见，为当时执政者推崇，官至通政使。咸丰七年（1857年），因疾告归老家章池村。同治二年（1863年）逝世，终年78岁。著有《仙舫诗文集》《悯忠草》等。

严咸，字秋农，通政使严正基之子，与舒焘、向师棣，同被曾国藩称为“溆浦三贤”，三人皆年少以才学著称，亦皆妙年同死。有宋光恒辑《溆浦三贤诗文钞》传世。

邹士桢（1866—1932），又名干周，清同治五年（1866年）出生于桥江。20岁辰州府试一举夺魁，后选送两湖书院进修，热衷钻研新学，独辟蹊径，崭露头角，名闻全院。光绪二十四年（1898年）“戊戌变法”，邹士桢趁参加长沙湖南新学人士会议之机，回乡后在桥江创办五都时务学堂。民国8年（1919年）出任靖县县长，翌年春，辞职回乡，志立办学，首创溆浦县第一所初级中学，先后增设小学70余所，将自己藏书4000余册无偿捐献，创建溆浦县图书馆。后因年老多病，归隐桥江，民国21年（1932年）3月病逝，终年66岁。

王淑梅（1905—1935），清光绪三十一年（1905年）生于邵阳桃花坪（今隆回县），北京大学毕业后与中共党员田锡卿结婚，民国22年（1933年）夫妻定居于桥江镇德隆湾村。民国24年（1935年）11月，中国工农红军长征途径溆浦，在桥江组织抗日游击队。王淑梅率先参加，担任副队长，带领游击队清算全村豪绅富户财产。同月24日牺牲。

舒爱成（1910—1935），清宣统二年（1910年）生于桥江镇檀木垅村。民国24年（1935年）中国工农红军长征途径溆浦，在桥江组织抗日游击队，舒爱成积极参与，红军离溆浦后，豪绅财主联合，杀害舒爱成，年仅25岁。

舒鹭彬（1881—1957），字修序，古垅人，出生于清光绪七年（1881年），清光绪（1908年）赴京参加选拔留日学生考试，文章立论精深，民国3年（1914年）熊希龄慕其才，力荐其任热河都统府秘书长。民国20年（1931年）舒鹭彬回乡，在溆浦省立九中和暂迁溆浦的北平民国学院授课。中华人民共和国建立后，任教于溆浦第一中学。1952年退职回家。1957年病故，终年76岁。

李启茂（1939—1965），民国25年（1936年）生于桥江灶坪山牛角坪，1955年入伍，在部队入党，1960年1月转业分配到冶金部钢铁研究所工作，次年回乡任牛角坪大队副书记。1964年，抽调赴黔阳硖州公社参加社教。1965年7月6日为抢救集体财产牺牲，年仅29岁。1966年3月，被湖南省人民政府追认为革命烈士。

杨世济（1897—1971），字伟才，清光绪二十三年（1897年）出生于桥江镇。幼时学艺于矮台，习丑行，25岁入元和班，拜师名老艺人，勤学苦练，成为溆浦辰河戏名噪一时的台柱。中华人民共和国成立后连续当选溆浦县第一、二、三届人民代表大会代表。1962年当选为中国戏剧家协会湖南分会理事，1971年病故，终年74岁。

周本武（1916—1983），民国5年（1916年）出生于桥江林家坡。20岁时父亲病故，兄弟被抓去当壮丁。周本武一直打长工到解放。周本武一生对水利建设贡献颇大，有“活龙王”之称。他从事当地（原属旱地）水利工作27年，不脱产，不离水库管理所，不拿国家工资。先后20次出席全国和省、地先进代表会议，1959年参加北京国庆观礼和群英大会。1983年病逝，终年67岁。

张贻藩（1912—1990），民国元年（1912年）9月出生于桥江镇独石村。1950年冬，张贻藩组织向维龙等9人自行设计，自筹资金带领全村劳力修建独石水库。1952年被县人民政府推荐上北京参加国庆观礼，同年被评为全国水利劳动模范，1990年因病逝世。

朱桂林（1915—1991），汉族，桥江镇红堰村人，民国24年（1935年）11月红军途径溆浦驻扎桥江板水村时参加红军，参加二万五千里长征。民国25年（1936年）在陕西加入中国共产党。民国37年（1948年）任排长，参加辽沈战役。1961年任溆浦县民政科副科长。1966年离休，住溆浦县卢峰镇，享受副专员待遇，1991年去世。

溆浦县桥江镇人物名录

陈德照，民国30年（1941年）出生桥江镇绿坡村（现为紫荆村）。高级工程师。1965年毕业于东北林学院（现东北林业大学），1985年任云南省林业厅副厅长，2000年任正厅级巡视员。1988—1991年被派到坦桑尼亚任中坦合资公司总经理兼中方专家组组长。2002年6月退休。主编出版《野生动物养殖》等科研课题著作，1998—2002年退休前，先后多次资助故乡绿坡村公路建设。

严谋标，1951年生于桥江镇章池村。1969年参军，1979年转业，1988年调芷江县任副县长。1996年任黔阳县县长，后改县建市任洪江市市长。2006年1月至2011年1月任怀化市政协副主席，2011年2月退休。

舒清富，1960年出生于桥江镇罗卜田村，土家族，中共党员，1996年10月至1997年10月任溆浦县委常委，1997年10月至1999年5月任溆浦县副县长。2005—2007年任怀化市房产管理局党组副书记、局长。

张子仲，男，汉族，民国35年（1936年）出生于桥江，中共党员。1956年8月至1960年7月在中国人民大学读书。1986年任中共怀化师专党委书记。1988年被聘为思想政治教育副教授，著有《教师职业道德概论》等书。1991年6月被中共中央组织部、宣传部、共青团中央、国家教委、全国教育工会授予“全国普通高校优秀思想工作者”称号。1996年7月退休。

张克义，1954年出生于桥江镇古垅村，

中共党员，大学学历。1972年12月至1984年12月在部队服役。1985年1月至2001年8月，在中共怀化市委办公室任副秘书长兼机关事务委员会党组书记。2001年9月至2011年3月在怀化市民政局任局长、党组书记。

张克顺，1952年出生于桥江白岩冲村，大专文化，中共党员。1984—1987年任新田乡党委书记，1988—1990年任桥江镇党委书记。1995—1999年任县委常委、组织部部长。1999—2007年任怀化市委副秘书长。2008年至2011年任怀化市政府党组成员、市长助理。

严旭，1964年出生，桥江镇独石村人，曾任青岛啤酒有限公司全球营销总裁，2008年严旭获评“改革开放30年女性新闻人物”，2009年应邀到哈佛大学演讲，成为登上哈佛大学讲坛的第一位中国女企业家。2010年先后获得“影响中国妇女百年发展事业的100位品牌女性”和2010年“商界木兰”两大奖项。

向宣绘，女，土家族，湖南溆浦桥江镇人，1981年4月出生，大学学历，1996年9月入中原机械工业学校机械制造专业学习，2000年8月参加工作，先后任溆浦县政协人口资源环境委员会副主任、县妇联主席、县淅水湾乡代乡长，2012年10月起任溆浦县人民政府副县长。

张　伟，男，汉族，湖南溆浦桥江镇人，1969年8月出生，1994年6月加入中国共产党，大学学历。1984年9月入芷江师范学校学习，1987年7月毕业参加工作，先后任龙王江乡、水东镇党委书记，水东办事处主任、书记，县委办公室副主任，县农村工作办公室主任，县农业局局长，2016年11起任溆浦县政府党组成员、副县长。

张克松，男，溆浦县桥江镇人，1988年12月参加工作，先后在仲夏乡党委副书记、乡长，舒溶溪乡仲夏乡党委书记，麻阳水办事处主任、书记，县纪委常委、副书记，县农业局书记、局长，县民政局党组书记、局长，2016年11月起任溆浦县政协副主席。

严芳艺，女，溆浦县桥江镇人，1996年9月入湖南省黔阳师范读书，1999年6月毕业，同年8月参加工作，先后任溆浦县木溪乡副乡长，县政协副科级秘书、提案委副主任，经济科技联谊委员会主任，木溪乡、舒溶溪乡乡长，2016年11月起任溆浦县人大常委会副主任。

溆浦县三江镇人物名录

刘石柱，男，1965年出生，三江镇梅兰村人，少将，任总参三部副部长。

刘专读，男，1953年出生，三江镇梅兰村人，曾任广州铁路局政委。

周重颜，男，1975年出生，三江镇乐园村人，历任乡长、党委书记、县委常委、怀化市委宣传部副部长，2016年1月任沅陵县委副书记、县长。

彭卫兵，男，1967年出生，三江镇两江村人，任湘西自治州中级人民法院院长、党组书记。

周海晏，男，1968年出生，三江镇同堂村人，任怀化市广播电视台党组副书记、副台长。

张光田，男，民国35年（1946年）出生，三江镇两江村人，曾任溆浦县政协主席、党组书记。

胡国文，男，民国27年（1938年）出生，三江镇同堂村人，曾在冶金部安全环保研究院从事科研和机关工作，任院办主任，曾获23个国家发明专利权。

唐惠民，男，1949年出生，三江镇两江村人，曾任怀化市经委主任、党组书记。

卢红梅，女，1976年出生，三江镇朱溪村人，教授，博士生导师。中南大学化学化工学院副院长，教授委员会主任，国家化学实验示范中心主任，湖南省青年骨干教师，湖南省第十届青年联合会委员，中南大学“育英人才计划”入选者，“陈新民青年教师奖”和“宝钢优秀教师奖”获得者。国际学术期刊 *Chemometrics and Intelligent Laboratory Systems* 编委。先后获湖南省自然科学奖二等奖、湖南省科技进步奖三等奖、怀化市科技进步奖一等奖、湖南省教学成果一等奖。

戴景轩，男，汉族，溆浦县三江镇人，1970年8月出生，大学文化，1986年9月入湖南省芷江师范学校学习，1989年7月毕业参加工作，先后任岗东乡中学、新坪乡中心小学教师，县政协办公室干部、县政协提案委副主任、县政协文教卫体委主任，县工商联主席，2012年11月任县政协副主席、工商联主席。

溆浦县油洋乡人物简介

舒致和（1131年10月25日—1205年8月13日），名永淑，油洋乡庄坪村人，宋绍兴年间举孝廉，进士，曾任长沙太守。

聂显考（1905—1988），又名聂顺。油洋乡庄坪村人。民国24年（1935年）11月参加红军，红二军炮兵三连战士，参加二万五千里长征。民国26年（1937年）任抗大警卫班上士。民国27年（1938年）5月任抗大七大队管理排长，后任供给部管理员，民国29年（1940年）加入中国共产党，此后参加抗大学习，民国35年（1946年）在保安一旅骑兵团任供给主任。民国37年(1948年）任某团任供给主任。1949年5月随部队南下、任江西上饶军分区供给部科长、中南军区通信团供给主任、中南区纺织纤维检验所任人秘科长。1956年任鹰潭茶叶出口转运站站长，1967年2月离休回溆浦，副专员级待遇。1988年去世。

舒孝廉（1928—2012），庄坪村人，溆浦首任电视台台长，1989年在扩建雷坡山电视台工作中成绩突出，获国务院颁发的“三等功”荣誉证书。

溆浦县油洋乡人物名录

邓宗江，生于民国37年（1948年）12月23日，小址坊村人，又名邓洋生，军人。中国民航14飞行大队飞行员，机长、中队长，1993年调中国东方航空江苏有限公司任经理、运行管理部书记等职，获中国民航颁发“功勋飞行员”奖。2004年，捐资修建原余腊村部至余腊八组公路。

聂叙昌，生于1955年，油洋乡庄坪村人、中共党员、大学文化。1984年1月至1992年8月，先后任溆浦县人民法院副院长、县政法委书记、县委常委、组织部部长、县委副书记。1997年6月，任芷江县委书记。2002年10月至2003年1月，任怀化市中级人民法院党组副书记、副院长。2003年1月，任怀化市中级人民法院党组书记、院长。2008年3月任湖南省高级人民法院审判委员会专职委员。

舒习生（1952.3—），油洋乡庄坪村人。中共党员。1972年被保送到长沙铁道学院外语班学习。大学毕业后留校工作。历任校党委办秘书，交通运输系副主任党总支副书记，校党委宣传部副部长兼党校办主任。2000年，任中南大学人才交流中心主任，高级工程师。

黄德卫（1936.5.14—），油洋乡河底江村人，中共党员，清华大学毕业。曾任湘维尼仑厂、湖南纺织高等专科学校（现湖南工程学院）党委书记。

唐斌（1967.7—），油洋乡河底江村人，中共党员、肝胆科医师。1991年毕业于湖南医科大学临床医疗专业，同年分配到怀化市第一人民医院普外（肝胆）科从事临床工作。2007年被聘为湖南医师资格实践技能考试考官，2010年聘为南华大学兼职教授，2012年任湖南省医学会外科肿瘤专业委员会委员、湖南省健康管理学会肝胆胰专业委员会副主任委员、湖南省抗癌协会常务理事、湖南省医院协会理事。2002年9月任怀化市第一人民医院大外科党支部书记，2003年任怀化市委市政府机关分院管委会主任（院长），2006年2月聘任怀化市第一人民医院助理调研员，2007年4月任怀化市第一人民医院业务副院长，2012年7月调任怀化市第二人民医院院长。

舒文周（1965.7.21—），油洋乡址坊村人，1987年毕业于湖南省财会学校企财专业，1987年7月毕业分配到怀化地水电局工作，1996年8月任科长，2009年10月任怀化市水利局党组成员纪检组长，2015年10月任怀化市交通运输局党组成员纪检组长。

向立华，1993年5月出生），油洋乡小址坊村人，孤儿，怀化市励志少年，2009年全国百佳好人榜之一。

刘华成，男，汉族，1952年出生，油洋乡太平村人，大专文化，中共党员，1972年11月参加工作，先后在湖南省黔阳地区生产资料公司、湖南省黔阳地区石油公司、湖南省怀化石油站、湖南石油公司怀化分公司、湖南省石油总公司怀化地区公司、中国石油化工股份有限公司湖南省怀化石油公司等单位从事经营业务、财会、文秘和中高级管理等工作。1985年怀化地委党校政治专业（两年制）大专班进修。1988年4月任湖南省石油总公司怀化地区公司经理（副处级），1993年6月任湖南省总公司怀化地区公司经理、党委书记（正处级）。2000年10月任中国石油化工股份有限公司湖南省怀化石油分公司党委书记。

溆浦县水东镇人物简介

贺方班（1905—1955），男，又名贺益安，水东镇莲塘坪村人，曾任县保安团团长，营救过谌鸿章（溆浦县第一任县长）、梁春阳（湖南省工业厅厅长）、王楚伟、张志平等。中华人民共和国成立后，任溆浦县土改委员、县建设科科长等职。

舒新城（1893—1960），男，原名玉山，学名维周，字心怡，号畅吾庐，水东镇刘家渡村人。民国17年（1928年），应中华书局总经理陆费逵之聘，任《辞海》主编。民国19年（1930年）起，任中华书局编辑所所长兼图书馆馆长，主编《辞海》。民国25年（1936年）第一版《辞海》正式出版发行。中华人民共和国成立后，曾当选为全国人大代表、政协上海市委员会副主席。1960年11月28日，舒新城在上海病逝，享年67岁。

肖乾拾（1959—1979），男，出生于水东镇板栗坪村，1978年4月参加革命，在解放军某部队当战士，1979年11月29日在河南平顶山煤矿因工程事故牺牲，终年20岁。

贺水泉（1918—1982），男，水东镇溪口村人，参加过长征的老红军，历任班长、排长、营长，中华人民共和国成立后，在黑龙江佳木斯医学院附属医院后勤处任处长，后离休回乡。

贺方壮（1932—1997），男，水东镇溪口村人，曾任溆浦县副县长。

贺湘楚（1937—2016），男，曾用名贺达清，水东镇标东垅村人，曾担任芷江县委副书记、怀化市畜牧水产局局长职务。

溆浦县水东镇人物名录

贺高厅，男，民国18年（1929年）4月出生于水东镇标。

向洪宜，男，民国37年（1948年）出生，水东镇刘家渡村人，曾任国家土地管理局地籍管理司副司长，山东大学客座教授，著有《中国土地资源调查文件选编》《土地确权实用手册》《中国土地登记手册》。

贺显庭，男，1951年出生，水东镇溪口村人，毕业于湖南中医学院，溆浦县中医院主治医生，系湖南省中医儿科学会会员，1988年被湖南省卫生厅授予“精神文明先进工作者”称号。

段先贵，男，1962年出生，水东镇刘家渡村人，高级经济师，高级职业经理人。湖南省湘维有限公司副总经理。

谌贻平，男，1963年7月出生，水东镇银湖村人，1980年11月参加工作，1984年9月加入中国共产党，2012年11月，任溆浦县政协主席。

姜耀文，男，1964年1月出生，水东镇刘家渡村人，2015年12月，任怀化市中方县委书记。

舒武生，男，汉族，1964年1月出生，水东镇莲塘坪村人，1987年1月参加工作，1989年11月加入中国共产党，2015年12月，任溆浦县人大常委会、党组成员、副主任。

张贻旺，男，1965年出生，水东镇板栗坪村人，曾任湖南省财政厅文化旅游投资基金中心主任，投资兴修家乡村小学一所，改造防洪大堤600米，安装太阳能路灯360盏。

贺健，男，1968年出生，水东镇溪口村人，任怀化市发改委党组成员、副主任。

舒善良，男，1968年出生，水东镇银湖村人，任北京二炮装备部进出口办主任。

张良喜，男，1968年出生，水东镇刘家渡村人，曾任怀化市委办驻长沙办事处主任。

曹秋生，男，1970年出生，水东镇板栗坪村人，任山东省公安厅国安局处长。

刘振晓，男，1971年2月出生，水东镇

刘家渡村人，任湖南省物价局综合处处长。

舒志辉，男，1975年6月出生，水东镇溪口村人，任中央组织部副调研员。

江河，男，1975年出生，水东镇板栗坪村人，任海军后勤部副团长。

姜明文，男，1978年出生，水东镇刘家渡村人，任湖南怀化市纪委常委、监察委员会委员。

张胜利，男，1978年1月生，水东镇绿化社区人，博士，副教授，硕士研究生导师，任湖南农业大学党委研究生工作部部长兼研究生院副院长。

李传校，男，汉族，民国34年（1945年）9月生于水东镇银湖村。中共党员，大校军衔，武警湖南省总队副总队长，湖南省第九届人大代表，第七届政协委员。1963年12月入伍，1968年提干，历任排长、副连长、连长、作战参谋、副营长、营长等职。1982年，任武警益阳地区支队大队长、副队长、队长。1988年调任武警湖南省总队参谋长，1992年担任副总队长。多次被评为先进，1998年10月，出席在北京召开的抗洪英模表彰大会，被武警总部评为优秀师团干部。

溆浦县小横垅乡人物简介

张海（1891—1927），原名良湘，号晓青，清光绪十七年（1891年）三月出生于小横垅乡大横坪村。他受过较长时期的私塾教育，有较好的国学基础，长于诗文，爱好音乐，性刚直而有胆识，乡人视其为张家的“千里驹”。

光绪三十四年（1908年），张海从长沙明德中学奔赴武昌投军。民国元年（1912年）10月参加汉口战役，失败后返回长沙继续求学。

民国4年（1915年）5月，加入长沙爱国青年宣传队。同年秋，张海东渡日本，就读于日本庆应大学，民国8年（1919年）回国。

民国13年（1924年）春，张海出走武汉。民国15年（1926年），重返故乡，参加农民运动，被选为第二区农民协会执行委员，同年加入中国共产党。

民国16年（1927年）5月24日，他与翟根甲、黄拔元等共产党员率领农民武装100余人，在陈家湾、坪隘、滥泥湾、老鹰坡一带坚持打游击。8月，游击队被围困，队员分散隐蔽。张海潜身回家，惨遭杀害，时年36岁。

揭绍林（1922—1980），男，溆浦县小横垅乡人，1952年9月参加工作，任溆浦县小横垅区供销社组导员、副主任等职。1956年，在推销工业品竞赛中成绩突出，创推销款6000余元，超任务5%。在组导工作中，积极开展清股扩股工作，新扩股66户，增加股金1056元。推销新产品骨粉3500千克，使当地农民增收，供销社的业务不断壮大。1956年参加湖南省第二次先进工作者代表大会，获省“先进工作者”称号，同年出席全国供销系统第一次先进工作者大会和全国先进生产者代表大会，被授予“全国供销系统劳动模范”和“全国劳动模范”称号。

溆浦县小横垅乡人物名录

贺芳齐,男,民国11年(1922年)10月生,小横垅乡人。民国24年(1935年)11月参加中国工农红军。民国26年(1937年)7月加入中国共产党。抗大七分校附中毕业。北京军区空军后勤部原政治委员。离休前为九级正军职,先后获三级八一勋章、三级独立勋章、三级解放勋章、二级红星功勋荣誉勋章各一枚。1989年6月捐赠10万元,在金蒲村(现罗丰村)修建一所红军希望小学。

杨永高,男,民国21年(1932年)7月出生于小横垅乡罗丰村。中共党员,正处级干部,是湖南省第七届人大代表。1949年10月在溆浦参加工作,历任小横垅区团委副书记,花桥区组织委员,麻阳水区团委书记,潭家湾区党委副书记,让家溪大乡党委书记,潭家湾公社副书记,团县委书记,县委委员、龙潭区区长,县委组织部部长,县革委政工组副组长,县革委农村办主任(县委常委),其间,曾参加黔阳专署干校学习一年半时间。1977年1月调芷江县工作,先后任芷江县委副书记、县长、人大常委会主任等职,其间,参加中央农业管理干部学院华中农学院分院专修班学习一年。1994年10月退休。

杨昌耀,男,汉族,民国28年(1939年)12月出生于小横垅乡罗丰村。大学学历,教授级高级工程师。1962年毕业于天津大学,从事冶金和环境工程设计研究工作。多篇论文获优秀奖,被收入各种文集文库。大型技术攻关项目“铝厂含氟烟气干法治理”获冶金部科技成果奖和全国科学大会国家奖。曾任宝钢设计院环保公司设计室主任、总设计师、综合技术主管。系中国环境科学学会会员、上海市投资咨询公司聘任专家、上海市电气集团公司IHI高级技术顾问、宝钢环境学会副理事长。

溆浦县统溪河镇人物名录

刘杰荣,统溪河村人,生于民国30年(1941年),毕业于中国科技大学,为北京中科院院士。

向厚生,枫林村人,生于民国27年(1938年),中国地质四〇一队高级工程师。

张耀庭,穿岩山村人,生于民国19年(1930年),中国铁路局西安设计院,高级工程师。

罗子龙,统溪河村人,生于民国25年(1936年),广州铁路局,高级工程师。

黄　忠,统溪河村人,生于1983年,云南省化工研究院博士,高级工程师,技术总监。

向　健,丫吉坳村人,生于1963年,中国海军南海舰队纪委书记,少将。

舒成凯,枫林村人,生于1970年,云南省军区空军某团团长。

张国强,牛溪村人,生于1970年,广州军区某团团长。

张国华,牛溪村人,生于1974年,海南军区团长。

翟　波,统溪河村人,生于1963年,曾任溆浦县委副书记,先后任怀化市工商管理局副书记、副局长,市国资委党委书记、主任。

向英华，枫林村人，生于民国26年（1937年），曾任西藏自治区县委书记。

向玉富，枫林村人，生于民国26年（1937年），曾任溆宁县委副书记。

舒生培，统溪河村人，生于民国29年（1940年），曾任芷江县委书记，怀化市农机局局长。

丁开元，牛溪村人，生于1958年，曾任绥州铁路局局长。

向光明，统溪河村人，生于民国24年（1935年），中共党员，县粮食局退休人员，省、市、县先进劳动模范。为村民修建水渠、水泥桥，并坚持10余年清扫镇街垃圾。

溆浦县淘金坪乡人物简介

李德贵，原名李远良，男，汉族，生于清宣统二年（1910年）10月，民国24年（1935年）参加红军，经过二万五千里长征，抗战胜利后住山东省诸城市，定居于马安平村，1980年2月病逝。

溆浦县淘金坪乡人物名录

戴英球，男，汉族，中共党员，民国20年（1931年）12月生于椒坪村。1951年8月参加工作。先后在省人民银行、怀化行署农办、财政局等单位工作，历任怀化地区财政局纪检书记等职。

戴英党，男，汉族，中共党员，大学文化，民国31年（1942年）生于椒坪村。1967年7月武汉大学（原武汉水利电力学院）毕业。1968年8月至1977年7月在中朝合资鸭绿江云峰发电厂工作，1977年7月调回溆浦县，历任县委副书记、常务副县长、县人大常委会主任等职。

张在开，男，汉族，中共党员，中专学历，民国33年（1944年）5月生于乡门村。1962年12月应征入伍，在陆军某师任助理军医直至副团级助理员，1979年12月至1980年3月参加对越自卫反击战。1984年4月转业至县人大任教科文卫科长，曾任县人民政府副县级调研员、正县级调研员。

张美华，男，汉族，中共党员，大学文化。1954年4月出生于乡门村。1974年入伍，1977年进上海中医学院学习，1980年8月毕业，先后在安徽巢县空军医院、溆浦场站卫生队任科主任、门诊所长，空军长沙干休所所长，专业技术7级（副师），文职4级（上校）。所写论文，如《中医治疗毒血症》一文在江西中医学杂志发表，《中医治疗肝内胆管结石》等获军内学术年会优秀论文奖。

戴永福，男，汉族，中共党员，大学学历，1962年11月出生于椒坪村。1981年6月参加工作，历任地区农村经营管理处处长、市委农村工作部副部长、市供销社主任、水利局局长、民政局局长、市委统战部常务副部长，被省政府记一等功两次。

贺青华，男，汉族，中共党员，获医学学士、法学硕士、研究员职称。1963年生于乡门（原小湖）村。长期在卫生部卫生防疫司、监督司、爱卫办、疾病预防控制局等司局工作，任卫生部疾病预防控制局副局长。曾获湖南省新长征突击手、卫生部优秀共产党员、卫生部等四部局抗震救灾先进个人等荣誉称号。

王实强，男，汉族，中共党员，大学文化，1967 年 9 月生于乡门（原小湖）村。高中毕业后任过民办教师，1985 年 10 月入伍，1987 年考入武汉炮兵指挥学院，毕业后分配到怀化会同 96315 部队，1992 年任怀化某基地政治部、总干事、副处长、处长，2007 年任 96315 部队某旅政委。

戴永强，男，汉族，中共党员，1975 年 6 月出生于乡门村，1999 年毕业于湖南科技大学，2014 年湖南师范大学硕士研究生毕业，任湖南师大美术学院副教授、中国美术家协会会员、湖南省美术家协会理事、湖南省水彩水粉画艺术委员会副主任，硕士生导师，其作品《闲阳》获第十届全国美术作品展银奖，《谧》获第七届全国水彩展银奖，《残雪》获湖南第六届水彩大展金奖，《混沌山色》获第八届全国水彩展优秀奖，《空蒙》入选全国第十一届美展，《邕沙男人》获第九届全国水彩画展中国美术奖提名及全国第四届青年美术作品展优秀作品奖、入选中国文化艺术节优秀美术作品展和百年华彩——中国水彩艺术研究展，《浪漫之晨》获第十届全国水彩展优秀作品奖。

严思斯，女，苗族，中共党员，法学硕士，1975 年 7 月生于令溪塘村。1998 年 6 月毕业于湖南科技大学，2002 年获湖南师范大学经济管理研究生学历，2015 年获湖南大学法学硕士学位。1998 年 7 月至 2002 年 2 月在湖南司法警官职业学院任教，2002 年 2 月至今在湖南省司法厅工作，历任主任科员、厅党组秘书，司法鉴定处副处长，政治部人事警务处副处长，公证工作管理处处长、厅信息化建设与监所工作处处长。

戴永茂，男，汉族，大学文化，1974 年 1 月出生于椒坪村。1989 年到湖南长沙农校学习，1993 年 6 月毕业。先后在溆浦县畜牧水产局、溆浦县政府办公室、怀化市政府研究室、怀化市政府办公室工作。2013 年任市政府研究室副主任。

溆浦县两丫坪镇人物简介

魏荣斌（1853—1905），清咸丰三年（1853 年）生，曾统领武威新军，任云贵总兵卫、副将等职。经陕西巡抚魏光焘奏保二品顶戴。清光绪三十一年（1905 年）卒，敕授建威将军，荣封三代，诰命四轴。

翟根甲（1895—1941），清光绪二十一年（1895 年）生，凉水井村人，民国 14 年（1925 年）入党，次年被党组织派回溆浦开展农民运动，后被捕关进长沙监狱。民国 19 年（1930 年）7 月红军攻占长沙，翟被解救并参加红军，历任红军团长、政委、中华苏维埃共和国临时中央政府秘书、刘伯承部参谋等职。在赣州战斗中被捕，解救出狱后回地方继续从事地下革命。1941 年被国民党暗杀于中都乡水打田。

贺虞卿（1888—1958），男，清光绪十四年（1888 年）生于两丫坪梅子溪（后迁居大坡头）。民国 25 年（1936 年）经翟根甲介绍加入中国共产党，民国 27 年（1938 年）3 月接任中国共产党凉水井村党支部书记。民国 29 年（1940 年）6 月党组织遭敌破坏停止活动，1953 年 9 月病逝。

贺瑞凤（1930—1962），男，出生于大坡头，曾供职于县委宣传部、《群众报》社、省文联，创作小说《李老婆婆》刊于《人民中国》并被翻译成十二种文字在国外刊载。1956年以湖南省代表身份进京，参加全国青年文学工作者会议。1962年10月病逝。

溆浦县两丫坪镇人物名录

王炯华，民国30年（1941年）出生于提高村，曾任华中科技大学教授、中国现代哲学史研究会副会长，出版专著《李达与马克思主义哲学在中国》《毛泽东读书记》《李达评传》等书。

王锡忠，民国28年（1939年）生于提高村，教授，曾任中南林学院高教研究室主任，湖南高教学会常务理事。

贺振南，民国23年（1934年）生于江溪垅村，副厅级干部，曾任怀化地委政策研究室主任、地区统战部部长，1994年退休。

周永旭，1963年出生于荷花村，高级工程师、硕士，享受国务院特殊津贴。

贺弘联，1972年出生于凉水井村，湖南师大毕业，供职于省委宣传部，任新闻处副处长、红网总编辑。

陈社华，1962年出生于大坡头，工作于洪江市委，副调研员。

彭　玮，男，溆浦县两丫坪镇人，大学本科学历，1986年9月入湖南师范大学汉语言专业学习。1990年6月毕业参加工作，先后任县一中教师、县教育局副局长、县政协学习文史委主任。2012年11月起任县政协副主席、县林业局副局长、农工民主党溆浦县委员会主委。

溆浦县北斗溪镇人物简介

屈世瑞（1820—1878），林果村沙口湾人，武状元，曾任曾国藩湘军将领，在与太平天国太平军作战中屡建战功，咸丰五年（1855年），被封为威武将军。

向基初，（1918—1988），男，土家族。北斗溪镇林果村人。民国21年（1932年）参加溆浦县第二区农民暴动。民国24年(1935年）11月参加红军，经历了二万五千里长征，在红二方面军53师、53团一营二连任战士，先后担任通讯员、司务长、副连长、连长等，1965年3月，任新疆农一师七团二营副营长，1965年10月离休回溆浦，1988年当选为溆浦县第六次党代会代表，1988年10月25日逝世，享年71岁。

梁亚平（1923年9月—2011年10月），男，茅坡村椒园人，民国37年（1948年）参加工作，1951年参加抗美援朝，离休干部（副县级），2011年10月去世。

阳征考，男，（1933年7月—2017年4月）油垅村游鱼井人，曾任怀化市中级人民法院工会主席（副处级）。

溆浦县北斗溪镇人物名录

米贤逵，男，民国31年（1942年）出生，九溪江回春村人，曾任县纪律检查委员会副书记，调研员（正县级）。

朱良祥，男，民国36年（1947年）9月出生，北斗溪镇沙坪村韩家冲人，曾任河南省工商行政管理局巡视员（正厅级）。

张在逢，男，1962年1月出生，沙坪村上岩坪人，曾任中国人民解放军后勤工程学院院务部副部长（正处级）。

夏代银，男，1964年出生，林果村新田湾人，任湘潭九华经济开发区管委会工会主席（正处级）。

邓以平，男，1958年9月出生，九溪江华荣村人，曾任怀化市质量技术监督局纪检书记（正处级）。

溆浦县中都乡人物简介

贺宪贵（1626—1713），字天爵，沙溪人，清康熙年间，组织乡勇助石邦宪清剿老鹰坡残匪有功，上奏朝廷，赐部札铠甲，乡人称“守门将军”。清康熙五十二年（1713年）卒。

覃声上，字达廷，苗族，在县办圣庙山学校读书毕业，考进长沙岳麓书院，成绩名列前茅，后受康、梁维新思想影响，高试时写了力主维新的论文，遭监考官谗言。后无缘升学，回乡创办私立学校，曾协助革命英烈向警予在上畲劝学并开办短班。

覃渭然（1905—1927），男，苗族，清光绪三十一年（1905年）冬出生于高坪，民国12年（1923年）就读湖南第一师范，后考入黄埔军校第四期，民国14年（1925年）冬加入共产党，民国16年（1927年）在河南郑河战斗中牺牲，1992年被民政部批准为革命烈士。

溆浦县中都乡人物名录

李忠伟，1962年5月出生于沙溪村，研究生，毕业于第二炮兵指挥学院。工作于中国人民解放军96313部队，任党委书记、政治委员。

贺方安，男，民国30年（1941年）出生于沙溪村，中共党员，曾工作于国防科委、钢铁研究所、湖南工业职院等单位，高级经济师。

溆浦县沿溪乡人物简介

贺方贡（1930—2002），男，沿溪乡青坡村人，曾任洪江市人大常委会主任。

沈昌贤，男，生于1969年1月，沿溪乡瓦庄村人，中国军医学院博士后，长期从事癌症和抗衰老的研究，是美国癌症协会会员，担任《生物技术》等多个学术期刊评审。

溆浦县沿溪乡人物名录

梁金华（1982.11—），女，瑶族，沿溪乡烂泥湾村人。2003年6月加入中国共产党，研究生学历。1998年9月入湖南省芷江师范学校学习，2001年6月毕业，2002年9月参加工作，先后任沿溪乡政府干部、乡党委委员，仲夏乡党委委员、纪委书记、政协联工委主任，淘金坪乡党委副书记、乡长，九溪江乡党委书记，北斗溪镇党委书记，中国共产党第十九次全国代表大会代表。

部部长、代理省委书记。

韩京承（1941—2009），合心村人。投笔从军，军旅作家。后任江西省政协副主席、党组副书记。

溆浦县龙潭镇人物简介

吴荣（1403—1495），名仕荣，号子荣，岩板村人，生于明永乐元年（1403 年）。宣德年间任协办大学士，娶翰林院翰林孙振公之女为妻，后任云南总督、朝廷赠封镇南侯，诰授资政大夫。卒于弘治七年（1495 年）。

谌万芳，随清朝嘉庆皇帝外出打猎，一剑击虎，成“打虎英雄”，后任福建汀州副将。

谌百瑞，清末进士，《龙潭山水歌》作者。

韩望高（1844—1911），字玉堂，号白药，圭洞村人，生于清道光二十四年（1844 年）。任新疆提督，其夫人朱美贵诰命一品。清宣统三年（1911 年）去世，葬于圭洞。

谌志锦（1908—1955），横板桥村（原红星村）人。抗日英雄，“雪峰部队”实力派头领，后任中国人民解放军 47 军独立 21 团团长，1955 年任湖南省政府参事。1955 年去世。

谌克终（1899—1986），虎岗村人。台湾大学教授，著有《农业概论》等 9 部著作。

谌志寿（1911—1986），民国 16 年（1927 年）入党，民国 26 年（1937 年）奔赴延安参加革命，解放战争时任 13 军后勤部长，后任云南省供销总社副主任兼储运局局长。

张国诚（1910—1992），贵和村（原太和村）人。任弼时的堂妹夫，曾留学苏联，民国 23 年（1934 年）6 月任中共河南省委宣传

溆浦县龙潭镇人物名录

吴厚庆，阳雀坡村人，1962 年 7 月出生，经济学教授，硕士生导师，曾任湖南省委党校、湖南行政学院经济学教研部主任、经济社会发展研究所所长、工商管理教研部主任。2015 年 3 月，任湖南省委党校、湖南行政学院教育长。

易延凤，乌峰村人，1964 年 11 月出生，中共党员，大学文化，曾任溆浦县委常委、组织部部长、常务副县长，2011 年 3 月，怀化市农机局党组书记、局长。

张见平，横板桥村人，1976 年 3 月出生，中共党员，研究生学历。2014 年，任省参事室办公室主任。

张振华，横板桥村人，怀化市职业技术学院教授，全国劳模，享受国务院和省政府特殊津贴。

吴武洲，栗山村人，1974 年 7 月出生，任中组部干教局副巡视员、联络员组长。

韩春道，圭洞村人，1964 年 1 月出生，中共党员，大学文化，曾任怀化市驻京办主任、市发改局副主任等职，2015 年，任怀化市财政局党组成员、农业综合开发办主任。

韩赛平，圭洞村人，1972 年 10 月出生，副教授，任解放军第五三五医院外一科主任，上校军衔。

唐信，岭脚村人，1976年1月出生，硕士学历，现任湖南省税务局财务管理处处长。

王兴堂，岭脚村人，1968年6月出生，研究生学历，现任怀化市委党校教务处处长。

吴明华，黄江村人，1966年12月出生，大学文化，现任湖南省科技厅机关服务中心书记。

曾文，黄江村人，1977年7月出生，大学文化，现任海军南海舰队保障区卫生处长，上校军衔。

张南生，石湾村人，1962年11月出生，中共党员，硕士，研究员。现任怀化学院党委委员、副校长。

吴为，石湾村人，1966年11月出生，大学文化，中共党员，现任怀化市民政局党组成员、副局长。

韩潮，合心村人，1973年3月出生，大学文化，中共党员，现任江西省公安厅警务督察总队总队长。

吴世胜，梁家洞村人，1968年11月出生，大学文化，中共党员，现任中石化湖南省分公司纪委书记。

向长安，向家冲村人，1963年9月出生，大学毕业，现任湖南省公安厅政治部调研员。

向景，向家冲村人，1972年1月出生，经济学博士，现任广东地方税收科学研究所所长。

韩汉生，温水村人，1966年10月出生，大学毕业，现任怀化市能源办主任。

韩秋生，温水村人，1967年8月出生，大学毕业，现任怀化经济开发区党工委副书记、管委会常务副主任。

苏俊，1991年12月从溆浦入伍，历任战士、班长，技术员、政治指导员、政治教导员，团、师、军和空军机关四级政治机关干事，空军政治部群众工作处副处长、政策研究室副主任、蓝天出版社副社长，空军上校军衔。先后参加汶川抗震救灾、支援北京奥运等重大任务。空军优秀共产党员，空军先进典型，四次荣立三等功。2014年，被全国妇联授予“中国儿童慈善奖——春蕾芬芳”荣誉称号。2016年被民政部、军委政治工作部、人力资源社会保障部授予“全国拥政爱民模范”称号。著有《军戎馀墨》《听见心泉的叮咚声》《高远的天空》《蓝天骄子》等书籍。

韩学连，男，汉族，溆浦县龙潭镇人，1964年8月出生，1988年12月加入中国共产党，大专文化。1986年11月参加工作，先后任北斗溪乡政府经管员、财政所干部。葛竹坪乡人民政府副乡长。横板桥乡党委委员、副书记、乡长，葛竹坪乡党委委员、书记，横板桥乡人民政府正科级干部，统溪河乡党委委员、书记，龙潭镇党委委员、书记，县龙潭办事处党委委员、书记，2008年1月起任溆浦县人大常委会党组成员、副主任。

张选道，男，汉族，中共党员，1934年出生，大华乡人。1951年1月参加工作。历任溆浦县人大常委会副主任、县委常委、常务副县长、县政协主席等职。1995年退休。被国家计委、水利部、全国水电工会的表彰，被地、省政协评为政协工作先进工作者。

王田章，男，汉族，民国18年（1929年）6月生于溆浦县龙潭镇温水顺利村。1949年4月参加溆浦县地下党外围学习，同年9月入党，任龙潭区委组织干事。1951年5月调中共溆浦县委组织部主办干事。1953年11月调中共湖南省委组织部，先后任干事、科长、副处长、处长、省委办公厅副主任、正厅级顾问。1991 年离休。

谌贤业，民国 24 年（1935 年）11 月生于溆浦县龙潭镇温水岩子坪。1955 年参加工作。1957 年—1964 年在溆浦县人民银行、县委财贸部、县财办工作。1964 年 4 月调中共怀化市委（原黔阳地委）工作，先后任干事、科长、编委副主任、副部长、常务副部长兼老干局局长。后任怀化地区人大联工委常务副主任、党组副书记。系湖南省第八届人大代表。1996 年 3 月退休。

溆浦县黄茅园镇人物简介

唐启宗（1911—1930），又名启道，黄茅园镇金中村人，16 岁冒着生命危险抢收“敬日事变”惨遭杀害烈士尸首。是年 10 月接任溆中团支部书记职务。民国 17 年（1928 年）组织团员们为均坪、舒溶溪武装暴动筹集资金购置武器。同年秋，为了革命斗争需要，唐启宗加入国民党，他利用公开合法身份，支持进步力量，打击保守势力，改组溆中学生会，民国 17 年（1928 年）12 月，因叛徒出卖，唐启宗被捕。民国 19 年（1930 年），慷慨就义，年仅 19 岁。

李宗海（1916—1996），黄茅园镇山下村人，先后参加长征、百团大战、辽沈战役、抗美援朝战争。获八一勋章、自由勋章、解放勋章，副军级，享年 80 岁。

唐川（1910—2002），原名唐杰侯，黄茅园镇茅湾村人，研究员、中国农业科学家。民国 24 年（1935 年）毕业于北平大学农学院。民国 28 年（1939 年）经介绍到延安，获“特等农技师”称号，受到毛泽东、朱德表彰。1953—1959 年参加中国代表团访问欧洲四国。第三届全国人大代表、国务院任命其为吉林省政府顾问（副省级），国家级突出贡献专家，2002 年去世，享年 92 岁。

姜定耀（1911—2004），黄茅园镇分水村人，龙潭和平解放重要联络人，常德师范毕业。民国 26 年（1937 年）任山西抗日支队队长。民国 34 年（1945 年）参加湘西会战，是雪峰部队改编为解放军独立纵队重要头领之一。著有回忆录《湘西纵队》一书，2004 年病逝，享年 93 岁。

谌鸿章（1914—2007），湘西地下党组织负责人，黄茅园镇山下村人，民国 26 年（1937 年）加入中国共产党。民国 27 年（1938 年）任中共溆浦县工委书记。在对日军最后一战湘西会战中，龙潭三支地方武装参加抗日均由其策动。1949 年任湘西纵队政治委员。中华人民共和国成立后，溆浦县第一任县长，1978 年后任省委组织部落实地下党政策办公室主任。1987 年离休，2007 年病逝，享年 93 岁。

溆浦县黄茅园镇人物名录

刘克立，1962 年 5 月生，黄茅园镇金桃村人，研究生毕业，2006 年任怀化市委党校校长。

刘铷，男，汉族，1965 年 5 月生，中共党员，黄茅园镇高桥村人，大学文化，任怀化市政府办副主任。

吴松盛，男，汉族，民国 34 年（1945 年）

9月生，中共党员，黄茅园镇万寿村人，大学文化，先后任省委办公厅、副处长、人事处处长、张家界市委组织部部长、市委副书记、省外事办公室副主任、省侨务办公室主任、湖南省机关事务管理局局长。

姜小平，男，汉族，1962年6月生，中共党员，黄茅园镇合田村人，清华大学博士研究生，任科技部国际合作司副司长。

姜小华，男，汉族，1976年10月生，黄茅园镇王家山村人，中共党员，大学文化，任靖州苗族自治县副县长。

姜庆华，男，汉族，1958年9月生，中共党员，黄茅园镇王家山村人，副教授，经济学研究生，先后任芷江县副县长，通道县委副书记、《湖南经济》社长、总编辑。在省级以上报刊发表各类文章300余篇，10余次获奖。

姜纯成，男，汉族，1964年5月生，中共党员，黄茅园镇合田村人，研究生，经济学硕士学位，任省政府办公厅秘书处处长。

姜定解，男，汉族，1950年10月生，中共党员，中校军衔。先后任正营职警官、副处长，广西壮族自治区高级人民法院助理审判员、科长、高级法官。

夏立发，男，汉族，1953年10月生，中共党员，黄茅园镇合中村人，大学学历，法学教授，先后任怀化师专学生处处长、组织人事处处长、通道县副县长、地区农机校校长、怀化师专校长、怀化学院党委副书记、院长。在国家和省级刊物发表论文20余篇。

夏立庆，男，汉族，1965年7月，中共党员，黄茅园镇金中村人，任怀化市城市管理和行政执法局党组成员、副局长。

夏荣，男，汉族，1962年5月生，中共党员，黄茅园镇宏兴街人，在职研究生毕业，任怀化市住房公积金管理中心主任。

唐广华，男，汉族，中共党员，任怀化市委副秘书长。曾任怀化市政府副秘书长、市科技局局长。

唐荣泽，男，汉族，1964年12月生，中共党员，黄茅园镇大埠村人，大学文化，任云南省政法委办公室主任（副厅级），曾任云南省宝山市副市长兼市公安局局长。

唐塔生，男，汉族，民国36年（1947年）12月生，中共党员，黄茅园镇茅湾村人，大学学历，先后任总后勤部基地指挥部政治部秘书（正营职）、组织处副处长、溆浦县委宣传部副部长、怀化地区行署经济调查研究室副主任（正处级）、《怀化经济》主编、怀化市委统战部副部长。

谭伟平，男，汉族，1957年9月生，中共党员，黄茅园镇合中村人，硕士学位、教授，任怀化学院党委书记，先后任怀化师专中文系副主任、中文系主任、怀化学院副院长、院长、湖南师大文学院硕士生导师。

傅红波，又名傅金生，男，汉族，民国33年（1944年）2月生，黄茅园镇金中村人，中共党员，大学学历，高级工程师。先后任省农林水办工程师、芷江侗族自治县委副书记、县长、省水利水电施工管理局局长、党委书记、省农科院副院长、省农村办副厅级研究员，湖南省农村工作领导小组办公室巡视员（正厅级）。

夏勤士，男，民国26年（1937年）7月生于溆浦县黄茅园镇合中村。1958年毕业于芷江师范。先后在营盘山高等小学堂和黔阳地区教育科工作。1971—1980年任黔阳地区教育组副组长、教育局副局长。1980年11

月至1985年2月，先后任溆浦县委常委、常务副县长、县委副书记、县长。1985年3月至1988年10月任怀化地区体委主任。1988年11月调怀化商业学校任党委书记。1997年退休。

溆浦县葛竹坪镇人物简介

侯明清，男，出生于清光绪二十一年（1895年），年少随其父侯银增行草药之医术，成年后拜名医邹身亮为师，获“湘西四大名医”称号，曾义务救助过不少家庭贫困患者，被收录于省县区级名医志书。

溆浦县葛竹坪镇人物名录

李传荣，男，汉族，1972年12月生，葛竹坪镇天星村人。1993年12月加入中国共产党，1994年7月参加工作，湘潭大学法学院刑法学专业毕业，硕士研究生学历，法学硕士。2014年，任省教育厅副主任督学。

侯小平，男，汉族，1966年出生，葛竹坪镇步家垅村人。1990年6月毕业于湖南师大中文系。先后任怀化市人口和计划生育委员会党组书记、主任，市商务局党组书记、局长，2015年任市商务粮食局党组书记、局长，市高新技术工业园书记。

谌孙武，男，汉族，1973年3月出生，葛竹坪镇双江村人。1995年12月加入中国共产党，2015年7月，任怀化市扶贫开发办主任。

韩生学，男，汉族，葛竹坪方竹村人，中共党员，1962年11月出生。怀化市计生委副调研员，中国作家协会会员，怀化市作家协会副主席，湖南省报告文学学会副会长。出版多部中长篇报告文学集，120万字。多次获省级以上报告文学奖。

韩开学，男，汉族，1950年8月生，葛竹坪镇方竹村人。中共党员，大学文化，曾任怀化市人民检察院检察长。

张克宽，男，汉族，1976年2月生，葛竹坪镇双江村人。1999年12月参加工作，2001年7月加入中国共产党，怀化示范高等专科学校中文教育专业毕业，大学本科文化，先后在溆浦县刘家坪电站、溆浦县政府经调室、怀化市政府研究室、怀化市政府办公室、鹤城区迎丰街道工委工作。2011年6月始先后担任鹤城区委常委、区委办主任、纪委书记，怀化市供销社党组成员、副主任等职务。

溆浦县龙庄湾乡人物简介

张德朝（1840—1901），原名张定聚，字紫驹，官印德朝。清光绪二十六年（1900年）八国联军攻打北京，张德朝抗击八国联军多次立功。慈禧太后带着光绪皇帝逃至河北宣化途中，遇到张朝德率领湖南劲字营一千多人救驾，慈禧太后传旨赐名张德朝，诰授武显将军（正二品），晋升建威将军（正一品），累耀至总兵加提督衔，赏戴双眼花翎，统领十三省兵马镇守山西娘子关，阻挡八国联军，后闻清政府签订《辛丑条约》，见报国无望，在山西沾尚镇吞金捐躯，以示抗议。去世后，归葬龙庄湾进马江鹅形。

王勋华（1902 年 11 月—1950 年 3 月），龙庄湾乡龙庄湾村人，群治大学毕业，民国 11 年（1922 年）加入中国共产主义青年团，民国 12 年（1923 年）10 月加入中国共产党，民国 13 年（1924 年）担任长沙第四区（东塘）区委书记。参加过南昌起义、广州起义。民国 20 年（1931 年）受上海党组织派遣回乡，从事党的地下工作，在金鳌寺创办协和团国民初级小学任校长。民国 34 年（1945 年）4 月，组织农民抗日队配合国军第 100 军在青山界打击日军。1949 年 4 月，与回龙潭开展地下工作的谌鸿章取得联系后，组建龙潭三个中共支部。中华人民共和国成立后，任龙潭区委委员兼十一保农会主席和五个农会联防队长，领导清匪反霸斗争。1950 年 4 月 10 日在大华古城殿被土匪杀害，1951 年 1 月沅陵行署追认王勋华为革命烈士。

吴人芙（1906 年—1950 年 11 月），民国 15 年（1926 年）考入黄埔军校第六期第三大队，民国 18 年（1929 年）卢山干校毕业，在向承祖部队任参谋。民国 20 年（1931 年）弃甲归田，任溆浦县第一区（龙潭区）区长，次年卸职到溆浦县立师范学校任教。民国 26 年（1937 年）抗日战争爆发，再次投军，担任湘鄂赣边区推进队十支队团长，在湖北通城及嘉鱼等地与日军作战。同年湖南多地沦陷，为保家乡，放弃所任职务率余部回乡参加地方武装，民国 34 年（1945 年）配合国军参加了青山界阻击战、麦子畲血战、鹰形山争夺战。民国 34 年（1945 年）2 月与向承祖部组成雪峰部队，任第三师师长、作战参谋，1949 年 9 月率军起义，任中国人民解放军湘西纵队司令部参谋长。

张互助（1955—2013），龙庄湾乡进马江村人。中南林学院高级政工师。主编过《中南林学院院报》等刊物，出版《中国古代山水绿色文化》等专著。1999 年荣获林业部授予的“全国首届梁希林业宣传突出贡献奖”。

溆浦县龙庄湾乡人物名录

谭显聪，民国 37 年（1948 年）3 月生，龙庄湾乡龙庄湾村人，中共党员。曾任龙潭镇党委书记，龙潭区公所区长，龙潭区委书记，龙潭办事处主任，溆浦县委常委、纪委书记，县人民政府常务副县长，县委副书记，县人大常委会党组书记、主任等职。曾多次被评为省、地（市）、县优秀人大代表。1996 年担任溆浦县城防洪大堤工程建设指挥部指挥长，为溆浦县城防洪大堤建设做出重要贡献。2003 年荣获全国“新世纪主人翁”征文金杯奖，9 月 1 日出席北京人民大会堂颁奖大会，受到党和国家领导人的接见。

张和平，1958 年 4 月生，龙庄湾乡鸡鸣村人，中共党员，主任编辑。退休前任石长铁路总公司党委书记。曾分别任职于广州军区战士报社编辑、编辑室副主任、广州铁道报副总编辑。代表作品有长篇小说《冰下流水声》、长篇纪实《落日孤城》、论文集《军营八小时以外》等。

张勇，1968 年 6 月出生，龙庄湾乡龙庄湾村人，中共党员。毕业于湖南科技大学中文系，文学学士。先后在中共溆浦县委党校、中共溆浦县委宣传部、怀化日报社工作，历任中共怀化市委办公室副主任，怀化市政府副秘书长，怀化市移民局党组书记、局长，现任怀化市民政局党组书记、局长。

舒采富，1973 年 1 月出生，龙庄湾乡高牛场村人，中共党员。湖南师范大学公共管理在职研究生学历。1992 年 12 月入伍，历任战士、军校学员、人武部政工科干事、军分区助理员、仓库副主任、预备役团助理员、连长、财务股长、后勤和装备处处长、副团长等职。多次被评为“优秀共产党员”“先进个人”，荣立三等功 3 次。当选湖南省第十三届人民代表大会代表，现任怀化军分区动员处处长。

章诗成，1951 年 5 月生，龙庄湾乡龙庄湾村人，中共党员。农民技术员，成功培育出“龙丰”系列高海拔地区水稻新品种，为高寒山区粮食增产增收做出巨大贡献。其培育的“翠玉”猕猴桃 2002 年 10 月在武汉召开的国际猕猴桃研讨会上，被评为世界级优良品种和推广品种，同年在湖南省第四届“农博会”上荣获金奖。2005 年 5 月被评为“全国劳动模范”。曾当选为怀化市第三、第四届人民代表大会代表。

张荣兴，1954 年 3 月生，龙庄湾乡打葛冲村人，中共党员。小学高级教师，1985 年创办“向阳小学勤工俭学”基地，培养学生“爱祖国、爱学习、爱劳动”思想品德，基地创收全部用于减免学生学费。1989 年 9 月被评为“全国优秀教师”。

韩竹青，女，民国 34 年（1945 年）2 月生，龙庄湾乡进马江村人，中共党员。溆浦县第四届、第五届政协委员。为龙庄湾乡金银花产业的发展和推广做出重大贡献。先后获县优秀政协委员、“三八红旗手”、怀化市“十佳个体工商户”、“个体经济模范户”等称号。2004 年 4 月获湖南省“劳动模范”称号。

谌东中，1965 年 10 月生，龙庄湾乡打葛冲村人。南京大学教授，博导，系副主任。1988 年获华中理工大学学士学位，分别于 1991 年、1998 年获南京大学理学硕士、博士学位。2002 年赴香港浸会大学做短访合作研究，2002 年 7 月至 2004 年 8 月在美国佐治亚大学和韦恩大学做访问学者及博士后研究。曾获部级科技进步一等奖和工程转化突出贡献奖，发表学术论文 80 余篇。作为主要成员参加编写大学教材 2 本。

后 记

按照湖南省地方志编纂院、怀化市地方志编纂室的部署安排，《溆浦县乡镇简志》编纂工作在溆浦县委、县政府的领导下，自 2017 年 5 月启动，经宣传发动、资料搜集、编纂修改、评审校对，历时 3 年，得到了县委、县政府领导和《溆浦县乡镇简志》编纂委员会各位领导的关心与大力支持。

为编纂好《溆浦县乡镇简志》，县人大常委会原主任、县党史研究联络组组长谭显聪先后 10 余次赴龙潭片区指导和督促工作；县人大常委会原主任戴英党不辞辛劳，顶着烈日，冒着风雨，多次搭乘公交车深入水东片区督促资料收集及编纂进度。县政协原主席张光田坐镇卢峰镇，组织精干编纂人员负责编辑，并督促工作进度，如数如质地完成了组稿与编纂任务。县政协原副主席李远书、调研员肖汉文等，扎实抓好负责联络乡镇分卷的编纂工作。各县直单位以及乡镇、村（居）组干部积极出谋献策，主动配合搜集并提供资料，特向大家表示诚挚的感谢！

以史为鉴，可知兴替。该志按乡镇分为 25 章，60 余万字。从区域概况、经济发展、基础设施、社会事业、特色地情五个方面全方位展现各乡镇至 2015 年底的状况。

此志凝聚了所有编辑人员的心血与努力。编纂乡镇志书，尚为首次，又受篇幅所限，加上编者水平有限，致使书中瑕瑜互见，敬请批评指正。

编　者

2020 年 5 月 20 日